Hans Einsle

Sophia
Schliemann

Die Frau des großen Archäologen

Biographischer Roman

STIEGLITZ VERLAG, E. HÄNDLE
D-7130 Mühlacker
A-8952 Irdning/Steiermark

Schutzumschlag: Ulrich Kolb, Leutenbach
Titelbild: Sophia Schliemann mit goldenem Diadem und Hals-
schmuck aus dem sogenannten „Schatz des Priamos"
Prof. Dr. G. St. Korrés, Universität Athen

Vorsatzbild: Die Ausgrabungen in Mykene.
Auf der rechten Bildseite Heinrich und links im Vordergrund
Sophia Schliemann. Bibliothek des Deutschen Archäologischen
Instituts Athen.

16 Textillustrationen

ISBN 3-7987-0285-3
© Stieglitz Verlag, E. Händle
D-7130 Mühlacker
A-8952 Irdning/Steiermark
1989
Gesamtherstellung: Wiener Verlag, Himberg bei Wien

Inhaltsverzeichnis

I Kindheit in Athen 7

II Die griechische Liebe 31

III Erste Grabungen mit Heinrich Schliemann 77

IV Auf der Suche nach Troja 97

V Der Schatz des Priamos 139

VI Die goldenen Masken von Mykene 174

VII Endlich ein Sohn 231

VIII Wanderung zwischen Welten und Zeiten 280

IX Der Tod in Neapel 323

Epilog 340

Glossar 345

Literaturnachweis 349

Bildnachweis 350

„Für die Griechen war die Schönheit eine Weisheit. Sie waren sich dieses Vorzuges vor anderen Völkern bewußt, und so ist die Schönheit bei ihnen hoch geachtet worden."

(Johannes Joachim Winckelmann)

I

Kindheit in Athen

Sophia Engastromenos horchte unruhig auf den Sturm, dessen Heulen, Fauchen und Winseln, Stöhnen und Pfeifen beängstigende Formen annahm. Hui, sang es durch das ganze Haus. Sophias Kopf fuhr hoch. Hagelprasseln schlug an die Scheiben.

Sie sah auf die Uhr. Seit vier Stunden war Vater schon fort, wollte in Piräus einen Freund besuchen, der — Mutter hatte es so eigenartig, fast feierlich gesagt — sehr krank war.

Sie ging grübelnd auf und ab. Emmanuel Roidis, ein Nachbar, der aus Syros kam, erzählte vor Tagen, daß Stelios Sikelianos bei den Unruhen verwundet worden sei. In den Straßen flüsterte man, daß es zu einer Revolution käme.

Revolution, war das nicht ein häßliches Wort? Sophia begann, wieder unruhig auf und ab zu gehen. Ob sie den Deutschen fragen konnte, der rechts von ihnen wohnte? Er war einst mit dem bayerischen Prinzen Otto nach Griechenland gekommen und hatte mitgeholfen, ab 1834 das Schulwesen zu erneuern; seitdem gab es für alle Kinder die Schulpflicht.

Sophia lächelte vor sich hin, da ihr Vater den deutschen Nachbarn, Hans Schneider, sehr mochte, ihm mehr als freundschaftlich verbunden war. Trotzdem kritisierte er den Bayern auf dem griechischen Königsthron. „Dieser Otto benimmt sich griechischer als wir Griechen", hatte er oft und oft gehadert. Mehrmals sagte er zu Freunden: „Man könnte bald meinen, daß nicht Athen, sondern München die Hauptstadt Griechenlands sei."

Irgendwie stimmte das auch, denn gar manche Bekannte der Eltern erhielten für ihre Söhne, wenn sie begabt waren, Stipendien, damit sie sich in München weiterbilden konnten.

Und jetzt sollte eine Revolution kommen... Bei den Eltern versammelten sich immer öfter Freunde und Nachbarn, man stritt sich um die Verfassung, die Gesetze und das barsche Verhalten der bayerischen Beamten. Die einen fanden die Ge- und Verbote des Königs aus Bayern gut, die anderen schlecht, für Griechenland unmöglich.

Es war 1862 gewesen. Sophia hatte ihren zehnten Geburtstag gefeiert. Wie immer waren alle Verwandten zum Fest gekommen. Emmanuel Roidis, der Dichter, hatte Verse vorgetragen, Hans Schneider eine Zither mitgebracht und dazu bayerische Lieder gesungen. Sie mochte ,Onkel Janni‘, wie sie ihn nannte, weil er immer schöne Märchen erzählen konnte und diese so anschaulich schilderte, daß sie oft glaubte, er habe das alles selbst erlebt.

„Sophia", hatte Emmanuel Roidis am Abend gesagt, „auch ich habe heute eine Geschichte für dich!"

„Welche?" hatte sie begeistert gerufen.

„Es ist eine kretische Geschichte, die von Theseus und Ariadne."

„Fein", jubelte sie.

„Der König von Kreta hatte einen Sohn, er hieß Androgeos. Einst reiste er zu den Wettkämpfen nach Athen, siegte, kam jedoch durch das Schwert des Ägeus ums Leben. Der kretische König zog darauf mit einem Heer nach Attika und legte den Athenern den Tribut auf, alle neun Jahre sieben Jünglinge und sieben Jungfrauen nach Knossos zu schicken, wo sie dem Minotauros zum Fraß vorgeworfen werden sollten. Das attische Volk murrte, weil man Androgeos getötet hatte und sie nun ihre Söhne und Töchter herzugeben hatten. Als das Opfer zum dritten Mal fällig wurde, bot Theseus in der Volksversammlung an, daß er ohne Los, also freiwillig, nach Kreta gehe. Und so fuhr er mit den ausgelosten Jünglingen und Jungfrauen nach Kreta, und sein Schiff trug als Zeichen der Trauer schwarze Segel. Als Theseus auf Kreta gelandet war und vor dem König Minos erschien, zog seine Tapferkeit die Augen der reizenden Königstochter Ariadne auf sich. Die Überlieferung berichtet, daß die braunhaarige Ariadne Theseus ein Fadenknäuel gab, als er in das Labyrinth ging, um den Minotauros zu töten. Theseus befestigte den Faden an der Türe und wickelte das Knäuel ab. Und nachdem er den Minotauros im entlegensten Teil des Labyrinthes gefunden hatte, erschlug er ihn mit seinem Schwert, folgte dann dem Faden und fand den Weg zum Ausgang. Bei Nacht erreichte er mit Ariadne Naxos. Hier verliebte sich Dionysos in Ariadne und entführte sie. In seinem Kummer über den Verlust der Ariadne vergaß Theseus bei der Heimfahrt, daß er seinem Vater, dem König Ägeus, versprochen hatte, bei einem Sieg über den Minotauros ein weißes Segel zu setzen. Als sein Vater von der Akropolis aus das Schiff mit dem schwarzen Segel erblickte, glaubte er, Theseus sei umgekommen, stürzte sich vor Gram in das Meer, das seitdem das Ägäische Meer heißt."

Sophia sann lange über diese Geschichte nach und hatte dann die eigenartigsten Fragen: ob es den Minotauros wirklich gab, wie er wohl ausgesehen habe. Aber als Antwort bekam sie nur: „Das erzähle ich dir später, wenn du älter bist."

Was war das nur für ein Tag? Kam schon der Winter? Gab es schlimmere Vorzeichen als solche Düsternis und hoffnungslose Verhangenheit von Himmel, Gärten und Häusern? Sophia drückte die Nase an das Küchenfenster. Der Regen klatschte unaufhörlich gegen die Scheiben. Die Gartenwege verwandelten sich in kleine Bäche und brodelnde Tümpel. Die Blätter an den Bäumen und Sträuchern ließen ergeben die Köpfe hängen und tropften von Himmelstränen, daß es einen erbarmen konnte. Der Rasen, der sich in Höhe ihrer Augen von den Küchenfenstern fort bis hinüber zu den Hibiskussträuchern dehnte, war übersät von Blütenblättern, die der Regen von den Bäumen geschlagen hatte. Es war ein klägliches Bild, wie die Zitronen- und Orangenbäume, die zugleich Blüte und Frucht trugen, kaum noch Blütenblätter zeigten.

Eben erst hatte die Glocke die vierte Nachmittagsstunde angezeigt, und schon zwang der trübe Tag, die Lampe anzuzünden. Blendend spiegelte sich das Licht an den Fenstern und spottete über den Tag, der draußen so armselig im Kampf gegen Wolken, Regen und dampfendem Nebel verging.

„Warum bist du traurig?" fragte Alexandros, der Bruder.

Sophia sah sich scheu um. Marigo, die Schwester, half der Mutter, Spyros und Panajotis, die beiden anderen Brüder, saßen in einer Ecke und rechneten mit lauter Stimme, machten wohl Schulaufgaben.

Sie spürte, wie Alexandros tröstend seinen Arm um ihren Nacken legte. „Man kann nicht immer fröhlich sein", antwortete sie ausweichend.

Er sah sie erstaunt an. Eine grüblerische Falte furchte seine Stirn. „Du sollst zu Mutter kommen", sagte er nach einer Weile.

Sophia strich ihr Kleid glatt, richtete die Haare und stieg die Treppen hoch.

„Vater ist in großer Sorge", sagte die Mutter leise, als dürfe es sonst keiner hören, als Sophia zu ihr trat.

Sie blieb höflich stehen, setzte sich nicht, und schon sprach Madame Victoria, wie sie von allen genannt wurde, weiter. „Heute ist der dänische Prinz Georg zum König der Hellenen gewählt worden."

Sophia sinnierte: Am 10. Oktober 1862 hatte man Otto I. gestürzt, nun, am 18. Oktober 1863, wurde der Sohn des Dänenkönigs Christian X. zum König gewählt. „Warum sorgt sich Vater?" fragte sie.

„Alle wissen, daß euer Vater den bayerischen König bejahte, ihn — trotz einiger Kritik — anerkannte. Das wird Vater geschäftlich schaden", klagte die Mutter. „Es geht uns finanziell nicht gut, vielleicht werden wir bald das Haus hier aufgeben müssen."

Als sie am Abend in der Küche um den Tisch saßen, trat bald Hans Schneider zu ihnen und grüßte. „Ihr werdet es schon wissen, der neue König heißt Georgios I. Möge er euer Land glücklicher führen. Die Griechen dürfen aber nie vergessen, daß es Otto I. zu verdanken ist, daß besonders Athen von Schutt und Trümmern befreit und die Kunst wieder zum erschaubaren Bild wurde."

10

„Sehr half ihm der deutsche Archäologe Ludwig Ross", sagte Theodokas. „Er begann, die türkische Batterie abzubrechen, welche den ganzen Raum vor den Propyläen ausfüllte."

Vater ergänzte ihn leidenschaftlich. „Dieser Ross stellte dabei fest, daß die Türken 1685 den Tempel der Athena Nike abgetragen und dessen Quadern zur Verstärkung der Bastion benutzt hatten. 1835 waren die Bauteile des Tempels wieder fast vollständig vorhanden."

„Ross wurde dann Professor für Archäologie an der neu gegründeten Otto-Universität hier in Athen und begann mit der systematischen Erhebung aller archäologischen Stätten", erklärte Theodokas stolz.

Wochen vergingen, und die nach der Abdankung Ottos I. und seiner Abreise in Griechenland verbliebenen Bayern bangten um ihre Zukunft. Vater war es, der beglückt seinem Freund Hans Schneider mitteilen konnte, daß dieser weiterhin im Schuldienst tätig sein dürfe, er das soeben von einem guten Bekannten erfahren habe, und er sogar eine führende Stelle im Schulministerium erhalten würde.

Emmanuel Roidis und Alexandros Theodokas gehörten mit zu jenem Kreis, der sich um Georgios Engastromenos versammelte und sich sehr für die Restaurierung der Altertümer, besonders der Bauwerke der Akropolis, interessierte. Oft diskutierten sie die Problematik untergegangener Städte und Tempel, sprachen über die Verluste an Gebäuden und Werken der bildenden Kunst, die bei Naturkatastrophen und durch die barbarischen Aktionen von Eroberern zugrundegegangen waren.

„Immer wieder gab es Kriege und Revolutionen", erzählte Alexandros Theodokas. „Jeder Sieger hatte das Recht der Plünderung. Gefangene verkaufte man sofort als Sklaven. In der Not, im Kampf ums Überleben, mußten oft Verteidigungswälle angelegt werden, und man nahm dazu, was man vorfand, zerschlug Statuen, Reliefs, Säulen, Altäre und Inschriftsteine. Schon Themistokles baute nach der Schlacht bei Salamis (480 v. Chr.) zum Schutz Athens eine Mauer, in der viele alte Statuen und Reliefs verschwanden. Als in den siebziger Jahren des 3. Jahrhunderts v. Chr. Athen gegen die vordringenden Bar-

11

barenstämme geschützt werden sollte, verwendete man wieder Kunstwerke, Säulen und Altäre für die Mauer, um schnell verteidigungsfähig zu sein."

Emmanuel Roidis nickte bestätigend. „Und noch im Mittelalter fanden die Franken, Venezianer und Genueser für ihre Burgen in unserem Land überall Baumaterial aus alter Zeit, das sich vortrefflich wiederverwenden ließ, mochten es Quader, Architekturteile oder Reliefs und Statuen sein", berichtete er.

Hans Schneider stand auf und ging erregt durch das Zimmer. „Es war von jeher Brauch", begann er, stockte und sah auf Sophia, als könne sie ihm weitere Gedanken und Worte eingeben, „Bilder verhaßter Menschen oder Kultwerke von Religionen und Göttern, die man ablehnte, zu zerstören. Man vernichtete grundsätzlich Bildnisse gestürzter Gewaltherrscher. Keine Statue blieb auf ihrem Sockel, kein Gemälde, das ihre Taten verewigen sollte, blieb erhalten. Da genügte es, Inschriften zu tilgen, dort eine Statue oder einen Kopf zu zerstören. Meist schlug man den Gesichtern die Nase ab oder verstümmelte die Statuen brutal."

„Als am Ende des 2. Jahrtausends v. Chr. die Dorer einwanderten", sagte Emmanuel Roidis bitter, „zerstörten sie die hohe Kultur ihrer schon seit tausend Jahren dort wohnenden Stammesvettern. Die mykenischen Paläste gingen unter, die mykenische Kultur mit ihren kostbaren Kunstwerken verschwand damals im Nichts. Gab es überhaupt jemals — das fragte man sich bald — Stätten wie Mykene, Tiryns und Troja? Waren es nicht nur Fabeln, märchenhafte Überlieferungen?"

An vielen Abenden hörte Sophia, mit der Mutter und den Geschwistern in der Küche sitzend, den Gesprächen der Männer im großen Zimmer zu. Es kam oft zu heftigen Diskussionen über den neuen König, seine Beamten, seine Gesetze, und immer wieder verglichen sie alles mit dem früheren König, mit Otto I.

1864 wurden die ersten Wahlen durchgeführt, und es bildeten sich sofort drei politische Gruppen. Man stritt um vieles, so auch um die Rationalisierung des Steuersystems, eine bessere Organisation der Streitkräfte, härtere Maßnahmen zur Bekämpfung der Räuberei und um den Straßenbau. Koumoundouros gelang es, ein Gesetz über die Ministerhaftung einzuführen, das man sehr begrüßte.

Hans Schneider sagte an Sophias 14. Geburtstag ihrem Vater stolz: „Georgio, Otto I., der Bayer auf dem griechischen Königsthron, war gar nicht so schlecht. Stell' dir vor, vier Jahre nach seiner Absetzung hatte er, obwohl man ihn schimpflich davongejagt hatte, eine so große Liebe zu Griechenland, daß er die kretische Revolution gegen die türkische Herrschaft mit 100.000 Gulden — seinem ganzen Jahreseinkommen — unterstützte."

Die Sonne war noch nicht aufgegangen. Das Grau des Morgens floß trübe durch das verschlossene Fenster. Sophia lag seit dem ersten Schimmer des Tages wach, hatte die Hände unter den Nacken gelegt. Sie hörte, daß die Geschwister in den anderen Zimmern aufstanden, sonst war alles still. Dann stiegen die ersten Geräusche des Morgens zu ihrem Fenster hoch: ein rumpelndes Fuhrwerk, das Schreien eines Esels, die Stimmen von zwei Frauen, die sich stritten. Waren im Garten Menschen, die sprachen? Wieder nahten die Geräusche von Fahrzeugen, Kannen klapperten, irgendwo wurden Balken abgeladen.

Allmählich kam in das Grau vom Fenster her ein erster zärtlicher Schein, und der Tag trat zögernd seine Herrschaft an. Unten, in der Küche, schlug eine Türe. Dann blieb es eine Weile still. Klang im Flur nicht die Stimme von Hans Schneider, von Onkel Jannis? Sie war hell, froh, und langsam knarrten seine Schritte zu ihrem Zimmer hoch.

„Wie geht es dir, Sophia?" fragte er teilnahmsvoll, setzte sich an das Bett und nahm ihre Hand.

„Der Arzt meint, daß ich vielleicht schon morgen wieder aufstehen kann", seufzte sie.

„Wie kam es eigentlich, daß du so unglücklich die Treppe hinuntergefallen bist?"

Sophia verzog schalkhaft die Lippen. „Onkel Janni, du kennst mich doch, ich bin trotz meiner vierzehn Jahre noch eine große Träumerin."

Nach einigem Geplauder griff sie nach seiner Hand und fragte: „Du weißt, daß ich Märchen sehr mag. In vielen Märchen hört man von einem Königssohn, einem Prinzen, der ein einfaches Mädchen liebte und heiratete. Ist da ein Sinn in diesem Geschehen, bezweckt der Erzähler damit etwas?"

Hans Schneider schwieg, sprach dann zögernd weiter: „Wir Menschen werden immer wieder, Tag für Tag, vor Entscheidungen gestellt. Wir müssen — ob wir wollen oder nicht — wählen, uns damit Grenzen setzen. Und so muß sich jeder Mensch entscheiden, wenn er liebt, was er will. Sucht er die Partnerschaft nur aus materiellen, aus äußeren Motiven — weil der andere reich, schön oder berühmt ist —, oder will er Geborgenheit, und da kann es sein, daß ‚er' kein Prinz und ‚sie' keine Prinzessin ist. Ich wünsche dir, Sophia, daß es dir einmal gelingt, dich über Äußerlichkeiten zu stellen und auf das Glück der Seele zu achten."

„Ich werde einmal den Weg der Liebe, ich meine den zur Seele, gehen. Das mit allen Problemen und Sorgen, mit allen Nöten und Leiden."

„Lieben heißt aber opfern", mahnte er leise.

„Wie meinst du das?"

„Möge dir das Leid in der Liebe erspart bleiben, doch Liebe heißt auch Leid."

Als Sophia ihn fragend ansah, sprach er, die Worte in einer nebulösen Ferne suchend, vor sich hin: „Könntest du zum Beispiel einen um Jahrzehnte älteren Mann heiraten, obwohl du oft von einem Jüngling träumtest, der schön wie Apoll ist?"

Sie nickte tapfer. „Ich könnte es, täte es, wenn ich ihn lieben würde." Dann seufzte sie. „Ach, Onkel Janni, was ist das Leben? Ist es Gegenwart oder bereits ununterbrochen Vergangenheit? Ist alles menschliche Sein nur ein Traum?"

Hans Schneider nickte etwas und koste die Hand Sophias, es war, als spreche er nun mit sich. „Vergangenheit und Zukunft, was bedeuten sie für einen, der im Strudel des Lebens hängt und von ihm herumgeschleudert wird? Vergangenheit kann eine Erinnerung sein, ein Nachglanz des Wirklichen. Dämmerung ist die Vergangenheit, Licht, das hinter Horizonten trauernd versinkt."

„Was ist dann die Zukunft?"

„Ein schwarzer Vorhang vor der Türe, die ins Kommende führt, Ahnung des noch nicht Gewordenen; Dunst, der über der Schöpfung liegt, ehe es Tag wird."

Wenige Tage später besuchte Sophia mit den Eltern ein Kloster, in dessen Nähe ein berühmter Eremit wohnen sollte. Ein Stück konnten sie mit einem Bauern fahren, der vom Hof seines Bruders Melonen holte, die in Athen gut zu verkaufen waren. Er zeigte ihnen dann das Tal, in das sie hineinwandern mußten, und versprach, sie am Abend um sechs Uhr wieder an der gleichen Stelle abzuholen.

Der Weg lief durch mannshohe Macchia. Man sah Maulbeerbäume, blühende Myrten, Eichenbüsche und dornige Ilex; dazwischen standen uralte, hohe Platanen, die angenehme Kühle spendeten, und wilde Ölbäume. Hohe Erika blühte, Thymian und Majoran; plötzliche Duftwellen drangen fast von allen Seiten auf sie ein. Irgendwo jubilierte eine Nachtigall, eine Amsel sang, Meise, Stieglitz, Bienenfresser, Fink und Zaunkönig waren da. Dann sahen sie, daß in einem Baumschatten Ziegen lagen und ein an einem Pfahl angebundener Esel Gras rupfte.

Auf einmal standen sie am Rand eines Felstales, das dicht mit Platanen bewachsen war. Dazwischen rauschte ein Bach in kiesigem Bett. Das Tal schloß sich, plötzlich war Feuchte und Kühle, ein völlig verändertes Bild um sie. Die Felswände traten zusammen, der Baumbestand war so reich, daß die Schlucht ganz zugewachsen schien. Ein gebahnter Weg führte durch die Wildnis. Dann sahen sie das Kloster, es war ein unglaublicher Anblick. Hoch droben am Felsen, im Überhang, war ein Häusernest, eine Art Galerie, gegen den Abgrund mit schrägen Stützen abgestemmt, und die Felswände zeigten Höhlen und Bohrlöcher, als befände sich dort ein Bergwerk. Das Bild wurde fast bizarr, da von unten her ungeheure Zypressen treppenförmig den Hang bedeckten. Im oberen Bereich der Felsen hausten Schwärme von Dohlen, und Sophia dachte an Onkel Jannis, der ihr vor wenigen Tagen von der geradezu rührenden Sittenstrenge dieser Vögel erzählt hatte, von ihren ‚Ehegebräuchen‘, die so weit gingen, daß sie die ‚Ehe‘ niemals, das ‚Verlöbnis‘ nur sehr selten brachen. Es stimmte, was Onkel Jannis gesagt hatte, das Kloster, das sie kurz betraten, war nicht Ort einer Gottesgelehrsamkeit, sondern einer Gottesschau. Das Leben hier schien nur den Sinn zu haben, ihm so viel Gewicht zu nehmen, daß es wesenlos wurde. Es gab keinen Schmerz und keine Lust. Dieses Kloster war eine Insel, aus Zeit und Leben genommen. Die Zeit wurde gelöscht, indem man sie ganz und gar inhaltslos machte.

Dann stieg Sophia mit den Eltern zur Höhle des Eremiten hoch. Sie beobachtete kritisch ihren Vater, weil er so ehrfürchtig mit dem Einsiedler sprach. Warum war Vater in der letzten Zeit so bedrückt? Stand er im Dunkel, weil er alt und müde wurde?

„Nur solange das Licht in dir leuchtet, ist alles hell!“ raunte eine Stimme in ihr.

Dann durfte auch sie mit dem Eremiten sprechen, zeigte ihr Unverständnis über den Egoismus vieler Menschen, fragte, warum Gott das Böse erlaube.

„Wenn du so denkst, willst du mit Gott ein Geschäft machen“, hatte er geantwortet. „Man handelt nicht mit ihm. Er gibt, du hast zu nehmen und sogar dafür zu danken, auch wenn es das Leid ist. Merke dir“, hatte er eindringlich gemahnt, „wenn jemand das annimmt, was er anderen angetan hat, stellt er sich in die Gerechtigkeit und wird damit gesegnet.“

Als sie ihn zweifelnd anstarrte, diese Worte nicht verstand, hatte er nur barsch befohlen: „Denke darüber nach. Findest du wirklich keine Antwort, komme wieder . . .“

„Was ist das Höchste“, hatte sie dann noch gefragt, „was der Mensch erreichen kann?“

„Das Ich zu besiegen. Erst wenn du das erreicht hast, wirst du frei, wirst du erlöst sein.“

Als sie zum Ausgang der Höhle ging, blieb sie kurz stehen und wandte sich um. „Ich werde einmal heiraten. Was soll ich tun, daß ich eine gute Ehefrau werde?“

„Das lieben, was dein Mann liebt; tapfer seinen Weg mitgehen und ihm bei seinem Auftrag helfen.“

„Auftrag?“

„Jeder Mensch erhält einen Auftrag, sonst gäbe es keine Mönche und Nonnen, keine Kirchen und Klöster. Dein Mann wird einer schweren Aufgabe dienen", sagte er geheimnisvoll. „Sei stark, sei bereit, diese Last mitzutragen."

Ab diesem Tag ging Sophia täglich in die nahe Kirche. Sie enthielt eine uralte Ikone mit dem Bild des Täufers. Sie liebte die Ikonen, vergaß nie, jede ehrfürchtig zu küssen. Sehr bewegte sie auch die Ikone des heiligen Nektarius. Sie wußte, daß Ikonen heilig waren, vom Geist Gottes erfüllt, und die Maler sich in uralte, strenge Regeln fügten, weil sie von Heiligkeit erfüllte Ikonen malen wollten.

Sophia trat an das Fenster ihres Zimmers. Ihre Eltern wohnten jetzt im Vorort Kolonos, in dem Ferienhaus, das nun, nach dem finanziellen Zusammenbruch des Vaters, ihre letzte Zuflucht geworden war. Onkel Vimpos, zwar selbst sehr verschuldet, und die Aufopferung der ganzen Familie ermöglichten es ihr, noch die letzten Jahre das teure Arsakeion zu besuchen. „Es ist die beste Mädchenschule Griechenlands", hatte Onkel Vimpos mehrmals betont.

Über eine Stunde war Vater neben ihr am Bett gesessen und hatte von seinen Geldnöten gesprochen, als ob sie ihm mit ihren siebzehn Jahren diese Sorgen abnehmen könnte.

Eine schwere Schwüle lastete über der Stadt. Nach Süden zu rissen die Opale eines Wetterleuchtens den nachtschwarzen Horizont auf. Sie sah dann in blitzender Helle die Silhouette der Akropolis und des ganzen Burgbergs. Erbarmungslos staute sich in jedem Zimmer des Hauses glühende Luft. Die Holzwände schwitzten eine unerträgliche Hitze aus. Sophia warf die Decken und Kissen zu Boden und legte sich auf das kühlende Leinen. Unten, in der Küche, arbeitete noch Mutter mit ihrer Schwester Marigo, sie bereiteten für den morgigen Festtag einiges vor. König Georgios I. heiratete Olga, eine Großfürstin von Rußland, die Nichte des Zaren Alexanders I. Ja, überall würde es Feierlichkeiten geben. Soldaten würden marschieren, das Volk jubeln, in den Tavernen die Männer sitzen und wieder unendlich darüber diskutieren, wer der bessere König war: Otto I. oder Georgios I.

Sophia begann zu sinnieren, dachte an Gespräche mit ihrer Freundin Benatha. Sie hatten oft über die Liebe und Ehe gesprochen. Gab es in der Liebe Grenzen, gab es sogar Gesetze? Durfte man nicht lieben, wenn man jemanden sehr mochte?

All die Gespräche und Gedanken brachen über sie herein, teils in verzerrten Bildern, verwirrend, sich auflösend und oft beziehungslos. Dann quälte sie wieder die Frage, wie sie sich als Prinz gegenüber einem Aschenbrödel entschieden hätte. Gab es in der Liebe auch Böses, war in der Liebe nicht alles herrlich und gut?

Dann stand im Wissen Sophias der Gedanke: irgendwo in dieser Welt lebte in dieser Stunde ein Mann, der sie einmal heiraten würde. In welchem Land wohnte er, was tat er? Ob er ihre Heimat, Griechenland, lieben würde? Es gab in der Liebe Grenzen, sollte es einmal zur Grenze werden, daß sie ihre Heimat liebte und er, ihr Mann, vielleicht Griechenland haßte? Durfte sie einen Mann lieben, der ihre Heimat verachtete?

Ein Frösteln ging durch ihren Körper. Sophia setzte sich aufrecht und schlang die Arme um die angezogenen Knie. Sie erschrak und ahnte, daß neben ihr einmal ein Mann liegen und sie begehren würde.

Wieder grübelte sie: wie sah er aus, war er reinen Herzens, war er gütig, groß oder klein? War sie blind, weil sie ihn nicht sah? Konnte sie, wenn sie einmal vor diesem, ihrem Mann stand, sein inneres Gesicht sehen, um zu wissen...?

„Wissen und Liebe sind eins", raunte es in ihr.

Sie ließ sich zurückfallen, verschränkte die Arme unter dem Kopf. Oh, wie schwül war es. Nichts von der sonst so erquickenden Kühle der Nacht. Die Luft lag wie ein riesiges Gewicht auf ihr. Sie stand auf und ging ans Fenster, um es zu schließen. Draußen war die Luft noch stickiger als drinnen, und von irgendwoher drang der beizende Geruch eines Ziegenbocks.

Sie stand erneut fast ängstlich auf, blieb unentschlossen stehen, verharrte unbeweglich. Eine unsagbare Stille hüllte plötzlich das Haus der Eltern ein. Dann ging sie zum Fenster, prüfte, ob es gut verschlossen war, trat zurück. Je heller es beim Zucken eines Blitzes war, um so dunkler wurde es dann auch überall. Wenn sie nur Licht hätte, den gütigen Schein eines Lichts.

Sie tastete sich nach der Kommode, strich im Dunkeln über das Holz und fand das Schloß. Hastig zog sie die oberste Schublade heraus und suchte nach Kerzen; sie rollten und kollerten nur so durcheinander, es waren genügend da. Erschrocken stieß sie die Schublade wieder zurück, die Kerzen hatten sich so kalt, so tot angefühlt, daß sie wieder voller Angst war. Entsetzt irrte sie durch die kleine Stube, fand endlich die Öllampe und Hölzer, zündete Licht an . . . freundlich und hell ergoß sich der Schein.

Sie legte sich im Schutz der Lampe wieder hin, sah auf die Ikone, begann zu beten und schlief dabei langsam ein. Als sie aufwachte, glänzte der Tag, als hätten tausend Engel den Himmel geputzt. Die Vögel jubilierten. Wo sie hinsah, waren die Straßen festlich geschmückt.

Die Eltern eilten zum Schloß, wollten den Feierlichkeiten zusehen, befahlen, daß sie und die Geschwister im Garten bleiben sollten, um das Haus zu hüten.

Sophia wollte sich eben setzen und lesen, als plötzlich Hans Schneider vor ihr stand.

„Was ist, Onkel Janni?“ fragte sie ihn schon von weitem, weil er ein sorgenvolles Gesicht machte.

„Heute heiratet Georgios I., der neue König. Für mich endet damit eine Epoche, in der meine Heimat versuchte, Griechenland zu helfen, es wieder zum Leben zu erwecken. Vor 34 Jahren, es war 1833, zogen wir in Nauplia ein, und jetzt“, er stockte, „jetzt ist alles vorbei.“

„Warum denn?“ fragte sie ihn verblüfft. „Du liebst doch weiterhin unser Land, dienst ihm und bist bei uns glücklich. Wir alle mögen dich, Vater, Mutter, die Geschwister und auch Onkel Vimpos. Du weißt, daß ich dich gern habe und du für mich, seit ich denken kann, der Onkel Janni bist. Was willst du mehr?“

Als er nicht antwortete, drückte sie sich an ihn. „Onkel Janni, wenn du ein so finsteres Gesicht machst, gefällst du mir nicht. Bitte“, scherzte sie, „sei wieder mein Freund, mein großer Bruder, mein Held.“ Sie nahm mit beiden Händen seine linke

Hand und führte ihn zu einer Bank. „Sei wieder lieb", bettelte sie, „der Tag ist heute so wunderschön. Kaum daß die Sonne die Akropolis in ihr Licht tauchte, sangen schon die Vögel."

Nach einer Weile fragte sie: „Du, Onkel Janni, ist es schwer, eine gute Ehefrau zu sein? Ich glaube, es ist leichter, wenn er", sie lachte etwas, „ein schöner Königssohn wäre, was aber dann, wenn er keiner ist und sich seine Frau einen Prinzen wünschte? Du weißt doch, daß bei uns die Ehen von den Eltern eingeleitet werden. Im Volksmund sagt man, daß ‚arrangierte' Ehen oft die besten Ehen ergeben, doch habe ich Angst."

Im Haus lärmten die Brüder. Marigo, die Schwester, kam in den Garten und rief ihr von weitem zu: „Wir bekommen gleich Besuch, bleibe in der Nähe."

„Weißt du, wer kommt?"

„Onkel Vimpos, er schickte einen Diakon, ließ ausrichten, daß er in einer dringenden Sache käme."

„Wir sehen uns bestimmt heute nachmittag wieder", sagte Hans Schneider gütig, „du wirst jetzt andere Sorgen haben. Ich schätze", nun lächelte er humorig, „daß du von einem Märchenprinzen träumst, jedoch ahnst, daß dein Zukünftiger keiner sein wird."

Sophia winkte ihm abschiednehmend zu und blieb grübelnd auf der Bank sitzen, dachte an den Vater, an seine Sorgen. Die Eltern hatten, um ihrer älteren Schwester Katingo eine gute Mitgift geben zu können, ein Darlehen aufgenommen, dessen Rückzahlung an und für sich keine Sorge machte. Dann aber kam der finanzielle Zusammenbruch des Textilgeschäftes. Der Vater hatte einen Schuldschein unterschrieben, und als er bei Fälligkeit der Schuld nicht zahlen konnte, stand er alleine da, weil der Partner ins Ausland geflohen war. Um der gesetzlichen Verpflichtung zu genügen, hatte er das Geschäft, ihr schönes Wohnhaus am Romvisplatz — das viele Zimmer, einen Dachgarten und eine Dachwohnung hatte — verkaufen müssen. In Griechenland war es Tradition, daß die Töchter eine gute Mitgift bekamen, die Brüder so lange zurückstehen mußten und nicht heiraten durften, bis diese gesichert war. Katingo hatte das Glück, mit ihrer Mitgift einen Uhrmacher als Ehemann zu bekommen. Nun war der Vater nur noch Pächter seines Textilgeschäfts, in dem die Brüder Alexandros und Spyros mitarbeiteten. Die Pacht war jedoch so hoch, daß sie kaum genug verdienen konnten, um die Familie ordentlich zu ernähren. „Du wirst“, hatte er sehr betrübt gesagt, „wie Marigo, ohne Mitgift einmal schwer einen Ehemann finden.“ Vor Tagen hatte die Mutter, die aus einer traditionsreichen kretischen Familie stammte, gesagt, daß sie, Sophia, nun bald siebzehn sei. „Weder dein Vater noch ich wollen dich drängen, aber wir beginnen bereits, nach einer bestmöglichen Partie für dich Ausschau zu halten. Ohne Mitgift werden wir es schwer haben.“ Und der Vater hatte, als er gestern an ihrem Bett saß, gesagt, daß ein armer Papas (Pope, Priester) oder ein junger Offizier sie schon heiraten könnte, weil sie sehr hübsch sei. Dann hatte er sie nachdenklich angesehen. „Eine Möglichkeit wäre auch, daß sich ein Überseegrieche, der in Ägypten, in Kleinasien oder in den Vereinigten Staaten sein Glück gemacht hat, eine griechische Frau sucht. Sie können sich ein Mädchen ohne Mitgift leisten. Du bist gut erzogen, hast eine vorzügliche Schulbildung und wirst einmal eine gute Hausfrau und Mutter sein.“

Wohl hatte sie, um den Eltern diese Sorge zu nehmen, gelacht und gesagt, daß sie, wenn die Schule zu Ende sei, Lehrerin werden wolle und sie als Absolventin des Arsakeion nicht einmal ein Examen abzulegen brauche.

Vor Monaten, bei einer Feierlichkeit im Arsakeion, hatte Onkel Vimpos sie sehr gelobt und von ihrer Schönheit gesprochen. Dann sagte er so nebenbei, als wäre es unwichtig, daß er seinen Lehrstuhl an der Universität aufgebe, um Bischof zu werden.

„Dann dürftest du ja nie heiraten, würdest kaum etwas verdienen?“ hatten sie bestürzt gefragt. Er hatte damals nur genickt und dann gesagt, daß er im November als Bischof von Mantinia und Kynouria in sein Amt eingesetzt werde.

Der Papas war ein hochgewachsener, hagerer Mann. Sein starkknochiger Körper steckte immer in einem schwarzen Priestergewand, das ihn vom Adamsapfel bis zur Schuhspitze bedeckte. Sie mochte Onkel Vimpos. Er war jetzt siebenunddreißig, also genau zwanzig Jahre älter als sie. Stolz erzählte er jedem, daß er fast am Fuße der Akropolis geboren wurde. Anfangs hatte Theokletos an der Universität von Athen Theologie studiert, war dann nach Moskau und St. Petersburg gegangen und hatte ein vierjähriges Stipendium für die Universität von Leipzig erhalten, wo er seinen Doktor der Philosophie machte. Mit achtundzwanzig Jahren kehrte er nach Athen zurück, wurde Professor der Theologie, führte das Studium der hebräischen Sprache in Griechenland ein und veröffentlichte darüber das erste Lehrbuch.

Und nun hatte er sich angesagt. Eigentlich war Theokletos Vimpos der Vetter der Familie. Vor dreizehn Jahren hatte er an der Universität von St. Petersburg Theologie studiert, und als er wieder in Athen war, immer wieder voll Begeisterung erzählt, daß er dort einen gebürtigen Deutschen kennengelernt habe, der Untertan des Zaren geworden war. Dieser Deutsche hatte ihn gebeten, ihn Altgriechisch zu lehren. Er konnte sich vieles leisten, da er mit einigem Geschick mit Indigo, Olivenöl und Tee handelte und durch seine Gewissenhaftigkeit und großen Fleiß zu einem Vermögen gekommen war.

Sophia grübelte. Der vierundzwanzigjährige griechische Theologiestudent Vimpos und dieser vierunddreißigjährige Deutsche, der Heinrich Schliemann hieß, waren Freunde geworden.

Alle wußten, daß Theokletos Vimpos für sein langes Studium und die vielen Reisen alle Ersparnisse hingab und nun Schulden von über 2000 Dollar hatte. So nebenbei erzählte er einmal, daß er ohne Schwierigkeiten eine Frau mit einer guten Mitgift bekommen könne, die es ihm ermöglichen würde, die drückenden Schulden loszuwerden. Und jetzt, als Bischof, dachte sich Sophia, durfte er nicht mehr heiraten.

Vater, der immer materiell dachte, hatte ihn einmal gefragt, wie er sich die Regelung seiner Schulden denke.

„Ich war", hatte Theokletos ehrlich geantwortet, „in einem großen Gewissenskonflikt. Mein Freund, dieser deutsche Kaufmann Heinrich Schliemann, half mir, indem er seine Bank in Paris beauftragte, mir den nötigen Betrag zu überweisen."

„Heinrich Schliemann", sprach sie gedankenverloren vor sich hin. Sie hatte damals diesen Namen zum ersten Mal gehört und empfand es als schönen Beweis einer Freundschaft, als Zeichen eines edlen Charakters, daß er Onkel Vimpos so selbstlos geholfen hatte.

In ihr Grübeln mischte sich die volltönende, klare Stimme von Theokletos Vimpos, der in das Haus trat und ihre Mutter begrüßte. Er lachte wie immer laut, war zu jeder Zeit voller Humor.

Als sie in das Wohnzimmer trat, saß er da und unterstrich seine Worte mit beiden Händen. Sein großes Gesicht war schon immer von einem dichten Vollbart eingerahmt. Seit er zum Priester geweiht worden war, trug er lange Haare, jetzt waren sie sogar nach hinten gekämmt und zu einem Knoten gebunden.

„Sophia", wandte er sich an sie. „Es ist bei uns in Griechenland Sitte, daß die Eltern für ihre Töchter den Ehepartner aussuchen. Bei dir gibt es", er hüstelte verlegen, „einige Engpässe. Der Himmel schickte mir eine Lösung, ihm sei dafür gedankt. Ich habe vielleicht einen Mann für dich, möchte alles mit deinen Eltern besprechen, will aber auch, weil ich dich sehr schätze, daß du dabei bist, daß du mitentscheidest." Dann erzählte er von jenem Petersburger Freund, daß dieser sich in Rußland verheiratet hatte, die Ehe jedoch zu einem großen Fiasko geworden war. Er lebte in Scheidung und hatte ihm geschrieben und ihn gebeten, ihm bei der Suche nach einer geeigneten Frau zu helfen.

Umständlich holte er dann den Brief dieses Deutschen aus seiner Brusttasche und las langsam, fast feierlich vor.

Sophia begann zu träumen, dachte an die Märchen, die ihr, seit sie denken konnte, Onkel Jannis erzählt hatte, an die Akropolis, die besonders heute festlich in den fast dunkelblauen Himmel ragte, vernahm nur Wortfetzen: „. . . ich schwöre, daß ich meine künftige Frau glücklich mache. Ich schwöre, daß sie niemals Grund zur Klage haben wird . . . Suchen Sie für mich, wählen Sie für mich . . .! Sie soll arm sein, aber gut erzogen; sie muß sich für Homer und die Wiedergeburt meines geliebten Griechenlands begeistern können . . ., sie soll vom griechischen

Typ sein, mit schwarzem Haar..., meine Hauptbedingung ist
jedoch ein gutes und liebendes Herz! Vielleicht kennen Sie eine
Waise, die Tochter eines Gelehrten..., die jene Tugenden
besitzt, die ich erwarte."

Die Eltern diskutierten aufgeregt mit dem Vetter. Sophia
erwachte aus ihren Träumen und stellte auch die verschiedensten
Fragen: „Wie sieht er aus? Wie alt ist er? Wo wurde er geboren,
wer sind seine Eltern, Geschwister?"

Die Antworten verwirrten sie. Dieser Heinrich Schliemann
war genau dreißig Jahre älter, wollte sich dieses Jahr, also 1869,
von seinen Geschäften zurückziehen. Er hätte nun genügend
Vermögen, daß er es sich leisten könne, seinen Jugendtraum zu
verwirklichen, Homers Troja zu entdecken und auszugraben.

Als sie mit zitternden Händen und heißem Herzen wieder in
ihrem Zimmer war, betrachtete sie sich im Spiegel. Gut, sie sah
ihre langen schwarzen Haare, hatte einen geschmeidigen Körper,
eine schlanke Taille und für eine Griechin überraschend lange
Beine. Mit ihren siebzehn Jahren war sie fast 1,65 Meter groß,
war damit größer als viele Altersgenossinnen im Arsakeion.

Die Tage vergingen. Immer wieder dachte sie an Onkel Vimpos und diesen Heinrich Schliemann. Mutter war entsetzt und
Theokletos Vimpos darüber fast beleidigt gewesen, weil er, um
neutral zu vermitteln und nicht in den Verdacht zu kommen,
aus verwandtschaftlichen Gründen subjektiv gewesen zu sein,
mit seinem Antwortbrief die Bilder von mehreren Mädchen,
darunter natürlich ein sehr schönes von Sophia, nach Paris
geschickt hatte.

Wenn Onkel Vimpos die Eltern besuchte, war er wie immer
von einer fast kindlichen Offenheit, erzählte, daß sein Freund
Schliemann sich die Bilder gründlich angesehen habe, zu allen
Photos ablehnende Bemerkungen machte, zu ihrem Bild habe
er geschrieben, daß diese Sophia einen guten Eindruck mache,
bestimmt ein umgängliches, mitfühlendes und großherziges
Wesen habe, aber sie leider für einen Mann von 47 Jahren zu
jung sei.

Sophias Mutter, Victoria, stammte aus der kretischen Familie
Geladakis. Sie nahm es tapfer hin, daß Georgios, ihr Mann, ihre

Heinrich Schliemann am Wendepunkt seiner Karriere.

Mitgift verloren hatte, sie sich kein Personal mehr leisten konnte und einen großen Teil der Hausarbeit selbst verrichten mußte. Trotz der Armut, in der sie nun lebten, war sie immer makellos gekleidet, blieb würdevoll und trug das schwarze glänzende Haar mit einem Mittelscheitel nach hinten gekämmt und im Nacken zu einem dicken Knoten geschlungen.

Alle wußten, daß Onkel Vimpos diesem Schliemann nach Paris weitere Bilder von heiratsfähigen Frauen und Mädchen schickte. Da war es eine junge, hübsche Witwe, dort eine geschiedene Frau. Mutter, als stolze, würdevolle Kreterin, sagte kritisch zu ihrem Vetter Theokletos: „Es ist doch für uns eine Beleidigung, daß dieser Mann wie ein Viehhändler die Photos mustert, die Bewerberinnen einordnet und taxiert. Er benimmt sich unmöglich, vergißt, daß du ein Priester bist und Sophia kein Suppenhuhn, das man abtastet und abwiegt, ob es sich zum Verzehr eigne."

„Kusine Victoria", antwortete der Papas (Pope, Pater) lachend. „Das ist nun mal seine Art. So war er in St. Petersburg, und damit hat er sein Glück gemacht. Es wäre für euch keine große Ehre, wenn er Sophia einfach nach dem Bild und weil sie ein junges, hübsches Mädchen ist, wählen würde. Es spricht für ihn, daß er sich so vorsichtig eine griechische Frau sucht."

Sophias Mutter machte ein nachdenkliches Gesicht. Mit diesem Schliemann als Schwiegersohn würde sich in der Familie alles bessern. Es wäre möglich, der jüngsten Tochter Marigo eine gute Mitgift zu geben, Panajotis, der schon mit zehn Jahren gerne las und in der Schule gut lernte, konnte vielleicht sogar studieren. Georgios, ihr Mann, hätte wieder Kredit und könnte neue Waren für sein Textilgeschäft kaufen, das wegen des knappen Angebots immer mehr in Schwierigkeiten geriet.

Sophia wußte, daß alle, sogar die Verwandten, eine Ehe mit diesem Millionär Heinrich Schliemann sehr begrüßen würden.

Es war Ende April, als Onkel Vimpos wieder mit einem Schreiben Schliemanns zu den Engastromenos' kam. Alle saßen sie im Wohnzimmer, und erneut las er festlich und feierlich aus diesem Brief vor. „Mein Freund, ich habe mich bereits in Sophia Engastromenos verliebt", begann er, blickte hoch und sah stolz in die Runde. Dann wandte er sich Sophia zu und sagte leise: „Ich freue mich für dich." Nach einem tiefen, befreienden Atemzug las er weiter und betonte bestimmte Aussagen.

Erneut grübelte Sophia und dachte an Onkel Jannis und ihre Freundin Benatha. Wie aus weiter Ferne hörte sie die Stimme von Theokletos Vimpos. „Ich schwöre", las er vor, „...sie ist das einzige Mädchen, das meine Frau werden soll..., ich weiß aber noch nicht, ob ich sie heiraten kann..., warte noch auf meine Scheidung und...", jetzt stockte Theokletos, senkte den Kopf, als wage er nicht weiterzulesen, „ich weiß noch nicht, ob ich ehetauglich bin. Aufgrund meiner familiären Schwierigkeiten habe ich über sechs Jahre keinerlei intime Beziehungen zu einer Frau gehabt..., wenn ich außerstande bin, Sophia körperliches Glück zu geben, werde ich nicht heiraten..."

Abermals wirbelten in Sophia die kunterbuntesten Gedanken, und wie durch einen Nebel hörte sie wieder die Stimme des Papas: „...welche Farbe hat ihr Haar? Spricht sie Fremdsprachen? Ist sie eine gute Hausfrau? Liebt sie Homer und die anderen Autoren des Altertums, wäre sie einverstanden, mich auf meinen Reisen zu begleiten...?"

Einige Tage später erschrak Sophia zutiefst, als sie erfuhr, daß Heinrich Schliemann in Athen eingetroffen war, in dem Luxushotel gegenüber dem königlichen Schloß wohnte und nach heiratsfähigen Mädchen Ausschau hielt. Es hatte sich herumgesprochen, daß ein deutscher Millionär eine griechische Frau suchte, und so wurde er mit Angeboten aus den besten Familien Athens überschüttet, die Töchter hatten und bereit waren, sie mit einem Millionär zu verheiraten.

Erneut kritisierte Victoria Engastromenos dieses Verhalten, war beleidigt, und wieder wies ihr Vetter Theokletos, der nun Bischof geworden war, darauf hin, daß sein Freund Schliemann ihn gefragt habe, ob diese Sophia Engastromenos, die ihm sehr gefiel, bereit sei, seine archäologischen Interessen zu teilen, seine Schülerin und Gehilfin zu werden.

Um dieser Forderung die Spitze zu nehmen, überreichte er Sophias Eltern ein Exemplar des neuen Buches seines Freundes in deutscher Sprache, flocht dabei ein, daß Schliemann sehr beeindruckt gewesen sei, als er erfuhr, daß Georgios Engastromenos am griechischen Freiheitskampf teilgenommen habe. Dann schmunzelte er und erzählte, daß sich sein Freund vom Bild Sophias zwölf Kopien bestellt habe und sie an seine Verwandten und Freunde verschicke und Sophia bereits als seine ‚griechische Frau' vorstelle.

Sophia hatte Angst, lief in ihr Zimmer und meinte sich verstecken zu müssen. Bis jetzt hatte sie außerhalb der Familie kaum ein Dutzend Sätze mit Männern gewechselt, und nun schrieb dieser deutschrussische Amerikaner Schliemann Onkel Vimpos aus Paris, daß es ihm bei seinem letzten Athener Aufenthalt nicht möglich gewesen war, sie zu besuchen, er jedoch im Juli wieder nach dort käme, um Sophia Engastromenos persönlich kennenzulernen. Stand es in einem der Briefe oder hatte es Bischof Theokletos nur erzählt? „Ich liebe die griechische Sprache und glaube, daß ich nur mit einer Griechin glücklich werden kann", hatte sich dieser Heinrich Schliemann geäußert.

Sophia brauchte mehrere Tage, bis sie anhand eines deutschen Wörterbuches, das ihr Benatha, ihre beste Freundin, geliehen hatte, einiges lesen konnte. Sie hielt das Buch, das sie mit auf ihr Zimmer genommen hatte, zugleich ängstlich und glücklich, koste den Einband, blätterte durch die Seiten, sah verwirrt auf die deutschen Sätze und blickte immer wieder auf die Akropolis, die wundervoll im Licht stand, als könne sie ihr Rat geben.

Wie ein Retter in größter Not kam Benatha. Sie kannten sich schon seit Jahren aus dem Arsakeion. Sophia lief auf sie zu, umarmte sie und rief immer wieder: „Benatha, Benatha!"

Die Freundin war von einer wohltuenden Herbheit, drückte Sophia auf einen Stuhl und sagte: „Na, erzähle schon!"·

„Bischof Theokletos hat einen Mann für mich, der mich heiraten will", berichtete sie zugleich freudig und ängstlich. „Er ist Millionär...!"

„Dieser Mann nimmt dich, gleichsam mit Haut und Haaren in Kauf, weil er dich liebt; vielleicht sollte man ihn darum bewundern. Du, Sophia, dieser Mann hat Mut. Du sagst, er sei ein Millionär. Wärst du, ich darf doch ehrlich sein, bereit, diesen ‚Fremden' zu ehelichen, wenn er nicht so reich wäre?"

„Ich weiß es nicht", antwortete Sophia ausweichend, „es kommt darauf an, ob ich ihn liebe."

„Ein Weiser sagte einmal, daß die Liebe nicht darin besteht, daß man einander ansieht, sondern daß man gemeinsam in die gleiche Richtung blickt. Könntest du mit einem Mann, ob er nun reich oder arm ist, der seine Seele der Archäologie und unserem Griechenland verschrieben hat, einen gemeinsamen Weg gehen?"

„Benatha, er ist doch dreißig Jahre älter", schrie sie fast.

„Sophia", mahnte die Freundin, „Liebe ist etwas Ernsteres und Bedeutungsvolleres als das Entzücken über die Schönheit eines Körpers oder die Farbe der Augen." Sie sah nachdenklich auf ihre Hände, die zu Fäusten geballt in ihrem Schoß lagen. „Man liebt einen Menschen, weil man ihn kennt oder weil man ihn nicht kennt. Und man erkennt ihn, wenn man ihn liebt; und lernt ihn nie kennen, wenn man ihn nicht liebt!"

„Beweist die Liebe nicht vor allem, daß ein Vermögen oder ein schönes Gesicht nebensächlich sind, wichtig nur die Vorstellung ist von dem anderen, den wir lieben wollen?"

„Könntest du seinen Weg mitgehen, ihn vielleicht sogar wegen dieses Weges lieben?"

„Ich glaube, ja, Benatha. Er liebt Homer, er liebt die Archäologie, er liebt unsere Heimat. Das ist etwas so Schönes, daß ich ihn allein deswegen lieben könnte."

„Und er will dich wirklich heiraten?"

Sophia nickte.

„Eine Ehe kann der Tod einer Liebe sein, kann aber auch zu einer Vollendung dieser Liebe führen. Nur dort entwickelt sich die Liebe bis ins Feinste und Letzte, wo die Wahl unwiderruflich ist, denn man muß Grenzen haben, um sich entwickeln zu können."

„Das hast du schön gesagt", dankte Sophia.

„Ich glaube, der hohe Sinn einer Ehe liegt vielleicht darin, daß sie nicht im Jenseits des Ideals verbleibt, sondern das Ideale in die volle Wirklichkeit beider Naturen aufgehen läßt."

Mit einem heiligen Ernst und dann wieder laut lachend, wenn sie einen Fehler machten, hielten sie beide das Buch Schliemanns in ihren Händen und versuchten, die deutschen Buchstaben zu entziffern. Das brachte sie auf den Titel: „Ithaka, der Peloponnes und Troja."

Bischof Theokletos übersetzte ihnen bei einem Besuch dann das Vorwort. Darin sagte Schliemann, daß er für den Weg, den er zu den homerischen Stätten gegangen sei, seinem Vater zu danken habe und er in seinem Buch die drei antiken Stätten Mykene, Tiryns und Troja zeige.

Während der Bischof feierlich, als befände er sich in einer Kirche, vorlas, wurden Sophia und Benatha von der Homer-Schwärmerei Schliemanns gefangengenommen, spürten seine Begeisterung und ließen sich von den Worten verzaubern. Sophia nahm eine Hand der Freundin, so saßen sie, versanken in eine neue Traum- und Märchenwelt, nahmen jedes Wort, das sie hörten, mit Begeisterung auf.

Für Schliemann waren, das spürten sie aus jeder Zeile, die freundlichen Inselbewohner Nachfahren des Odysseus, und sie waren mit Schliemann einig, daß dieser nach der Besteigung des Berges Aétos genau dort stand, wo sich einst der Palast des Odysseus befunden hatte. Sie waren überzeugt, daß Schliemann die Stelle entdeckt hatte, wo die Phäaken den schlafenden Odysseus niederlegten, und auch jenes Feld des Laertes, wo sich die Schweineställe des Eumaios befanden.

„In jeder Lebenslage habe ich
bewiesen, wieviel man mit eiserner
Energie erreichen kann."
(Heinrich Schliemann)

II

Die griechische Liebe

Sophia liebte die Morgenstunden, denn sie gehörten ihr ganz
allein. Im Garten lag um diese Zeit noch der Nebel. Aus ihm
wuchsen Sophia seltsame Gedanken zu. Es war, als schied er die
Nacht vom kommenden Tag, als entfaltete sich hinter seinem
Schleier schon das neue Leben, von der Sonne entzündet. Weithin war es still. Wenn draußen auf der Straße ein Milchfuhrwerk
über das Pflaster rasselte, gehörte dieses Geräusch zu dem
Geheimnis an der Grenze zwischen Nacht und Tag. Unfaßlich,
daß viele Menschen diese Stunden verschliefen. Am Abend und
in der Nacht, wenn sie ihr Zimmer betrat und im Licht des Mondes und der Sterne die Akropolis sah und von vielen Seiten her
den Widerhall von Gesprächen, Musik aus den Tavernen, Streit
und fröhliche Gasterei hörte, verstand sie aber auch die Freude
der Männer.

Ja, sie mochte die Morgenstunden. Sie sprang auf, schöpfte
kühlendes Wasser mit der hohlen Hand und goß es viele Male
über den Nacken und die Schultern. Dann hockte sie sich auf
den Boden und sah zu, wie das Wasser gleich einem fließen-
den Gewand weich und seidig an ihr hinabrieselte. Nach
diesem Spiel legte sie sich wieder auf das kühle Leinen und
erblickte lachend auf dem Fußboden die Spur, die das tropfende
Wasser von ihr gezeichnet hatte. Langsam streckte sie sich, knetete die schlafträgen Muskeln und stützte die Ellbogen in das
Kissen.

Plötzlich zuckte sie zusammen und erinnerte sich, daß in
wenigen Stunden Schliemann kommen würde. „Der Prinz deiner Träume?" hetzte es in ihr, und ernst sprach sie vor sich hin:
„Heinrich Schliemann kommt!" Er hatte bei Bischof Theokletos

angefragt, ob es der Familie Engastromenos recht wäre, wenn er seine Aufwartung mache.

Sophia legte sich auf die rechte Schulter, zog die Knie an, strich mit der Hand über ihre linke Hüfte und schloß die Augen. Wie würde er aussehen? Ob er ihr viel zu erzählen hatte?

Sie erhob sich, kniete auf ein Kissen, stützte die verschränkten Arme auf die niedrige Fensterbank und legte den Kopf darauf. Draußen lag noch der Friede der weichenden Sommernacht. Die schmale Sichel des jungen Mondes verfärbte sich zusehends und entschwand. Nachttrunken standen die Palmen auf der Promenade. An den Gartenmauern spendeten Glyzinien und Jasmin betäubende Düfte. Den beginnenden Tag verkündete ein Schiff in Piräus. Sonst atmete alles noch weit und breit erquikkende Ruhe.

Langsam zog Sophia das weiße Kleid an, das ihre älteste Schwester Katingo vor einigen Jahren zurückgelassen hatte, als sie heiratete. Es war Sophia zu groß, doch war es das beste, das sie besaß. Seit ihr Vater in die finanzielle Katastrophe verwickelt wurde, gab es keine neue Kleidung mehr bei den Engastromenos'.

Es war Vormittag. Sophia hörte im Garten viele Stimmen, sah die Obstbäume, die ihr Vater gepflanzt hatte; an den Kletterreben hingen noch einige Trauben. Langsam, als habe sie Angst, ging sie auf die Menschen zu, die heftig plaudernd um den Tisch saßen. Alle Verwandten waren gekommen, viele mit ihren Kindern. Die Mutter saß, wie man in der Familie spaßte, auf ihrem Kommandoposten. Sophia wußte, heute versammelte sich im Garten die *Sippe*. Familientreue war das oberste Gebot für jeden Griechen, besonders für die Kreter, und Mutter war ja Kreterin. Und sie war stolz auf ihre Heimat, erzählte immer wieder von König Minos, dem Beherrscher des Ägäischen Meeres, von seinen mächtigen, prunkvollen Palästen. Und wenn sie ein Lächeln oder gar Zweifel spürte, sagte sie, daß es in Kreta den Spruch gebe: „Befolget den Rat von alten Menschen und Verheirateten; sie haben viel Brot und Salz gegessen." Dann sah Sophia ihren Vater. Er war fast sechzig, glatzköpfig, trug seinen besten Anzug und zeigte stolz den langen Schnurrbart. Vater haßte jeglichen Streit, liebte gutes Essen und Trinken, war gesellig und gastfreundlich, was ihm im Geschäft früher einigen Erfolg verschafft hatte. Er war zu allen seinen Kindern gütig, war nie laut, wenn er die Brüder mahnen mußte; sie liebte ihn.

Sophia sah nun auf den Mann, der nur aus Paris gekommen war, weil ihm ihr Bild gefallen hatte. Alle Besucher schwiegen, sogar die Kinder. Zitterte sie, als ihr Vater seine Hand nach ihr ausstreckte? Sie wußte von Onkel Vimpos, wie Heinrich Schliemann aussah, machte sich keine Illusionen. Er war dreißig Jahre älter, konnte also nicht mehr die Gestalt eines Adonis haben. Dann hörte sie den Vater. „Sophia", sagte er würdevoll, „dies ist Herr Heinrich Schliemann; er hat uns die Ehre seines Besuchs gegeben."

Schliemann erhob sich, begrüßte sie höflich, nahm das Buch, das vor ihm auf dem Tisch gelegen hatte. „Darf ich Ihnen mein neuestes Werk überreichen? Ich habe Ihnen die französische Ausgabe mitgebracht, weil ich glaube, daß Sie die deutsche Sprache noch nicht verstehen." Nun sah sie den Besucher offen an. Er wirkte glanzlos, zeigte eine blasse Haut und ausgehöhlte Wangen. Obwohl er jünger als Vater war, hatte er eine beginnende Glatze, der Schnurrbart war zottig. Alles an ihm war müde und irgendwie unordentlich. Sie hatte bisher geglaubt, daß dieser Mann, der dreißig Jahre älter als sie war, ein Held, ein Eroberer sei, da ihn Onkel Vimpos in leuchtenden Farben geschildert hatte.

Sie war nahe den Tränen, wollte ihm, den Eltern, den starrenden und gaffenden Verwandten ihr „Nein" zuschreien und davonlaufen, doch baten die Augen der Mutter, die des Vaters bettelten fast hündisch. Sie wußte, daß sie ohne Mitgift schwer einen Ehemann bekommen würde, wußte, daß die Eltern von ihr Rettung aus ihrem finanziellen Chaos erhofften. Hatte nicht Onkel Jannis vor wenigen Tagen gesagt, daß jede Ehe Tapferkeit und Geduld erfordere?

Sie straffte sich, sah Heinrich Schliemann in die Augen und sagte höflich: „Vielen Dank für das Buch. Bischof Theokletos half mir, das Vorwort der deutschen Ausgabe etwas zu entziffern." Sie lachte, weil sie an ihn dachte, an seine Mühe, ihr das Anliegen des Buches zu erklären und ihr mit Hilfe eines Wörterbuches bestimmte Aussagen nahezubringen. Sie neigte höflich den Kopf und setzte sich neben Onkel Vimpos, als brauche sie seinen Schutz.

Marigo kam in den Garten, brachte nach alter griechischer Sitte auf einem Tablett jedem ein Glas Wasser, bot Gebäck und eingelegte Früchte an. Heinrich Schliemann, der Gast, wurde zuerst bedient. Sophia staunte, er nahm ein Löffelchen von den Süßigkeiten, hob sein Glas mit Wasser, sagte „Jassas" (Auf eure Gesundheit!). Dann aß er die Süßigkeit und dankte für den Ouzo, den man ihm angeboten hatte.

Bischof Theokletos brach das verlegene Schweigen, das sich wie eine lähmende Decke auf alle gelegt hatte, indem er sagte: „Wir werden meinen Freund bald Doktor Schliemann nennen dürfen."

Als dieser die freundlichen Worte bescheiden abwehrte, sagte Theokletos: „Ich erfuhr, daß Ihnen am 27. 4. 1869 von der Philosophischen Fakultät der Universität Rostock der Doktortitel verliehen wurde und die schriftliche Bescheinigung in wenigen Tagen in Paris eintreffen wird."

Schliemann nickte gedankenverloren, man fühlte, daß er an andere Dinge dachte, und sagte dann: „Im April war ich in den Vereinigten Staaten, in Indianapolis, um meine Scheidung zu beschleunigen. Ich mußte bis zum Juli dort bleiben, konnte erst dann wieder zurückkreisen."

„Sie wollen mit Ihrem Buch beweisen, daß es Troja wirklich gab?" fragte einer der Anwesenden.

„Ja, ich werde es beweisen", antwortete er ernst.

Sophia dachte an Professor Varnardakis von der Universität, der im Arsakeion in einem Unterricht erklärt hatte, daß es niemals einen Homer, einen Trojanischen Krieg oder auch nur ein Troja gegeben habe. Nun wagte dieser unscheinbare Schliemann, der schon mit vierzehn die Schule verließ, ihren Lehrern zu widersprechen und an eine Überlieferung zu glauben, die fast einem Märchen ähnelte.

Als sie ihn ungläubig ansah, sagte er höflich: „Verzeihen Sie mir, daß ich mich benehme, als wolle ich den Griechen ihre eigene Geschichte vortragen." Kurz schmunzelte er. „Das ist nun mal so, mein Fräulein, daß Bekehrte fanatischer sind als die in dem Glauben Aufgewachsenen. Lange glaubte man auch nicht, daß sich die Erde um die Sonne dreht." Er sinnierte vor sich hin. „Man kann an die Bibel glauben oder nicht. Sie werden viele Leute finden, für die dieses Buch eine Heilige Schrift ist. Ich glaube an Homer..."

„Den es nie gab", hetzte eine Stimme.

Georgios Engastromenos wollte den aufkommenden Streit schlichten, sagte nur zweifelnd: „Sie wollen eine Stadt entdekken, die vor 3000 Jahren existierte, von der man aber nicht weiß, wo sie lag?"

„Troja ging zwischen 1240 und 1180 v. Chr. unter. Die Paläste, Häuser und Mauern waren aus Stein. Stein vergeht nicht, diese Mauern und die Reste der Paläste muß es noch geben, nur sind sie von vielen Metern Schutt und Erde bedeckt", antwortete Schliemann.

„Und wo könnte dieses Troja liegen?" fragte Sophia. Sie war auf einmal von diesem Mann ergriffen. Er war wie verwandelt, wirkte nicht mehr langweilig und müde. Als er aufstand und langsam auf und ab ging, war er jung, lebendig und leidenschaftlich. Das Gefühl der Enttäuschung und der Angst in ihr verschwand. Es war, als wenn seine Augen sie froh und stolz anstrahlen würden.

„Sie fragen, wo Troja liegen könnte? Homer zeigt uns genau die Landschaft." Er schwieg kurz, blickte Sophia fast zärtlich an und erzählte: „Dardanos verließ, tiefbetrübt über den Tod seines Bruders, Reich und Heimat und ging hinüber auf das asiatische Festland, an die Küste Mysiens, da, wo die Flüsse Simois und Skamander vereinigt in das Meer strömen und das hohe Idagebirge sich nach dem Meere abgedacht in eine Ebene verliert. Hier gründete er eine Ansiedlung. Diese wurde nach ihm Dardanis und das Volk von nun an Dardaner genannt. Ihm folgte sein Sohn Erichthonios in der Herrschaft, und dieser zeugte den Tros, nach welchem die Landschaft nun Troas, der Hauptort des Landes Troja und die Dardaner auch Trojaner oder Trojer genannt wurden. An einer anderen Stelle der *Ilias* überliefert

Homer: ‚. . . und hier baute Ilos auf einem Hügel die Burg Ilion oder Ilios.' Als der Kampf um Troja begann, erfahren wir: ‚Zwischen dem Schiffslager der Griechen und der Stadt Troja breitete sich, von den Flüssen Skamander und Simois eingeschlossen. . ., die troische Ebene vier Wegstunden aus, hinter welcher sich mit hohen Mauern, Zinnen und Türmen die herrliche Stadt und Burg Troja oder Ilios erhob. Sie war nur von zwei Seiten aus leichter zugänglich, und hier befand sich auf der einen Seite das skäische, auf der anderen das dardanische Tor. Vor der Stadt am Simois war der Hügel Kallikolone, zur Rechten führte die Straße an den Quellen des Skamander und dann an dem hohen Hügel Batieia vorbei.'"

Beinahe lachte er nun, meinte, daß die Beschreibung so präzise sei, daß jeder Laie die Stelle finden könnte.

Theokletos Vimpos, der seinen Freund gut kannte, erlaubte sich die spöttische Frage: „Gab es Homer wirklich?"

Schliemann antwortete mit einiger Entschiedenheit: „Ich weiß, berühmte Männer bezweifeln, ob — wenn es ihn gegeben hat — dieser wirklich die *Ilias* und die *Odyssee* geschrieben hat. Beide Bücher haben jedoch eine so tiefe Aussage, daß die großen Dichter unserer Welt, wie Goethe, Schiller, Pindar, Horaz und viele andere, an die Existenz Homers glaubten, weil die Bücher organisch geschrieben sind und nicht von beauftragten Schreiberlingen erfunden oder die gesammelten Überlieferungen einfach nur niedergeschrieben wurden."

Sophia war erneut ergriffen, sagte so leise, daß nur er es hören konnte: „Ich kann es nicht beurteilen, ob Sie recht oder unrecht haben, aber", sie sah ihn nun offen an, „Herr Schliemann, ich bewundere Sie wegen der Stärke Ihrer Überzeugung."

Schliemann dankte ihr mit den Augen und sah sie wie ein Liebender an. „Es gibt um uns Dinge, die sich nicht beweisen lassen, die aber so echt klingen, daß man sie als ‚wahr' annehmen darf. Nehmen wir zum Beispiel das ‚Alte Testament' in die Hand. Es gibt dort Kapitel wie die Bücher Moses, Josua, Richter, Ruth, es gibt Lehrbücher wie das Hohelied Salomons, das Buch der Weisheit, die eine innere Kraft zeigen, so daß man sie nicht als ‚Märchen' oder ‚Legenden' hinstellen darf. Die gleiche literarische Kraft zeigen auch die zwei Bücher Homers. Wie einmal die Schriften des Alten Testaments gesammelt wurden, so hat man auch die großen Sagen von Achilles, Hektor, Helena gesammelt, und Homer stellt sie vor; er erfand eine griechische Schriftsprache. Die Stätte, wo Troja liegt, hat er so genau beschrieben, daß es Homer gegeben haben und er sie gesehen haben muß."

Georgios Engastromenos sah verwirrt auf Sophia und dann auf den Gast. „Viele Menschen haben sich schon mit der *Ilias* befaßt, und keiner konnte erkennen, wo Troja liegt?"

Sophia sah, daß sich Schliemann erregte. Fast überheblich antwortete er: „Hunderte haben auch Pausanias gelesen und suchen trotzdem, als wären sie blind, außerhalb der Mauern von Mykene nach den Königsgräbern mit ihren Goldschätzen."

„Und Sie glauben zu wissen, wo sich in Mykene die Königsgräber befinden?" fragte sie kritisch.

Schliemann nickte nur. „Fräulein Sophia, wenn Sie mir gestatten, daß ich bei meinem nächsten Besuch Pausanias' Beschreibung von Griechenland mitbringe, zeige ich Ihnen, daß dieser Schriftsteller, der um 180 nach Christus lebte, sehr sorgfältig die literarischen Quellen und die Landschaft studierte und er ein kunstgeschichtliches Werk von unschätzbarem Rang schuf. Es scheint Gelehrte zu geben", sagte er fast gehässig, „die mit geschlossenen Augen lesen. Ich weiß, wo die Königsgräber von Mykene zu finden sind und auch, wo Troja liegt."

Alle, sogar die Eltern, starrten Schliemann kritisch an, manche zeigten mit den Augen, daß sie ihn für einen Phantasten hielten.

Sophia grübelte: „Er ist durch die halbe Welt gereist, hat zwei Bücher geschrieben, hat sich vom kleinen Ladengehilfen zum Millionär hochgearbeitet. Kann ein solcher Mann ein Träumer sein?"

Mutter Victoria wollte Schliemann unbedingt als Schwiegersohn gewinnen, um dadurch ihre Geldsorgen zu beseitigen, hatte Pläne, beginnend mit Marigo und endend bei der Rettung des Textilgeschäftes ihres Mannes. Und so lud sie Schliemann für den nächsten Sonntag zum Mittagessen ein.

Sophia hatte viele Stunden, um über ihre Zukunft nachzudenken. So wie sie aufwuchs, hatte sie gelernt, Männern gegenüber zurückhaltend zu sein. Es gab wenig Möglichkeiten, außer bei den Verwandten und in der Schule, andere Menschen kennenzulernen. Sie wußte, daß ein griechisches Mädchen, aufgrund einer Tradition, sich selbst einsperrt, sich nicht wehrt. Man lernt, wie man kocht, stickt, das Haus in Ordnung hält. Ein griechisches Mädchen geht nicht aus, höchstens einmal mit den Eltern oder mit Verwandten. Man weiß, daß man erzogen wird, um einmal zu heiraten, um eine gute Ehefrau zu sein und Kinder zu bekommen. Schon früh sieht sie sich mit den Augen des *gabros* (Bräutigam). Jedes Mädchen hat den Ehrgeiz, ein *kalo koritzi* (gutes Mädchen) zu sein. Dann fordert die Tradition auch, daß man als Jungfrau in die Ehe geht.

Sie begann zu sinnieren. Seit der Antike hatte die Frau in Hellas einen niedrigeren Stellenwert als der Mann. Sie war die Kindergebärerin, das Kindermädchen und die Haushälterin ihres Mannes. Oft war sie sogar Teil eines Nachlasses an den nächsten männlichen Verwandten, wurde ‚vererbt‘, selbst besaß sie aber keinen Erbschaftsanspruch.

Als Benatha auf einen kurzen Besuch kam, zog Sophia die Freundin sofort in ihr Zimmer. „Was soll ich tun?" fragte sie aufgeregt. „Soll ich diesen Heinrich Schliemann heiraten? Ich liebe ihn doch nicht", endete sie leise, flüsterte es fast.

„Auch Liebe muß man lernen und", Benatha sah Sophia nachdenklich an, „gib Liebe, dann wirst du Liebe erhalten. Geben in Liebe heißt, nie verlieren, und wie man Liebe nicht schenken kann, wenn man sie nicht hat, so hat man sie erst, wenn man sie schenkt. Du, Sophia, ich glaube, daß die Liebe das Schönste ist, was wir in der Welt erringen können. Erringe du dir die Liebe!"

Schliemann kam immer öfter, wollte sich mit Sophia aussprechen, doch war das Haus der Engastromenos in Kolonos zum Mittelpunkt vieler Neugieriger geworden. Dort sah man Schliemann, den Weltreisenden, den Millionär, den Deutschen, der Griechenland so liebte, daß er eine Athenerin heiraten wollte.

Schliemann versuchte immer wieder, im Haus oder im Garten mit Sophia zu einem längeren, vertraulichen Gespräch zu kommen, aber es waren meist nur wenige Augenblicke, in denen man sich sah. Fast im Vorbeihuschen flüsterte sie ihm zu, daß er verstehen müsse, daß in Griechenland die Tochter bis zur Verehelichung wie Gold bewacht werde. „Ich durfte", sagte sie hastig, „am Romvisplatz, wo wir früher wohnten, nur mit den anderen Kindern spielen, wenn einer meiner Brüder dabei war. Auf dem Weg zur Schule hatte ich immer eine Begleitung, sei es ein Bruder oder das Dienstmädchen."

Ja, es war schwer, war fast unmöglich, daß Sophia dem Besucher Gelegenheit geben konnte, um ihre Hand anzuhalten. Dazu kamen die häuslichen Schwierigkeiten. Die ganze Familie wollte, damit dieser Millionär der Familie erhalten blieb, daß Sophia von früh bis abends im schönsten Kleid dasitze, um immer hübsch auszusehen, wenn Schliemann kam.

Es war bei den Engastromenos üblich, daß die Töchter schon ab dem dritten Lebensjahr im Haushalt zu helfen hatten. Jede bekam eine Aufgabe. Mutter Victoria machte besonders aus dem sonntäglichen Mahl eine Wissenschaft, und so brauchte sie allein schon eine Stunde, um mit den Töchtern die Zubereitung eines besonders delikaten Bratens zu besprechen. Schon seit sie denken konnte, wußte Sophia, daß die Nahrung etwas war, was man in Ehren halten und daher auch mit großer Sorgfalt zubereiten mußte. Und so war der Eßtisch immer der beliebteste Platz in ihrem Heim. „Genieße die Zeit des Kochens, Sophia", hatte die Mutter vor wenigen Tagen gesagt, „du wirst dieses Vergnügen nicht mehr lange haben."

„Warum?" hatte sie erstaunt gefragt.

„Weil du einen reichen Mann bekommst. Männer wie Schliemann haben Köchinnen, brauchen die Frauen für ihre Welt."

Sie wollte schon fragen, was Mutter mit ‚ihre Welt' meinte, dann ahnte sie, daß sie ja die Gefährtin, die Helferin bei vielen archäologischen Arbeiten werden würde.

Es war am 6. September 1869, als Sophia von Schliemann ein Geschenk und einen Brief bekam, in dem er bat, ihre Eltern zu fragen, ob es eine Möglichkeit für ihn gäbe, sie alleine zu sprechen. „Wir müssen uns kennenlernen", schrieb er weiter, „und in Gegenwart vieler Menschen ist das unmöglich. Die Ehe ist die großartigste aller Institutionen, wenn sie sich auf Respekt, Liebe und Tugend gründet. Sie wird jedoch zu einer drückenden Knechtschaft, wenn sie nur auf materiellen Interessen oder sexueller Anziehung beruht. Wenn die Sitten in Athen es mir nicht gestatten, Sie des öfteren allein mit Ihren Eltern zu sehen, um Sie gut kennenzulernen, muß ich Sie bitten, nicht mehr an mich zu denken, denn ich möchte nicht blind in eine zweite Ehe gehen."

Sophia verstand Schliemann und verstand ihn auch wiederum nicht. Es war einfach nicht möglich, daß sie sich alleine mit ihm traf, auch wenn sie ihre Freundin Benatha gebeten hätte mitzugehen, wäre das ein grober Verstoß gegen die Sitte und Moral gewesen.

Sie wurde aus ihren Grübeleien gerissen, da Schliemann die weitere Initiative übernommen hatte. Ein Bote hatte einen Brief abgegeben, in dem er schrieb: „Können Sie und Ihre verehrte Frau Mutter heute um Viertel vor zwei zum Bahnhof kommen? Sie werden dort Herrn Lamprides und seine ehrenwerte Gattin antreffen, und wir wollen alle zusammen nach Piräus fahren. Dort werden wir ein Boot mieten und ein Weilchen segeln."

Als Vater nach Hause kam, sagte er: „Natürlich müßt ihr die Einladung annehmen. Und, Victoria", befahl er, „sorge dafür, daß Sophia und Herr Schliemann an einem Ende des Bootes ungestört miteinander reden können. Unterhalte dich am anderen Ende mit Herrn und Frau Lamprides. Wenn du es nicht fertigbringen solltest, Sophia den Rücken zuzudrehen, sei so lieb und wende dich wenigstens zur Seite."

Auf dem großen Segelboot ergaben sich mehrmals Gelegenheiten, in denen Sophia und Schliemann im Heck ganz für sich saßen.

Zuerst erzählte er von sich, von seinen Reisen. Dann fragte er in gütigem Ton: „Fräulein Sophia, warum wollen Sie mich heiraten?"

Lag es an dem Wellengang, den Sophia nicht vertragen konnte? Ihr war übel, und nun stand diese Frage vor ihr. Wollte

40

sie diesen Mann überhaupt heiraten? Eine Stimme in ihr sagte deutlich: „Ja!" Sie sann darüber nach, wußte, daß sie es ihren Eltern schuldig war, Heinrich Schliemann zu heiraten. Dann erinnerte sie sich der Frage, warum sie ihn heiraten wolle. Die beginnende Seekrankheit nahm ihr fast die Kraft, ausführlich und höflich zu sprechen. Sie schluckte mehrmals, um sich nicht in diesem Augenblick übergeben zu müssen, antwortete nur tapfer und ehrlich: „Weil meine Eltern es wünschen!"

Sie sah, wie Schliemann zunächst erbleichte, dann rötete sich sein Gesicht, er wurde zornig und laut; heftig sagte er: „Ich bin bestürzt, Fräulein Sophia. Das ist die Antwort eines unreifen, nicht eines gebildeten Mädchens. Sie müßten wissen, daß Sie, wenn wir heiraten würden, bei vielen Ausgrabungen dabeisein und wir in unserer Liebe zu Homer glücklich werden." Dann schwieg er, sah grimmig auf die tanzenden Wellen, die sich immer mehr mit Gischt krönten. Kam ein Unwetter auf?

Sophia wurde immer übler. Sie kämpfte um ihre Würde, es durfte nicht sein, daß sie vor seinen Augen an die Reling lief, sich darüber beugte und übergab. Sie schloß die Augen, drückte eine Hand an die Lippen, wehrte sich gegen den Brechreiz und rief sich innerlich ununterbrochen ein „Nein!" gegen das Übergeben zu.

Sie war in Not, hörte wie aus weiter Ferne Fragen. Schliemann wollte wissen, ob es wirklich nur der Wunsch der Eltern wäre, daß sie ihn heirate. Sie sann darüber nach, wußte, daß sie eine gute Tochter war und bestimmt auch eine gute Ehefrau werden würde.

Wieder fragte Schliemann, ob es keinen anderen Grund gebe, seine Frau zu werden.

Konnte sie ihm sagen, daß sie ihn wegen seiner Liebe zu Griechenland bewundere, wegen seiner Bücher, wegen seiner Absicht, einmal Troja zu finden?

Erneut quälte sie ein starker Brechreiz. Als sie ihn überwunden hatte, fühlte sie sich etwas wohler, und so sagte sie scheu: „Ich bewundere Sie, weil Sie reich sind. Das alles haben Sie mit eigener Kraft erreicht, ohne ein Studium, ohne irgendeine Unterstützung." Sie sah ihn nun stolz und anerkennend an.

Einen Atemzug später erkannte sie, daß sie erneut falsche Worte gebraucht hatte, denn das Gesicht Schliemanns erstarrte. Mit leiser, fast gebrochener Stimme fragte er: „Sie wollen mich heiraten, weil ich reich bin, nicht wegen menschlicher Werte? Unter diesen Umständen ist es mir leider unmöglich, mich noch länger mit Ihnen zu unterhalten. Ich werde mich bemühen, nicht mehr an Sie zu denken."

Er wandte sich ab und befahl, zum Hafen zurückzukehren.

Sophia erlebte zum erstenmal, wie sich die Mutter bemühte, nicht zu weinen. Heinrich Schliemann hatte sich in Piräus fast unhöflich verabschiedet und zu erkennen gegeben, daß er an weiteren Kontakten mit der Familie Engastromenos nicht mehr interessiert sei. Viele Hoffnungen der Mutter waren wie Wasser im Sand zerronnen. Als sie damals das Haus am Romvisplatz aufgeben und nach Kolonos ziehen mußten, litt Madame Victoria sehr, zeigte aber trotzdem Haltung und ertrug würdevoll die Armut. Jetzt aber fühlte sie sich gedemütigt. Alle würden nun erfahren, daß eine Tochter der Familie Engastromenos nicht für geeignet befunden wurde, Heinrich Schliemann zu heiraten.

Auch Sophia fühlte sich gedemütigt, es war ihr, als wäre in ihr etwas gebrochen; sie konnte nicht mehr essen, vermochte kaum noch zu schlafen. Was sie besonders schmerzte, war das Wissen, daß ihre Antworten kindlich, nein, sogar kindisch gewesen und genau jene Worte waren, die einen Mann wie Schliemann tief verletzen mußten. Sie wußte nun auch, daß dieser Mann, sensibel und stolz wie er war, eine griechische Frau brauchte, weil er die Kraft für die Erforschung ihrer Heimat nur aus der tiefen Hingabe einer griechischen Geliebten schöpfen konnte. Ja, Heinrich Schliemann brauchte eine griechische Liebe. Und dann erinnerte sie sich, wie jung, wie lebendig, wie glücklich er aussah, wenn er erzählen durfte, was er alles für Griechenland tun wollte. Er liebte ihre Heimat. Hatte sie nicht die Pflicht, ihm als Griechin und als seine Frau für diese Liebe zu danken?

„Wie aber dankt man für Liebe?" fragte sie sich immer wieder, und viele Stimmen in ihr antworteten: „Mit Liebe!"

„Kann man sich Liebe befehlen?" fragte sie sich.

Wieder drangen von allen Seiten Stimmen in sie. Die eine rief: „Man kann alles, wenn man will, richtig will!" Eine andere sagte eindringlich: „Die Liebe besiegt alles!"

„Wie komme ich zur Liebe?" bettelte sie vor der Ikone, vor der sie demütig kniete, betete und um eine Antwort rang.

„Der Preis deiner Liebe bist du selbst!" sprach es in ihr.

Als die Morgensonne ihr Zimmer ausleuchtete, dann die Bäume und Sträucher im Garten überflutete, wußte sie, was sie falsch gemacht hatte.

Bruder Alexandros war es, der sie am Frühstückstisch vor den Eltern und Geschwistern rügte: „Sophia, man sagt in Kreta: ‚Gott gibt den Vögeln Nahrung, aber er legt sie ihnen nicht ins Nest!' Du bist arm, wirst keine Mitgift erhalten, hattest jetzt Gelegenheit, einen Mann zu bekommen, der für viele ein Held ist. Mutter hat dich, weil du ihr Liebling bist, verhätschelt und damit verzogen. Du meinst, weil du hübsch bist, daß die heiratswilligen Männer an der Türe Schlange stehen. „Nein, meine liebe Schwester", sagte er hart, suchte dann die weiteren Worte und sprach, „sie werden nicht Schlange stehen, du mußt also schon etwas tun, wenn du nicht als verbitterte alte Jungfer durchs Leben gehen willst. Auch dir wird nichts geschenkt. Du hast", wieder stockte er, „dir und deiner ganzen Familie bei diesem Segelausflug alle Hoffnungen zerstört."

Sie lief aus der Küche, in ihr Zimmer, war mit sich und Schliemann unzufrieden. Warum mußte er diese Frage stellen, als ihr gerade übel war? Er als erfahrener Mann mußte doch gesehen haben, daß sie seekrank war. „Er verhielt sich plump!" rief sie vor sich hin, hielt sich an der Kommode fest, wagte nicht an das Fenster zu treten, weil sie spürte, daß ihr das Licht sofort die Wahrheit aufgezeigt hätte, daß sie sich dumm und unreif verhalten hatte.

Ein kretisches Sprichwort fiel ihr ein, das die Mutter oft gebrauchte: „Ein Geschehnis ungeschehen machen zu wollen, ist, als suchte man nach einem grünen Pferd!" Sie ging ruhelos auf und ab, haderte mit sich und sah ihre Zukunft in den dunkelsten Farben. Plötzlich stand Onkel Vimpos wie ein rettender

Engel vor ihr. Sie erzählte ihm alles und fragte dann verzweifelt: „Was soll ich tun?"

Seine Antwort zerriß ihr fast das Herz. „Schliemann will abreisen", sagte er düster. „Er sitzt einsam in seiner Suite im Hotel d'Angleterre, ist sehr betrübt. Du mußt ihn verstehen, Liebes. Wir sehen seine Erfolge, sehen nicht die Narben der zahlreichen Mißerfolge, der Demütigungen und Entbehrungen. Er war schon mit vierzehn Jahren Lehrling in einem kleinen Krämerladen und verkaufte dort über fünf Jahre Heringe, Milch, Salz, Kaffee, Zucker, Öl, Talglichter und Branntwein. Dann wurde er Schiffsjunge, das Schiff ging bei einem Sturm unter. Völlig mittellos fing er in Amsterdam an, fror, da der Winter angefangen hatte; er besaß nicht einmal eine schützende Jacke. Dann begann er, als Angestellter zu arbeiten, wohnte in einer elenden, unheizbaren Dachstube, verhungerte fast, weil er die Hälfte seines kleinen Einkommens für seine Weiterbildung ausgab. Ich könnte dir stundenlang erzählen, wie tapfer er sich hocharbeitete, wie er fast Tag und Nacht Sprachen lernte. Ich habe vor Heinrich Schliemann höchste Achtung, er verdient allen Respekt und auch alle Liebe. Bedenke, Sophia, er hat viel gelitten, und daher sollte man ihm auch vieles verzeihen."

„Ich soll mich bei ihm entschuldigen, ihm schreiben?" fragte sie verzagt.

„Das mußt du entscheiden."

Dann schrieb Sophia, sprach ihn mit ‚Lieber Herr Heinrich' an, sagte, wie schlecht sie sich verhalten habe. „Ich glaubte, das sei die Art, wie ein junges Mädchen sprechen müsse." Dann fügte sie hinzu, daß ihre Eltern sich freuen würden, wenn er zu Besuch käme.

Sofort kam die Antwort: „Reichtum trägt zum Glück der Ehe bei, darf aber nicht ihre einzige Grundlage sein. Die Frau, die mich nur um meines Geldes willen heiratet, wird bedauern, Athen verlassen zu haben, denn sie würde mich und sich selbst unglücklich machen."

Sophia und Schliemann schrieben sich immer wieder, und eines Tages bat sie ihn, wenn er wirklich Athen verlassen sollte, sie noch einmal in ihrem Elternhaus zu besuchen.

Es folgten Tage des Schweigens. Sophia konnte wieder nicht mehr essen, nicht mehr schlafen, versteckte sich, so daß man nicht ihre verweinten Augen sah. Dann brachte ein Bote einen Brief Schliemanns, in dem er schrieb, daß er wisse, daß ein so junges und hübsches Mädchen sich nicht in einen siebenundvierzigjährigen Mann verlieben könne. „Ich hatte geglaubt, daß eine Frau, deren Charakter vollkommen mit dem meinen übereinstimmt und die den gleichen leidenschaftlichen Hang zur Wissenschaft hat, mich achten könnte." Mit offenen Worten gestand er, daß er alles getan hätte, um ein guter Lehrer zu sein.

Nun mußte Sophia zugleich weinen und lachen. Dieser Weltmann, dieser erfolgreiche Kaufmann und dieser berühmte Archäologe brauchte nicht nur eine Frau, die hübsch und eine Griechin war, sondern auch eine Frau, die seine Liebe zu Homer teilen sollte. Sie versank in die kunterbuntesten Gedanken, wußte dann, daß sie, wenn sie von der *Ilias* und der *Odyssee* sprachen, glücklich waren, sich bestens verstanden und bereits begannen, gute Freunde zu werden.

Bischof Theokletos kam zu einem kurzen Besuch. Als Sophia ihn begrüßte, sah er sie nachdenklich an und erzählte, daß sein Freund Schliemann in den vergangenen Tagen mit vielen athenischen Mädchen und Frauen gesprochen habe, weil er — da ihn Sophia abgewiesen hatte — auf diesem Wege eine griechische Frau suche.

Jedes Wort drang wie eine Dolchspitze in das Herz Sophias, und als sie entsetzt den Papas anstarrte, lächelte er gütig und sagte warmherzig: „Tröste dich, er konnte bisher keine zweite Sophia finden, er will dich. Du mußt dich daran gewöhnen, daß dieser Mann ein Willensmensch ist, zugleich aber auch ein Träumer und ein Ästhet. Er kann in dieser Sekunde hart und schon in der nächsten Sekunde weich und sensibel sein."

Die Familie Engastromenos wagte kaum noch zu sprechen, Sophia ging wie traumwandelnd durch das Haus und den Garten. Dann kam ein Bote, verlangte die Eltern und teilte ihnen mit, daß Herr Heinrich Schliemann in den Vormittagsstunden zu einer Aussprache komme.

Sophia zog wieder das Kleid Katingos an, das sie bei seinem ersten Besuch getragen hatte. Es war immer schon zu groß, nun, da sie vor Kummer noch schlanker geworden war, hing es noch unschöner an ihr.

Sie sah aus dem Fenster, als ein Wagen vor dem Haus hielt. Schliemann sprang frisch und froh, als wäre nichts geschehen, aus der Kutsche, stand dann im Garten, plauderte mit den Eltern und Geschwistern, dabei hörte sie, daß er Doktor der Philosophie geworden war.

Vater verneigte sich höflich und sagte: „Das ist eine große Ehre für Sie, Herr Doktor Schliemann."

Dieser strahlte vor Freude. „Sie sind der erste, der mich mit diesem Titel anspricht." Dann sann er vor sich hin, sagte froh: „Es ging mir nicht um den Titel, aber ich brauche ihn, damit man mich mit meiner Arbeit ernst nimmt. Die Universitäten blicken meist mit Verachtung auf einen Autodidakten."

Während Sophia auf den Besucher zuging, hatte sie diese letzten Worte gehört und sagte fast kritisch, ihn dabei verteidigend: „Wenn Sie Troja entdecken werden, könnte das doch niemand abstreiten. Ihre Funde würden doch dann für Sie sprechen?"

„Sie kennen die Welt noch nicht, Fräulein Sophia, sie ist voll Neid und Streit. Der Doktortitel wird mir jedoch in der Weltöffentlichkeit helfen." Dann sah er sie fragend an. „Gestatten Sie, daß ich einen Augenblick mit Ihren Eltern spreche?"

Sie nickte nur und ging in die Küche, hantierte und wußte nicht, was sie tat. Vor innerer Erregung rang sie nach Atem. Ihr Herz klopfte, ihr wurde vor Angst so schwindlig, daß sie sich am Tisch festhalten mußte. Sie lauschte auf die Stimmen vor dem Fenster, hörte die der Mutter, die des Vaters und dann die Schliemanns, er bat die Eltern um die Hand ihrer Tochter Sophia.

Vater sprach von der Ehre, daß ein Mann von so hohem Ansehen seine kleine Sophia heiraten wolle. Mutter sprach von dem Glück, das sie ihrer Tochter vergönne, und daß man Sophia in ganz Griechenland beneiden würde.

Dann saßen sie alle im Garten, tranken Kaffee, und Sophia prüfte, ruhiger werdend, den Mann, dessen Frau sie nun werden sollte. Dieser saß gemessen, feierlich, würdevoll da und sprach mit den Eltern. „Ich liebe Ihre Heimat", sagte er. „Es ist in einigen Landschaften möglich, an dorischen Tempeln, römischen Brücken, byzantinischen Kirchen, mittelalterlichen Festungen und türkischen Minaretts innerhalb weniger Stunden vorbeizufahren. Was mir an Griechenland auffiel, war, daß sich frühere Kulturen vorwiegend mit dem Tod beschäftigten und ihre ganze Kunst darauf ausrichteten, während die Griechen sich voll dem Leben zuwandten, sich am Leben erfreuten, die Welt als schön und angenehm empfanden." Er trank gedankenverloren einen Schluck Kaffee, sagte dann, sah dabei Sophia zärtlich an: „Von allen Völkerschaften haben die Griechen den Traum des Lebens am besten geträumt."

Vater blickte wohlwollend und zugleich zufrieden auf den Besucher. „Sie werden wissen", begann er, „daß wir Griechen aus der Sippe leben. Das sind die Eltern, Geschwister, die Onkel, Tanten, Neffen und Nichten, aber auch die Enkel und Angeheirateten." Er lächelte etwas. „Zur Sippe gehören unter Umständen sogar Nicht-Blutsverwandte, wenn sie aus dem gleichen Geburtsort, Gebiet oder sogar der Provinz kommen. Vielleicht haben Sie es schon selbst festgestellt, daß, wenn sich zwei fremde Griechen treffen, sie zunächst versuchen festzustellen, ob sie nicht irgendwie entfernt verwandt sind oder mindestens mit einem der Verwandten bekannt sind."

Heinrich Schliemann nickte der Mutter herzlich zu, erhob sich dann, ging zu Sophia und überreichte ihr höflich ein Samtetui. „Gestatten Sie mir, Fräulein Sophia", sagte er feierlich, „daß ich Ihnen ein kleines Geschenk überreiche."

Das Etui enthielt einen herrlichen Ring mit einer prachtvollen, leicht cremefarbenen Perle. Sophia dankte mit den Augen, konnte vor Erregung nicht sprechen.

„Fräulein Sophia", sprach Schliemann weiter, „nachdem Ihre Eltern bereits die Einwilligung gaben, bitte ich Sie mit diesem Ring, meine Frau zu werden."

Vor sechzehn Tagen hatte sie Heinrich Schliemann zum erstenmal gesehen. Nun bat er um ihre Hand. Sie sah ihn irgendwie befreit und froh an. Die Unruhe der letzten Tage, die seelische Belastung und die spöttischen Augen der Nachbarn gab es nicht mehr. Gut, sie wußte, daß es nicht leicht sein würde, Frau und Gefährtin dieses sensiblen Mannes zu sein, doch diente er einer schönen, hohen Aufgabe. „Einen Menschen, den man lieb hat, und eine große Idee, die die Seele ausfüllt, was braucht man mehr?" flüsterte eine Stimme in ihr.

Sie wußte, daß es mit Heinrich Schliemann viele helle Tage geben, alles Licht sie erfüllen und wärmen würde. Sie war sich aber auch darüber klar, daß es trübe Tage geben konnte, wo alles verhangen war, in Leid und Nebel getaucht. Sie würde nun Frau Schliemann werden, das mit allen Konsequenzen.

,Was ist eine Ehe?' fragte sie sich. Eine Stimme in ihr antwortete: ,Ein Mann, eine Frau, einige Kinder, einige Dinge zum Essen und zum Schlafen. Es ist wie am Anfang der Schöpfung. Und von der Schöpfung bis heute ist es immer so: ein Mann, eine Frau mit ein paar Kindern und einigen Dingen im Hause der Ehe. Reiche wurden gegründet und zerstört. Massen von Menschen füllten den Boden der Erde an und verschwanden wieder unter ihm. Sintfluten kamen, und wieder gab es eine neue Erde. Immer standen in der gleichen Weise nebeneinander: ein Mann, eine Frau mit den Kindern und den paar Dingen im Hause der Ehe. Immer wieder konnte man hierhin zurückkehren, immer konnte man hier anfangen.'

Als Schliemann gegangen war, wußte Sophia, daß in sechs Tagen die Hochzeit stattfinden würde. Die Tage vergingen, als wären sie Stunden und die Stunden Sekunden. Schliemann hatte gebeten, daß sie sich nur das Notwendigste kaufe, nur das, was sie für die Hochzeitsreise brauche. Sie würden einige Zeit in Messina, Neapel, Rom, Florenz und Venedig verbringen. In Paris erwarte sie an der Place St. Michel Nr. 6 eine geräumige Wohnung, und dann könnte sie sich ihre gesamte Garderobe von den besten Firmen entwerfen und anfertigen lassen.

Schliemann kam nun täglich, hatte immer einige Ratschläge und Bitten. Unbedingt sollte Sophia mehrere Paar bequeme Schuhe besitzen, damit sie mit ihm durch die Straßen, Kirchen und Museen wandern könne.

Die Mutter schmückte das Haus, den Garten, machte Einkäufe in Athen und sah an einem Vormittag verwirrt auf den Briefumschlag, den ihr Schliemann, als er sich verabschiedete, gegeben hatte. Als sie ihn öffnete, enthielt er einige Zeilen mit der Bitte, sie möge so freundlich sein und für das beigefügte Geld seiner zukünftigen Frau Unterkleidung und Strümpfe kaufen.

„Unterwäsche und Strümpfe?" fragte sie laut und sah etwas schockiert Sophia an. „Was für ein seltsamer Mensch", murmelte sie. „Wenn er den Wunsch hat, daß du gut gekleidet bist, warum dann Geld für Unterkleidung und Strümpfe?"

Zuerst war auch Sophia verblüfft, dann lachte sie laut. „Mutter, so ist er eben. Er drückt sich in Dingen, die ihm nicht ganz liegen, falsch aus. Siehst du nicht, für das Geld können wir einige der schönsten Kleider kaufen?"

Kam Schliemann kurz für einen Besuch, versuchte der Vater ihn zu unterhalten, ihm Griechenland und den griechischen Menschen zu schildern. Da er wußte, daß Schliemann gerne den Doktortitel hörte, sprach er ihn auch mit diesem an.

Die ganze Familie, besonders Sophia, staunte, als Schliemann eines Tages Georgios Engastromenos bat, mit ihm zu einem Notar zu gehen, um ein Dokument zu unterzeichnen. Alle rechneten damit, daß es ein Ehevertrag sein würde, doch wurde nur eine Verzichterklärung protokolliert.

„Eine Verzichterklärung?" fragte Sophia erschrocken.

Der Vater nickte. „In dem Dokument mußte ich mich damit einverstanden erklären, daß du zu Lebzeiten Schliemanns wie auch nach seinem Tod keinerlei Anspruch auf sein Vermögen haben würdest, außer, wenn dein Verhalten ihm gegenüber so sei, daß er es für gerechtfertigt halte, dir in seinem Testament etwas zu hinterlassen."

Sophia war verblüfft, die Mutter empört, Alexandros sagte sarkastisch: „Wie kann man eine Frau enterben, die man erst heiraten will?"

Georgios Engastromenos senkte sorgenvoll den Kopf. „Er kennt doch bestimmt meine finanzielle Lage. Warum hilft er mir nicht, warum zeigt er sich seiner neuen Familie gegenüber nicht großzügiger?"

Sophia fühlte sich verpflichtet, Schliemann wieder zu verteidigen. „Bei uns denkt man in Familie, in Sippe, da hat der Bruder für die Schwester und dort der Onkel für die Nichte einzutreten. Er kommt jedoch aus einem anderen Land, wo man dieses Sippendenken nicht kennt. Er ist großzügig, Onkel Vimpos sagte das. Für ihn existiere vorerst nur ich."

„Das sieht man an dem Vertrag beim Notar, wo er dir ein Erbe abspricht", sagte Alexandros bitter.

„Bedenkt, er ist Geschäftsmann; gäbe es bei ihm nicht finanzielle Grenzen, wäre er wohl nie Millionär geworden."

„Die Ehe ist aber kein Geschäft", flüsterte Madame Victoria kritisch vor sich hin, dachte in diesem Augenblick wohl nicht daran, daß sie an dem Millionärsschwiegersohn einige kommerzielle Interessen hatte.

Am Tag vor der Hochzeit kam Georgios Engastromenos zu seiner Tochter und gestand, daß er kein Geld mehr habe und daher nicht in der Lage sei, die Priester, die Kirche und deren festliche Ausschmückung sowie für besondere Dienste zu bezahlen.

„Du hast kein Geld mehr?" fragte Sophia kleinmütig.

„Nein. Alles, was ich hatte, gab ich deiner Mutter."

Sophia schwieg, wußte nicht, was sie antworten sollte. Der einzige Ausweg war, daß sie Schliemann bat, ihr den notwendigen Betrag zu geben.

„Wieviel brauchst du, Vater?"

„Dreihundert Drachmen." Nach einer Weile setzte er hinzu, daß es Bräutigame gebe, die freiwillig alle Unkosten der Verehelichung übernehmen würden.

Es war für Sophia ein schwerer Gang, und als sie Schliemann um die dreihundert Drachmen bat, sah er sie prüfend und fragend an, zögerte, gab ihr aber dann wortlos das erbetene Geld.

Am 24. September 1869 fand die Hochzeit statt. Sie war für den kleinen Athener Vorort Kolonos ein großes Ereignis. Von allen Seiten kamen die Verwandten und Besucher. Viele trugen ihre Nationaltracht. Es war ein schönes Bild. Der Tag war hell und freundlich, die gestickten Blusen mit den weiten, reichverzierten Ärmeln leuchteten im Licht der Sonne. Rote Mützen, blaue Mieder, weiße reichbestickte Röcke glänzten, und die Frauen trugen ihren Schmuck. Der Agios-Meletios-Platz war festlich hergerichtet. Wimpel flatterten, die Häuser waren beflaggt, die Tische der Tavernen mit Blumen dekoriert.

Benatha war schon am Vormittag gekommen, sah wie ein Engel aus, der, wohin er auch schritt, Liebe und Freude verbreitete. Ihr Gesicht strahlte in einer inneren und äußeren Schönheit, ihre Lippen waren die einer Braut, die auf die ersten Küsse warteten.

„Benatha, es ist schön, daß du bei mir bist", dankte Sophia und setzte sich immer wieder, als wäre sie erschöpft, auf einen Stuhl.

„Du wirst glücklich werden", sagte Benatha.

„Warum glaubst du das?"

„Du hast die Gabe, einen Mann glücklich zu machen, und damit wirst auch du glücklich sein."

Als Sophia sie wieder verzagt ansah, nahm Benatha sie in die Arme. „Dein Mann will etwas Großes, etwas sehr Schönes vollbringen. Deine wichtigste Aufgabe wird es sein, ihm die Kraft zu geben, die er zur Vollendung seines Werkes braucht. Sei tapfer, damit dein Mann tapfer sein kann. Sei weise, damit dein Mann weise sein kann."

Bei Einbruch der Dunkelheit schritt Sophia in ihrem Brautkleid langsam über den Platz zur Kirche. Panajotis, der jüngste Bruder, trug die Schleppe ihres Kleides. Von allen Seiten grüßten Verwandte und Bekannte. Da waren die Schwestern, die Tanten und Kusinen, dort die Männer und Freunde der Familie. Hans Schneider, ihr „Onkel Jannis" der Jugendzeit, stand am Eingang der Kirche, nahm sie herzlich in die Arme und küßte sie auf beide Wangen. Emmanuel Roidis stand neben ihm, auch Alexandros Theodokas; Stelios Sikelianos, der Freiheitskämpfer, humpelte heran und küßte sie auch.

Bei den Frauen stand ihre beste Freundin Benatha, neben ihr waren Irene Oekommidu und Maria Kotopuli, die mit ihr die Schule besucht hatten. Bei den Männern sah sie auch Lehrer wie Domenikus Thompolos, Thomas Vassilius, Nikos Drossis und Manolis Dimakis.

Sophia trug eine Korallenkette, die ihr Schliemann geschenkt hatte, und stolz drückte sie das große Brautbukett aus roten Rosen an die Brust.

Dann sah sie ihn. Er stand am Eingang der Kirche, trug einen schwarzen Gehrock mit schwarzer Hose, ein gestärktes weißes Hemd mit weißer Krawatte, weiße Handschuhe und hielt in der linken Hand einen schwarzen Zylinder.

Als Sophia in die Kirche trat, begann ein Traum. Der Duft von Weihrauch empfing sie, die Bilder der Ikonostásion (Ikonostase) strahlten, überall waren Blumen gestreut. Die Ikone des heiligen Meletios stand in einem Blütenmeer, überall grüßten Dahlien, Chrysanthemen und Margeriten. Auf den Stufen, die zur Heiligen Tür führten, standen Vasen mit Gladiolen.

War das alles Wirklichkeit? Viele Kerzen brannten, sie rochen nach Honig und echtem Wachs. Lang, dünn und gelb steckten sie auf Leuchtern und auf Dornen in Blechgestellen.

„Hier wohnt Gott", flüsterte Sophia, „hier wohnt der Friede!" Weihrauch wogte hoch. In einer Ecke standen drei Männer und sangen.

Auf Sophias und Schliemanns Kopf wurden Kränze aus frischen Blüten gelegt, die man dreimal auswechselte. Der Vorsänger stimmte einen Hymnus an, die Gemeinde betete, dann las der Bischof das Evangelium vor.

Die Gedanken Sophias wanderten weit weg, zurück in ihre Kindheit. Sie sah ihre Eltern, die Geschwister, Onkel Jannis und die Freundin Benatha. Auf einmal hörte sie die Worte des Bischofs: „Seid fruchtbar, mehret Euch, füllet die Erde und macht sie Euch untertan..., darum wird ein Mann Vater und Mutter verlassen und an seinem Weibe hangen, und sie werden sein *ein* Fleisch..., und was Gott zusammengefügt, soll der Mensch nicht scheiden...!"

Immer wieder, unzählige Male, formte die rechte Hand des Bischofs Kreuzzeichen, dann trat er, laute Anrufungen sprechend, auf das Brautpaar zu, segnete es erneut.

Wie aus weiter Ferne sah Sophia die Segnung der Ringe. Dann reichte er sie ihnen feierlich. Schliemann steckte einen Ring an Sophias Finger, und sie tat es bei ihm.

Ein Papas bot ihnen Wein, und Sophia trank mit ihrem Mann aus dem gleichen Kelch, um damit anzudeuten, daß sie alle Freude und alles Leid miteinander teilen würden.

Erneut jubilierte der Chor. Frauen schluchzten, dann beteten sie alle, und der Bischof las wieder aus dem Evangelium: „Herr, unser Gott, sende deine Gnade herab vom Himmel auf diesen deinen Diener Heinrich Schliemann und deine Dienerin Sophia Engastromenos. Mache, daß dieses Mädchen dem Mann gehorche, deinem Diener, der der Frau voransteht... segne sie..., beschütze sie...!" Dann erklärte er sie für Mann und Frau.

Während die Männer einen weithin hallenden Hymnus auf Gott sangen, Kinder Blütenblätter und Süßigkeiten auf den Boden streuten, schritt Schliemann mit seiner Frau langsam aus der Kirche. Jeder Mann, jede Frau wünschte ihnen Glück, und oft drückten sich tränennasse Gesichter und kratzige, nach Ouzo und Knoblauch riechende Bärte an ihre Wangen.

Sophia wußte, daß eine Hochzeitsfeier in ihrer Heimat ein Fest für alle war. Nicht nur für die Verwandten, die Nachbarn, die Bewohner der Umgebung, nein, weithin für Stadt und Land.

Marigo reichte Gebäck und Süßigkeiten. Lange Tische waren gedeckt mit Salaten, Pasteten, frischen Muscheln und kleinen geräucherten Fischen. Dann brachte man gebackene Hühner und Gänse, am Spieß drehten sich Lämmer und Spanferkel. In großen Kannen stand der Ouzo auf den Tischen, und in den Fässern war bester Wein. Überall hörte man Lachen, sah Freude; überall saßen und standen sie, aßen und tranken.

Als Sophia in ihr Zimmer ging, um sich umzuziehen, sah sie die vielen Gäste. Waren es zweihundert, waren es mehr? Dann fragte sie sich, ob Vater das alles bezahlen konnte. Sie selbst würde morgen auf einem Luxusdampfer sein, die schöne weite Welt erleben, und hier ließ sie Eltern zurück, die, um die Bewirtung der Gäste bezahlen zu können, lange Monate hungern mußten. Durfte sie das alles annehmen?

Als sie ihren Vater sah, eilte sie zu ihm und fragte ihn, ob er diese Ausgaben je begleichen könne? Seine Antwort war erschütternd: „Nein. Das alles kostet genau 1600 Drachmen..."

„Warum tust du das? So viele Gäste, der Ouzo, der Wein, die Süßigkeiten, die Hühner, Spanferkel und Lämmer?"

„Die Leute sollen nicht glauben, wir seien arm!"

Und so ging sie zu ihrem Mann, sie konnte nicht anders. „Mein lieber Heinrich", sagte sie tapfer, „es tut mir weh, daß ich dich heute schon wieder um Geld bitten muß. Mein Vater hat sich mit der Bewirtung restlos übernommen, du weißt, daß es ihm geschäftlich nicht gut geht. Bitte hilf ihm, ich verspreche dir, daß ich dich nie wieder um etwas bitten werde."

Sie sah, wie ihr Mann blaß wurde, plötzlich wieder alt und müde wirkte. Nach einigen tiefen Atemzügen sagte er gütig, aber hart: „Du, Sophia, als meine Frau, kannst mich um alles bitten — für dich. Ich will aber nicht deinen Vater finanzieren, möchte nicht von ihm ausgenützt werden."

Sie erschrak und wurde traurig. „Heinrich, mein Vater ist ein Ehrenmann. Er wollte heute nur aus Liebe zu mir so großzügig sein."

„Was kostet die Bewirtung?"

„Sechzehnhundert Drachmen", antwortete sie schüchtern.

Schliemann machte ein mürrisches Gesicht, holte seine Geldtasche, zählte genau 1600 Drachmen ab und gab sie ihr.

Sie beugte sich zu ihm. „Danke, du bist sehr großzügig."

Ironisch sagte er: „Aber nicht jeden zweiten Tag!"

Sie wohnten in einer Suite auf dem Luxusdampfer ‚Aphrodite', der bereits um Mitternacht von Piräus abfuhr. Die erste Zwischenstation sollte Messina sein.

Schliemann mied alle Kontakte mit anderen Passagieren, wollte Sophia für sich allein haben. Das Wetter war klar und herrlich, und so saßen sie oft im Windschatten der Aufbauten und unterhielten sich. Sophia war voll von tausend Fragen, und Schliemann drängte es, ihr sein bisheriges Leben zu zeigen.

„Wie kommt es eigentlich, Heinrich, daß du dich so für Archäologie interessierst? Dein Vater war doch Pastor?"

„Ja, aber er hatte immer schon ein leidenschaftliches Interesse für die Geschichte des Altertums. Oft erzählte er mir mit großer Anteilnahme vom Untergang von Herculaneum und Pompeji und schien denjenigen für den glücklichsten Menschen zu halten, der Mittel und Zeit genug hatte, die Ergebnisse der Ausgrabungen, die dort vorgenommen wurden, zu besichtigen. Oft erzählte er mir auch von den Taten der Homerischen Helden und den Ereignissen des Trojanischen Krieges. Mit Betrübnis vernahm ich, daß Troja gänzlich zerstört wurde. Weihnachten schenkte mir mein Vater, ich war damals kaum acht Jahre alt, das Buch ‚Die Weltgeschichte für Kinder‘. Darin war eine Bildseite, die zeigte, wie Troja brannte und der fliehende Äneas den Vater Anchises auf dem Rücken trägt und den kleinen Askanios an der Hand führt. Ich war von dem Buch begeistert und wollte von meinem Vater die verschiedensten Dinge wissen. So fragte ich ihn, ob dieses Troja wirklich so starke Mauern gehabt habe, wie es das Bild zeige. Er bejahte es. Meine Antwort war, daß ich sagte, wenn es einmal solche Mauern gab, können sie nicht ganz vernichtet sein, sondern sie müßten tief in der Erde ruhen, unter dem Staub und Schutt von Jahrhunderten. Als er nicht daran glaubte, sagte ich ihm, daß ich einmal Troja ausgraben werde.“

„Konnte dein Vater griechisch?“

„Nein, aber im Lateinischen war er gut bewandert und benutzte jeden freien Augenblick, um mich darin zu unterrichten. Als ich kaum neun Jahre alt war, starb meine Mutter; es war für mich ein unersetzlicher Verlust, da ich sehr an ihr hing. Um mich zu trösten, schickte mich mein Vater zu seinem Bruder, der die Pfarre des kleinen Dorfes Ankershagen in Mecklenburg innehatte. Hier hatte ich das Glück, einen so guten Lehrer zu bekommen, daß ich Weihnachten 1832, also im Alter von rund zehn Jahren, meinem Vater als Weihnachtsgeschenk einen lateinischen Aufsatz über die Hauptereignisse des Trojanischen Krieges und die Abenteuer des Odysseus überreichen konnte. Dann kam mein Vater in Schwierigkeiten, und so wurde ich mit vierzehn Jahren Lehrling in einem kleinen Krämerladen.“

Er schlug abwehrend mit der Hand durch die Luft. „Weg mit der Vergangenheit, sie ist doch meist nur Ballast.“ Er sann vor sich hin, blickte dann wieder auf Sophia: „Sie ist aber auch manchmal ein Gewinn.“

Als sie ihn fragend ansah, sagte er herb: „Du weißt, daß ich in St. Petersburg verheiratet war. Die Ehe war ein Fiasko. Meine Frau sah nur mein Geld und nicht mich. Ich war nur ein lästiges Anhängsel. Und...", er schwieg.

„Ja, Heinrich?"

„Und es war notwendig, daß es dieses Fiasko gab, denn ich reifte daran. Es ist keine Floskel, wenn ich sage, daß mir diese russische Frau erst die Augen öffnete, um zu wissen, wen ich brauchte, wer zu mir paßte, daß all mein Tun auch einen Sinn hat und ein Ziel findet. Ohne Katharina Petrowna Lyschin", er sprach jeden Namen artikuliert und bitter aus, „hätte ich nicht jene Sehnsucht in mir gehabt, die mich zu dir führte. Ohne Katharina gäbe es dich für mich nicht. Sie schuf, es klingt komisch, dich. Wenn ich ehrlich bin, habe ich ihr eigentlich dafür zu danken."

Er lachte sarkastisch und sagte: „Auch Ehejahre können Lehrjahre sein. Du wirst mein Verhalten dir gegenüber in Athen als eigenartig empfunden haben, aber so wird man eben, wenn man Tag für Tag, das mehrere Jahre hindurch, nur Finanzier kostspieliger Eskapaden ist. In jedem Menschen wohnt eine eigene Schuld und Unschuld!" Er sah gedankenverloren auf das Meer hinaus, tat, als sähe er nur die Wellen, die in einem eigenartigen Rhythmus hochtanzten und sich dann in einer bestimmten Folge überschlugen und Schaumkronen zeigten. „Sophidion", sagte er zärtlich und etwas mahnend, „merke dir, es gibt kein Gutes ohne mögliches oder wirkliches Böses, keine Wahrheit ohne Falschheit, ein Leben nicht ohne Tod; Glück ist — das ist leider so — an Schmerz gebunden, ist ein Verwirklichen von Wagen und Verlieren!"

Dann war es, als wache er aus einem Traum, der ihn bedrückte, auf. „Lassen wir das, Sophidion, erzähle mir von dir, etwas aus unserem Griechenland, aus unserem Athen."

„Wir Griechen sind gerne froh, feiern sehr die kirchlichen Feste. Du wirst wissen, daß für uns das Osterfest etwas sehr Schönes ist. Für euch Nordländer ist die Geburt Christi nahe. Für uns ist die Tatsache, daß ein Mensch geboren wird, etwas Selbstverständliches. Sie ist natürlich ein Ereignis, auf das jede Familie mit Freude wartet. Kaum einem Volk, dem das Singen, Tanzen und Lachen so im Blute liegt, ist der Tod Christi so schmerzlich wie dem griechischen. Und so wird das Osterfest überall festlich begangen, es ist für uns das ‚Fest aller Feste‘, der ‚Freudentag aller Freudentage‘. Es ist das größte und bedeutendste Fest der orthodoxen Kirche, und es ist ausgefüllt von tausend liebenswerten Handlungen, malerischen Bräuchen, einem entzückenden folkloristischen Schmuckwert und einer religiösen Innigkeit, wie man sie nur bei einem Volk erwarten kann, dem das Leben viel Freude macht."

„Man macht in der Wissenschaft oft den Fehler", sagte Schliemann grübelnd, „daß man verschiedene Worte aus der russischen in die griechische Orthodoxie übernimmt, obgleich die griechische ihre eigenen Namen für alles besitzt. Es ist richtig, daß du die Ikonostase mit Ikonostásion bezeichnest. Richtig ist auch, daß der Pope (Mönch, Priester) bei den Griechen Papas und im Plural Papades heißt."

Sophia war stolz, daß ihr Mann diese Unterschiede kannte, und fühlte sich wieder in ihm geborgen. Immer mehr hatte sie den leidenschaftlichen Wunsch, Duft und Farbe jedes Erlebnisses zu kennen, das ihr Mann je gehabt hatte, über jede Stunde seiner Kindheit Bescheid zu wissen. Um ihn weiter zu ‚entdecken‘, ihn in seinem Wesen zu ‚erkennen‘, hatte sie oft die naivesten Fragen.

„Heinrich, du sprichst Lateinisch, Griechisch, Englisch und Französisch. Wie machst du das nur, ich gestehe, daß mir eine Fremdsprache schwerfällt."

„In Amsterdam lernte ich nach eigener Methode Englisch, Französisch, Holländisch, Spanisch, Portugiesisch, Italienisch und Russisch." Er sann kurz nach. „In Kalifornien, es war um 1850, lernte ich Chinesisch, in St. Petersburg — es dürfte um 1853 gewesen sein —, befaßte ich mich mit Schwedisch, Dänisch, Polnisch und Slawonisch. 1856—1857 lernte ich Neu- und Altgriechisch, ein Jahr später Arabisch. 1865 befaßte ich mich mit Hindustani und schrieb mein erstes Buch mit dem Titel ‚La Chine et le Japon au temps présent‘. Es erschien in Paris. Während ich von 1866 bis 1869 dort Altertumswissenschaften studierte — die sich in drei Teilbereiche gliederten: in Geschichte, Philologie und Archäologie —, lernte ich Persisch."

„Das müßte aber nun reichen", lachte Sophia.

Er schmunzelte zurück: „Nein, Sophidion. Wenn ich Troja ausgraben will — wozu ich deine Hilfe sehr brauche —, muß ich auch die türkische Sprache beherrschen, sonst wird alles nur eine halbe Geschichte. Und", er sah sie ernst an, „ich bin nicht für Halbheiten."

„Du mußt ein einmaliges Sprachgefühl haben", bewunderte sie ihn. „Ich weiß nicht", wehrte er ab, „was ich vielleicht habe, ist mein Willen, meine Energie. Als ich erkannte, daß ich beruflich nur weiterkam, wenn ich Englisch konnte, ließ mich die Not, in der ich lebte, eine Methode ausfindig machen. Sie war einfach, bestand zunächst darin, daß ich sehr viel laut las und täglich mindestens eine Stunde Ausarbeitungen über mich interessierende Gegenstände niederschrieb. Ich lernte alles auswendig, nahm mir einen Lehrer, der meine Aussprache und Aufsätze korrigierte, aß dafür morgens nur einen Roggenmehlbrei. Ich arbeitete ununterbrochen. Die meisten Sprachen lernte ich innerhalb von sechs Wochen. Jede Sprache — das war auch mein Wille — konnte ich fließend sprechen und schreiben. Du siehst, Sophidion, wenn man will, richtig will, schafft man vieles. Und dann begann ich, weil ich inzwischen vermögend geworden war, mit meinen Reisen."

Er sah auf Sophia, seine Gedanken irrten über das Schiff, die anderen Passagiere, das Meer, und trotzdem sah er ihr hübsches Gesicht und fühlte ihre Wärme. Sein ganzes Wesen zeigte Stolz, Freude und Glück.

Dann begann Sophia, wieder von ihrer Jugendzeit zu sprechen, über die Eltern, Geschwister und ihre beste Freundin Benatha. „Was ich von Mutter ungeheuer tapfer fand", erzählte sie und fühlte sich in dem Wissen, daß ihr Mann sich dafür sehr interessierte, erneut geborgen, „war, daß sie kein Wort der Kritik hatte, als Vater das Haus am Romvisplatz und das Geschäft verkaufen mußte, wir nach Kolonos zogen. Sie war für uns weiterhin ‚Madame Victoria', eine Frau, die auf sich achtete. Mutter zauberte, ohne daß sie darüber viele Worte verlor, aus einfachsten Zutaten gute Mahlzeiten. Vater war nun nur noch Pächter seines Textilgeschäftes, die Gewinne waren klein, und Mutter bemühte sich sehr, daß wir trotzdem ordentlich gekleidet waren."

Er nickte mehrmals. „Ich glaube, Liebes, daß der Mensch das Leid braucht, weil er nur daran reift. Einmal mußte ich meine einzige Jacke verkaufen, um mir eine wollene Decke anzuschaffen, da ich nachts in meinem ungeheizten Zimmer sehr fror. Dann die Ehe in St. Petersburg, dann..., ach, Sophidion, ich könnte dir viele Tage und Wochen lang erzählen, wieviel Mißgeschick ich erlebte." Er stand erregt auf und ging einige Schritte auf und ab. „Ja, dann begann ich meine Reisen. Komisch, ich sehnte mich nach Griechenland und umkreiste es anfangs, fuhr nach Schweden, Dänemark und Amerika, tastete mich langsam, als hätte ich Angst, heran, besuchte Italien, Ägypten und Syrien. 1859 entschloß ich mich, von Athen aus nach Ithaka überzusetzen, aber es klappte nicht. 1864 war ich wieder auf dem Wege, das Vaterland des Odysseus und die Ebene von Troja zu besuchen, und erneut schob sich — es ist fast ein Mysterium — etwas anderes dazwischen, und ich machte eine Reise um die Welt, verschwendete meine Zeit, glaubte mit meinen zweiundvierzig Jahren noch unendlich viel Zeit zu haben, um all das zu tun, was ich vorhatte. Dann ging ich nach Paris, um Altertumswissenschaften zu studieren. 1868 machte ich eine Mittelmeerreise, besuchte Italien, Sizilien, und im Sommer kam ich endlich in das Vaterland der Helden, deren Abenteuer meine Kindheit entzückt und getröstet hatten. Ich war in Korfu, dem Land der Phäaken, fuhr dann mit dem Dampfboot der Hellenischen Gesellschaft nach Kephalonia. Mit einer Barke segelte ich nach Ithaka und befand mich nun im alten Königreich des Odysseus. Die Grotte der Nymphen war in der Odyssee so genau beschrieben, daß man sie nicht verfehlen konnte. Von den Ruinen auf dem Gipfel des Aétos war ich tief ergriffen. Ich sah die Reste des Palastes des Odysseus und las auf dem Feld des Laertes den 24. Gesang der Odyssee vor, und die Dorfbewohner waren begeistert, als ich die Verse von 205 bis 412 Wort für Wort in ihren Dialekt übersetzte." Er lachte und sagte: „Gleich hast du meinen Bericht überstanden. Dann reiste ich nach Korinth und Mykene, besuchte auch Tiryns. Im August fuhr ich mit einem Dampfboot von Piräus nach den Dardanellen, und als ich die Ebene von Troja betrat, standen mir vor Rührung die Tränen in den Augen. Es gibt Autoren, die den Hügel von Bunarbaschi als den Platz bezeichnen, wo einmal Troja stand." Wieder lachte und spottete er. „Ich fand dort weder Ziegel noch Keramik, so daß ich meine *Ilias* in die Hand nahm und die Landschaft — wie sie Homer beschrieb — mit der verglich, die vor mir lag. Und bald kam ich zu der Erkenntnis, daß Troja hier nicht sein konnte. Ich suchte und suchte, fand keine Spur. Zyklopische Bauwerke können aber nicht spurlos verschwinden. Ich fand Mykene und Tiryns. Überall, wo menschliche Wohnungen gestanden haben, gibt es Reste von Ziegeln und Töpferwaren. Es kostete mich einige Zeit, um den törichten und irrtümlichen Glauben einiger sogenannter Spezialisten ausrotten zu können, daß Troja auf den Höhen von Bunarbaschi gelegen habe. Erst um fünf Uhr abends verließ ich die kleine Zitadelle und stieg zum Skamander hinab und nahm mein Abendbrot ein, das nur aus Gerstenbrot und Flußwasser bestand. Das Brot war durch die Hitze so trocken geworden, daß ich es nicht brechen konnte; ich legte es eine Viertelstunde ins Wasser, wodurch es weich wurde wie Kuchen. Dann aß ich es mit Vergnügen und trank dazu aus dem Fluß. Das Trinken war beschwerlich; ich hatte keinen Becher und mußte mich jedesmal über den Fluß neigen, wobei ich mich auf die Hände stützte, welche bis zu den Ellbogen in den Morast einsanken."

„Heinrich, ich bewundere dich", unterbrach ihn Sophia und strahlte ihn stolz an. „Viele hätten aufgegeben. Es ist erstaunlich, was du für eine Zähigkeit und eine fast unverwüstliche Energie hast." Sie sah etwas bedrückt zu Boden. „Wenn du so weitermachst, bist du, der Ältere, jünger als ich."

Schliemann nahm sie wortlos in die Arme, küßte sie, sah einige Zeit auf den gleichmäßigen Wellengang und die hochspringenden Delphine. „Es war gegen zehn Uhr morgens", erzählte er weiter, „als wir auf ein Gebiet kamen, das weithin mit Keramikscherben und Trümmern von bearbeiteten Marmorblöcken bedeckt war. Die große Fläche des mit Siedlungsresten übersäten Feldes sagte mir, daß wir auf einem Platz waren, auf dem es einst eine große blühende Stadt gegeben haben muß. Bald erkannte ich, daß die Hochfläche von Hissarlik die Stelle ist, an der das alte Troja gestanden haben muß. Ich notierte mir alles, war mir darüber klar, daß ein Teil des Hügels abzutragen sei, um zu den Ruinen der Paläste und Tempel zu gelangen. Das, meine Sophidion, war mein erster Besuch in der Heimat des Odysseus, und voriges Jahr schrieb ich mein Buch ‚Ithaka, der Peloponnes und Troja‘."

Sophia war ergriffen, konnte nicht anders, küßte vor allen Passagieren ihren Mann und sagte glücklich: „S'agapo!" (Ich liebe dich!)

Sophia erlebte Messina wie im Traum. Sie war froh, daß ihr Heinrich geraten hatte, bequeme Schuhe zu tragen, denn stundenlang durchwanderten sie Museen, Kirchen und besichtigten Baudenkmäler; sie war eine dankbare Zuhörerin, wenn er ihr alles erklärte. Stolz erzählte er, daß sich hier schon ab dem 8. Jahrhundert vor Christus eine griechische Kolonie befand, und so suchten sie die Ruinen, die diese Vergangenheit bezeugten. Aus Messina schrieb sie an die Eltern von dem Glück, das ihr Gott beschert habe. „Ich spreche nicht von der Pracht, dem Reichtum oder den Aufmerksamkeiten, mit denen ich überschüttet werde, sondern von Heinrichs liebevollem Verhalten. Ich bin sehr zufrieden mit meiner Ehe und werde es immer sein."

In Neapel konnte sich Schliemann kaum von dem Museum trennen, in dem die Funde von Pompeji und Herculaneum ausgestellt werden. Das Castel Nuovo und den Triumphbogen erklärte er bis ins letzte Detail.

Sophia gefiel Italien sehr, denn auch hier war das tiefblaue Meer nahe, und die silbergrünen Olivenbäume erinnerten an ihre Heimat. Es machte sie stolz, daß Homers griechische Helden Äneas und sein Sohn Askanios nach dem Trojanischen Krieg hier siedelten.

Ihr Mann zeigte ihr jedes Bild, jedes Mosaik, es war, als wenn er die vielen Vasen, beschrifteten Tafeln und alten Skulpturen genau kennen würde. Von Messina bis nach Rom erklärte er ihr alles, was die Museen bargen.

Aus Neapel berichtete Sophia den Eltern, daß sie einen ganzen Tag mit einem Wagen durch die Stadt gefahren seien, sie sich über das Klima und die herrlichen alten Kunstwerke freue. „Wir haben sogar Pompeji und Herculaneum besucht...!"

In Rom besichtigten sie das Forum Romanum, den Triumphbogen des Titus, das Kolosseum, die Peterskirche und viele herrliche Paläste. Den Eltern schrieb sie: „Wir haben die größte und prächtigste Kirche der Welt, den Petersdom, besucht, und ich war sprachlos... Wir haben uns die Museen des Vatikans, die Sixtinische Kapelle, die von Raffael ausgemalten Räume, die griechischen und ägyptischen Skulpturen gründlich angesehen." Schliemann unterschrieb ihre Briefe mit: „Der glückliche Ehemann Sophias."

Sie war eine willige Schülerin und ihr Mann ein begeisterter, leidenschaftlicher Lehrer. Er wies sie an, auf die Verzierungen der Tonwaren, auf die verschiedenartigen Formen, die Glasuren, Henkel, Füße und die Färbung zu achten. „Tonwaren sind unsere Enzyklopädie vergangener Zeiten", schrieb sie den Eltern. „Heinrich kann sie ebenso deutlich lesen wie die Schriften auf den alten Papyri. Er sagt, wenn man sich übt, Tonwaren zu entziffern, kann man bei jedem Fund genau bestimmen, aus welcher Zeit, Kultur und Gegend er stammt. Heinrich hat eine Eigenart, er besucht nicht ein Museum, nein, er erstürmt und erobert es."

Als sie in Florenz ankamen, vermochte Sophia vor Erschöpfung kaum zu schlafen. Wohl war sie vom Dom begeistert, doch war sie oft so müde, daß sie sich mehrmals an Statuen und Vitrinen, an Altären und Sarkophagen festhalten mußte, weil sie Angst hatte, vor Schwäche ohnmächtig zu werden. Sie wußte, daß sie sehr glücklich war, ihr Mann ihr zärtlich und leidenschaftlich jeden Wunsch erfüllte. Wie war es jedoch möglich, daß er, dreißig Jahre älter, eine fast unermeßliche Kraft besaß und sie mit siebzehn Jahren oft und oft übermüdet zusammenzubrechen drohte?

Und so atmete sie befreit auf, als sie nach Paris — ihrer vorläufigen Heimat — fuhren. Ihr Mann besaß dort einige Mietshäuser, und an der Place St. Michel würden sie ein ganzes Stockwerk bewohnen.

In Paris war es Sophia, als befände sie sich in der schönsten Stadt der Welt. Sie schlenderte durch die eleganten Straßen, die prunkvollen Gärten, über die mit Skulpturen geschmückten Brücken, und ihr Mann zeigte ihr ausführlich den Louvre. Den Eltern schrieb sie, daß sie „wie in einem Paradies auf Erden lebe..." Voll des Erlebens bekam auch Benatha einen zärtlichen Brief. Sophia schilderte ihr, was sie mit ihrem Mann alles erlebte und daß sie „ständig darauf bedacht seien, sich gegenseitig glücklich zu machen." In einem Nachsatz schrieb sie: „Ich glaube, Benatha, ein erfolgreicher Mann ist ohne eine Gefährtin, die ihm Sicherheit und Status gibt, fast undenkbar."

Sophia genoß Paris. In der Frühe kehrten die Frauen vor den Türen den Fußsteig oder kamen von den Einkäufen — stets mit den langen Weißbrotstangen — zurück. An allen Ecken standen Zeitungsverkäufer und boten laut ihre Ware feil. Vor den Tabakkiosken drängten sich Männer. Boten und Träger mit Blau in Blau gestreiften Arbeitskitteln und schwarzen, flott gebundenen Halstüchern kamen und gingen. Obstkarren und Fischwagen fuhren zu den Markthallen. In den kleinen Cafés scheuerten die Wirte Nickel und Messing blank und bedienten zugleich ihre Gäste, die am Ausschank und um hohe, runde Tische standen und Butterhörnchen in den dampfenden Kaffee tunkten. Manche hatten es sich bequem gemacht, verzehrten ihre Mahlzeit in den Vorgärten und lasen dabei die Zeitung. Im Verlauf des Tages rieb sich Paris in der milden Sonne die Augen blank.

Gerne setzte sich Sophia in die Straßencafés und sah dem Treiben der Vorübergehenden zu. Die Menschen gingen hier anders. Alle waren sie in Eile und trotzdem hasteten sie nicht. Machten sie kürzere Schritte als die Menschen in Athen? Ja, sie machten kleinere Schritte, sie gingen, wie sie sprachen. Dann dachte sie an den Rhythmus, an die Lebendigkeit der Sprache und ertappte sich bei ihren ersten Sprechversuchen.

Sophia liebte auch die Gassen von Paris. Gassen — waren sie nicht die Runzeln im gefurchten Antlitz der alten Städte? Gerne

63

stand sie vor den Lebensmittelgeschäften. Die Auslagen reichten oft bis auf den Bürgersteig und luden zum Kaufen ein. Knallfarbiger Paprika, dunkle Artischocken, helle Auberginen, rote, grüne und gelbe Melonen, erdfrische Salate, zerbrechliche Bohnen, meerschwarze Muscheln, weißgesprenkelte Champignons, rotschalige Krebse — alles war lässig und in buntem Durcheinander ausgestellt.

Erschrocken dachte sie daran, daß sie gleich wieder Sprachunterricht hatte. Sie mußte Französisch und Deutsch lernen. Ihr Mann hatte Lehrer engagiert, er selbst las ihr, damit sie die deutsche Sprache leichter lerne, aus den Werken Schillers und Goethes vor. Wie eine Schülerin hatte sie Aufsätze zu schreiben, die er dann korrigierte. Tagsüber lernte sie, abends genoß sie jede Stunde, wenn sie mit ihm in der Stille seiner Bibliothek saß und er sie in die Probleme der Archäologie einweihte. Sehr liebte er Winckelmanns ,Geschichte der Kunst des Altertums', und sie hörte aus dem Munde ihres Mannes von den Ausgrabungen in Herculaneum und Pompeji, von herrlichen Bronzefiguren und wundervollen Wandgemälden, die man unter einer oft steinharten Lavadecke gefunden hatte.

Das Erlernen anderer Sprachen fiel ihr schwer, und so genoß sie jede freie Stunde, die ihr Mann abwesend war, weil sie dann kleine Spaziergänge durch Paris machen konnte.

Sie war nahe daran, sich in diese Stadt zu verlieben, denn die Beschwingtheit, die Gelöstheit, die manches Stadtviertel erfüllte, tauchte sie immer wieder in eine Woge des Glücksgefühls.

Es stimmte, was Mutter vorausgesagt hatte: sie brauchte im Haushalt nicht zu arbeiten, eine Köchin versorgte die Küche, es gab eine Wäscherin und eine Haushälterin. Irgendwie war sie froh darüber, denn immer öfter kamen Gäste, und es mehrten sich die abendlichen Diners.

Was sie bedrückte, ihr sogar Sorge machte, war, daß sie die französische Sprache noch wenig verstand und bei der Anwesenheit von Professoren, Ärzten und Politikern fühlte, daß sie noch sehr jung und auch noch zu unwissend für solche Diskussionen war, die meist die abendlichen Einladungen abschlossen.

Und noch etwas bedrückte sie, die ‚xenitia'. Sie versuchte, diesen Begriff zu übersetzen. Er bedeutete die Trauer um das Verlieren der Heimat. Sie erinnerte sich an die Mutter, die einmal sagte: „Die schmerzlichsten Erfahrungen, die ein Grieche machen kann, sind eine Waise zu sein, allein zu sein, unglücklich verliebt zu sein und nicht in Griechenland zu sein. Und nicht in Griechenland zu sein ist das Schlimmste von allem." War das der Grund, daß sich alle Auslandsgriechen zusammenschlossen, sich eine Lieblingstaverne schufen? Dort sangen sie, sangen immer Lieder aus ihrer Heimat. Und so hatte sie Heimweh, sehnte sich nach den Eltern, nach Griechenland, und wenn ihr Mann das merkte, fragte er fast ungläubig, wie man in diesem frohen Paris noch Heimweh haben könne.

Als er ihr mehrmals sagte, daß er ihre Sehnsucht nach der Heimat nicht verstehe, sagte sie ernst: „Heinrich, wir Griechen denken in Familie. Wir stehen zueinander, wir haben manchmal schon Sehnsucht nach dem anderen, wenn wir uns nur wenige Tage nicht gesehen haben." Sie lachte vor sich hin. „Heinrich, glaube mir, das Heimweh eines Griechen ist vielleicht schmerzhafter als ein gebrochenes Bein."

In ihren Briefen nach Athen versuchte sie, tapfer zu sein. Der Schwester Marigo schrieb sie, daß es ihr sehr gut gehe, der Schwester Katingo berichtete sie ausführlich, daß sie nun sogar Gymnastikstunden nehme. „Mein lieber Mann umsorgt mich zärtlich, besonders wenn er fühlt, daß ich Heimweh habe." Ihrem Bruder Spyros berichtete sie, daß sie glücklich sei, fremde Sprachen lerne und den ganzen Tag mit Hilfe eines Wörterbuches Aufsätze schreibe. „Heinrich geht mit mir oft spazieren, oder wir besuchen das Theater, damit ich mein Heimweh vergesse."

Eine Sorge quälte sie. Sie wußte, daß ihre Eltern noch unvorhergesehene Ausgaben für ihre Hochzeit gehabt hatten und nun sicherlich in großer Not lebten. Sie, als Frau eines Millionärs, hatte jeden Luxus, und in Athen darbten die Eltern. Immer wieder grübelte sie, ob sie ihren Mann um Hilfe bitten sollte, doch sie dachte daran, daß sie ihm versprochen hatte, ihn nie mehr um Geld zu bitten, als er ihr die 1600 Drachmen für die Hochzeit gab. Selbst konnte sie den Eltern kein Geld schicken, da sie nicht einmal ein Taschengeld bekam. Sie brauchte auch keines, denn ihr Mann bezahlte alles: die Dienstboten, die Handwerker, die Kaufleute; jede Rechnung trug er fein säuberlich in ein Buch ein und notierte auch, wann er sie bezahlt hatte. Lag seine Sorge in finanziellen Dingen etwa darin, daß sie kein Gefühl für Geld haben könne, da sie ja nie welches besessen hatte? Sicher, er war großzügig, wollte sie anscheinend wohl nicht mit Dingen belasten, die sie noch nicht verstand.

Schon nach wenigen Wochen wußte sie, daß ihr Mann sehr vermögend war, seine Häuser in Paris gute Einnahmen brachten, er eine beträchtliche Menge Wertpapiere besaß und Bankiers in St. Petersburg, London, Hamburg, New York und Paris für ihn arbeiteten. Sie wußte, daß sie eine Enge hatte. Ihre Eltern hatten immer sparen, jede Drachme, bevor sie diese ausgaben, fünfmal umdrehen müssen. Und so wurde sie fast krank, als sie feststellte, daß im Haus Lebensmittel gestohlen wurden oder verdarben, von denen ihre Familie gut eine Woche hätte leben können.

Riesige Freude empfand sie, als ihr Schliemann eine wunderschöne Uhr schenkte, die er in England gekauft hatte, auch freute sie sich sehr, daß er ihrem Vater mit Weihnachtsgrüßen einen Scheck über 1000 Francs schickte, dazu schrieb: „Ich hoffe, daß dieses Geld Ihnen helfe, die Feiertage festlich zu begehen." Bitter dachte Sophia, daß ihre Eltern mit diesem Geld nicht die Feiertage festlich begehen, sondern daß sie es zum Überleben brauchen würden.

Im Winter kam es zu einer Krise. Der Regen, die Kälte, der Schnee bedrückten sie, und sie litt wochenlang an einer Erkältung. Auch ihr Mann wurde krank. Dann wurde er nervös, sehr reizbar, weil die türkische Regierung nicht die erbetene Genehmigung schickte, um Troja ausgraben zu können.

Hier war ein kranker, ungeduldiger achtundvierzigjähriger Mann und dort ein achtzehnjähriges Mädchen in einem fremden Land, voll von Heimweh und nicht ganz den Problemen gewachsen, die auf sie zukamen.

Als ein Arzt zu Schliemann sagte, daß seine Frau schnell wieder gesunden würde, wenn sie in Piräus baden könnte, bewies er, wie sehr er Sophia liebte. Er stimmte zu, Athen zu seinem zweiten Wohnsitz zu machen, gab seine elegante Wohnung in Paris auf und tauschte sie gegen eine Suite im Hotel d'Angleterre in Athen ein. Er war bereit, auf seine Bibliothek und auf seine Freunde zu verzichten, um Sophia wieder gesund und glücklich zu machen.

Als sie in Athen ankamen, bereitete ihnen die Familie Engastromenos einen überschwenglichen Empfang. Sophia genoß Athen. Auf den Straßen kündigten sich schon am frühen Morgen mit lautem Rufen die Fischhändler an, denen der Kartoffelmann folgte, der Gemüsehändler mit seinem Esel und der Handwaage, die alte Frau, die Eier und Zitronen anbot. Es kam auch der Bauer, der neben anderen Waren auch Essig aus einem kleinen Fäßchen verkaufte. „Kaló xi'di!" schrie er, „xi'di kaló", wobei er das „xi" so gellte, daß man den Essig in seiner Stimme verspürte.

Sophia beobachtete mit Stolz, daß ihr Mann im sogenannten Salon als erste Handlung eine große Landkarte von Griechenland an die Wand hängte. Er tat es so andächtig, so festlich, daß in Sophia eine Welle hochstieg, die sie zwang, ihm leise zuzurufen: „S'agapo!" (Ich liebe dich!).

Dann besuchte sie die Eltern in Kolonos. Mutter war noch immer ‚Madame Victoria', beherrschte das Haus und machte aus jedem Kochvorgang eine Wissenschaft.

An einem dieser Tage begann die große Krise, über die Schliemann später sagte, daß er bereits an eine Scheidung gedacht habe. Alle Engastromenos' hatten sich erhofft, daß sich nun mit dem Millionär Schliemann ein ununterbrochener Geldsegen über ihr Haus ergießen würde. Madame Victoria hatte ihre Nöte und Wünsche, Vater Georgios wollte drückende Schulden loswerden, die kleine Schwester Marigo träumte davon, daß sie nun eine schöne Mitgift und damit einen guten Mann bekäme, Panajotis wollte alsbald studieren, Spyros und Alexandros, die im Textilgeschäft des Vaters arbeiteten, hofften auf neuartige Waren, mit denen sie den Umsatz beleben könnten.

Und so kam es auf beiden Seiten zu Verbitterung, zu einer Verhärtung. Schliemann sagte erneut, als man von ihm Geld wollte — man bat nicht, man forderte —, daß er Sophia nicht geheiratet habe, um für andere Leute sein gutes Geld auszugeben. Auf beiden Seiten fielen harte Worte, und eines Tages warf Schliemann der Mutter Sophias vor, daß sie in ihrer Tochter wohl ein Handelsgut sähe, das man gut verhökern konnte.

Bischof Vimpos wurde gerufen, hörte sich die Anschuldigungen Madame Victorias und ihre Enttäuschungsworte über ihren Schwiegersohn an. Dann hatte er einen Verdacht. Er kannte eine sogenannte Tante der Familie, die gerne Intrigen spann und Dinge erfand, die es nie gab und nie geben würde. Er ließ Kyria Lambridou holen und beschuldigte sie nach strenger Befragung, daß sie in ihrer krankhaften Geschwätzigkeit Behauptungen aufstellte, die jeglicher Grundlage entbehrten. Er verwies sie des Hauses und verbot der Familie, sie je wieder ‚Tante‘ zu nennen. Zu Sophia sagte er: „Deine sogenannte Tante ist böse. An ihr sieht man, daß der Mensch unermeßlich böse sein kann." Dann seufzte er: „Ich sehe es immer wieder. Viele gehen zugrunde, Männer und Frauen, weil eine Verleumdung über ihnen liegt und sie erdrückt."

Als Sophia die Lügen und das Intrigenspiel erkannte, das die ‚Tante‘ in ihrer Schwatzsucht aufgebaut hatte, schämte sie sich, weil sie anfangs geglaubt hatte, daß ihr Mann das alles ihrer Familie wirklich versprochen hatte. Sie weinte, ging dann auf ihn zu: „Heinrich, bitte, verzeih mir. Ich meinte, daß es Pflicht einer Tochter sei, zu ihrer Familie zu stehen. Ich werde nie wieder Partei gegen dich ergreifen, ich werde nie wieder an deinem Wort zweifeln."

„Jeder Mensch hat seine eigene Geschichte und seine eigenen Konflikte", sagte er und sah gedankenverloren vor sich hin. Dann nahm er seine Frau in die Arme. „Sophidion", sagte er zärtlich, „wir müssen in Zukunft unsere Ehe immer gegen jeden möglichen Angriff verteidigen!"

Zwischen Sophia und ihrem Mann begann eine Zeit neuer Zärtlichkeit. Es war, als habe ein Sturm alle dunklen Wolken vom Himmel ihrer Liebe vertrieben. Wenn Schliemann über diese Krise nachdachte, die seine Ehe gefährdet hatte, übte er mit kleinen Sätzen Selbstkritik: „Auch starke Menschen haben ihre Schwächen — und um so mehr Schwächen, je stärker sie sind", sprach er laut vor sich hin. Ein andermal sagte er, als sie auf die Straße hinabsahen: „Der Mensch ist sich selbst nicht gewachsen!" Als Sophia ihn zärtlich umarmte und fragend ansah, weil er so bedrückt vor sich hinstarrte, sagte er nur, als wolle er sich entschuldigen: „Vergessen können ist eine Weisheit, die ich noch lernen muß!" Nach wenigen Atemzügen sprach er weiter: „Es ist so schwer, sich über die Dinge hinwegzuheben!"

Ihre Hochzeitsreise war ihnen wie ein Wunder erschienen. Dieses erneuerte sich, wurde zu unzähligen Pfaden ins Paradies. Erst jetzt erlebte Sophia ihre Heimat Griechenland. Sie bestieg mit ihrem Mann, den sie wieder tief liebte, Berge, durchwanderte Täler, erforschte Schluchten und bewunderte alles alte Mauerwerk, das sie entdeckten. Eines Tages erkundeten sie eine buschbewachsene Karstlandschaft, in der sich Dolinen gesenkt hatten, und in diesen Mulden, in die Humus geschwemmt worden war, lagen Äcker und Weinfelder. Der Maquis stand kaum mannshoch, war trotzdem voll erstaunlicher Lebenskraft. Über allem lag schwerer Duft und gleißendes Licht. Diese Wanderung war für Sophia wie ein Fest, denn dicht neben ihr schritt Heinrich Schliemann, ihr Mann. Sie lebte nicht nur mit, sondern auch in ihm, und so vergaß sie die Strapazen dieser Wanderung. Ihr war, als wenn sie mit jedem Schritt in ein Meer der Liebe tauche; sie schwamm in ihm, hatte alle Sorgen und Gedanken weggeworfen.

Plötzlich zuckte sie zusammen, um sie war ein Geschwirr und Gesumm von Schmetterlingen, und ein großer Skarabäus knallte hart gegen ihre Schläfe. Dann raschelte eine Schlange über den Pfad, und immer wieder sah sie Smaragdeidechsen; eine blieb sogar auf einer Felsplatte liegen, ohne sich vor den beiden Wanderern zu fürchten. Nirgends hatte sich Sophia die griechische Landschaft in ihrer Tiefe so voll geöffnet wie hier, in dieser verkarsteten Einöde.

Sie sprachen darüber, erkannten, daß sie eine großartige antike Einfachheit erlebten, daß dieses Gleichgewicht und diese Ruhe nicht natürliche, mühelose Tugenden eines ausgegliche-

nen Volkes waren, sondern höchste Leistung, Ergebnis schmerz-
licher, gefährlicher Kämpfe. Schliemann flüsterte es fast: „Die
griechische Ruhe ist etwas sehr Vielfältiges und Tragisches."

Dankbar nahm sie seine Hand. Sie setzten sich oft, und
immer, wenn sich vor ihnen in einem weiten Panorama die
Landschaft ausbreitete, nahm er ein Buch aus der Tasche. Sie saß
dicht neben ihm, sah in die Ferne, und nicht nur mit ihren
Ohren, nein, mit ihrem ganzen Herzen lauschte sie, wenn er
vorlas.

Es war schwer, in einem der abseitigen Fischerdörfer eine gute
Unterkunft zu finden. Wie zu Hause in Athen, gab es auch hier
Restaurants und Tavernen. Sophia liebte die Tavernen.

Gerne aß sie in ihnen die Keftédes (kleine gebratene
Fleischklößchen), und sehr mochte sie den griechischen Salat.
Sophia sah ihrem Mann immer wieder in die Augen und lächelte
ihn glücklich an.

Langsam senkte sich die Nacht auf die Landschaft. Von allen
Seiten kamen nun die Männer. Der Wirt servierte Gulasch und
Hammelbraten, Auberginen und weiße Bohnen. Es schien, als
wäre dieser Abend ein Fest, als wäre jeder Alltag ein Fest. Gab es
hier etwa ein Geheimnis, ein griechisches Geheimnis? Tagsüber
die Einsamkeit der verkarsteten Hänge und jetzt ein Lebens-
jubel, der die Besucher der Taverne in einem dionysischen Kreis
zusammenfaßte.

Sophia winkte ihrem Mann mit den Augen. Der Wirt und
seine Frau schienen überall zu sein. Aus der Küche wurde
gebratene Leber gereicht, Lamm- und Kalbfleisch. Kaum
bestellt, wurde der Gast schon bedient. Die Taverne bot viel
Gemüse und wundervolle Salate. Sophia drückte sich an ihren
Mann, gab ihm damit ein Zeichen. In der Nähe der Außentür
war ein Eisenkasten, in dem ein Holzkohlenfeuer glimmte,
darüber drehte sich nach oben gerichtet ein Spieß, und an ihm
hingen ‚aufgespießt' Donér oder Gíro (gepreßtes Fleisch),
wovon man je nach Bedarf Portionen abschnitt.

Sophia spottete: „Man könnte meinen, die Menschen hier
wären am Verhungern, weil der Fleischverzehr fast zu einem
Bauchkult wird."

„Sophidion", flüsterte Schliemann und nahm ihre Hand, „das ist griechisch, siehst du die Brüderlichkeit?"

Sie saßen an diesem Abend nicht lange allein. Ob man wußte, daß unter ihnen der berühmte Schliemann war? Ein Ausländer?

Sophia hatte mit ihrem Mann den bestellten Wein getrunken, und schon stand eine neue Kanne vor ihnen. Auf die Frage, wer sie gespendet habe, lachte der Wirt nur, deutete auf die anderen Gäste der Taverne. Jeder war Freund, jeder war Bruder. Blicke wurden ausgetauscht, Worte; einmal legte ein alter Bauer, im Vorbeigehen, Schliemann seinen Arm um den Nacken, ein anderer drückte ihm kameradschaftlich die Schulter.

„Sophidion", sagte Schliemann glücklich, „hier ist Griechenland, unser Griechenland." Dann lächelte er vor sich hin. „Du weißt, daß ich voriges Jahr schon einmal deine Heimat besuchte. Es war eine Pilgerfahrt. Sie umfaßte Berge und Täler, Inseln, Küsten und Klöster. Es war eine Freude und ein Martyrium zugleich, Griechenland zu erleben. Vieles berührte ich mit den Händen, das Sehen alleine genügte mir nicht. Oft meinte ich zu träumen. Da war die Landschaft herb, ernst und stolz, dort weiblich heiter, anmutig und zärtlich."

Der nächste Ausflug galt Marathon. Sie fuhren in der von zwei Pferden gezogenen Kutsche dorthin, erstiegen den Grabhügel, wo man die 192 Athener gemeinsam verbrannt und begraben hatte, die in der Schlacht gefallen waren. Glücklich hörte sie zu, als ihr Mann wieder zum Lehrer wurde und erzählte. „Im Jahre 490 landeten die Perser mit 600 Schiffen in Attika, ein gewaltiges Heer — 110.000 Mann — stellte sich hier auf. Die Streitkräfte der Athener waren zehnmal geringer, aber sie hatten in Miltiades einen hervorragenden Führer. Im Laufschritt und singend stürmten sie in die Schlacht und errangen einen ebenso vollständigen wie unerwarteten Sieg, der noch am selben Abend von einem der Mitkämpfer in Athen verkündet wurde. Nachdem er seine Aufgabe erfüllt hatte, brach der Marathonläufer vor Erschöpfung tot zusammen."

Dann besuchten sie Korinth, und hier flüsterte ihr Heinrich zu, als dürfte er es nicht laut sagen: „Sieh dorthin, Sophidion, da unten liegt eines der reichsten archäologischen Gebiete Griechenlands."

Sie sah Marmorblöcke, zwischen denen Ziegen weideten; die Sonne brütete, der Klee blühte, die Erde duftete, an den Zitronenblüten hingen Tautropfen und spielten mit dem Sonnenlicht. Plötzlich wehte eine leichte Brise, eine Blüte berührte ihre Stirn. Sophia erschauerte, als habe sie eine unsichtbare Hand berührt; die ganze Erde erschien ihr wie ein Märchen, wie ein Traum. Wehte nicht der Atem Homers aus ihr?

Sophia versank im Duft der Pinien. Hoch oben, über ihrem Kopf, wiegten sich Habichte in ihrer unerreichbaren Einsamkeit.

Als sie weitergingen, durch enge, gewundene Gassen, sahen sie spielende Kinder, Frauen, die vom Brunnen Wasser holten, Mädchen, die unter blühenden Bäumen saßen und stickten.

Fast täglich kam Schliemann, wenn er Sophia irgend etwas erklärte, auf Troja zu sprechen. Die Ausgrabung dieser Stätte bewegte ihn zutiefst. Bereits auf seiner Reise von Marseille nach Piräus — es war am 17. Februar 1870 gewesen — hatte er Frank Calvert, einem gebürtigen Engländer, der amerikanischer Vizekonsul für die Dardanellen war und schon in Hissarlik gegraben hatte, geschrieben. Ausführlich bat er ihn zu vermitteln, daß er endlich von der türkischen Regierung die Grabungserlaubnis, einen Ferman, für Hissarlik erhalte. Er erzählte Sophia mehrmals von diesem Brief, wollte erneut von Troja sprechen, als er in einem Bauerngarten einen blühenden Granatapfelbaum sah.

„Sophidion!" rief er, „komm her."

Sie sahen, daß jeder Ast mit wunderschönen Blüten bedeckt war. „Halte den Zweig gegen das Licht", bat er. „Siehst du, wie die Farben in den Blütenblättern wie Flammen aufsprühen?"

Eine Bäuerin kam, begrüßte sie, brach einen Zweig und überreichte ihn stolz, als habe sie Gold geschenkt.

Es war am 5. April, als Sophia das Arbeitszimmer ihres Mannes betrat, der wohl schon seit Stunden an seinem Schreibtisch saß. Stolz sagte er: „Ich habe in mein Tagebuch eingetragen, daß wir zum Hissarlik reisen. Ich will dort mit dir eine Versuchsgrabung machen."

„Hast du denn schon deinen Ferman erhalten?" fragte sie erstaunt.

„Nein, wir fahren einfach nach Konstantinopel. Ich werde persönlich bei der Regierung vorsprechen und beginne dann sofort mit den ersten Untersuchungen."

„Aber, Heinrich, du hast doch noch kein Gerät. Du brauchst Schubkarren, Spitzhacken, Schaufeln . . . Du, ich habe Angst mitzugehen. Darf ich diese kurze Zeit bei meinen Eltern bleiben?"

„Was, du willst nicht mit nach Troja?" fragte er verblüfft und rang nach Atem. „Du hast mir doch versprochen, daß du mich auf allen Grabungen und Reisen begleiten wirst. Ich bin enttäuscht, sehr sogar, sah in dir ein Geschenk des Himmels."

„Heinrich", antwortete sie fest und ruhig. „Du hast mehrmals gesagt, daß wir als Partner arbeiten. Habe ich als Partner nicht auch das Recht, ja sogar die Pflicht, dich zu warnen, wenn du etwas Unklares tust? Du kannst nicht ohne den Ferman der türkischen Behörden arbeiten, wirst dich unbeliebt machen und ununterbrochen Schwierigkeiten haben. Ich verstehe deine Ungeduld, aber ich bitte dich von Herzen, noch etwas zu warten. Wenn ich das sage, so nur, weil du dir Unannehmlichkeiten ersparen wirst."

„Du meinst, daß ich mich unvernünftig in etwas hineinstürze?" fragte er, ging aus dem Zimmer, packte jähzornig seine Reisetasche und fuhr mit einer Kutsche weg.

Sophia saß einsam in ihrer Suite und wollte keinen Menschen sehen. Am dritten Tag kam der Direktor des Hotels mit der Rechnung, doch hatte ihr Mann kein Geld zurückgelassen. Verwirrt zog Sophia zu ihren Eltern und dachte: „Wird meine Ehe immer so sein? Heinrich läuft einfach davon, wenn ich nicht seiner Meinung bin."

Schliemann traf nach rund zwei Wochen in Kolonos ein, begrüßte die Engastromenos', als wäre nichts gewesen, und stand dann reumütig vor Sophia.

„Du hast recht gehabt", sagte er zerknirscht. „Es ist mir in Konstantinopel nicht gelungen, den Ferman zu erhalten. Auch gab es in den Geschäften keine Schubkarren oder Spitzhacken, die einigermaßen verwendbar waren. Alles lief schief..."

Sophia nahm ihn in die Arme und tröstete ihn, so gut sie konnte. „Hast du wenigstens anderweitigen Erfolg gehabt?" fragte sie teilnahmsvoll nach einer Weile.

„Nicht viel, die Zeit war knapp. Ich fand Mauerreste, viel Keramik und Speerspitzen aus Feuerstein. Wesentlich war nur eine Vase, die Leichenbrand enthielt, und eine schöne Terrakottabüste."

„Mauerreste?" fragte sie interessiert.

Er nickte. „In fünf Meter Tiefe entdeckte ich Mauern von zwei Meter Dicke, die zu einem Bollwerk gehören mußten." Er blickte auf einmal bestürzt auf Sophia. „Liebling, was ist mit dir, du bist sehr blaß?"

„Es geht mir nicht gut", antwortete sie knapp und begann zu weinen.

Er wollte noch von den Anfängen, den ersten Problemen seiner Trojauntersuchung sprechen, unterließ es jedoch und sagte, daß sie sofort abreisen würden in andere schöne Länder, in eine bessere Luft, auf daß sie schnell gesund werde.

Das machte sie wieder glücklich, denn sie erkannte daran, daß er sie doch ernsthaft liebte. Sie fuhren mehrmals nach Paris, machten in Boulogne-sur-Mer Urlaub, unternahmen eine zweimonatige Reise durch England und Schottland.

Sophia war schwanger. Ihr Mann nahm davon nur kurz Notiz, wartete, immer nervöser werdend, auf den Ferman. Er wollte, nein, er mußte nach Konstantinopel, um persönlich mit Safvet Pascha zu sprechen.

Sophia verstand seine Ungeduld und seinen Wunsch, nach Konstantinopel zu reisen, obwohl sie ihn gerade jetzt, weil es ihr nicht gut ging, gerne um sich gehabt hätte. Er fuhr dann auch schnell ab.

Und wieder war sie in Gefahr, zwischen den zwei Welten, in denen sie sich befand, zerdrückt zu werden. Die Familie drängte, die Mutter brauchte Geld, der Vater sprach wohl nur von einem Darlehen, doch war das in etwa das gleiche. Die Geschwister hatten Wünsche, und jeder glaubte, daß der Millionär Schliemann in allen Notlagen helfen könne.

Dann kam Weihnachten. Sophia war im fünften Monat. Ihr Mann schrieb aus Konstantinopel hoffnungsvoll, meinte, daß er nun bald die Grabungserlaubnis erhalte, weil sowohl der englische wie auch der amerikanische Botschafter sich für ihn einsetzten. Mit Eifer lerne er Türkisch.

Schliemann kam am 24. Januar zurück, mit leeren Händen und zutiefst betrübt. Wieder mußte ihn Sophia trösten.

„Man glaubt mir nicht", sagte er bitter, „hält mich für einen Abenteurer, für einen Grabräuber, der nur nach Gold sucht. Man vertraut mir in der ganzen Welt", klagte er, „nur die türkische Regierung zweifelt an meiner Ehrlichkeit."

Am 18. Mai 1871, kurz nach der Rückkehr von einer Reise, bekam Sophia ihr erstes Kind. Als Schliemann erregt den Arzt fragte, ob es ein Junge sei, antwortete dieser: „Nein, es ist ein Mädchen. Es ist gesund, ich gratuliere Ihnen."

Sophia sah, wie er seine Enttäuschung unterdrückte, dann wandte er sich ihr zu: „Wie geht es dir, meine Sophidion?"

„Gut, Heinrich. Bist du sehr enttäuscht?"

Als er sie küßte, sagte er etwas lächelnd: „Ein guter Baum trägt viele Früchte!"

Voll Freude sah Sophia, daß ihr Mann das Baby liebte, er oft an seiner Wiege saß.

„Welchen Namen wollen wir unserer Tochter geben?" fragte sie.

„Andromache."

„Andromache?" fragte sie verwirrt. „Warum nicht einen schlichteren Namen wie Loukia, Maria oder Elena? Meine beste Freundin heißt Benatha, auch das wäre ein schöner Name."

„Sophidion", antwortete er zärtlich, „es ist einer der edelsten Namen der griechischen Vorgeschichte. Andromache war die Gattin des trojanischen Helden Hektor, des Sohnes des Königs Priamos."

Sophia war überzeugt, daß mit der Geburt von Andromache die Liebe ihres Mannes noch inniger werden würde, doch schlich sich Tag für Tag mehr Bitternis in ihn, da die Grabungserlaubnis aus Konstantinopel nicht kam. Zu dieser Qual kamen finanzielle Bitten der Familie Sophias, die immer stärkere Ausmaße annahmen. Madame Victoria wünschte, daß ihr der Schwiegersohn ein Haus kaufe, damit sie näher bei ihrer Enkelin Andromache sein könne. Vater Georgios brauchte dringend eine größere Summe Geld, und Alexandros, der älteste Bruder, bat fast fordernd um finanzielle Hilfe, da das Textilgeschäft mangels gutgehender Ware kaum noch konkurrenzfähig wäre.

Wieder stand Sophia zwischen zwei Feuern, ertrug geduldig die Beschwerden der Eltern und die herbe Kritik ihres Mannes ob der Forderungen ihrer Familie. Der Unfrieden lauerte in jedem Zimmer, in jedem Wort, und die Unruhe belastete Sophia so, daß sie starke Magenkrämpfe bekam. Es folgten Wochen, in denen Sophia immer öfter von Koliken befallen wurde und sich häufig hinlegen mußte.

Dann reiste ihr Mann nach England. Sophia freute sich für ihn, da er dort viele Freunde hatte. Die andere Umgebung konnte ihm wohl nicht die Ungeduld nehmen, sie aber zumindest mildern. Es war am 12. August 1871, als Sophia aus London ein Telegramm erhielt, das sie zutiefst beglückte. Immer wieder las sie den Text: *„Glückwünsche für meine geliebte Sophia. Habe die türkische Genehmigung erhalten, die uns ermächtigt, sofort mit den Ausgrabungen zu beginnen. Ich liebe Dich und danke Dir für Deine Geduld und Hilfe. In gemeinsamer Arbeit werden wir am Fortschritt der Zivilisation mitwirken. Dein Dich liebender Ehemann Henry.“*

*„Endlich konnte ich mich nach den Dar-
danellen begeben, und zwar diesmal in
Begleitung meiner Frau, Sophia Schliemann, eine Griechin und eine warme
Bewunderin des Homer, die mit freudig-
ster Begeisterung an der Ausführung
eines großen Werkes teilnahm . . ."*
(Heinrich Schliemann)

III

Erste Grabungen mit Heinrich Schliemann

Sophia wanderte mit ihrem Mann durch Konstantinopel, als
träume sie. Sie sah Türken, Ägypter, Araber, Menschen mit den
unterschiedlichsten Hautschattierungen.

Das Zimmer im Hotel Katlaya, das sie bewohnten, hatte
einen hübschen Balkon, von dem aus sie den Bosporus bis nach
Kleinasien überblicken konnten. Bei ihren Spaziergängen
glaubte Sophia, überall Wunder zu sehen und zu hören. Da rief
die eintönige Stimme des Muezzins zum Gebet, dort saßen in
dem mit Arkaden geschmückten Basar die Handwerker und fer-
tigten Lederwaren, Kupfer- und Silbergeräte. Jeder Verkäufer
hatte in seiner Stimme einen eigenen Dialekt, eine eigene Ton-
art, die auf die Herkunft aus einer bestimmten Landschaft hinwies.

Sophia sah herrliche Moscheen mit hohen Minaretts, und
manche waren von einem mystischen Licht umgeben, als ob
Mohammed besonders dieses Bauwerk in ein göttliches Feuer
stellen wollte. Ein Straßenverkäufer bot Wasser an, ein anderer
trug ein Backblech mit warmen Sesamringen auf seinem Kopf.
Am Straßenrand hockten in einer langen Reihe Bauersfrauen
und boten Knoblauchzehen an, die ihnen in langen Schnüren
über die Schultern hingen. Dann hörte sie ein Geräusch, das sie
aus Athen kannte. Es war das Knarren von riesigen Tragkörben,
die paarweise über dem Rücken kleiner Esel lagen und diese fast
unter sich begruben. Da hingen an kräftigen Haken geschlach-

tete Hammel und dort in langer Reihe Hühner. Ein alter Bauer bot ihr aus einem großen Topf mit einem Löffel Honig an.

Als sie einmal zum Hotel zurückging, hörte sie den öffentlichen Ausrufer, der mit eintöniger Stimme die neuen Gesetze und Verordnungen verkündete, die der Pascha oder die Polizei am Tag zuvor erlassen hatten. Sie mußten in allen Straßen und auf allen Plätzen verkündet werden, weil die Zeitungen nicht täglich erschienen, ganz davon abgesehen, daß viele Einwohner nicht lesen konnten.

Die buntesten Bilder durchhuschten die Gedanken Sophias. Sie wußte, daß man das Leben einer Stadt nur auf ihren Straßen kennenlernen konnte. Jede Stadt, jede Straße hatte irgend etwas Typisches. So war es in Athen, in Rom, in Paris und Neapel.

Dann dachte Sophia an ihre Reise. Am 27. September (1871) durchfuhren sie das Marmarameer. Als sie in Canakkale den Gouverneur, Achmed Pascha besuchten, empfing dieser sie wohl höflich, bot ihnen Kaffee an, aber dann sagte er, daß er den Ferman kenne, er aber seine Erlaubnis zur Grabung trotzdem erst geben könne, wenn er vom Großwesir nähere Anweisungen erhalten habe.

Es vergingen dreizehn kostbare Tage, und erst in der zweiten Oktoberwoche konnten sie von den Dardanellen nach der acht Stunden entfernten Ebene von Troja abreisen. Eine Erschwernis hatten sie auch insofern, als ihre Arbeit von einem türkischen Beamten überwacht werden mußte. Außerdem hatte Schliemann dessen Gehalt während der Zeit der Ausgrabungen zu übernehmen. Achmed Pascha stellte für diese Aufgabe Georgios Sarkis, den zweiten Sekretär seiner Justizkanzlei, ab. Aufgrund seines Benehmens und vieler Taktlosigkeiten — obwohl dieser Mann nur seine Pflicht tat — waren sie nicht besonders freundlich zu ihm.

Gegen Abend trafen sie im Dorf Renkoi ein, bekamen Zimmer, die von Wanzen wimmelten. Um besseres Licht zu haben, holte Sophia die Lampen, die sie aus Athen mitgebracht hatte, und versuchte, die Matratzen zu reinigen. Ihr Mann befeuchtete die Füße und Eisenkanten des Bettes mit Alkohol, zündete ihn an, hoffte dadurch eine Grenze geschaffen zu haben, die keine

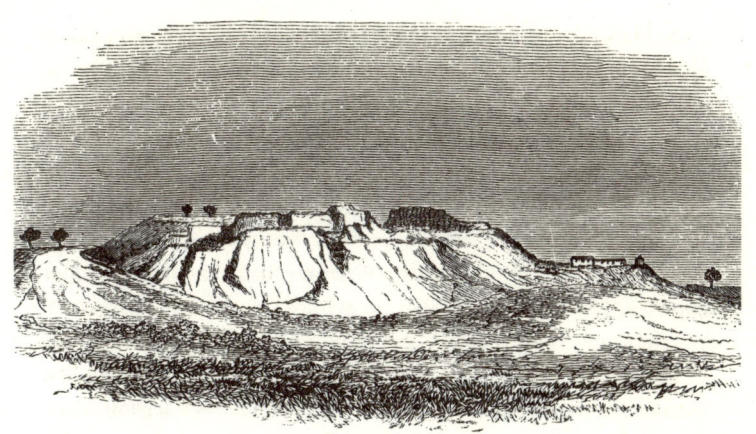

Gewaltige Mauern und Berge von Schutt – so sah Troja aus, als Schliemann
mit seinen Grabungen begann.

Wanze zu übertreten wagte. Dann breitete Sophia die Bettlaken
aus, legte die Wolldecken darauf, und erst jetzt wagten sie es,
sich hinzulegen.

„Mögen die Wanzen ebenso müde sein wie ich", seufzte
Sophia. „Mir ist, als wäre jeder Knochen in meinem Körper
gebrochen."

Die Sonne stand im Osten nur als kleiner rosa Schimmer, als
ihr Mann sie weckte: „Zieh dich rasch an, Sophidion", bat er.
„Wir wollen doch unseren ersten Trojatag bei Sonnenaufgang
erleben."

Als Frühstück tranken sie nur schwarzen Kaffee, und Schliemann maß genau die vier Gran Chinin ab, die sie beide jeden
Morgen nehmen mußten, um sich gegen die Malaria zu schützen, von der die ganze Troas im Sommer und Herbst verseucht
war. Dann gingen sie über das Feld, das zwischen Chiblak und
Hissarlik lag. Es war unbebaut und diente den Bauern des Dorfes als Schafweide.

„Du, Heinrich!" rief Sophia verblüfft und traute ihren Augen
nicht, als das Licht der Morgendämmerung ein Gebiet beleuch-
tete, das, wohin man auch sah, von eigenartigen Steinen übersät
war, doch waren es bei näherem Hinsehen keine Steine, sondern

Tonscherben. „Heinrich!" rief sie wieder, denn vor ihren Augen lagen die Reste einer ungeheuren Menge von Schalen, Töpfen und Vasen, teilweise sogar bemalt.

Als ihr Mann zu ihr trat, sagte sie erstaunt: „Hier müssen ja Millionen von Keramikfragmenten liegen!"

„Ja, Sophidion", antwortete er stolz, „du stehst auf den Resten einer Stadt, die schon vor langer Zeit untergegangen ist."

„Liegt unter uns Troja?" fragte sie mit erregter Stimme, und ihr Herz klopfte so stark, daß sie meinte, man müsse es weithin hören.

Schliemann verneinte. „Nein, Sophidion, es muß anhand der Keramik eine römische Stadt aus dem zweiten oder dritten Jahrhundert sein. Wenn wir hier graben würden, fänden wir nur römische Straßen, Häuser und Tempel. Diese Besiedlung ist für mich uninteressant."

Sophia wanderte mit ihm über das Feld, bückte sich immer wieder und hob eine schöne Scherbe auf. Im Weiterschreiten sagte ihr Mann: „Was wir suchen, ist Troja." Er ging suchend dahin, prüfte jede Bodenwelle, als müsse jene Stätte nahe sein, nach der er sich unendlich sehnte. Dann sagte er: „Die erste trojanische Siedlung dürfte es bereits um 2000 vor Christus gegeben haben. Unser Troja, die Stadt des Königs Priamos, existierte etwa um 1200 vor Christus, und sie müssen wir finden. Die Ruinen dieser Siedlung werden die Reste von Tempeln enthalten, die uns sagen, welchem Kult man dort diente. Es muß Inschriften geben, die uns das Wesen dieser Epoche zeigen, es muß Münzen geben und Waffen. Die Gräber und Graburnen sagen uns, wie man damals die Toten begrub. Die Fundamente der Häuser zeigen uns, wie gut oder wie schlecht man wohnte; an den Formen der Gefäße sehen wir, wie man lebte. Wir werden Schmuck finden, und an ihm erkennen wir, welchen Kunst-, welchen Schönheitsbegriff man hatte." Er schwieg, kniete sich nieder und hob den Griff einer Vase und das Mundstück einer Kanne auf. „Das alles ist römisch", sagte er sachlich. „Die Erde hier wird, wenn man sie reinigt, zu einem Bilder-, zu einem Geschichtsbuch."

Sophia nickte. „Wir werden dann in ihm die Vergangenheit erfahren, werden vor unserem geistigen Auge Bilder sehen, die uns vieles zeigen."

Er drehte sich um, lachte laut und nahm sie in die Arme. „Sophidion", sagte er beglückt, „ich werde bestimmt bald meinen Doktortitel mit dir teilen müssen. In Deutschland würde man dich mit Frau Doktor Schliemann ansprechen."

Dann standen sie vor einem plateauartigen Hügel, auf dem Schafe weideten. Er ragte etwa dreißig Meter hoch über die Troas. Sie stiegen hinauf, und Sophia versuchte aus den Zahlen, die ihr Mann in sein Notizbuch schrieb, die Größe zu erfassen. Sie errechnete eine Länge von etwa 300 und eine Breite von etwa 250 Metern.

Im Westen lag das Ägäische Meer. Die letzte geschützte Bucht der Dardanellen, wo die achäische Flotte zehn Jahre lang an Land gelegen hatte, befand sich etwa fünf Kilometer nördlich. Unten in der Ebene sah Sophia einige Tumuli (vorgeschichtliche Hügelgräber). Am Ufer des Flusses Skamander zog, von einem Reiter angeführt, eine Karawane von sieben Kamelen entlang, die miteinander durch ein Seil verbunden waren.

Dann ritten sie mit den zwei Pferden, die sie in Renkoi gemietet hatten und die ihnen ein Bauer brachte, zur Küste und legten sich im Schutz einer Böschung in den Sand. Fast gleichzeitig aßen sie und zeigten sich Stellen aus Homers *Ilias,* sprachen von Hektor und Achilles, von Patroklos, Agamemnon und Odysseus, von den Trojanern und den Achäern.

„Wenn es Homer nicht gegeben hätte", sprach Sophia leise vor sich hin, „wüßten wir nichts von Troja und vom Trojanischen Krieg. Wann schrieb er eigentlich die *Ilias?*"

„Sie entstand um 750 vor Christus. Ja, wenn Homer nicht gewesen wäre, wären unsere Kenntnisse über Griechenland und seine Vergangenheit arm. Er überliefert uns die Größe und Form der mykenischen Paläste, zeigt uns die lichtdurchflutete Landschaft. Die Darstellungen der kretischen und ägäischen Lebensweise bieten uns das Bild eines lebens- und farbenfrohen Treibens. Dann kam die dorische Wanderung und die Verwüstung der mykenischen Kulturzentren."

„Woher kamen eigentlich die Dorer?"

„Ihre Herkunft ist noch immer umstritten. Wahrscheinlich sind sie aus Illyrien und Thrakien nach Hellas eingewandert und haben, bevor sie dorthin kamen, in Niederbayern, also in Süddeutschland, gesessen. In der zweiten Hälfte des 12. Jahrhunderts vor Christus sind sie dann bis zum Peloponnes gelangt." Er suchte Gedanken und Worte, sprach dann weiter: „Es folgte ein Rückgang der bis dahin blühenden Kultur. Sophidion", sagte er nachdenklich, „als am Anfang des 2. Jahrtausends vor Christus die Griechen in das heutige Griechenland eindrangen, sprach man noch anatolisch, sie brachten erst die griechische Sprache mit. Und damals, als es in Griechenland noch dunkel war, gab es bereits auf Kreta eine blühende Kultur. Man kannte dort herrliche Paläste, und in ihrer Pracht lebte eine frohe Gesellschaft mit kultivierten Lebensformen. Die Menschen dort waren voll von Lebensfreude, waren sehr naturverbunden." Er lächelte. „Liebes, auf Kreta begegnen uns die ersten Damen der europäischen Gesellschaft. Sie waren kunstvoll frisiert, hatten elegante Bewegungen, kostbare Kleider mit brustfreiem Dekolleté und trugen herrlichsten Schmuck."

„Heinrich, woher weißt du das alles?"

Ernst, fast stolz, antwortete er: „Von Homer, aus seiner *Ilias* und seiner *Odyssee*. Er zeigt uns nicht nur Troja und Mykene, Tiryns und Orchomenos, sondern auch Kreta." Kurz überlegte er, deklamierte dann: „‚Kreta ist ein Land im dunkelwogenden Meere, fruchtbar und anmutsvoll und rings umflossen. Es wohnen dort unzählige Menschen, und ihrer Städte sind neunzig..., ihrer Könige Stadt ist Knossos, wo Minos geherrscht hat...' Homer muß auch Kreta gekannt haben, sonst könnte er nicht sagen: ‚In des Amnissos gefährlicher Bucht entrann er dem Sturme kaum und ankerte dort bei der Grotte der Eileithya.'"

„Es könnte also auch Knossos geben?" sagte Sophia grübelnd vor sich hin.

„Ja, und ich werde auch dieses Knossos finden und ausgraben", antwortete Schliemann leidenschaftlich. Wieder sinnierte er vor sich hin und sprach dann weiter: „Die Frauen hatten in der Antike auf Kreta eine bevorzugte Stellung. Heute lebt die griechische Frau zurückgezogen, widmet sich dem Haushalt, der Erziehung der Kinder und den für eine sittsame Frau geeigneten Beschäftigungen. Ist das nun ein Rückschritt, oder wie ist das zu beurteilen? Zur Familienehre — die besonders von den Frauen dokumentiert werden muß — gehört es, daß Frauen sich in Männergesellschaft zurückhalten und meist nur Zuschauer- und Zuhörerinnen sind."

„Du hast leider recht, Heinrich. Ein Plus hat die griechische Frau erarbeitet, ich wiederhole", sagte sie hart, „im wahrsten Sinne des Wortes erarbeitet. In jeder Familie ist die Mutter die Hauptperson, sie ist die große ausgleichende Gestalt, das Oberhaupt ist jedoch unumstritten der Vater."

Als Schliemann sie gedankenverloren ansah, sprach Sophia weiter. „Die Tradition engt das griechische Mädchen sehr ein. Ein Liebesverhältnis, sogar das harmloseste, wird bei uns als großes Vergehen gegen die Familienehre, als Schande für die Sippe betrachtet. Und so werden die Ehen fast grundsätzlich von den Eltern eingeleitet, und das Komische ist", sie sah jetzt ihren Mann zärtlich an, „daß diese Ehen sehr oft von Bestand und glücklich sind."

„Die Mädchen sind in aller Welt Romantiker", philosophierte Schliemann. „Sind wir es nicht auch, weil wir die Vergangenheit so deutlich erleben?"

Als Sophia schwieg, darüber nachdachte, sprach er weiter: „Es sind die Romantiker, die die Welt gestalten. Die Realisten begnügen sich damit, sich die Bäuche zu füllen."

Sophia richtete sich auf und begann, ihren ‚Eßplatz' aufzuräumen. „Wir brauchen Arbeiter, wo finden wir sie?" fragte sie.

„Chiblak wird überwiegend von Türken bewohnt. Versuchen wir es in Renkoi, dort leben Griechen, und mein Griechisch ist weit besser als mein Türkisch."

Als sie in das Dorf ritten, sahen sie weithin den Mohn blühen. In kleinen Gruppen gab es Ölbäume, oft auch weiße und rote Rosenbüsche. Ein Friedhof nahte, und über seine Mauern ragten gigantische Zypressen. Sie waren eine Mahnung und hoch ragten sie, diese Ewigkeitsbäume, in das tiefe Blau des Himmels. Am Horizont zog — dunkle Schatten in dem Hell der Sonne — eine Kamelkarawane dahin. Jedes Tier trug auf beiden Seiten große Säcke, und alle waren sie miteinander durch eine Lederleine verbunden. Voran stapfte ein Esel. Ein Turbanmann deutete mit einem Stochern in die Flanken den Weg an, und der Esel trottete folgsam in die angegebene Richtung, und fromm folgten ihm die Kamele.

Sie fragten einen Jungen, der Schafe trieb, nach dem Bürgermeister. Er führte sie, sie ritten neben ihm her, und er erklärte auf dem Weg jeden Baum, jeden Strauch und jede Pflanze. „Das ist wilder Dill, gut für Salat. Hier ist eine Zistusrose, dort ein Ölbaum, leider duftet er nicht." Vorsichtig brach er einen schwergoldenfarbenen Blütenzweig Ginster, und dabei fragte er, ob es in Athen auch Ölbäume und Ginster gebe. Dann wollte er wissen, wieviele Kinder Sophia habe, wieviele Brüder. Nur sie interessierten ihn, nicht die Schwestern. Er erzählte dies und das, dann wußten sie, daß er sieben Brüder und vier Schwestern hatte.

Sophia fragte, ob alle elf Kinder mit am Tisch äßen. Der Junge nickte nur.

Links und rechts der Straße blühte die Macchia. Das Meer war tiefblau geriffelt. Vom Ufersaum rauschte der Wellenstoß, der am Strand entlanglief, herauf.

Vor dem kleinen Marktplatz lag eine Ruinenstätte. „Das alles ist römisch", erklärte ihr Mann.

Sie sahen Marmormauern, einen vertrockneten Brunnen, den Hals einer Amphore, Fundamente von Häusern, teilweise sogar noch mit Wandresten, Wohnungen, in denen gelebt und geliebt worden war. Alles war überwuchert, versunken und überblüht von Mohn, Skabiosen, Akonit, Königskerzen, Kamillen und Zistusrosen.

Dann hielten sie plötzlich an einer kleinen Taverne, vor der Männer saßen. Aus ihrer Mitte erhob sich ein Mann, wohl der Dorfälteste, trat auf sie zu. Schliemann erklärte, daß er Arbeiter brauche und pro Tag neun Piaster zahle. „Wir arbeiten von halb sechs morgens bis halb sechs abends. Um neun Uhr gibt es eine halbe Stunde Pause und mittags anderthalb Stunden."

Es war am Mittwoch, dem 11. Oktober 1871, als sie mit acht Arbeitern die Ausgrabung begannen. Am folgenden Tag waren es bereits 35 Arbeiter und am 13. Oktober schon 74. Alle waren sie bereit, diesem absonderlichen Mann zu helfen, der mit einer sehr hübschen Griechin aus Athen den Hügel von Hissarlik nach altem Mauerwerk untersuchen wollte.

Den Schutt trugen die Männer anfangs mit Hilfe von Körben fort. Da der Aushub eine weite Strecke geschleppt werden mußte und diese Arbeit viel Zeit und Träger erforderte, beschaffte sich Schliemann vier Karren, die von Ochsen gezogen wurden.

Der Winter war nahe, jede Stunde kostbar, und Sophia hoffte mit ihrem Mann, daß sie noch vor dem Winterregen auf den Urboden, wo sich die Reste Trojas befinden mußten, stießen. Beide kämpften mit der Zeit, um eine erste Bestätigung, daß sie an der richtigen Stelle suchten. Die Schwierigkeiten wuchsen von Tag zu Tag. Ununterbrochen wurden sie von Mücken geplagt. Sorgen machten auch die vielen Giftschlangen, die oft sogar vom Dach in ihre Hütte glitten. Der Staub und die Hitze quälten sie. Während Sophia mit ihrem Mann den Hang hinauf zu einer Gruppe von Arbeitern schritt, seufzte sie: „Heinrich, in den ersten beiden Nächten kam ich kaum zum Schlafen, erlegte genau 429 Wanzen."

Sie sahen, daß es viel Mühe kostete, die Massen ungeheurer Steinblöcke aus den Suchgräben herauszuholen und wegzuschaffen, da sie den weiteren Weg, auch in die Tiefe, versperrten. Gelang es ihnen, einen großen Block bis an den Rand des Abhangs zu wälzen, eilten sofort alle Arbeiter herbei, um zu sehen, wie er mit donnerndem Getöse den steilen Hang hinunterrollte und sich erst in einiger Entfernung in der Ebene festlegte.

Fast täglich kam es zu heftigen Streitereien mit den Arbeitern. Sophia war es jedoch oft möglich, mit ihrem volkstümlichen Griechisch die Männer zu beruhigen. An einem Abend, auf dem Heimweg, griff Schliemann nach ihrer Hand. „Sophidion", sagte er warmherzig, „du warst mir heute wieder eine große Hilfe. Vielen Dank dafür. Warum bringst du mir nicht die griechische Volkssprache bei?"

Sie lachte vor sich hin und zügelte das Pferd, das, durch einen Vogel aufgeschreckt, losgaloppieren wollte. „Du weißt doch,

Heinrich, daß meine Mutter aus Kreta stammt. Ich mischte nur kretische Worte in mein Griechisch, und die verstanden und beruhigten sie."

War es Liebe oder nur Fürsorge, daß Schliemann seine Frau am nächsten Tag um vier Uhr morgens weckte? Es war noch völlig dunkel, als er sie an der Schulter rüttelte.

„Was ist?" fragte sie erschrocken und richtete sich ängstlich auf.

„Nichts, Sophidion. Die Pferde sind bereits gesattelt, wir wollen doch schwimmen?"

„Jetzt, mitten in der Nacht?"

„Wir können vom Wasser aus den Sonnenaufgang beobachten, das ist ein großes Erlebnis und wird dir gut tun."

Als sie zögerte, sagte er: „Du weißt doch, daß dir der Arzt in Paris Seebäder verordnete, sie als die beste Medizin anpries?"

Und so ritt sie mit zur Mündung des Skamander. Schliemann zog sich aus und schwamm zügig weit in das Meer hinaus, auf dem noch leichter Dunst lag. Er blieb über eine halbe Stunde im Wasser, Sophia wagte sich nur zögernd in das nachtkalte Meer. Als ihr Mann zurückkam und sich abgetrocknet hatte, stand er erfrischt und verjüngt vor ihr und lachte sie übermütig an.

Nach dem üblichen kurzen Frühstück ritten sie zum Hügel. Er lag am Nordwestende des Ruinenfeldes von Ilium, das durch die von Lysimachus erbauten und an vielen Stellen noch sichtbaren Ringmauern genau bezeichnet wurde.

„Sophia", erklärte Schliemann stolz, „außer der imposanten Lage des Hügels innerhalb des Ruinenfeldes scheint auch sein jetziger türkischer Name Hissarlik, was Festung oder Akropolis bedeutet, zur Genüge zu beweisen, daß dies Iliums Pergamos war."

Und so gruben und suchten sie. Sophia führte Buch über alle Arbeiten, fertigte einen Plan, auf dem sie genau einzeichnete, wo sie ihre Suchgräben zogen. Gesondert notierte sie alle Funde.

„Wie tief müssen wir wohl graben, bis wir auf jenes Troja stoßen, das du suchst?" fragte sie und sah auf das dornige Gestrüpp, die Bäume und den Suchschacht, den die vier kräftigsten Arbeiter vor ihren Füßen mit Spitzhacken und Schaufeln schufen.

„Das hängt vom Schutt ab. Ich vermute, daß wir in etwa zehn Metern auf den gewachsenen Boden stoßen."

In der Mittagspause suchten sich die Arbeiter einen sonnigen Platz, um dort zu essen und etwas zu schlafen. Sophia wählte für sich und ihren Mann eine vom Wind geschützte Stelle, breitete dort die Decke aus und legte die Verpflegung, die ihr die Frau ihres Quartierwirtes Dramalis mitgegeben hatte, auf kleine Tücher. Das Fleisch roch nicht gut, Schliemann schob es sofort zur Seite.

Sophia schäkerte: „Heinrich, du als Weltreisender scheinst sehr verwöhnt zu sein."

Er schmunzelte. „Ich habe in Ägypten, Japan und China, in Indien und vielen anderen Ländern komische Dinge gegessen. Da waren es Fischaugen, dort angebrütete Eier, da geräucherte Kleintiere — es waren bestimmt Ratten — und dort Schlangen. In Japan gab es als Leckerbissen rohen Fisch und Vogelnester. Man schnitt sie in Streifen, und meist schmeckten sie wie Fischleim. Irgendwo versicherte man mir, daß gebratene Ameisen eine Delikatesse wären. Aber das hier", er deutete auf das Fleisch, „nein, das kann ich nicht essen."

Sophia sah ihn listig an und holte ein Päckchen aus ihrem Korb. Vorsichtshalber hatte sie in Canakkale Oliven, Ziegenkäse, gesalzene Sardinen, frisches Obst und getrocknete Feigen gekauft. Dann schnitt sie sorgfältig einige Tomaten und Gurken, legte alles in die Mitte ihres ‚Tisches'.

„Du bist eine Zauberin, Sophidion", lobte ihr Mann. „Möge es dir gelingen, immer etwas Genießbares zur Hand zu haben."

Die Bauern, die für sie arbeiteten, waren alle Griechen aus dem Dorf Renkoi, nur am Sonntag mußte Schliemann türkische Arbeiter nehmen, da die Griechen diesen Tag, trotz ihrer Armut, heiligten. Aus Renkoi bekamen sie auch einen Diener, es war Nikolaos Zaphyros Yannakis. Er verkörperte das moderne Griechenland, trug oft seine Fustanella, war treu und rein wie Gold, ohne jede Spur von Liebedienerei, bescheiden und restlos zuverlässig. Er wurde auch für Sophia unentbehrlich, sorgte für alles: für Reittiere, Schlachthammel, Quartiere für Besucher, unterband, wo es nötig war, jeden Versuch, die Schliemanns auszunützen. Sehr besorgt war er auch, wenn die Malariazeit begann, daß vor dem Haus die ganze Nacht ein Feuer brannte, um die Fiebermücken zu vertreiben. Er wurde insofern auch ein Gewinn, da er jeden Arbeiter kannte, die Auszahlung der täglichen Löhne übernahm, stolz und fein säuberlich jeden Betrag notierte, den er ausgab. Bald wußten sie aber auch, daß er nicht das geringste Verständnis für Archäologie hatte und es ihm wohl für immer ein Rätsel bleiben würde, warum dieser Deutsche aus Paris und seine hübsche griechische Frau hier in Hissarlik die Felder durchwühlten.

Als Sophia den ‚Tisch‘ abräumte, erschien Georgios Sarkis, der türkische Beamte, der darauf zu achten hatte, daß die Bedingungen des Fermans eingehalten wurden. Schliemann hatte die Hälfte der Funde dem neuen archäologischen Museum in Konstantinopel zu übergeben, die andere Hälfte durfte er behalten. Ausgegrabene Mauerreste mußten in dem Zustand, in dem sie aus der Erde gearbeitet worden waren, belassen werden, und die letzte Bedingung war, daß Schliemann alle mit der Ausgrabungsarbeit verbundenen Kosten zu tragen hatte.

Eine der vielen Schwierigkeiten war, daß sie anfangs nur acht Schubkarren und kaum ein Dutzend Spitzhacken und hölzerne Schaufeln hatten, die nicht für die 74 Arbeiter reichten, die nun am Hügel arbeiteten.

Während ihr Mann den Arbeitern Anweisungen gab, beobachtete Sophia ihren türkischen Aufpasser. Als sie bald darauf ihrem Mann zusah, wie dieser anwies, auf welcher Hangseite der Aushub zu lagern sei, sagte sie humorvoll zu ihm: „Heinrich, schau ’mal unseren Aufseher an. Er hat bestimmt schlecht geschlafen, und seine Aufgabe, uns hier auf dem windumbrausten Hügel zu überwachen, scheint ihm nicht viel Spaß zu machen, seine warme Kanzlei wäre ihm lieber. Sieh auch seine Augen an, Heinrich. Sagen sie nicht, daß es für ihn eine verlorene Zeit ist, einen deutschamerikanischen Verrückten und seine Frau zu überwachen, die ihre Zeit mit Albernheiten vertrödeln?“

Es war am späten Nachmittag, als Sophia in einer Schaufel mit Schutt, den ein Arbeiter in den Korb schüttete, einen Metallschimmer sah. Sie durchsuchte den Korb und fand bald mehrere Münzen, die mit Sand und Schlamm, der teilweise hart wie Zement war, überzogen waren. Sie winkte ihrem Mann erregt zu. Als er vor ihr stand, sagte sie stolz: „Mein lieber Heinrich, ich habe soeben meinen ersten Fund als Archäologin gemacht."

Er antwortete nur: „Meine liebe Sophidion", nahm die Münzen und ging zu ihrem Eßplatz. Als er sie grob gesäubert hatte, sah sie auf einer die Gestalt der Athena mit Helm, Schild und Speer, auf einer anderen war die Gestalt des Apollo zu sehen; eine besonders schöne Münze trug ein Bild des Hektor, in der einen Hand ein Schwert, in der anderen eine Lanze haltend.

Sophia dachte an ihre Hochzeitsreise, an die Münzen, die sie in den Museen von Paris, Neapel und Rom gesehen hatte, und wie selig Heinrich oft stundenlang darüber sprach, ihr erklärte, wie die Gußformen aussahen und woran man erkannte, ob sie von Hand geschlagen worden waren. Damals war sie so erschöpft gewesen, daß sie meist seine Worte nur halb verstand, sie sich immer wieder an Tischen und Vitrinen festhalten mußte. Jetzt erinnerte sie sich an viele seiner Worte.

„Wie kommt eine Münze, die Romulus und Remus zeigt, hierher?" fragte sie und prüfte die Münze von beiden Seiten.

„Von den Römern. Die Soldaten hatten Geld, größere Einheiten führten sogar Gußformen mit, um in einem eroberten Land sofort Geld gießen zu können."

„Heinrich, darf ich diese Münzen behalten? Sie sind mein erster Fund."

„Ja, Sophidion, nur bitte ich dich aufzuschreiben, wo und wann du sie gefunden hast. Notiere auch die Tiefe. Und noch etwas, Liebes, lege zu jeder Münze einen Zettel mit diesen Angaben, das ist für später wichtig. Denk daran, daß nur ein Teil der Archäologie am Ort stattfindet, ein weiterer Teil ist Schreibtischarbeit."

Nikolaos Yannakis erwies sich als ein Wunder, denn er rechnete ehrlich ab, bis auf den Piaster genau.

Schon nach wenigen Tagen konnten sie mit durchschnittlich 80 Arbeitern die Grabungen fortsetzen und hatten bereits eine mittlere Tiefe von vier Metern erreicht. Eine Gruppe, zu der Sophia gehörte, fand in zwei Metern Tiefe einen mit Schutt gefüllten Brunnen. Als ihn Sophia ihrem Mann zeigte, sagte er sachlich: „Er stammt aus römischer Zeit, der Zement zeigt es. Die Reste von Gebäuden, die aus mit Zement zusammengefügten Steinen bestehen, gibt es nur bis in zwei Meter Tiefe, dann kommt die vorrömische Zeit."

„Wie weit sind die Römer geschichtlich nachweisbar?"

Er überlegte: „148 vor Christus wird Makedonien römische Provinz, 146 wird Korinth zerstört, Griechenland dem Prokonsul von Makedonien unterstellt."

Es war gegen Abend. Die Sonne tauchte im Westen in die Landschaft, und die ganze Ebene wirkte, als würde sie von Gold überflutet.

Schliemann nahm seine Frau in die Arme. „Schau, Sophia, ist diese Aussicht vom Hissarlik nicht wundervoll? Vor uns liegt die herrliche trojanische Ebene, die sich seit dem Gewitterregen ganz plötzlich mit Gras und gelben Butterblumen bedeckt hat. Die Halbinsel von Gallipoli läuft hier in eine Spitze aus, die mit einem Leuchtturm versehen ist. Links davon ist die Insel Imbros zu sehen und etwas mehr nach Westen bemerkt man auf der makedonischen Halbinsel den mit Klöstern bedeckten Berg Athos."

Er deutete nach dem Süden. „Hier sieht man die trojanische Ebene, die sich bis zu den Anhöhen von Bunarbaschi ausdehnt. Eine halbe Stunde links von Bunarbaschi liegt das meinem Freund Frank Calvert gehörige schöne Landgut Batak."

Die Tage reihten sich wie Perlen an einer Schnur. Schliemann stand täglich um vier Uhr auf und ritt zum Meer, um dort zu schwimmen. Er hatte Sophia versprochen, sie nicht mehr zu wecken. Als er um fünf Uhr zurückkam, stand der Kaffee auf dem Tisch und das Chinin genau abgemessen daneben, auch war die Verpflegung für den Mittag in ihrem Korb verpackt.

Sie hatten die zwei von den Dramalis gemieteten Zimmer im obersten Stock des Hauses geteilt. In einem schliefen sie und das andere war nun zugleich Wohn- und Arbeitszimmer. Schliemann hatte aus rohen Planken und Stapeln ungebrannter Ziegelsteine ein Bücherregal und einen Schreibtisch gebaut.

Sophia führte jeden Abend einen fast vergeblichen Kampf gegen die Wanzenplage. Immer wieder rieb sie die Matratzen mit Öl und Alkohol ab. Auch die Verpflegung wurde zu einem Problem, da sie Speisen, die unten in der Küche der Dramalis zubereitet worden waren, wegen ihres üblen Geruchs nicht essen konnten. So lebten sie hauptsächlich von Obst, Käse, Brot, Tomaten, Gurken, und wenn Nikolaos Yannakis ein Huhn oder ein junges Lamm mitbrachte, das er selbst im Backofen der Dramalis zubereitet hatte, wurde die Mahlzeit zu einem Fest.

Immer mehr arbeiteten sie sich seitlich in den Hügel hinein. Endlich machten sie wieder einen interessanten Fund. Sie waren auf die Ruinen von Gebäuden gestoßen, die ohne Mörtel errichtet worden waren. Die Steine wirkten zyklopenhaft.

„Wundervoll!" rief Sophia freudig. Schliemann antwortete betrübt: „Sie sind nichts wert, sind zu neu!"

Sophia beobachtete schmunzelnd, wie alle Männer immer ihre Arbeit einstellten und zum Hang eilten, um mit kindlicher Freude zuzusehen, wie die riesigen Blöcke oft mit großem Getöse den Berg hinunterrollten.

Ihr Mann schüttelte nur mißbilligend den Kopf, sah auf die Uhr und meinte dann — immer noch nüchtern kalkulierender Geschäftsmann — sarkastisch: „Es sind genau zwölf Minuten, die sie durch ihr Zusehen versäumen. Das macht", er rechnete, „zwölf mal achtzig, fast tausend Minuten. Wir verlieren also bei jedem Block, der den Abhang hinunterrollt, sechzehn Arbeitsstunden. Wenn wir so weitermachen, stoßen wir vor den Regenfällen nicht mehr auf den gewachsenen Boden."

Als er den Arbeitern sagte, daß es aufgrund der knappen Zeit nicht mehr möglich sei, die Arbeit zu unterbrechen, wenn ein Stein den Abhang hinuntergeworfen werde, nickten sie nur, eilten aber, wenn ein Felsklotz an der Abbruchkante des Hügels lag, doch hin, um wieder zu sehen, wie hoch er springe und wie weit er rolle.

Sie arbeiteten jetzt seit dem 11. Oktober in Hissarlik. Immer wieder gab es Verletzungen und Erkrankungen. Da weit und breit kein Arzt zur Verfügung stand, wurden die Schliemanns die rettenden Helfer. Täglich kamen nun, seit sie die Tochter der Dramalis mit Chinin von einem Malariaanfall geheilt hatten, Männer, Frauen und Kinder, warteten stoisch im Hof, bis die Schliemanns kamen, um ihnen zu helfen. Sophia sagte wenige Tage später humorvoll zu ihrem Mann: „Herr Doktor, Sie scheinen geholfen zu haben; keiner der Kranken kam ein zweites Mal."

Ebenso humorig antwortete er: „Kann ein gutes, aber auch ein schlechtes Zeichen sein, vielleicht starben alle? Aber ohne Spaß, meine liebe Arzthelferin, unser Chinin geht zu Ende. Wir müssen in Konstantinopel neues bestellen."

Und so wurde Sophia, wenn sie abends heimkamen, zur Krankenschwester. Sie kochte im Hof auf einer Feuerstelle in einem großen Topf Wasser, reinigte die Wunden, ihr Mann strich Salbe auf die Schnitte und Schürfungen. Sie heilten mit Rizinus, Arnika und Chinin, eines von den dreien bewährte sich immer. Die Bauern aus Yeneschir, Neochori und Renkoi kamen teilweise auch aus Neugierde, wollten sehen, wie eine griechische Frau mit einem deutschen Mann, der um einiges älter war, auf dem Hissarlik nach verborgenen Schätzen suchte. Viele nannten ihren Mann als Dank für eine Heilung ‚Efendi Schliemann'. Bald wußten sie nicht mehr, ob sie lachen oder weinen sollten, als die Bauern von weither sogar ihre kranken Esel, Schafe, Ziegen und Kamele brachten.

Da sie nun täglich interessante Keramik fanden, baute Schliemann seiner Frau einen eigenen Tisch. Auf ihm wusch Sophia die Terrakottascherben mit einem weichen Tuch und einer Bürste in lauwarmem Wasser. Ihr Mann bestand mit einer fast eigensinnigen Strenge darauf, daß sie dann jeden Fund mit einem Zettelchen versah, der den Fundtag, Fundort, die Tiefe und die Fundumstände zeigte.

Am 18. November waren sie bereits bis in eine Tiefe von zehn Metern vorgedrungen. Sie fanden nun Waffen, Messer, Beile, Nägel und Werkzeuge aus Kupfer. Als dann Massen stei-

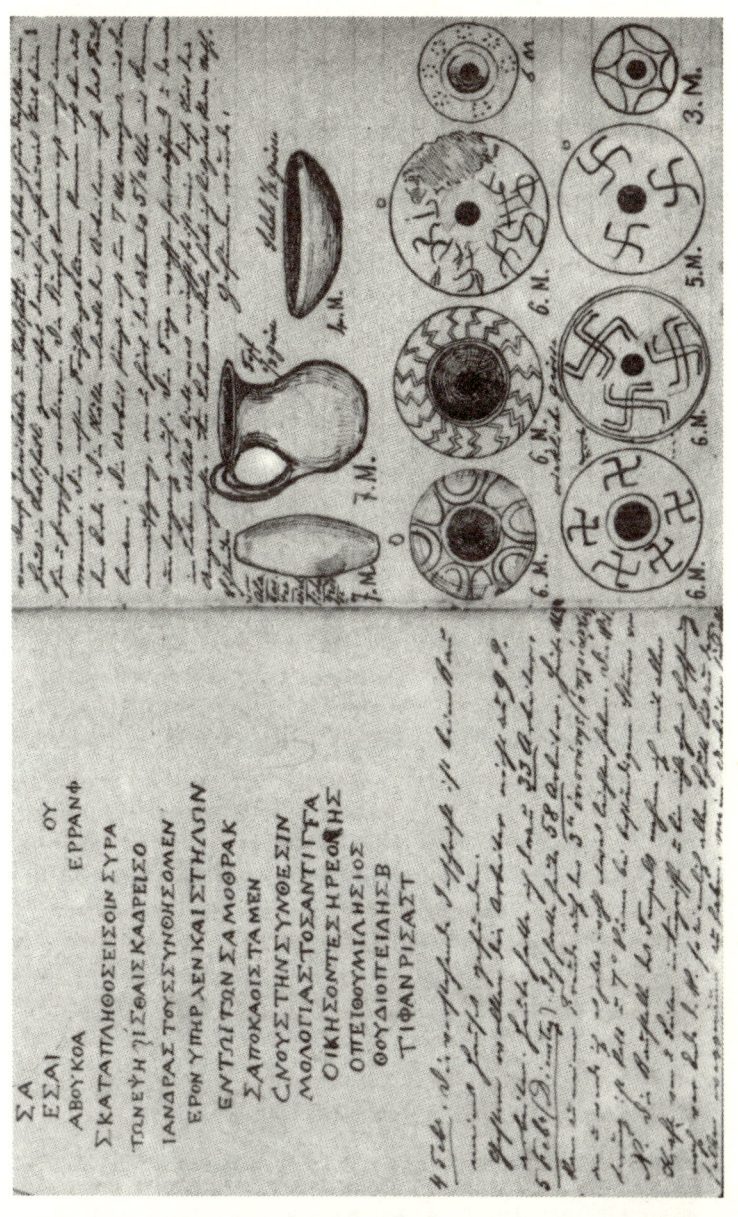

Abschnitt aus Heinrich Schliemanns Tagebuch (Gennadios Bibliothek)

nerner Geräte und Waffen zum Vorschein kamen, sagte Sophia sorgenvoll zu ihrem Mann: „Du, vielleicht haben wir zu tief gegraben?"

Er nickte nachdenklich. „Dann fürchte ich, den eigentlichen Zweck meiner Ausgrabungen, hier die Pergamos des Priamos zu finden, verfehlt zu haben. Es kann sein, daß ich schon in die Epoche lange vor dem Trojanischen Krieg vorgedrungen bin."

Sophia versuchte, ihn zu trösten und sagte zuversichtlich: „Heinrich, ich bin völlig davon überzeugt, daß wir noch nicht bis zu diesem Zeitalter vorgedrungen sind. Wenn es jemals ein Troja gab — und ich glaube fest daran —, so kann es nur hier auf der Stelle von Ilium gewesen sein." Nun sah sie stolz auf ihren Mann. „Homer überliefert, daß Ilos, der Nachfolger des Königs Tros, an dem Hauptort des Landes, der damals schon Troja hieß, auf einem Hügel die Burg Ilion (Ilios) baute. Hier ist der Hügel, Heinrich. Homer bezeichnete diese Stelle zu genau. Und hier werden wir auch die Pergamos des Priamos finden."

Schliemann nahm seine Frau zärtlich in die Arme. „Sophidion, es ist schön, dich hier als Engel zu haben."

Der Regen kam, die Straßen und Wege wurden immer unpassierbarer. Als Sophia einige Holzscheite so auf das Feuer im Kamin legte, daß sie langsam verkohlten, um für die Nacht etwas Wärme zu geben, las sie im Vorbeigehen im aufgeschlagenen Tagebuch ihres Mannes: „24. November... Wie furchtbar die Schwierigkeiten der Ausgrabungen bei solchen Steinmassen sind, davon kann sich nur der einen Begriff machen, welcher der Sache beigewohnt und mit angesehen hat, wie lange es dauert und wie mühsam es ist — besonders bei jetzigem Regenwetter — die vielen ungeheuren Blöcke in die Höhe zu winden und durch den Schlamm bis an den Abhang zu wälzen. Aber die Schwierigkeiten vermehren nur meinen Wunsch, das... endlich vor mir liegende große Ziel zu erreichen."

Als der neue Tag wieder nach Regen aussah, ging Schliemann erregt im Zimmer auf und ab. „Sophidion", sagte er und blieb stehen. Als sie ihn fragend ansah, bat er: „Liebes, ich brauche einen Aufseher. Die Regenzeit kommt, wir müssen jetzt jede Stunde nützen."

„Ob wir hier einen finden?"

„Kaum." Dann sagte er plötzlich froh: „Ich habe bereits einen."

„Meinst du mich?" fragte sie ihn verblüfft.

Er nickte nur.

„Du weißt, Heinrich, daß die Arbeiter hier nie von einer Frau Befehle annehmen würden. In diesem Teil der Welt gelten die Frauen noch wenig, besonders, wenn sie jung sind."

„Das mache ich schon", sagte er herb.

Am nächsten Morgen wählte er zehn Männer aus, die einen neuen Graben ziehen sollten. „Kyria (Frau) Schliemann wird die Arbeit überwachen", befahl er. „Sie weiß genau, was ich will. Ich wünsche, daß ihre Anweisungen so befolgt werden, als kämen sie von mir."

Die Männer arbeiteten langsam und lustlos. Es war, als habe man ihnen eine Schmach zugefügt. Zuerst war Sophia verzweifelt, doch nahm sie dann aus einem Impuls heraus eine Schaufel und begann wortlos mitzuarbeiten. Immer wieder rotteten sich die Arbeiter zusammen, rauchten, sahen zu, wie Sophia schaufelte. Am zweiten Tag, fast von einer Stunde auf die andere, begannen die Männer wieder, wie immer ihre Geräte zu schwingen und aktivst mitzuarbeiten.

Die Keramikscherben häuften sich auf Sophias Wasch- und Sortiertisch. Als sie wieder auf große Mengen von Miesmuschelschalen stießen, sagte sie lachend: „Die Trojaner haben die Muscheln ebenso gerne gemocht wie die Griechen."

„Homer berichtet", erklärte ihr Mann, „daß sie Brot aus Weizen und Gerste gebacken haben, überliefert, besonders in der *Ilias*, daß sie Lämmer, Ochsen, junge Kühe und Gänse brieten, aber auch alles Wild, das sie jagen oder einhandeln konnten: Eber, Hirsche, Rehe, Hasen und auch die Früchte des Meeres aßen, das waren Fische und Schalentiere."

An einem Sonntag hatte sich Sophia, als ihr Mann von seiner Schwimmtour zurückkam, besonders festlich angezogen. Die Haare waren gebürstet, in der Mitte sauber gescheitelt und hinter die Ohren gekämmt. „Es ist Sonntag", sagte sie froh, als ihr Mann sie erstaunt angesehen hatte. „Ich werde jetzt die zwei

Briefe von meinen Eltern lesen, bin überzeugt, daß es Andromache bei ihnen gut geht." Sie seufzte und sagte leise: „Ich habe Sehnsucht nach unserer Tochter."

„Du bist mir ein Rätsel", sagte Schliemann, als er seine Frau stolz in die Arme nahm.

„Wieso?"

„Du schläfst schlecht, die Nahrung ist keine Freude, und trotzdem bist du so schön wie Aphrodite, die Praxiteles in Marmor gemeißelt hat."

„Ich bin nur glücklich, Errikaki!"

Er wurde vor Freude verlegen, denn das war ihr Kosename für ihn, und sie gebrauchte ihn nur in besonderen Augenblicken.

Es wurde kalt, die Regenfälle häuften sich, und ein scharfer Nordwind machte den Aufenthalt im Freien fast unmöglich. Schliemann hatte seine Frau, um sie nicht gesundheitlich zu gefährden, gebeten, daß sie sofort heimreise, er nur noch sein Tagebuch abschließen, die Keramik und die anderen Funde ordnen wolle und dann nachkomme.

Als Sophia später einmal in seinem Tagebuch blätterte, las sie seine letzte Eintragung: „... das einzige Ziel meiner Ausgrabungen war von Anfang an, Troja zu finden, dessen Lage von hundert Gelehrten in hundert Büchern ausführlich bezweifelt worden ist..., ich beabsichtige nach wie vor, Troja zu finden, selbst wenn ich zu diesem Zweck noch zwanzig Meter tiefer graben muß. Wenn es jemals ein Troja gab — und mein Glaube daran steht fest —, so kann es nur hier in Ilium gewesen sein. Ich will beweisen, daß die Ilias auf Tatsachen beruht und daß der großen griechischen Nation diese Krone ihres Ruhmes nicht genommen werden darf. Keine Mühe will ich sparen, keine Kosten will ich scheuen..."

„Ich kann mir nichts Schöneres denken,
als in den Ruinen vergangener Zeiten
zu graben, wo jede Scherbe eine neue
Seite der Geschichte enthüllt!"
(Heinrich Schliemann)

IV

Auf der Suche nach Troja

Sophia wußte, daß der erste Weg ihres Mannes nach seiner Ankunft in Athen war, in Kolonos sie und Andromache zu holen. Das Baby war jetzt sieben Monate alt, lag freundlich im Arm des Vaters, strahlte ihn an und begann sofort zu plappern. Sophia wurde umarmt, als hätte er sie schon viele Monate nicht mehr gesehen.

„Wie gefällt dir unsere Tochter?" fragte sie nach einer Weile.

„Sie sieht dir sehr ähnlich, hat deine dunklen Haare, deine Augen und genau wie du eine leicht gebogene Nase und ein ausgeprägtes Kinn."

Als sie ihre Wohnung in der Moussonstraße betraten, atmete Sophia vor Freude tief auf, ging sofort in die Küche, strich mit einer Hand stolz über den sauberen Herd, die Töpfe, das Geschirr und die Möbel. Nach der Kargheit der Zimmer, die sie bei den Dramalis bewohnt hatten, wurde jeder Schritt zu einem Vergnügen.

Nach kaum einer Woche hatte Sophia die Funde, die ihr Mann mitgebracht hatte, ausgepackt und übersichtlich geordnet in den Regalen verstaut.

Und schon begannen ihre Aktivitäten. Sie hatten in Hissarlik ihre Grenzen gesehen, brauchten Ratgeber, Helfer und Fachleute. Ein Techniker erklärte ihnen, wie sie schneller graben und den Schutt beseitigen konnten. Ein Beamter des Museums zeigte ihnen, wie man Terrakotten reinigte und restaurierte. Fast täglich kamen nun Gäste, und von jedem Besuch hatten sie Gewinn, lernten vieles, und gar manchen Abend gab es Gespräche, die sie bereicherten.

„Schade, daß ich nur einen Kopf und zwei Hände habe", frotzelte Schliemann und nahm Sophia zärtlich in die Arme.

„Wieso?" fragte sie, rang nach Atem und ordnete sich das Haar, weil das Kindermädchen, das sie für Andromache eingestellt hatten, nahte.

„Ich würde am liebsten gleichzeitig mit mehreren Personen sprechen, zugleich die verschiedensten Briefe schreiben. Nach Paris und St. Petersburg muß wichtige Post; ich habe Verwandte, Freunde; ganz schnell, eigentlich heute noch, sollen für mich wichtige archäologische Gesellschaften Auszüge aus meinem Grabungstagebuch bekommen; dann will ich hier in Athen einige Grundstücke kaufen. Weißt du schon, Sophidion, daß der Bürgermeister ein Rathaus bauen, die nächtliche Beleuchtung der Stadt verbessern und die Straßen pflastern will? Athen macht sich. Stell' dir vor, Liebes, dieses vielschichtige Gebilde ist die Hauptstadt eines Staates, der vor wenigen Jahrzehnten erst von den damaligen Großmächten gegen die Türkei gestiftet wurde. Die Freiheit, und auf sie kommt es immer an, erlangte Griechenland nur, weil seine Bauern und Fischer, seine Hirten und Seeleute heldenhafte Kämpfer gewesen sind."

Sophia grübelte, sagte dann stolz: „Meine beste Freundin ist Benatha Pateras. Sie gehört mit zu jenen, die Griechenland erneuern wollen. Als Lehrerin gibt sie auch Geschichtsunterricht, und so weiß ich von ihr, daß Hellas 1830 den Peloponnes, die Kykladen und das Gebiet Mittelgriechenlands bis zur Linie Volos-Arta erhielt. Vor sieben Jahren (1864) gewann es die Ionischen Inseln. Es fehlen noch Thessalien und das Pindos-Gebiet, Epirus, Makedonien, die Sporaden und Kreta."

„Sophidion, ob Kreta, die Heimat deiner Mutter, wohl je zu Griechenland kommen wird?"

Mit einer Droschke fuhren sie nach Daphni in eine Taverne. Sie bestand nur aus ein paar eisernen Tischen und einfachen Stühlen, über sich der flüsternde Schatten eines Rohrdaches, das auf vier weiß und rosa gestrichenen Holzpfählen ruhte. Dort aßen sie eine Kleinigkeit, tranken einen Kaffee, sahen auf das funkelnde Meer, das ferne Megara, Eleusis, dessen Steilküste und Ruinen weiß wie Zucker schillerten. Rechts von ihnen glänzte in der Abendsonne ein Hang.

Sie konnten lange unter dem Rohrdach sitzen, sprachen, schwiegen und schauten. Wenn Marigo das Haus hütete, warteten sie auf den Anbruch der Nacht. Dann verwandelte sich der einsame, blendende Sand in den ‚Fackelstrand‘, den Sophokles in ‚Ödipus auf Kolonos‘ besang.

„Das Wort Daphni bedeutet Lorbeer", erklärte Schliemann. „Es erinnert daran, daß der mystische Zug nach Eleusis der Verehrung Apollons galt." Er stockte, sprach dann weiter: „Wir wissen heute, daß die berühmte ‚griechische Heiterkeit‘, die von Winckelmann so gerühmt wurde, das Gegenteil von Gefühlslosigkeit und letzter Gleichgültigkeit ist. Sie ist der Glaube an die Unsterblichkeit der Seele. Und in Eleusis lernten die Griechen ihr Geheimnis kennen!"

Dann waren sie wieder in Kolonos. Von dem kleinen Hügel Agios Ilias aus sahen sie die leuchtende Stadt. Als die Kutsche vor dem Haus hielt, hörte Sophia Stimmen. „Das ist Mutter", sagte sie froh, nahm ihren Mann an der Hand und zog ihn in das Erdgeschoß. In tiefer Glückseligkeit stellte sie fest, daß ihr Mann die Eltern herzlich begrüßte. Große Freude erfüllte sie auch, weil er sich jetzt ihnen gegenüber finanziell als sehr großzügig erwies. Vater Georgios bekam jeden Monat ein Gehalt und hatte dafür kleine Dienste zu erweisen. Ohne daß er darum bitten mußte, hatte er auch einen größeren Kredit für sein Textilgeschäft erhalten, um endlich die gewünschten ausländischen Waren kaufen zu können, von denen er sich eine Belebung des Umsatzes erhoffte. Mutter Victoria wurde mit einem überdurchschnittlichen Geldbetrag für die Betreuung von Andromache belohnt.

Am Silversterabend fuhr Sophia mit ihrem Mann nach Kolonos, um mit der Familie den Beginn des neuen Jahres zu feiern. Pünktlich um Mitternacht gab es den traditionellen *vasilopita* (Neujahrskuchen), in den vor dem Backen eine Münze, oft aus Gold, eingelegt wurde. Vater Georgios als Familienoberhaupt schnitt den Kuchen an, stellte ein Stück für Christus und eines für den heiligen Basil (der 1. Januar ist der Sankt Basiltag) auf die Seite, das dritte Stück, das eigentlich ihm zustand, überreichte er mit einer netten Geste ihrem Mann. Sophia freute sich, daß die Schwester Marigo das Kuchenstück mit der Münze bekam, denn dieses Omen bedeutete, daß sie im kommenden Jahr viel Glück haben würde. Als sie dann die Gläser erhoben und sich alles Gute gewünscht hatten, umarmte Sophia ihren Mann und küßte ihn herzlich. „Mein lieber Errikaki", sagte sie glücklich, „jetzt, zum Jahreswechsel, ist die Zeit, um dir zu sagen, daß ich dich sehr liebe."

Wenige Tage später, es war ein Sonntag, kam Doktor Emile Burnouf zum Essen. Er war Direktor der Französischen Archäologischen Gesellschaft, plante Ausgrabungen in Delphi und auf dem Peloponnes. Als er die Keramik sah, die Sophia gesäubert und beschriftet in die Regale gestellt hatte, äußerte er zu mehreren Stücken, daß sie trojanischen Ursprungs sein könnten. Dann sah er die große Menge Scherben in den Körben und lud Sophia und ihren Mann ins Institut ein. „Bringen Sie einige Körbe Keramik mit, meine Studenten würden sich freuen, Ihnen helfen zu dürfen. Sie glauben nicht", sagte er warmherzig, „was es für eine schöne Aufgabe ist, ein zerbrochenes Gefäß wieder zusammenzusetzen. Die Scherben aus Gräbern sind interessant, aber auch die aus Küchen, Lagerhäusern und Abfallgruben können gute Antworten geben."

Er half mit, und so legten sie zu dritt vorsichtig die Scherben in die mit Wasser gefüllten Gummieimer, die man *zymbyli* nannte. Nun wurde die Keramik gewaschen und getrocknet. Mit viel Eifer sortierte Sophia dann die Scherben nach Farben und Tonsorten, in solche mit grober und feiner Schlämmung, und besonders schnelle Erfolge in der Datierung versprach sie sich von Keramik mit figürlicher Bemalung.

Es waren immer unterhaltsame Nachmittage, wenn Sophia mit ihrem Mann an der Säuberung und Sortierung der Scherben arbeiten konnte. Sie riefen sich ihre Freude zu, wenn eine Scherbe sofort in ein bereits angefangenes Gefäß paßte. Schon bald hatten sie einige komplette Töpfe und Vasen und bei einigen weiteren Stücken fehlten nur noch kleine Scherben zur Ergänzung.

Als Sophia enttäuscht feststellte, daß da und dort nicht vorhandene Keramikteile das Zusammensetzen eines Gefäßes verwehrten, gab sie sich die Schuld, denn bestimmt hätte sie diese gefunden, wenn sie genauer den Boden oder den Aushub untersucht hätte.

Als sie im Französischen Institut betrübt auf eine Vase sah, die von den Studenten geschickt zusammengesetzt war und der an zwei Stellen eine Scherbe fehlte, tröstete sie Burnouf: „Kein Problem, Frau Schliemann, wir vermengen Gips mit Wasser und Fischleim und füllen die Lücken."

So vergingen die Tage und Wochen, und allen Besuchern sagte Schliemann, daß er bereits seinen nächsten Angriff auf Hissarlik vorbereitete, der April 1872 beginnen sollte. Sophia erklärte er, daß er die bevorstehende Grabung besser leiten müsse. „Wir brauchen einige Fachleute, die uns helfen, ein Ingenieur könnte uns besonders nützlich sein."

„Ein Ingenieur?" fragte sie erstaunt.

Er nickte erregt. „Der Hügel muß vermessen werden, wir müssen wissen, wieviel Kubikmeter Erde als Aushub anfallen. Dieser Mann hat auch das Transportproblem zu lösen. Wo laden wir den Schutt ab?" Er ging unruhig auf und ab, blieb mehrmals am Kinderbett stehen und liebkoste Andromache. „Sophidion", sagte er nachdenklich, „ich glaube, ich muß mich von meiner Vorstellung lösen, einen fünf Meter breiten Graben durch den Hügel zu arbeiten. Eine Horizontalebene, quer durch den Berg gegraben, wäre die beste Lösung. Alle Gebäude, wie Tempel, Paläste, Häuser, Wachttürme und Tore — eben alles, was wir finden — sollten frei stehenbleiben."

Der Frühling kam, lockte mit seinem Blumen- und Blütenmeer, das die Sonne immer wieder aus dem kargen Boden zauberte. Gerne fuhr er — weil er wußte, daß das Osterfest in Griechenland besonders feierlich begangen wurde — mit Sophia, der kleinen Andromache und dem Kindermädchen Katarina nach Willia, einem kleinen Dorf auf dem Kíthaeron, weil man es dort nach alter Sitte feierte. Am nächsten Tag besuchten sie von dort aus Aráchowa bei Delphi. Hier, am Nabel der Erde, wo der Parnaß sein Haupt hoch in den Himmel reckt, war nur acht

Kilometer davor, lieblich an der Felswand klebend, das Teppichweberdorf. Sie erlebten, daß sich schon in aller Frühe der Duft des Frühlings mit Rauch mischte. Dieser Rauch wurde immer stärker. Bald konnte man glauben, daß das ganze Dorf in Flammen aufgehe. Als Sophia mit ihrem Mann neugierig durch die Gassen ging, sahen sie überall kleine Feuer, die mit Holzkohle geschürt wurden. Da saßen sie, die Väter und Söhne, Schulter an Schulter, und drehten mit viel Aufmerksamkeit ihre Lämmer am Spieß. Der ganze Vormittag gehörte den Vorbereitungen zum feierlichen Ostermahl. Die Frauen stellten in der Nähe einen weißgedeckten Bewirtungstisch auf, der mit Schafkäse, den herrlich zubereiteten Innereien der Lämmchen und mit Brotscheiben geschmückt wurde. In großen Krügen wurden die goldenen und roten Weine gebracht.

„Heinrich", erklärte Sophia, „man bietet zur Feier des Tages den besten Wein an. Was auch ,Griechenland' ist", erzählte sie weiter, „ist die traditionelle Verpflichtung, daß jeder Vorübergehende ein Glas Wein angeboten bekommt. Alle dürfen sich hinsetzen. Es ist eine Ehre, eine griechische Ehre, daß man dem Freund mit der Gabel einen besonders leckeren Bissen anbietet. Riechst du es, Errikaki?" fragte sie glücklich. „Überall ist Bratenduft, überall ist Musik und dort drüben, ab Mittag praktisch auf jedem Platz, ist Tanz."

Sie waren kaum wieder in Athen, als nun fast täglich Gäste kamen. Sophia liebte die Einladungen, die ihr Mann jetzt oft veranstaltete, und sie tat alles, um die Gäste für ihren Mann und für Troja zu interessieren.

Mehr als neugierig war sie, als ihr Mann ankündigte, daß er zum Abendessen einen Mann eingeladen habe, der, jetzt sah er sie, wie ein Junge lachend, der einen Streich vorhat, listig an, sehr interessant sei.

„Von wo, nein", berichtigte sie sich, „aus welchem Land, aus welcher Stadt stammt er?"

„Aus München", antwortete er schmunzelnd.

„Aus München", wiederholte sie. „Ob wir nicht Hans Schneider die Freude machen sollten, ihn mit einzuladen? Du weißt doch, er kam einst mit König Otto aus dieser Stadt und war für mich viele Jahre der ‚Onkel Janni‘.“

„Höre und staune, Sophidion“, lachte er, „ich habe auch ihn eingeladen.“

„Du bist sehr lieb“, sagte sie froh.

Hans Schneider kam gerne, fragte schon an der Haustüre Sophia, warum ihm Doktor Schliemann so geheimnisvoll geschrieben habe.

„Wir haben einen Gast, Onkel Janni, der dir Freude machen wird.“

„Hoffentlich kein Engländer“, antwortete er etwas ängstlich, „mein Englisch ist nicht gut.“

Dann erst kam er dazu, Sophia mit feierlichen Worten für die Einladung dankend, einen großen Strauß Rosen zu überreichen. Er hatte bis dahin die Blumen getragen, als wären sie alle aus Gold.

Heinrich Schliemann begrüßte ihn herzlich. „Mein lieber Freund Schneider, Sie werden eine nette Überraschung erleben.“

Wenige Minuten später meldete das Dienstmädchen Professor Xavier-Johann Landerer. Er hatte in München Medizin und Naturwissenschaften studiert und war mit König Otto als sein persönlicher Apotheker nach Griechenland gekommen. Bald hatte ihn die Universität in Athen zu ihrem ersten Professor für Chemie und Arzneikunde ernannt.

Als sich der Professor Hans Schneider zuwandte und er erfuhr, daß dieser auch aus München stammte, ging ein Strahlen über sein Gesicht. „Ein Münchner in Athen, das ist aber eine Freude!“ Dann sah er Sophia höflich an. „Gnädige Frau, ich bitte um die Erlaubnis, daß wir unser Griechisch mit bayerischem Dialekt verbrämen dürfen.“

Glücklich über die Herzlichkeit, die sofort zwischen dem Professor und Onkel Jannis aufkam, machte sie den Vorschlag, daß sie sich Deutsch unterhalten sollten. „Mein Mann ist Deutscher, und ich versuche seit meinem Aufenthalt in Paris, mich in diese für einen Griechen sehr schwere Sprache einzuarbeiten.“

Als Sophia zu Tisch bat, erfuhr Hans Schneider, daß sein Landsmann Fachmann war für die Wirkung der Oxydation auf

Terrakotta und die chemische Zusammensetzung des Tons, die später der Keramik die unterschiedlichen Farben von schwarz, dunkelbraun, rot, gelb und aschgrau gab.

In den folgenden Tagen erlebte Sophia, daß ihr Mann rastlos tätig war, er fast gleichzeitig mit seinen Agenten in den verschiedenen Großstädten verhandelte und alles tat, damit sein Vermögen wachse und er die nicht unerheblichen Kosten für die geplanten Grabungen decken konnte. Er engagierte mehrere Fachleute und bestellte nach einer Liste, die er fast stündlich vervollständigte, die erforderlichen Arbeitsgeräte. Sophia sah, daß er immer wieder die Bestellung prüfte: es waren 40 eiserne Hebel, 2 Handwinden, 100 Schaufeln, 100 Spitzhauen, 50 große Hacken, 1 große Winde, 100 Schubkarren, 20 Handwagen und viel Kleingerät. Um zu wissen, daß alles den Anforderungen genügte, fuhr er sogar nach England und nützte die Rückreise für den Besuch einiger deutscher Museen, um dort frühe Funde, besonders Terrakotten, zu sehen.

Sophia hatte diese Reise nicht gerne gesehen, da ihr Mann schon Ende März (1872) wieder nach Hissarlik wollte, um die dort begonnenen Grabungen weiterzuführen. Er hatte sogar die Absicht, die Zahl der Arbeiter, sobald sie fündig geworden waren, auf 150 zu erhöhen. Was Sophia auch Sorge machte, war eine Schwangerschaft im dritten Monat, waren Rückenschmerzen und Blutungen, die von Woche zu Woche zunahmen.

Als ihr Mann nach zwei Wochen wieder zurückkam, fragte er erschrocken: „Wie geht es dir, Sophidion? Bei Andromache hattest du doch keine Probleme." Nachdem er ihr kurz von seiner Reise berichtet hatte, sagte er fürsorglich: „Du mußt dich hinlegen, Liebes. Einige Tage Ruhe werden dir gut tun."

„Heinrich", wehrte sie ihn apathisch ab. „Was soll ich nur tun, ich kann dich doch jetzt, wo die neue Grabung kommt, nicht alleine lassen?"

Als ein Arzt keine ernsthafte Erkrankung feststellte, sagte sie energisch: „Heinrich, mache dir keine Sorgen. Ich gehe mit dir nach Hissarlik, schaffe es schon. Mein Platz ist an deiner Seite. Du willst doch ein kleines Haus für uns bauen, ich freue mich so auf dieses Grabungsdomizil, du darfst mir diese Freude nicht nehmen."

Anfang März nahmen jedoch die Schmerzen im Unterleib zu, Sophia verlor nun oft Blut, das Gefühl der Schwere in der Bekkengegend quälte sie immer mehr. Mitte März hatte sie eine Fehlgeburt. Obwohl der Arzt sagte, daß sie ohne Sorge sein könne, es ein Zufall sei, fühlte sich Sophia schuldig, und als sie aus einem Erschöpfungsschlaf aufwachte und darüber nachdachte, ob sie etwas Falsches getan hatte und ob sie sich bei ihrem Mann entschuldigen müsse, sah sie, daß er neben ihr saß und Tränen in den Augen hatte. Sie selbst bedurfte des Trostes und hatte nun die Pflicht zu trösten, weil sie wußte, wie sehr er unter diesem Verlust litt. Er wollte einen griechischen Sohn haben, glaubte, daß dieser erst seine *griechische* Liebe besiegeln würde, mystifizierte seine Beziehung zu ihrer Heimat bis in alle Höhen und Tiefen. Er hatte eine *griechische* Frau, er brauchte einen *griechischen* Sohn, er wollte aller Welt beweisen, daß er sein Herz restlos *Griechenland* geschenkt hatte. „Ich verschiebe meine Grabung in Hissarlik", sagte er zugleich wehmütig und tröstend.

„Nein, Heinrich, bitte nicht. Die Arbeiter, die Spezialisten und das ganze Grabungswerkzeug sind bestellt. Wir müssen also spätestens Anfang April anfangen. Geh' du mit einigen guten Leuten voraus. Bitte. Ich komme nach, sobald es der Arzt erlaubt, und", sie sah ihn nun zärtlich an, „Errikaki, sei ohne Sorge, unser nächstes Kind wird ein Sohn. Ich weiß es", tröstete sie ihn zuversichtlich.

Als sie sah, daß er immer noch um eine Entscheidung rang, riet sie: „Heinrich, beginne sofort mit dem Bau unseres Grabungshauses. Es wäre schön, wenn es fertig ist, wenn ich zu euch komme."

Schliemann nickte. „Ja. Sophidion; es wird aber nur eine einfache Unterkunft sein, sie soll uns schützen, wenn es kalt ist und es regnet."

Wie aus weiter Ferne hörte Sophia, immer noch sehr erschöpft, wie ihr Mann mit den verschiedensten Händlern und Transporteuren verhandelte, aus London die ersten bestellten Geräte und sonstige Dinge eintrafen.

Die Abreise nach Hissarlik nahte, und erregt, jung und lebendig stand Schliemann vor Sophia und sagte leidenschaftlich: „Sophidion, ich habe eine Idee." Er strahlte sie dabei so an, daß sie ihn an sich zog und zärtlich küssen mußte. „Es wäre unklug, meine ich, das ganze Ausgrabungswerkzeug nach Konstantinopel zu verschiffen, um es dort nach Canakkale umzuladen und dann vom Landeplatz mit Lastkarren nach Hissarlik zu fahren. Ich suche ein kleines Schiff, das dem Kapitän gehört, vielleicht nur von der Familie betrieben wird. Fände ich ein solches Schiff mit einer Mannschaft, der ich völlig vertrauen kann, könnte es je nach Bedarf für uns zwischen Piräus und der Bucht von Besika Sonderfahrten machen. Die wenigen Kilometer nach Hissarlik wären dann für die Lastkarren kein Problem."

Sophia sah ihn etwas ängstlich an. „Heinrich", mahnte sie, „meinst du nicht, daß das um einiges teurer sein wird? Bei einem Transport der Geräte über Konstantinopel sind unsere Kisten nur eine Beifracht; bei einem Schiff, wie du es dir denkst, sind wir die einzigen Benützer, und das kostet bestimmt mehr."

Er überlegte, sagte dann sachlich, ganz nüchterner Geschäftsmann: „Ich müßte mit diesem Schiff ein Abkommen treffen, daß ich es nur einmal im Monat für eine Fahrt zwischen Piräus und Besika brauche."

„Im Monat einmal, Heinrich, was soll es denn transportieren? Die Geräte für die Grabung bekommen wir ja schon mit der ersten Fahrt..."

Schliemann lächelte. „Liebes, weißt du noch, wie wir uns verpflegten, als wir bei den Dramalis wohnten? Wenn ich drei Aufseher einsetze und einige Spezialisten, brauchen diese Leute auch eine Unterkunft, da das Haus, das ich plane, nur drei Zimmer, ein Magazin und eine Küche haben wird. Die Aufseher und die so wichtigen Fachleute werden wohl für sich leben, für sich kochen, doch sehr unsere Hilfe brauchen. Dein Bruder Spyros kann das Nötige besorgen und zu einem Termin, den er von mir erhält, zu dem Schiff nach Piräus bringen."

„Und das Schiff könnte", schlug nun Sophia, von der Idee begeistert, vor, „weil die Magazine in Hissarlik beim Einsatz von über 100 Arbeitern immer überfüllt sein werden, jene

Troja, wie es nach den Ausgrabungen von 1871–1873 aussah.

Dinge mit nach Athen nehmen, die wir laut Vertrag mit der türkischen Regierung behalten dürfen?"

„Ja, Sophidion. Ich muß daher versuchen, daß die Aufseher
sich schnell einig werden, was wir abgeben müssen."

„Aufseher?" fragte sie humorvoll. „Wir hatten bisher nur den
lieben, immer äußerst gelangweilten Georgios Sarkis."

Schliemann verzog die Lippen bitter. „Der Kultusminister
schrieb mir, daß bei den 100 bis 150 Arbeitern, die für mich
nun auf dem Hissarlik graben werden, eine Aufsicht nicht aus-
reiche und er mir mehrere Aufseher zuteilen werde."

Sophia saß im Garten und beaufsichtigte die ersten tappenden
Schritte von Andromache, spielte mit ihr, zeigte, daß sie keine
Blumen ausreißen dürfe. Oft nahm sie das Kind auf den Schoß
und sprach mit ihm, wie alle Mütter des Glaubens, daß es alle
Worte verstehe. Sie lachte sich zuweilen selbst aus, dachte an
ihre Mutter, die mit den Blumen sprach, die sie in alten Töpfen,
Schalen und Kübeln zog und die überall, sogar im Haus, herum-
standen. Ja, sie sprach auch mit den Katzen, den Vögeln und

107

den anderen Pflanzen, und das Erstaunliche war, daß es schien, als ob sie verstanden würde. Brachte eine Nachbarin oder Freundin eine kranke Pflanze, Mutter pflegte sie gesund, indem sie mit ihr sprach, ihr gütig zuredete. Und so drückte sie Andromache zärtlich an ihre Brust und sprach ohne Scheu mit ihr, erzählte Geschichten, zeigte die Nachbarn, die Händler und deutete immer wieder auf die Akropolis, die, fast zum Greifen nahe, zu sehen war.

Sie hörte schon von weitem die Kutsche, die die Straße heraufpolterte. Dann trat ihr Mann freudig in den Garten, küßte sie und Andromache herzlich.

„Du hast ein gutes, ein schönes Gesicht, wenn du froh bist", sagte sie glücklich.

„Wie geht es dir, Liebes?"

„Ein gutes Stück besser, nur werde ich noch schnell müde." Sie hob Andromache etwas hoch. „Ob dein Sohn auch einmal so schwer sein wird? Andromache ist ein kleiner Eigensinn, sie will nur von mir ins Haus getragen werden, wehrt das Kindermädchen ab, obwohl sie sehr an Katarina hängt."

„Du, ich habe ein Schiff", erzählte er begeistert. „Und es ist genau jene Mannschaft, die ich brauche..."

Als sie ihn fragend anblickte, berichtete er stolz: „Das Schiff heißt Taxiarchis, und der Kapitän ist Andreas Papaliolos, und das Wundervolle ist, daß die Mannschaft nur aus Familienmitgliedern besteht. Der Kapitän gefällt mir sehr, er ist, wie viele Griechen, über zwanzig Jahre auf See gewesen und hat immer seinen Lohn gespart, um sich einmal ein eigenes Schiff kaufen zu können. Papaliolos ist knorrig und zäh wie die griechischen Olivenbäume."

„War es schwer, dieses Schiff zu finden?"

„Ja und nein, aber du weißt doch, wer sucht, der findet. Das Komische ist, daß er mich kannte, und als ich ihm meinen Namen sagte und hinzufügte, daß er mir finanziell vollkommen vertrauen könne, war seine Antwort: ‚Ihr Name, Herr Doktor Schliemann, ist für mich die beste Referenz'. Dann sah er mich gütig an — wie einen Bruder — und meinte, daß deine Mutter, Kyria Victoria Engastromenos, eine Kastriotis sei und für ihn auch das eine gute Referenz wäre."

„Meine Mutter," fragte sie erstaunt, erklärte dann ihrem Mann, daß Teile der Sippe sich noch Kastriotis nennen, der Name Engastromenos eigentlich die türkische Benennung sei.

„Ja, deine Mutter", wiederholte er und zeigte ebenfalls sein Erstaunen.

„Weiß du was, Heinrich? Wir fahren, wenn die Hitze nachgelassen hat, zu meinen Eltern nach Kolonos!"

Als die Kutsche vor dem Haus der Engastromenos' hielt, kam die ganze Familie heraus und sie taten, als wäre die kleine Andromache der Mittelpunkt der Welt. Dann erst begrüßten sie Sophia und ihren Mann.

Nach langen Minuten hatte Sophia die Möglichkeit, die Mutter zu fragen, ob sie Kapitän Papaliolos kenne.

„Gut sogar", rief diese erfreut. „Er stammt wie ich aus Kreta, unsere Familien kennen sich seit Generationen, besonders meine Eltern waren mit den Papaliolos sehr befreundet." Sie blickte kurz vor sich hin. „Ich habe euch schon von der Höhle von Melidóni erzählt", sagte sie ernst. „Papaliolos und seine Sippe wohnten in unserer Nähe, bevor wir hierher, nach Athen, gingen. Die Eltern seiner Frau hatten ihr Schicksal in einer Höhle bei Milatos. Sie liegt in der Steilwand einer Schlucht. Im Februar 1823 hatten sich in ihr über 2000 Frauen und Kinder sowie 150 Männer vor den Türken versteckt. Die Türken belagerten die Flüchtlinge mehrere Wochen lang, wobei Gruppen kretischer Freiheitskämpfer immer wieder versuchten, von außen Hilfe zu leisten. Als die Lage unhaltbar geworden war, ergaben sich die Flüchtlinge. Viele wurden getötet, die Frauen und die jungen Männer in die Sklaverei geführt. Zwei Männer und drei Frauen der Sippe von Papaliolos fanden dort den Tod. Und das verbindet uns."

„Wir können ihm also restlos vertrauen?" fragte Schliemann.

„Unbedingt, besonders da Sie jetzt ein Mitglied der Sippe der Engastromenos' sind. Wir Kreter sind treu, achten auf die Familienehre, und so sind Sie für Papaliolos ein Freund. Es ist eine Ehre, von einem Kreter als Freund angesehen zu werden."

Der Tag der Abreise nach Hissarlik war gekommen. Sophia sah, daß ihr Mann trotz der Grabungsfreude, die ihn erfüllte,

immer wieder zu der kleinen Andromache ging und sie liebkoste.

Als dann die Kutsche vor dem Haus wartete, um ihren Mann
zum Schiff zu bringen, nahm sie ihn tröstend in die Arme. „Errikaki, ich komme bald nach. Die Sonne hier wird mir gut tun,
ich werde viel im Garten arbeiten. Katarina versteht es sehr gut,
mit Andromache umzugehen, so daß ich mich schnell erholen
werde. Meine Eltern kommen bestimmt oft, auch das wird mir
neue Kraft geben."

Als sich ihr Mann über das schlafende Baby beugte, es
abschiednehmend küßte, als ob er viele Jahre wegbleiben
würde, hatte sie ein wehes Herz. Wie immer hatte er Spielsachen mitgebracht. Wenn Andromache aufwachte, würde sie
sofort den Komboloi sehen, der am Bett hing, und gleich mit
den Bernsteinkugeln spielen, die sich bestens dazu eigneten.

Es war für Sophia eine Selbstverständlichkeit, daß sie ihren
Mann nach Piräus begleitete und so lange winkte, bis das Schiff
aus dem Hafen hinausgedampft war und am Horizont als kleiner
Punkt verschwand. Kurz wanderte sie am Hafen entlang, sah
altvertraute Bilder. Kleine Eselchen bahnten sich bescheiden
und höflich ihren Weg. Ein Hirte trieb ein paar Schafe dahin,
überall eilten Menschen. Ein Bauer, wohl aus einem stillen
Bergdorf, ging schweren Schrittes durch das Gewühl. In Haus-
eingängen saßen Bettler in allen Stadien des öffentlichen Elends
und heischten um eine Gabe. Dann kam ein Mönch, ein Papas,
in seinem schwarzen Gewand daher, weißhaarig, schritt aufrecht durch die Menge und hielt würdevoll einem Mädchen
seine Hand hin, die es küssen wollte. Im Weitergehen erteilte
er ihm seinen Segen. Sophia genoß die Luft, sie erzählte von
Orangen, Säcken mit Rosinen, Trockenfisch, Wein, Öl und fri-
schem Kistenholz. Sie kündete auch von Schafen und Schweiß,
sprach von dem wunderbaren, gefährlichen, verzweifelten und
herrlichen Leben, voll von Erinnerungen und Hoffnungen,
Wünschen und Enttäuschungen, Mut und Habgier. Dann sah
sie einen Bettler, schenkte ihm etwas — war er nicht auch Erbe
versunkener Herrlichkeiten, reichte sein Stammbaum nicht
auch bis hin zu den Göttern?

Als sie wieder in ihrem Haus war, saß Katarina mit Andromache im Garten, und beide spielten mit dem wunderschönen Komboloi. Das Baby griff nach jeder Kugel und plapperte fast ununterbrochen vor sich hin. Erneut dachte sich Sophia, als das Kindermädchen mit Andromache sprach, daß das Kind die Worte nicht begreifen, in der Stimme jedoch die gütige Zuwendung, die zärtliche Fürsorge spüren würde. Dann erst sah sie in einer Ecke des Gartens den Taubenschlag. Sie blieb fast erschrocken stehen, war vor Freude so überrascht, daß sie starkes Herzklopfen bekam. Irgendwann, vor Wochen, hatte sie ihrem Mann gesagt, wie sehr sie Tauben liebe, daß es ihr Freude mache, ihnen zuzusehen. Und jetzt stand sie vor einem Taubenhaus; auf einer Stange saßen einige Vogelpaare, gurrten und benahmen sich, als würden sie schon lange hier ihre Heimat haben.

„Dankeschön, Errikaki!" flüsterte sie und hob die Hände an die Brust, als bete sie. Dann setzte sie sich auf einen behauenen Steinblock, den sie aus Hissarlik mitgebracht hatten, weil er einige Schriftzeichen enthielt und über ihnen ein Zeichen, das Swastikakreuz, eingemeißelt war. Sie saß mit gefalteten Händen, starrte auf die Tauben, und in ihr war die Freude ob dieses Beweises der Liebe so stark, daß sie vor Glück weinte.

Wenige Tage später kam Bischof Vimpos zu Besuch. Er tröstete sie wegen ihrer Fehlgeburt, sprach von Gottes Fügung, in die man sich schicken müsse. „Denke daran, Sophia", mahnte er, „daß das Leid den Menschen adelt. Ein großer Heiliger sagte einmal: ‚Der Mensch wird erst durch das Leid gehärtet, um das Glück ertragen zu können; so wie der Ton im Feuer gebrannt wird, um Wasser fassen zu können!'" Dann segnete er Andromache und setzte sich zu Sophia. Er schwieg, sann vor sich hin, zeigte Trauer und Erschöpfung.

„Onkel Vimpos, was ist, du bist so anders? Bitte, zeige mir deine Sorgen, vielleicht kann ich dir tragen helfen", sagte sie impulsiv und streichelte seine Hände, die zu Fäusten geballt in seinem Schoß lagen. „Wie ist deine Diözese, hast du eine schöne Aufgabe?"

Die Antwort war, daß sich seine Hände noch mehr verkrampften. „Meine Diözese ist klein und arm. Auch die Dörfer, die mir unterstehen, sind in Not. Es ist schwer, zu jenen Einnahmen zu kommen, die ich brauche, um die Ausgaben zu decken. Dann haben wir zu wenig Schulen, obwohl der Staat sie fordert. So bringe ich den Kindern das Lesen und Schreiben bei..."

„Hast du wenigstens die Zeit zu studieren? Deine Bücher werden dir..."

Der Bischof winkte zaghaft mit einer Hand ab. „Ich habe keine Bücher mehr!"

Als sie ihn entsetzt anblickte, sagte er leise: „Ich habe sie verkaufen müssen, bevor ich mein Amt übernahm, damit ich meine letzten Schulden bezahlen konnte." Er lächelte sie trotzig an. „Ein Bischof darf doch keine Schulden haben."

„Du hast keine Bücher mehr, unterrichtest Kinder, du, der du an eine Universität gehörst?" fragte sie erschrocken.

Er schüttelte abwehrend den Kopf. „Sophia, ich sagte dir, daß du dich in Gottes Willen fügen mußt. Auch ich habe mich zu fügen. Gott hat dir die Aufgabe zugeteilt, deinem Mann eine tapfere Gefährtin und deinen Kindern eine gute Mutter zu sein. Wie könnte ich schwach sein, wenn ich von dir Kraft erwarte?"

„Aber du gehörst an eine Universität, bist berufen, Theologie und Hebräisch zu lehren", eiferte sie.

„Sophia, wir haben uns in Seinen Willen zu fügen. Wenn *ich* Gott wirklich liebe, habe ich ohne zu murren jene Aufgabe anzunehmen, die Er mir zuweist."

Am nächsten Tag fuhr Sophia in die Stadt. Ihr Mann hatte ihr für den ‚Notfall' 500 Drachmen dagelassen. War nicht Onkel Vimpos ein Notfall? War nicht er es gewesen, der sie mit ihrem Mann zusammengebracht, in etwa also ihre Ehe gegründet hatte? Und war es nicht Onkel Vimpos gewesen, der ihre Ehe rettete, als sie an der Schwatzsucht ihrer Tante Lambridou zu zerbrechen drohte?

Sophia war überzeugt, daß sie im Sinne ihres Mannes handelte, und kaufte für Theokletos Vimpos Bücher, diesen Freund einsamer Stunden, diesen Tröster in vielen Konflikten, diesen Ratgeber in den Wirrnissen des menschlichen Lebens. Stolz und glücklich bat sie den Buchhändler, diese Bücher sofort an Bischof Vimpos zu liefern. Papas Theokletos hatte eine Aufgabe, der er demütig diente, die ihn jedoch nicht befriedigte. Er war einsam. War nicht auch sie einsam, grübelte Sophia.

Sie rügte sich, denn sie wohnte in einem schönen Haus, hatte Personal, das ihr jeden Wunsch von den Augen ablas; sie hatte Andromache, die herrlich gedieh und mit jeder Bewegung und jedem Wort an ihren Vater erinnerte.

Nein, sie war nicht einsam, und trotzdem war Schmerz in ihr. Onkel Vimpos, das fühlte sie, hatte Sehnsucht nach seiner Universität, nach den Diskussionen mit den Studenten, nach den Kontakten mit den anderen Dozenten. Und sie, das spürte sie tief und fest, hatte Sehnsucht nach ihrem Mann. Er kämpfte mit seinem ganzen Sein um die Entdeckung Trojas, wollte Homer bestätigen, grub jetzt wohl mit 100 Arbeitern am Hissarlik, mußte zugleich an vielen Stellen sein. Wer kochte für ihn, wer achtete darauf, daß er täglich sein Chinin bekam, wer kümmerte sich um trockene Kleidung, wer tröstete ihn, wenn ihn Sorgen bedrückten? Nein, sie war nicht einsam, sie mußte nur gesund werden, daß sie bald wieder bei ihm sein konnte.

Der April schickte den ganzen Tag Sonne. Sophia genoß den Besuch ihrer Schwägerin Elise, einer Schwester ihres Mannes, nützte die Wärme des Tages, arbeitete im Garten, versorgte die Tauben, spielte mit Andromache. Aber dennoch hatte sie immer wieder Schwächeanfälle und ein Fieber quälte sie.

Durch einen Zufall las sie im Wohnzimmer einen Brief ihres Mannes aus Troja, der an Elise gerichtet war. Gerührt nickte sie, da er teilweise ihre Schwägerin rügte. „Liebe Schwester! Um Gottes willen, was soll das heißen? Du schreibst mir, Sophia ist *ganz* gesund, während sie im Bett liegt und schreibt, sie habe zwei Ärzte, die erklärt haben, daß sie Scharlachfieber habe. Meinen Schreck, meine Angst zu beschreiben, ist unmöglich. Ich habe sogleich Sophias Bruder telegraphiert, mir täglich über ihr Befinden Nachricht zu geben. Sollte, was Gott verhüte, Sophia das Scharlachfieber haben, so werdet Ihr doch Andromache täglich aus dem Haus geschickt haben, denn diese Krankheit ist sehr ansteckend. Ich bin ganz in Verzweiflung wegen Sophia und verstehe nicht, warum Du mir solche Unwahrheiten schreibst. Natürlich kann und muß Sophia *auf keinen Fall* nach Troja. *Sobald sie dazu im Stande ist, fahre täglich mit der Eisenbahn ins Seebad in Piräus, denn ich will durchaus, daß sie baldigst zu Kräften kommt.* Die Ärmste, was hat sie alles gelitten. Ich bin überladen mit Arbeit, habe doch Erbarmen mit mir und schicke mir *keine* Briefe mehr von den Schwestern, sage nur in inniger Verbundenheit, daß sie gesund sind. Das genügt. Ich schicke heute zwei griechische Berichte und einen deutschen, jeden mit 15 großen Seiten, weg. Ich arbeite nie weniger als 20 Stunden. Viele Grüße an die lieben Schwestern und ihre Männer. Mit Liebe Dein Bruder Heinrich Schliemann."

Wieder lächelte sie zärtlich und dachte mit Glück an seine Sorge, wartete voller Ungeduld auf den Bescheid des Arztes, daß sie zu ihrem Mann fahren könne, um ihm bei seiner Arbeit zu helfen.

Dann kam der erste Brief aus Hissarlik an sie. Ihr Mann schrieb, daß die Grabungen sehr schwer seien, es viele Probleme gebe. In einem weiteren Brief erfuhr Sophia, daß das Haus am Rand des Ausgrabungsfeldes noch nicht fertig sei, er in einer kleinen Hütte schlafe, die einmal als Gerätekammer dienen solle. „Es hat drei Nächte hintereinander geregnet, das Wasser drang durch das Dach, und es ist sehr kalt geworden. Überall ist alles schlammig. Nikolaos kann mir immer noch nicht kochen, weil wir noch keinen Herd haben. Das Essen von den Dramalis ist fast ungenießbar. Wenn es Dir möglich ist, Liebes, bleibe noch in Athen und kräftige Deinen zarten Körper..." Bald folgte ein neuer Brief, in dem er bat, daß sie, wenn der Arzt die Reise erlaube, einen Herd, mehrere Teller, Messer, Gabeln, Löffel, Decken, ihre älteste Kleidung und feste, dicke Schuhe mitbringen solle. „Ich brauche auch noch einige Dutzend Weidenkörbe, in denen ich die Töpfe, Vasen und Scherben, die ich finde, nach Hause schicken kann."

Sophia bat ihren Bruder Spyros, sie zu begleiten, und machte sofort die Einkäufe. Die ganze Familie half ihr, diese in Kisten und große Körbe zu verpacken, und Spyros brachte sie nach Piräus zu Kapitän Papaliolos auf die Taxiarchis.

Ein Brief ihres Mannes war so voll von Sehnsucht und Liebe, daß sie zu Tränen gerührt war. Sie setzte sich in eine Ecke des Gartens, bat, daß man sie nicht störe und las immer wieder: „Meine liebste Ehefrau Sophia, meine Gebieterin, mein kleiner Engel, mein Leben, einziger Gegenstand meiner Gedanken und Träume, wie geht es Dir? Wie ißt und schläfst Du? Wie erholst Du Dich? Wie geht es unserer lieben Tochter Andromache? Was macht Dein Garten...? Mein Liebling, nimm jeden Tag Seebäder, damit Du bald wieder voll zu Kräften kommst. Sende mir gute Nachrichten, dann scheint für mich wieder die Sonne."

Sie las den Brief immer wieder, konnte jedesmal nur wenige Sätze aufnehmen, um dann vor Sehnsucht erneut zu weinen. So oft sie auch den Brief las, waren es neue Sätze, die in sie eindrangen und in ihr lebendig wurden.

Hatte sie den Brief hundertmal oder noch öfter gelesen? Sie nahm ihn sogar mit in ihr Bett und hielt ihn mit beiden Händen, als sie einschlief. Am nächsten Morgen, als sie aufwachte, spürte sie den Brief und wußte, wie sehr ihr Mann sie brauchte. Noch am gleichen Tag buchte sie für Anfang Mai 1872 eine Kabine nach Konstantinopel.

Zwei Tage später hatte sie dann die schwere Pflicht, sich von Andromache zu verabschieden. Obwohl sie die Eltern gebeten hatte, in der Moussonstraße zu wohnen, und das Kindermädchen das Kind ebenfalls bestens behüten würde, war sie in Sorge.

Sie dankte Spyros, dem Bruder, daß er all die Gepäckstücke erahnte, die sie mitnehmen wollte. Er verstaute sie in der Kutsche, gab dem Fahrer genaue Anweisungen, während Sophia fast apathisch in den Wagen stieg und immer wieder Andromache und den Eltern zuwinkte.

In Piräus erfuhren sie, daß das Schiff — aus Marseille kommend — einen Schaden im Kesselraum habe und die Reparatur die Ankunft verzögere. Spyros war es gewesen, der mit einigem Geschick die neue Abfahrtszeit erkunden konnte. Er blieb am Hafen, überwachte das ausgeladene Gepäck, und Sophia hatte vier Stunden Zeit, sich den Hafen anzusehen. Bald erkannte sie, daß hier ein gewisses System herrschte. Da legten die großen Schiffe — die Passagier- und Frachtschiffe — an, dort die kleinen, die den Inselverkehr bedienten. Von den mehr als 1400 Inseln Griechenlands waren über 100 bewohnt, mußten versorgt werden. Es gab sogar Abfahrtsstellen für wichtige Plätze wie Korinth, Nauplia, Hydra, Ägina, Kreta und viele andere bekannte Orte und Inseln. Da lagen abgenutzte, rostige Frachter, dort warteten schön geschwungene Passagierdampfer.

Sie schlenderte an den Geschäften, den Agenturen und den Händlern vorbei. Es gab schmutzige Kleinläden und elegante Reedereibüros. An der Kaimauer schwappte eine ölbedeckte stinkende Brühe, in der Abfälle schwammen; die buntangestrichenen Kaikis tanzten in dem Wellengang auf und ab. An einer Mole kündete ein Signalhorn die nahende Abfahrt.

Es gab Tränen und Küsse, leidenschaftliche Umarmungen und herbes Winken. Nach wenigen Schritten stand Sophia vor den Fischern, die, soeben angekommen, ihre Fänge anboten.

Dann saß Sophia in einer Taverne, die zugleich einen Blick auf den Hafen, die Agios Nikolaos-Kirche und die Akropolis bot. Sie genoß den bedeutungs- und ahnungsschweren Geruch des nahen Meeres, badete sich mit Leib und Seele in einem einschmeichelnden Luftmeer. Die Uhr zeigte ihr, daß sie noch Zeit hatte, und aus Freude über das nahe Wiedersehen mit ihrem Mann, bestellte sie sich einen zarten Seebarsch, der mit einer charaktervollen Soße bedeckt war, und lobte die Artischocken, die als Beilage in einer Salbeisoße serviert wurden. Die Zeit verging wie im Flug, und fast erschrak sie, als Spyros vor ihr stand und sagte, daß er das Gepäck bereits verladen habe und in einer Stunde das Schiff abfahre.

Eine plötzliche Müdigkeit machte es Sophia fast unmöglich, sich bei ihrem Bruder für all die Hilfe zu bedanken. Sie sah kaum die Kabine, legte sich, angezogen wie sie war, sofort hin und schlief ein. Hatte sie zehn oder mehr Stunden geschlafen? Erfrischt und froh erkundete sie nun das Schiff, stand viele Stunden an der Reling, sah auf das Meer, die Wellen und die lustig hochspringenden Delphine. Nahte die Dämmerung, kam auch schon wieder die Müdigkeit, sie legte sich hin und schlief sofort ein. Erneut saß sie dann viele Stunden im Windschatten der

Aufbauten, genoß die Sonne und beobachtete mit Herzklopfen, daß im Osten langsam Land auftauchte, Häuser sichtbar wurden und der Hafen von Canakkale immer näher rückte.

Als das Schiff an der Mole anlegte, sah sie ihren Mann. Er wartete, bis der Laufsteg angelegt worden war, kam langsam, wie krank wirkend, herauf. Zur Feier ihres Eintreffens trug er seinen dunklen Anzug, doch schien ihm dieser zu groß zu sein. Die Ängste und Sorgen bedrängten sie so stark, daß sie kaum atmen konnte. War ihr Mann kleiner geworden, dünner? Hatte er hungern müssen, war er krank gewesen oder hatten ihn die vielfältigsten Probleme so gequält, daß er nur wenige Nächte zu einem erholsamen Schlaf kam? „Mein armer Heinrich", flüsterte sie voll von Mitleid und Zärtlichkeit vor sich hin. Dann standen sie sich gegenüber. Er umarmte sie, als hätte er sie viele Monate nicht mehr gesehen. Erst jetzt sah er sie in ihrem eleganten Reisekostüm. Wohl hatte er sie gebeten, daß sie ihre ältesten Kleider mitbringe, doch lagen diese in den Kisten. Für das Wiedersehen hatte sie sich aber besonders nett anziehen wollen, und zwischen den Küssen flüsterte er immer wieder: „Du bist schön, du bist schön...!"

Als sie langsam den Laufsteg hinuntergingen und in die Stadt schlenderten, blieb er mehrmals stehen, hielt sie von sich ab und sah sie zärtlich an. „Du hast zugenommen, Sophidion, deine Augen strahlen. Ich freue mich wie noch nie in meinem Leben, jemanden zu sehen." Erneut sagte er glücklich: „Deine Augen strahlen...!"

„Weil sie dich sehen, Errikaki."

„Hast du einen Herd mitgebracht? Nikolaos wartet darauf."

Sie bejahte es. „Und Lebensmittel habe ich dabei, Errikaki, mit denen wir dich bestimmt ein halbes Jahr üppig ernähren können."

Sie wanderten dahin. Die Sonne, die den ganzen Tag schon alles in ihr Licht getaucht hatte, neigte sich ins Meer, die Hügel schwammen in dem Sonnendunst mit rosigen Gipfeln, in den Straßen und Gassen kochte noch die Luft schwül, und aus den vielen Gärten und den nahen Feldern flossen süß und überreif viele Blumendüfte. Das satte Grün der Erde hielt an vielen Stellen noch die Tageswärme zurück.

117

Sophia ging mit ihrem Mann ziellos dahin. Manchmal hielten sie sich nur an den Händen, manchmal hatten sie sich umschlungen oder gingen eng Schulter an Schulter. Sie schritten den schmalen Weg entlang, genossen jeden Atemzug. In einem Fenster hatte Sophia kurz ihre Erscheinung überprüft. Der zarte hellblaue Glockenrock stand ihr, die Jacke zeigte ein hübsches, eingewebtes Rippenmuster, die weiße Bluse mit dem Spitzenkragen paßte gut dazu. Sie lächelte vor sich hin, denn über eine Stunde hatte sie gebraucht, um Schuhe zu finden, die zum Kostüm paßten und trotzdem für das holprige Pflaster von Canakkale geeignet waren. Sie waren modern, hübsch; etwas schämte sie sich ob dieses modischen Aufwands, denn ihr Mann ging in klobigen Arbeitsschuhen. Wieder betrachtete sich Sophia in einem Fenster. Es zeigte eine Frau mit weißem Gesicht und einen Mann, der braun gebrannt war. Mit jedem weiteren Schritt spürte Sophia, wie sie wieder in ihren Mann hineinwuchs. Sie waren in einer Verbundenheit, in der eine Kameradschaft zur Liebe und ein Werktag zum Sonntag, zu einem Sonnentag, werden konnte.

Ihr Mann führte sie sanft an der Hand, zog sie zu einer niederen Mauer, die die Straße säumte. Sie setzten sich auf die Steine, ließen sich von dem tiefen Frieden, der sie umgab, einhüllen. Sie saßen still, ein Hibiskusstrauch, mit Hunderten seiner herrlichen Blüten, tat alles, um die beiden vor den Blicken anderer zu schützen. Durch Staub und Duft tönten Stimmen, Kinder spielten, irgendwo rief eine Mutter. Sie lehnten sich aneinander, fühlten gemeinsam das Laub über sich, spürten die Düfte, die warme Luft, die eine erste Ahnung von Tau und Kühle gab.

Dann sah Sophia, zwischen zärtlichen Küssen, das Gesicht ihres Mannes. Es war älter und müder geworden, war vom Schicksal gezeichnet, hatte Schiffbruch und neue Ausfahrt erlebt. Streng, fast abweisend, standen Nachdenken und Selbstbewußtsein in seinem mageren braunen Gesicht, Schicksal in Stirn und Wangen gefaltet. Scheu spielten seine Hände mit ihrer Hand, glitten leise und zärtlich über Arm und Nacken, zogen kleine spielende Wege der Liebe. Und während ihr Mund ihm entgegenkam, während in ihnen Sehnsucht aufwallte, wußten sie beide, daß auf sie schon ab dem nächsten Tag harte Arbeit wartete.

Tapfer sagte sie: „Ich freue mich auf morgen!"

„Ich auch, Sophidion. Es wird schön sein, denn nun bist du wieder bei mir", antwortete er.

Als sie zum Hafen zurückgingen, sahen sie, wie ein großer Bauernwagen rückwärts an das Schiff herangefahren wurde. „Das ist Demetrious", sagte Schliemann. „Gib ihm deinen Seefrachtbrief, dann kann er die Kisten und Körbe abhaken, während sie vom Schiff auf seinen Wagen geladen werden."

Und wieder standen sie Hand in Hand da, sahen auf das Meer, das blaue Wasser der Dardanellen und die dahinterliegenden Hügel der Halbinsel Gallipoli.

Sophia spürte, daß ihr Mann tief seufzte, als falle ihm eine riesige Last vom Herzen. „Sophidion", sagte er mit einer Stimme, als fehle ihm der Atem, „du hast den Sonnenschein mitgebracht. Es war in den letzten zwei Wochen kalt und sehr regnerisch. An manchen Tagen wüteten heftige Stürme, die mir den Staub so in die Augen trieben, daß ich oft kaum sehen konnte."

„Du", sagte sie übermütig und hängte sich an seinem Arm ein. „Siehst du die Frauen hier? Das Gesicht haben sie mit einem kurzen Schleier bedeckt, die langen Hosen sind an den Fesseln zusammengehalten, die Kleider zu lang." Sie lachte und sagte frivol: „Nur der liebe Gott und der Ehemann wissen, wie die Frau unter diesem klobigen Kleiderzelt aussieht."

Ihre Freude, bei ihm zu sein, und ihre Herzlichkeit brachten wieder Farbe in die Wangen ihres Mannes. Mit jedem weiteren Wort Sophias strafften sich seine Schultern, und wie damals, als sie ihn in Kolonos sah, wurde aus einem verbrauchten, müden Mann ein lebendiger, frischer Homeranhänger, der von der Notwendigkeit sprach, Troja zu finden und damit den großen Epiker zu beweisen. Dann nahm er sie wieder in die Arme, küßte sie, sprach erneut von Troja und daß er glaube, noch in dieser Woche die Festungsmauern und den Palast des Priamos zu finden.

Als sie am nächsten Tag in Hissarlik eintrafen, war Sophia erstaunt, wie sich der Hügel verändert hatte. Überall sah sie neue Gräben, Terrassen und freigelegte Mauern. Dann bewunderte sie das Haus, in dem sie nun wohnen sollte. Es war solide gebaut, hatte drei Zimmer: einen Schlafraum, ein Eßzimmer und einen Arbeitsraum mit hohen Regalen, auf denen Funde lagen, die wohl korrekt numeriert, aber noch nicht gesäubert auf sie warteten. Aus einem Fenster sah sie weit auf das Ägäische Meer hinaus.

Sie bemühte sich, schnell das mitgebrachte Gepäck zu versorgen, stellte ihre Lieblingsikone auf, hängte ihre Kleider in eine Ecke, die verdeckt mit einem Vorhang zur Garderobe erhoben worden war. Sehr freute sie sich darüber, daß sie sich in letzter Minute einen breitrandigen Strohhut gekauft hatte, der ihr mehr Schutz gegen die Sonne bot als das Kopf-tuch, das sie bei der ersten Grabung auf dem Hissarlik getragen hatte. Dann machte sie mit ihrem Mann einen ersten Rundgang durch das Grabungsgelände. Es wimmelte überall von Arbei-tern.

„Das hier sieht ja aus wie in einem Ameisenhaufen", sagte sie erstaunt und anerkennend.

„Ich fing mit 100 Arbeitern an, jetzt habe ich 130", antwor-tete ihr Mann stolz.

„Hat es größere Schwierigkeiten gegeben?"

Er nickte, suchte nach Gedanken und Worten. „Um die abzu-grabende Schuttmasse schneller wegzuschaffen, arbeite ich nun in einem Abbruchwinkel von etwa 50 Grad. Auf diese Weise komme ich zu einem fast dreifach besseren Ergebnis."

„Ist das nicht gefährlich?" fragte sie erschrocken.

„Etwas schon", gestand er. „Bei aller Vorsicht bin ich jedoch nicht imstande, meine Arbeiter noch mich selbst gegen die beim Abhacken der steilen Wand fortwährend herunterrollenden Steine zu schützen. Keiner von uns allen ist ohne mehrere Wun-den an den Füßen."

Als sie weitergingen, mahnte er: „Sei vorsichtig, Liebes, es wimmelt hier von Schlangen."

Ängstlich prüfte sie nun jeden weiteren Schritt, zuckte zurück, als eine harmlose Feldmaus vorbeihuschte.

„In den ersten drei Tagen der Ausgrabung kam beim Abhak-ken des Hanges eine ungeheure Menge giftiger Schlangen zum Vorschein. Unter ihnen waren viele jener kleinen braunen,

Antelion genannten Schlangen. Ihren Namen haben sie davon, daß der von ihnen Gebissene nur bis zum Sonnenuntergang lebt. Bald möchte ich sagen, daß, wenn nicht die vielen Tausende von Störchen, besonders im Frühling und Sommer, auf Schlangenjagd gehen würden, die Ebene von Troja wegen des Übermaßes dieser gefährlichen Tiere gar nicht bewohnt werden könnte", erzählte er sarkastisch.

Einige Zeit sahen sie einer Gruppe von über 40 Männern zu, die einen tiefen Graben von der Ebene her auf den ansteigenden Hang schufen. Ein Mann mit einem Grubenhelm und hohen englischen Stulpenstiefeln beaufsichtigte sie.

„Weißt du noch, Liebes, wie ich in Athen Fachleute suchte, die mir bei den technischen Problemen helfen, die fast täglich anfallen? Ich brauchte einen erfahrenen Bergmann, und", er sagte es stolz, „ich fand ihn. Der Mann mit dem Grubenhelm ist Georgios Photidas. Er wohnt hier in der Nähe, war lange in Australien, hat dort in einer Mine gearbeitet. Das Heimweh trieb ihn zurück. Georgios heiratete ein fünfzehnjähriges Mädchen, das keine Mitgift bekam, er selbst war hier ohne Arbeit. Als er sich bei mir bewarb, nahm ich ihn sofort, und ich bin mit ihm sehr zufrieden. Er ist mir auch an den Sonn- und Festtagen von großem Nutzen, weil er griechisch schreibt und somit imstande ist, meine griechischen Aufsätze für die Zeitungen und die archäologischen Gesellschaften zu kopieren." Er lächelte sie an, sagte dann temperamentvoll, daß sie ja wisse, wie widerlich es ihm sei, seine langen Berichte über ein und dieselbe Sache dreimal und mehr auf griechisch niederschreiben zu müssen.

Als er mit Sophia zu Photidas trat und ihn ihr vorstellte, nahm dieser seinen australischen Grubenhelm ab und verbeugte sich tief.

Langsam schritten sie dann auf die Kuppe des Hissarlik zu, und plötzlich blieb Sophia stehen und rief erstaunt: „Panagaía mou! (Meine Allerheilige!), das ist ja erstaunlich."

Ihr Mann antwortete zärtlich: „Sophidion, ich ließ sie so, in situ (in natürlicher Lage), stehen, damit du sie original siehst."

Zehn riesige Pithoi, über zwei Meter hohe Krüge, standen in Reih und Glied nebeneinander. „Sie dienten einst als Vorrats-

Pithoi in der Tiefe unter dem Athene-Tempel.

behälter für Wasser, Öl, Gerste, Weizen, also für die Aufbewahrung von Flüssigkeiten und Getreidekörnern, um sie gegen Ungeziefer zu schützen", erklärte er.

„Du, Heinrich?" fragte sie erstaunt, „wie kamen die Leute an diese Krüge. Sie brauchten Leitern..."

Er legte herzlich seinen rechten Arm um ihre Schulter. „Nein, Liebling, sie mußten sich sogar hinknien."

Als sie ihn fragend, fast ungläubig anblickte, sagte er sachlich: „Dort oben befand sich eine Straße, die von Häusern gesäumt wurde. Die Krüge waren in den Fußboden eingelassen. Der obere Rand der Pithoi war vermutlich auf gleicher Höhe mit dem gestampften Fußboden. Wir fanden neben den Krügen einige Feuerstellen. Die Hausfrauen hatten also damals — was sehr praktisch war — griffbereit Wasser und Öl, Weizen- oder Gerstenkörner zur Hand."

Als sie weitergingen und ihr Mann ihr weitere Grabungserfolge zeigte, schüttelte Sophia den Kopf und sagte: „Das mit den in der Erde versenkten Vorratskrügen finde ich toll."

Sie sprang erschrocken zurück, da aus einer Felsspalte der Kopf einer Schlange schnellte, die sie erregt anzüngelte. Schliemann trat dazwischen und tötete sie mit dem Stock, den er immer trug.

„Wir finden sogar noch in zehn Metern Tiefe zwischen den Steinen giftige Schlangen. Was mir ein Rätsel war, ist, daß die Arbeiter kaum Angst vor ihnen haben. Gestern sah ich, wie ein Mann von einer Natter zweimal gebissen wurde und er sich nicht darum kümmerte. Als ich ihm meine Sorge zeigte, erklärte er mir lachend, daß sie alle wüßten, daß es hier viele Giftschlangen gebe, sie daher den Absud eines Krautes trinken würden, das hier wachse. Es helfe oft..., aber nicht immer. Das ist eben der Fatalismus des Orients." Nach einigen Schritten sagte er stolz: „Sophidion, hier unter uns müssen riesige Verteidigungsmauern liegen. Es sind jene, die die Achäer in zehnjähriger Belagerung nicht hatten durchbrechen können, und innerhalb dieses Verteidigungsringes müssen sich alle wichtigen Gebäude befinden."

„Heinrich, dann stehen wir jetzt auf dem Boden von Homers Ilion?"

Er nickte ernst. „Ich möchte behaupten, ja!"

Für Sophia begann der erste Arbeitstag mit dem Problem, daß an die 70 Arbeiter aus Renkoi streikten. Ihr Mann hatte ihnen am Vortag das Rauchen verboten, da er immer wieder feststellte, daß bei der Anfertigung ihrer Zigaretten die Arbeit für einige Zeit unterbrochen wurde. Und so hatte er bekanntgeben lassen, daß jeder, der rauche, sofort den Arbeitsplatz verlassen müsse und nicht wieder eingestellt werde. Die Antwort war, daß Sophia aus dem Fenster der Küche, wo sie soeben Kaffee machte, sah, wie die Streikenden auf dem Boden saßen und schrien, sie würden erst wieder arbeiten, wenn sie dabei rauchen dürften.

Sophia erlebte eine Eigenart ihres Mannes. Schon in Athen hatte sie festgestellt, daß er sehr jähzornig sein konnte, Untergebene hart, fast hochmütig behandelte, mit Gleichstehenden höflich sprach und bei Hochstehenden fast schüchtern war.

Hier streikten Untergebene. Er reagierte hart, schickte die Vorarbeiter in die anderen Dörfer, und diesen gelang es innerhalb weniger Stunden, über 100 Arbeiter zusammenzubringen. Die Bauern aus Renkoi hatten gedacht, daß ohne sie die Arbeiten stocken würden. Diese Fehlrechnung bezahlten sie — weil sie den guten Verdienst auf dem Hissarlik nicht missen wollten — damit, daß sie täglich nun um eine Stunde länger arbeiten mußten. Früher begann die Arbeit um 5.30 Uhr morgens und endete um 5.30 Uhr abends, nun hatten sie von 5 Uhr bis abends 6 Uhr zu arbeiten.

Sophia füllte den Kaffee in einen Krug, packte ihn in den Korb, der das Mittagessen enthielt, stellte ihn in eine kühle Ecke, so daß sie ihn, weil sie ihrem Mann noch bei der Grabung helfen wollte, schnell zur Hand hatte. Als sie durch den Vorraum ging, sah sie mit Freude, daß Nikolaos die mitgebrachten Lebensmittel schön geordnet und mit einem Schutz gegen Ungeziefer an einer Küchenwand aufgestellt hatte. Da gab es je einen Sack mit Kaffee, Zucker, Bohnen, Erbsen, Linsen, Reis, Mehl und Salz. Dort waren in kleineren Säcken getrocknete Feigen, Rosinen und Nüsse. In einem kleinen Wandregal, das Nikolaos mit Geschick gezimmert hatte, standen Dosen mit Zimt, Muskatnuß, geriebenem Käse und Honig. Gesondert lagen Pakete mit Teigwaren; besonders gerne aß ihr Mann Makkaroni mit Tomatenpüree.

„Morgen teile ich dir eine Arbeitsgruppe zu, ich brauche dich sehr als Aufseher", empfing ihr Mann sie froh. „Sammle heute mit zwei Arbeitern die Körbe mit Scherben ein. Sorge macht mir, daß in den Körben wohl ein Fundzettel liegt, der meist sehr schlampige Angaben enthält, die Funde jedoch nicht numeriert wurden. Hole das bitte nach."

Wieder bemerkte Sophia, daß ihr Mann, wenn es um die ‚Sache‘ ging, sehr ernst und oft sogar pedantisch streng sein konnte.

Die Gedanken kamen und gingen, wurden in Sophia zu einem vielfältigen Kaleidoskop. Sie wußte, daß ihr Mann zu ihr sehr großzügig war, sie jedoch immer noch kein Taschengeld bekam. Bei Einkäufen für das Haus oder für die Grabungen mußte sie auf die Drachme genau abrechnen. Es war fast unmöglich, sich eine kleine Summe zu reservieren, die sie für Kleinigkeiten wie Hautöle, Parfüms und ähnliche Dinge hätte verwenden können. Sie dachte an einen kleinen Vorfall in Athen. Als sie die Fehlgeburt hatte, benötigte sie leichte flauschige Stoffe. Sie hätte *alles* auf Rechnung kaufen können, die dann an ihren Mann ging, der sie auch sofort anstandslos bezahlte, doch war es ihr peinlich, diesen offiziellen Weg zu gehen. Leichter und privater wäre es gewesen, wenn sie, ohne ihren Namen zu nennen, diese Dinge hätte kaufen und sofort bezahlen können. Wie hatte Bischof Vimpos einmal gesagt, als es zu der Ehekrise wegen der schwatzhaften Tante gekommen war? „So ist er eben; wenn er anders, wenn er großzügiger wäre, hätte er nie das Geld gehabt, um Homers Troja zu suchen. Und ohne Troja wäre er nie in dein Leben getreten." Dann war es Sophia, als wenn in ihr Stimmen sprechen würden. Eine Stimme mahnte sie: „Einen Menschen lieben, heißt, ihn so zu nehmen, wie er ist!" Eine andere sagte: „Was wäre die Welt ohne Liebe? Was wäre das Leben ohne Liebe?"

Erneut purzelten die kunterbuntesten Gedanken in ihr durcheinander. Sie dachte an die erste Ehe ihres Mannes. Er hatte einmal gesagt, daß er ohne das Fiasko mit Katharina Lyschin nie erkannt hätte, wie jene Frau sein müsse, mit der er glücklich bis zur letzten Stunde seines Lebens sein könne. Sophia sann vor sich hin, nickte. Ja, sie hatte dieser Frau in St. Petersburg zu danken, denn sie schuf durch ihr Verhalten in Heinrich eine Sehnsucht, die sich in Athen erfüllen sollte. War es Bischof Vimpos gewesen, der ihr eindringlich sagte: „Wäre das Nein nicht, Sophia, so wäre das Ja ohne Kraft!"

Als sie grübelnd zum Hissarlik ging, dachte sie an das Jahr, in dem sie Schliemann kennengelernt und geheiratet hatte. Es war auch das Jahr, in dem ihrem Mann die Scheidung seiner ersten Ehe gelungen war. Dann stand vor ihrem geistigen Auge die Freundin Benatha. Sie liebte diese wegen ihrer bedingungslosen Lauterkeit, aber auch wegen ihrer Tapferkeit. Ein Wahlspruch Benathas war: „Die meisten Menschen gehen an ihrer Feigheit zugrunde!"

Dann dachte sie an ihren Mann. Auch er war tapfer, wußte immer, was er wollte — und nicht wollte. Sie lächelte etwas vor sich hin, ihr war, als wenn Onkel Jannis neben ihr ging und sie mahnte. „Sophia", hatte er mehrmals gesagt, „habe den Mut, alles, was du tust, so zu sehen, als ob du es zum erstenmal siehst!"

Sie blieb neben Arbeitern stehen, die einen Suchgraben anlegten. Vom anderen Ende des Grabungsareals hörte sie die Stimme ihres Mannes, und schon brachten Arbeiter mehrere Körbe von den verschiedensten Grabungsschwerpunkten und stellten sie vor das Haus. Sophia erschrak, denn sie sah schon von weitem, daß in ihnen die Funde nicht nach Material geordnet, sondern durcheinander lagen, so, wie sie eben ans Tageslicht kamen. Es waren Scherben, Knochen, Gegenstände aus Bronze und Elfenbein. Es tat gut zu wissen, daß für jeden Korb wenigstens die Fundstelle angegeben war.

Sie war gerade beim Waschen, Sortieren und Beschriften der Funde, als ihr Mann aufgeregt zu ihr trat und erneut bat, daß sie möglichst heute mit den Körben fertig werden müsse, weil er sie ab morgen dringend zur Aufsicht bei einer Gruppe brauche, die an einer interessanten, vielleicht sogar sehr wichtigen Stelle arbeite.

Sie hob eine Vase mit menschlichem Gesicht hoch. „Wäre ich nur früher gekommen", seufzte sie, „hier liegt Arbeit für fast eine Woche." Dann griff sie nach einem schwarzen Krug mit einer schnabelförmigen Tülle. „Hast du schon eine Ahnung, Heinrich, vielleicht anhand der Fundstelle, aus welcher Zeit diese eigenartige Keramik stammen könnte?"

„Nein, leider noch nicht. Das hier ist durcheinandergewürfelt, wie es eben gefunden wurde, ist also unterschiedlich in seinem Alter, wie die Siedlungen, die es einmal auf diesem Hügel gab. Ob es mir je gelingen wird?" fragte er.

„Was, Heinrich?"

„Wir graben uns wie Maulwürfe in die Erde ein, suchen, finden und sammeln. Richtiger wäre es, doch fehlt dazu die Zeit, von oben her die Erde Schicht für Schicht abzutragen. Jede Kulturstufe, jede Siedlung hat ihre Schicht, ist durch Funde datierbar. Es kann sein, daß man mich später anklagt — weil die Kritik am häuslichen Schreibtisch leichter ist, als hier in der Hitze, in den Sandstürmen, im Kampf gegen Ungeziefer und Schlangen zu graben —, daß ich auf der Suche nach Homers Troja Siedlungsbelege zerstöre, die bestimmt für manchen Spezialisten mehr als interessant wären." Er grübelte, sprach dann weiter: „Unter den Ruinen von Neu-Ilium fand ich andere Ruinen, unter diesen wieder weitere. Der Hügel gleicht einer ungeheuren Zwiebel, von der man Schicht für Schicht abblättern müßte. Jede dieser Schichten war zu den verschiedensten Zeiten bewohnt. Völker lebten und starben hier; Städte wurden gebaut und wieder zerstört. Schwert und Brand wüteten oft und oft. Eine Zivilisation löste eine andere ab, und immer wieder erhob sich auf einer Stadt der Toten eine Stadt der Lebenden."

Sie waren todmüde, als sie sich schlafen legten. Müde von den Erlebnissen des Tages, schlief Sophia in den Armen ihres Mannes ein und hörte wie aus weiter Ferne beglückt die zärtlichen Worte ihres Mannes: „Sophidion, ich bin dir noch einen Sohn schuldig."

Es war vier Uhr morgens, als sie hörte, wie ihr Mann aufstand, da er im Simois schwimmen wollte. Sie schämte sich etwas, weil sie noch sehr müde war, doch ritt sie mit in die Dunkelheit, begleitete tapfer ihren Mann. Als sie mit den Füßen die Kälte des Wassers spürte, schreckte sie zurück, kleidete sich wieder an und blieb angezogen sitzen, bis ihr Mann frisch und froh aus dem Simois stieg.

Auf dem Grabungsplatz rief er Georgios Photidas. Dieser eilte sofort herbei und begrüßte Sophia höflich, indem er wieder seinen Grubenhelm abnahm.

„Meine Frau soll auf der oberen Terrasse mit zehn Arbeitern einen Stichgraben anlegen. Suchen Sie zehn Männer aus, die geeignet sind."

Erleichtert stellte Sophia fest, daß die zugeteilten Arbeiter guten Willens waren, sie als Frau nicht ablehnten. Sie gruben in einem fundträchtigen Gebiet, und immer wieder durchsuchte sie den Aushub, der in die Körbe geschaufelt wurde, und holte Gegenstände heraus, die interessant waren, legte sie neben sich auf den Boden, ohne sie bereits am Fundort grob zu reinigen. Stolz registrierte sie, daß ihr Mann mit Wohlwollen zusah, wie sie ihre Gruppe beaufsichtigte und einwies.

„Was sind denn das für komische Gestalten?" fragte sie ihn erstaunt und deutete auf zwei türkische Soldaten, die auf sie zugingen.

„Die Nachfolger unseres lieben Georgios Sarkis. Die beiden Soldaten sind unsere neuen Aufseher und haben darauf zu achten, daß die türkische Regierung die ihnen zustehende Hälfte an Funden bekommt." Er rieb eine Hand, die von einem Insekt schmerzhaft gestochen worden war. „Der Hügel von Hissarlik gehört zur Hälfte der türkischen Regierung, zur anderen Hälfte meinem Freund Frank Calvert. Die Regierung hat also nur Anspruch auf die Hälfte der Funde, die wir auf ihrem Gebiet machen." Er preßte die Lippen aufeinander, schob sein Kinn vor und sagte dann fast störrisch: „Die Aufseher können ihren Anteil am Grabungsplatz wählen, so wie er aus der Erde kommt. Ich erlaube nicht, daß sie unser Haus betreten, sie werden also nichts sehen, was bereits gewaschen wurde."

Als um elf Uhr die beiden türkischen Aufseher kamen, um die der Regierung zustehenden Funde einzusammeln, deutete Sophia nur auf die Körbe. Die auf dem Boden liegenden Erdklumpen und Scherben beachteten sie nicht.

Der Tag war heiß und mühsam gewesen. Als Sophia am Abend mit ihrem Mann zum Haus ging, war es von wartenden Menschen umgeben, die teils saßen, teils standen. Und wieder mußten sie ihre kostbare Zeit den Kranken zuwenden. Schon nach wenigen Minuten begann ihr Mann zu murren und zu schimpfen. „Die Leute sollten sich öfters waschen, das kalte Wasser ist eine wahre Medizin für viele Erkrankungen. Das Meer ist nahe, und das Salzwasser der Ägäis ist fast ein Jungbrunnen."

Sophia sah es, diese Mahnung wirkte fast Wunder. Frauen, die glaubten zu sterben, wenn sie ihren Körper mit kaltem Wasser berührten, gingen nun gerne ins Meer und tauchten dort unter.

Es folgten Wochen mit Freuden und Enttäuschungen. Pünktlich um vier Uhr stand ihr Mann täglich auf, ritt ans

Meer, um dort zu schwimmen. Wenn er zurückkam, trank er nur eine Tasse von dem starken, süßen Kaffee, den er sehr liebte, und ritt dann mit Sophia zum Hügel.

Sie hatte schon viele Hügel und Berge gesehen, da die Eltern die Ostertage grundsätzlich in den Bergdörfern verbrachten. Sie kannte also die Berge, hatte jedoch bisher nicht gewußt, daß der Mensch sie verändern kann. Der Hissarlik schrumpfte auf der einen Seite, auf der anderen Seite wuchs er. Schluchten spalteten ihn, von allen Seiten zogen sich Suchgräben dahin, wuchsen Stollen hinein, daß man an manchen Tagen glauben konnte, er wäre eine riesenhafte Bienenwabe.

Als die Dunkelheit hereinbrach und sich die Arbeiter, weil der nächste Tag ein Sonntag war, also ein freier Tag, anschickten, in ihre Dörfer zurückzukehren, bemerkte Schliemann — es war am 13. Juni — einen Marmorblock und erkannte sofort, daß er kunstvoll bearbeitet war. Er trat hastig auf Sophia zu, flüsterte: „Setze dich auf den Block, verdecke ihn etwas, ruhe dich aus!" Seine Augen zeigten Freude und Hoffnung.

Als sie allein waren, reinigten sie die Platte, die aus parischem Marmor bestand. Sie zeigte den Sonnengott Helios in wehendem Gewande, den Strahlenkranz um das Haupt, wie er des Morgens auf einem Streitwagen am Firmament hinaufzieht.

„Sophidion, ist diese Darstellung nicht prachtvoll?" jubelte er. „Siehst du die Anatomie der vier wild schnaubenden Pferde? Du", rief er stolz, „das ist das erste Kunstwerk, das wir gefunden haben."

„Hat dieser Marmorfries etwas mit dem homerischen Troja zu tun?"

Er überlegte. „Nein", antwortete er zögernd. „Dieser Fries gehört in die hellenistische Zeit. Trotzdem, hier befand sich einmal ein Tempel, und somit ist der Platz von besonderer Bedeutung."

„Was machen wir nun?" fragte Sophia, ebenfalls tief beglückt. Sie sah, wie sich ihr Mann tief erschöpft auf einen Steinblock setzte und nach Atem rang.

„Heinrich!" rief sie, „was ist?"

„Es geht mir nicht gut, ich glaube, das Sumpffieber kommt wieder."

In aller Eile bedeckte Sophia die Marmorplatte mit Steinen und Schutt, half ihm dann aufzustehen, weil ihn am rechten Fuß ein Abszeß quälte, der zur Faustgröße angeschwollen war. Als sie ihr Haus erreicht hatten, half sie ihm, sich auf das Bett zu legen und versuchte, sein Fieber zu senken. Von allen Seiten quakten tausendfach die Frösche. Der Lärm tat ihrem Mann so weh, daß er fürchtete, sein Kopf zerspringe, und so verstopfte er sich seine Ohren mit Stoffetzen. Nachts schrie er immer wieder, denn in seinen Träumen fuhr auf ihn Helios, der Sonnengott, zu und war dabei, ihn mit seinem blitzenden Streitwagen zu überfahren.

Sophia kniete auf der rechten Seite des Bettes und hielt ihren Mann fest, der immer wieder aufspringen wollte, um dem Sonnengott zu entfliehen, auf der anderen Seite kniete Yannakis.

Am folgenden Morgen, als sich die Sonne zögernd über die Troas-Ebene hob, humpelte Schliemann, auf Sophia gestützt, zur Grabungsstelle hinauf.

„Müssen wir den Stein teilen?" fragte sie ängstlich.

„Wie meinst du das?"

„Die Hälfte steht doch der türkischen Regierung zu. Man kann aber diese herrliche Platte nicht teilen, es wäre, als wenn man die Venus von Milo auseinandersägen, in der Länge oder Breite teilen würde."

„Papaliolos muß helfen", sagte er mit schwerer Stimme.

Als ihn Sophia ansah, als spreche er in Rätseln, entschied er: „Hole bitte aus dem Haus eine Plane. Wir hüllen mit ihr die Platte ein und verschnüren alles."

Wieder fragte ihn Sophia mit den Augen.

„Heute ist Sonntag, die Arbeiter kommen also nicht. Organisiere bitte im Dorf einen guten Bauernkarren. Unsere drei Aufseher, besonders Georgios, sollen den Block mit Winden auf den Wagen verladen und sofort an jene Stelle der Bucht von Besika fahren, wo übermorgen Kapitän Papaliolos mit seiner Taxiarchis anlegen und Verpflegung bringen wird. Ihm geben wir den Fund mit. Ich werde deinen Vater bitten, ihn bei sich im Garten aufzubewahren, bis wir wieder kommen."

Das Verladen des Blockes wurde mit dem tüchtigen Papaliolos und seiner Mannschaft kein Problem.

„Du, Heinrich", sagte Sophia ängstlich, „wenn die türkische
Regierung erfährt, daß wir diesen schönen Fund nicht geteilt
haben, könnten sie uns den Ferman entziehen?"

Ihr Mann nickte nur, schritt langsam auf und ab, blieb immer
wieder stehen und grübelte. „Ich habe es", sagte er plötzlich.
„Wir müssen etwas tun, was uns gegenüber unseren türkischen Aufsehern in ein günstiges Licht stellt. Wir waren
doch in Konstantinopel im Museum. Hast du dort Pithoi gesehen?"

„Nein", antwortete sie zögernd, überlegte und sagte dann
fest: „Nein."

„Wir haben doch zehn solche riesige Krüge ausgegraben, die
einst in den Fußböden von Häusern versenkt waren. Der Regierung stehen fünf zur Verfügung; ich zeige mich großzügig und
gebe sogar sieben, behalte nur drei."

Photidas und die beiden anderen Vorarbeiter zeigten sich
erneut als überdurchschnittlich tüchtig. Sie zimmerten Kisten,
fast drei Meter hoch und zwei Meter breit, brachten in ihnen
Halterungen an und polsterten die Wände, damit die Krüge
beim Transport nicht beschädigt werden konnten.

Sophia nickte anerkennend und sagte lächelnd: „Siehst du,
Heinrich, wie die beiden türkischen Aufseher vor Freude
schwelgen? Dein Gedanke war gut. Wenn die sieben Krüge
unbeschädigt in Konstantinopel ankommen, werden wir uns
dort einige Freunde machen."

Erst jetzt kam sie dazu, den Brief der Eltern zu lesen, den der
Kapitän mitgebracht hatte. Nach wenigen Zeilen zuckte sie
ängstlich hoch.

„Heinrich!" rief sie, „Andromache ist krank. Meinst du nicht,
daß ich, bis sie wieder gesund ist, nach Athen fahren soll? Ich
bin in großer Sorge."

„Was fehlt ihr?" fragte er nun ebenfalls bestürzt.

„Mutter schreibt, sie habe sich erkältet."

„Dann brauchst du dich nicht zu sorgen, Liebes. Die
Erkältungen von Kindern dauern meistens nur zwei bis drei

Tage. Bis du in Athen ankommst, ist sie", nun lachte er, „schon längst wieder gesund."

Auch ihr Mann hatte Post bekommen. Vor ihm lag die neueste Nummer der Athener *Newspaper of the Debates.* Er veröffentlichte in ihr sein Tagebuch, und nun enthielt sie von einem Mitglied der Archäologischen Gesellschaft, einem einflußreichen Mann, eine bösartige Kritik. Dr. Nikolaides, der ein Buch über die *Ilias* geschrieben hatte und als Homerforscher galt, machte die Suche Schliemanns nach Troja lächerlich, nannte ihn einen Dilettanten, der die Öffentlichkeit mit Hirngespinsten täusche.

„Sophidion", sagte Schliemann heiser, „höre, wie man mich einstuft." Er holte tief Luft, war leichenblaß, zitterte, las aber artikuliert: „Nicht ein Wort von alledem, was Dr. Schliemann in der *Newspaper of the Debates,* dem *Levant Herald* und der *Zeitschrift der Griechischen Philologischen Gesellschaft* geschrieben hat, ist wahr. Jeder gebildete und vernünftige Mensch weiß, daß man Troja niemals finden kann, weil diese Stadt ausschließlich eine Schöpfung von Homers dichterischer Phantasie war. Sie existierte niemals, außer in den Seiten der *Ilias.*"

Sophia sah ihren Mann entsetzt an, stand auf, nahm seinen Kopf schützend in ihre Hände und drückte ihn an ihre Brust.

„Was soll ich tun?" fragte er, „ich bin ratlos."

Es folgten Tage, an denen seine Nerven versagten. Er sprach kaum, war sogar ihr gegenüber ungerecht. Sie nahm sein Benehmen nicht persönlich, kannte seine Zerrissenheit. Was auch sie betrübte, war, daß sie bisher, trotz aller Mühe, noch nicht beweisen konnten, daß auf dem Hissarlik einst das berühmte Troja gestanden hatte.

„Wir brauchen Paläste, Tempel und Straßen", befahl er, als ob sie sie herbeizitieren könnte.

Während Sophia die gefundene Keramik wusch und zum Trocknen auslegte, blickte sie auf das aufgeschlagene Tagebuch ihres Mannes, in dem er fein säuberlich notierte, wieviele Arbeiter eingesetzt waren, wo sie arbeiteten, was sie entdeckten, welche Geräte sie benutzten und welche Kosten angefallen waren. Dann las sie die Überschrift: „Auf dem Berge Hissarlik,

Der große Turm von Ilion von SO gesehen. Die Mauerkrone liegt 8 m unterhalb der Oberfläche des Hügels; der Turm ruht in einer Tiefe von 14 m auf dem Felsen; seine Höhe beträgt 6 m.

13. Juli 1872. Es wird von Sonnenaufgang bis Sonnenuntergang eifrig gearbeitet, denn ich habe drei tüchtige Aufseher, und meine Frau und ich sind stets bei den Arbeitern..., der beständige Nordsturm ist bei vielen Arbeiten äußerst hinderlich. Da man solche fortwährenden Stürme sonst nirgends in der Welt kennt, muß Homer in der Ebene von Troja gelebt haben, denn sonst könnte es in seiner *Ilias* nicht so oft das so treffende Beiwort ‚das windige‘ oder ‚stürmische‘ geben.‘‘

Sie las weiter, mußte dann laut lachen. Als ihr Mann sie ärgerlich ansah, weil er gerade an einen englischen Archäologen schrieb, sagte sie heiter: „Heinrich, das solltest du unbedingt ausführlicher beschreiben.‘‘

„Was?‘‘ fragte er, da seine Gedanken immer noch bei dem Brief waren.

„Es ist eine gute Lösung, daß du die Arbeiter, die oft sogar den gleichen Vornamen haben, mit erfundenen Namen nennst.‘‘

Er nickte und lächelte dann auch. „Ich benenne sie nach ihrem mehr oder weniger gottesfürchtigen, militärischen oder gelehrten Aussehen: Mönch, Derwisch, Korporal, Doktor oder Schulmeister. Aber auch aus der Ilias verwende ich Namen, so gibt es einen Odysseus, Achilles, Agamemnon, Menelaos, Hektor, Telemach und andere.‘‘ Er lachte nun auch laut. „Kaum habe ich einen solchen Namen gegeben, so wird der gute Mann schon von allen so genannt.‘‘ Er nahm Sophia in die Arme und sagte übermütig: „So habe ich unter meinen Arbeitern viele Doktoren, von denen keiner lesen oder schreiben kann. Ein Agamemnon und ein Hektor sind Säufer, und wenn sich Odysseus und Telemach nicht bessern, werde ich sie wohl entlassen müssen, da sie faul und schwatzhaft sind.‘‘

An diesem Tage fand die Gruppe, die Sophia beaufsichtigte, die Fundamente eines Palastes. Dann entdeckten sie Feuerstellen, Höfe, Trennwände, Türschwellen, Waffen, Schmuck und viele Scherben.

„Heinrich!‘‘ rief sie atemlos vor Freude, „hier sind völlig neuartige Krüge und Vasen. Eigenartig sind die aufrechten Schnäbel an den Krügen.‘‘

„Es ist eine typisch trojanische Schnabelkanne", erklärte er. Dann deutete er auf einen Becher mit zwei übergroßen Henkeln. „Das ist ein kantharosförmiges Gefäß, rein trojanisch, und", seine Hand wies auf einen hübschen bemalten Krug mit einem Henkel und einem hochstehenden Ausguß, „das eine sogenannte Bügelkanne." Er seufzte tief, „Sophidion", sagte er mit einer Stimme, als fiele ihm das Sprechen schwer, „das ist alles echt trojanisch."

Dann kniete er erregt neben Sophia, zeigte auf Brand- und Zerstörungsspuren. „Siehst du die vier Schichten, sie stammen von vier Siedlungen. Die zweite Bauperiode errichtete ihre Häuser auf den Ruinen einer vorhergehenden Siedlung, die von Schutt bedeckt war. Die dritte Periode baute wieder auf den Resten einer Siedlung, und so ging es weiter."

„Eigentlich sollten wir alle vier Siedlungen getrennt ausgraben", meinte Sophia.

„Ja, das müßten wir", antwortete er bedrückt. Als er nicht weitersprach, war sie sich darüber klar, daß eine solche Grabungsmethode sich auf viele Jahre erstrecken und einen riesigen Kapitalaufwand erfordern würde.

An einem Abend rechnete sie die Kosten für die Arbeiter und Materialien zusammen und erschrak. „Heinrich?" fragte sie ängstlich, „hast du dir eigentlich schon Gedanken gemacht, was du dieses Jahr für die Grabungen hier ausgegeben hast?"

„Es dürften über 50.000 Dollar sein", antwortete er sachlich.

Sie griff an ihr Herz. Es gab in Athen wenige Männer, die in der Lage gewesen wären, für einen Traum, für eine vage Idee, einen solch hohen Betrag hinzugeben, noch dazu für eine Sache, die keinen Gewinn brachte.

Bedrückt ging Sophia am nächsten Tag mit ihrem Mann zu Photidas, der mit seiner Gruppe in einem Graben arbeitete und gemeldet hatte, daß er auf eigenartiges Mauerwerk gestoßen sei.

Als sie vor den riesigen Quadern standen, rief sie: „Heinrich, du, es wäre wunderschön, wenn es die von Poseidon und Apollo errichtete Mauer wäre. Du", sie schrie es fast, begann zu weinen, „es wäre die größte Freude unseres Lebens."

„Ja", stieß er hervor, stützte sich an einem Fels ab und zitterte.

Sophia rang nach Luft, griff sich ans Herz, mußte sich ebenfalls abstützen. „Hoffentlich irren wir uns nicht."

Sie sah, wie sich ihr Mann langsam, als fehle ihm die Kraft, auf den Boden kniete und mit der Grabungskelle das Mauerwerk prüfte. „Es ist trojanisch", flüsterte er.

Wieder meinte sie, daß ihr die Luft zum Atmen fehle. Ihr gelang nur ein Flüstern. „Ich gratuliere dir", sagte sie kehlig. „Du hast recht gehabt, und die anderen haben sich alle geirrt."

„Jetzt, wo wir die Mauer des Priamos haben, wird das weitere nicht mehr schwer sein."

Es war im August, als sie einen zwölf Meter dicken Turm entdeckten. Er war an die sechs Meter hoch, doch konnte man erkennen, daß er einst höher gewesen war, da auf allen Seiten herabgestürzte Steine lagen.

„Du", stellte Sophia die Schicksalsfrage, „könnte es jener Turm sein, von dem Homer in seiner *Ilias* spricht? Ich meine jenen, auf den damals Andromache stieg, weil sie gehört hatte, die Trojaner seien bedrängt und gewaltig der Achäer Obmacht!"

Als sie den Turm freigelegt hatten, sagte sie ergriffen: „Heinrich, ist er nicht ein heiliges, ein erhabenes Denkmal von Griechenlands Heldenruhm?"

Stolz antwortete er: „Sophidion, möge er ein Wallfahrtsort werden für alle künftigen Generationen und sie begeistern für die Wissenschaft, besonders für die herrliche griechische Sprache. Möge der Turm die Veranlassung werden zur völligen Aufdeckung von Trojas Ringmauern. Ich werde wohl die Ausgrabungen für einige Zeit noch auf eigene Kosten weiterführen, doch sind die dann noch erforderlichen Geldmittel zu groß für einen privaten Ausgräber. Es muß sich einmal eine Gesellschaft bilden oder sich eine Regierung entschließen, die weiteren Arbeiten hier fortzuführen, denn, Liebes, ich möchte recht bald die Akropolis von Mykene ausgraben."

Als sie abends in ihrem Holzhaus saßen, das noch ganz die Hitze des Tages enthielt, holte Schliemann seinen Lieblingswein, goß zwei Gläser voll. „Sophidion, trinken wir auf den göttlichen Homer. Ich taufe das, was wir bis jetzt erarbeiten konnten, auf den Namen ‚Troja‘ und ‚Ilium‘, und ich nenne die Akropolis ‚Pergamos von Troja‘.“

Genau zehn Tage später brach das Sumpffieber aus. Die drei Vorarbeiter erkrankten, bald waren es zwanzig, dreißig Bauern, die nicht arbeiten konnten. Das Chinin reichte nicht mehr aus, um alle zu schützen. Dann wurde auch Sophia vom Fieber befallen, ihr ganzer Körper zitterte, auch ihr Mann fing an zu leiden.

„Liebes“, sagte er mit schwacher Stimme, „wir müssen weg und die Grabung einstellen. Ich hatte gehofft, noch einen Monat arbeiten zu können, denn wir stehen vor wichtigsten Entdek-kungen, aber ich muß damit rechnen, daß die Malaria noch schlimmer werden kann.“

Als Sophia wieder etwas Kraft hatte, begann sie zu packen. „Wann fahren wir?“ fragte sie und stützte sich vor Schwäche am Arbeitstisch ab.

„In fünf Tagen. Ich habe bereits eine Kabine auf einem Schiff bestellt, das von Konstantinopel nach Athen fährt.“

Am 14. August 1872 schrieb er in sein Tagebuch: „Meine Frau und ich sind so leidend, daß wir nicht mehr imstande sind weiterzuarbeiten. Wir lassen unsere Häuser, Maschinen und Werkzeuge unter der Aufsicht eines Wächters und kehren mor-gen nach Athen zurück. Die Bewunderer Homers werden bei ihrem Besuch in der Pergamos von Troja feststellen, daß ich den Turm auf der Südseite nicht nur auf die ganze Breite, bis auf den Felsen, auf dem er in vierzehn Metern Tiefe steht, freigelegt, son-dern ihn auch nach Osten und Westen bedeutend weiter aufge-deckt habe... Was nun das Resultat meiner Ausgrabungen betrifft, so wird mir jeder zugestehen, daß ich ein großes histori-sches Problem gelöst habe. Die Lage der Stadt, die ich ausgrub, entspricht nicht nur in jeder Hinsicht allen Angaben der *Ilias,* sondern auch allen jenen der uns durch spätere Autoren bekann-ten Traditionen... Ebenso wage ich hinsichtlich der von mir ans Licht gebrachten mehr als 100.000 Gegenstände zu sagen, daß ich für die Archäologie eine neue Welt aufgedeckt habe.“

Während einige Arbeiter das Gepäck auf einen Ochsenwagen verluden, stand Sophia am Rand von Hissarlik und hielt die Hand ihres Mannes. „Errikaki, ich bin glücklich", sagte sie leise und lehnte ihren Kopf an seine Schulter.

„Ich auch, Sophidion. Wir kommen wieder, das verspreche ich dir, aber gestern war eine Regenflut, daß ich meinte, sie schwemmt unser Haus weg. Die Gräben sind voll von Wasser, überall ist Schlamm, und, Liebes, wenn ich dich so ansehe, bist du sehr mager geworden."

„Schuld daran sind auch die Skorpione. Ich habe es dir nicht gesagt. Aber so sehr ich auch die Bettlaken und Decken lüftete, ich allabendlich das Bett desinfizierte, gelang es immer wieder Skorpionen, unter den Türen und durch die Fensterritzen hereinzukriechen. In vielen Nächten und in vielen Stunden saß ich aufrecht, beobachtete deinen Schlaf, achtete darauf, daß es mir gelang, wenn ein Skorpion von oben, von der Decke her, auf dein Bett fiel, ihn sofort zu verscheuchen. Errikaki, was wäre ich ohne dich!"

„Während meine Arbeiter aßen, schnitt
ich den Schatz mit einem großen Messer
heraus, was nur unter Lebensgefahr mög-
lich war. Die Fortschaffung des Schatzes
wäre mir unmöglich gewesen ohne die
Hilfe meiner lieben Frau, die immer bereit
stand, die von mir herausgeschnittenen
Gegenstände in ihren Schal zu packen und
fortzutragen."

(Heinrich Schliemann)

V

Der Schatz des Priamos

Sophia lehnte sich an ihren Mann. Die Sonne erhob sich wie ein
goldroter Ball im Osten, schickte ihre erste Wärme und vertrieb
die letzten Schatten der Nacht.

Vor ihnen breitete sich das Ägäische Meer aus, dessen strah-
lender Glanz einen glauben machen konnte, am Grunde des
Wassers sei eine zweite Sonne verborgen.

„Wir sind auf der Ägäis", sagte sie glücklich. „Alles hat hier
angefangen, ist über dieses Meer hinweg vermittelt worden: die
Sprache, die Schrift, die Schönheit und der Götterglaube. Siehst
du die Wolken?" fragte sie. „Ähneln sie nicht dem Vlies von
jungen Schafen? Heinrich, ist die Ägäis nicht das Meer der
Meere?"

Er küßte sie.

„Menschen durchfuhren sie. Ist die Ägäis nicht eine Bühne,
auf der in ungeheuren Dramen die Geschichte gezeigt wird?
Mörder und Heilige treten auf, Soldaten und Gelehrte, Feig-
linge und Helden, Odysseus, Priamos und Agamemnon. Von
allen Seiten kamen die Schiffe, um zu rauben und zu erobern.
Griechen, Araber, Franken, Venezianer, Türken, Russen,
Franzosen, Engländer..., immer kamen sie über dieses Meer
der Geschichte. Ist eigentlich die Ägäis nicht die Wiege unserer
Kultur?" fragte sie gedankenversponnen und drückte sich er-

neut in die Arme ihres Mannes, die sie schützend hielten, als sei sie in Gefahr, über die Reling des Schiffes zu stürzen.

„Du hast recht, Liebes. Was sind wir Menschen nur für eigenartige Wesen? Immer wird gekämpft, erobert, verloren, wiedererobert, verpfändet, versteigert und verkauft. Immer wird das Recht mit Feuer und Schwert erzwungen, immer wird verwüstet, geplündert und verraten."

Lange standen sie im Windschatten der Deckaufbauten und träumten, sahen erst wieder das Leben, als die Ankerketten des Schiffes kreischten und sich der Bug so wendete, daß sich die Breitseite an die Mole legen konnte.

War das schon Piräus? fragten sich ihre Augen. Oder waren sie noch in Canakkale oder Konstantinopel?

Als die Kutsche in die Moussonstraße einbog, hatte Sophia starkes Herzklopfen. War Andromache gesund? Wie hatte sie sich entwickelt? Wie würde sie — als Mutter — von ihr empfangen werden?

Dann sah sie, wie ein kleines, siebzehn Monate altes Mädchen in festlichem Kleid auf sie zuwackelte und lustig plapperte.

Sophia nahm das Kind auf den Arm und küßte es ununterbrochen. „Meine kleine, liebe Andromache", sagte sie immer wieder.

Das Haus war bis auf den letzten Winkel sauber, alles glänzte, und Sophia meinte, einen Traum zu erleben. Waren nicht gestern noch Skorpione, Schlangen und Malariamücken um sie gewesen? Oder war es erst vor wenigen Stunden, daß die Arbeiter streikten, weil sie rauchen wollten?

Schon nach wenigen Tagen gehörten sie wieder der gepflegten Wohnung, der guten Küche und dem Frieden des Gartens. Die Bäume waren gewachsen, überall blühte es, der Rasen zeigte ein gesundes Grün, die Tauben gurrten, und das Wasserbecken gab eine angenehme Kühle.

Sophia verbrachte viele Stunden in der Küche, sie wollte erneut beweisen, daß sie gut kochen konnte. Ihr Mann begann, als wäre nichts gewesen, in viele Länder Briefe zu schreiben. Es gehörte zu seinem täglichen Ritual, daß er in seinem Lieblingskafenion mehrere Tassen Kaffee trank und die ausländischen Zeitungen las.

Wohl hatten sie am ersten Sonntag die ganze Familie Engast-romenos eingeladen, doch dann hatte Sophia, weil ihre Mutter meinte, täglich Andromache besuchen zu müssen, energisch erklärt, daß ihr Mann Ruhe brauche und er nun auch viele vernachlässigte Geschäftsangelegenheiten ordnen müsse.

Eines Morgens stand im ersten Licht des Tages vor dem Haus ein Zweispänner, Sophia schmunzelte ob dieser List ihres Man-nes. Er hatte ihren Lieblingkutscher, Johannes Meltzezos, ganztägig gemietet, bestand darauf, daß nun auch Andromache mit ans Meer fahre, da sie in dem Alter sei, in dem man schnell das Schwimmen erlerne. So mußte Sophia zwangsläufig auch mit nach Piräus und war verblüfft, wie gerne die Kleine ins Wasser ging und sich die ersten Schwimmbewegungen beibrin-gen ließ.

Sophia wußte, daß ihr Mann Gesellschaft brauchte, er gerne ausging, und so saßen sie an vielen Abenden in einem der Cafés oder einer der Tavernen, wohin all jene gingen, die sehen und gesehen werden wollten.

Sie bewunderte ihren Mann. Da schrieb er an griechische und dort an französische, deutsche und englische Zeitungen, berich-tete, daß er auf dem Hügel Hissarlik gearbeitet hatte, er erste Belege fand, daß es Troja wirklich gegeben habe. Fast von einem Tag zum anderen nannte er den Hügel nur noch Troja. Ohne die Briefe zu kennen, sah sie an dem Mienenspiel ihres Mannes, was ihm geantwortet wurde, ob höflich, kritisch, spöttisch oder gar ablehnend. Sie wußte, daß es Gelehrte gab, die ihren Mann wei-terhin als Phantasten einstuften, wenige ihm Anerkennung zoll-ten.

Mit großer Freude sah sie deshalb zu, wie im Garten ein Sockel errichtet wurde, auf dem die gefundene Metope mit dem Helios stehen sollte.

Immer wieder nahm Sophia ihr Töchterchen auf den Schoß und erzählte ihm von Suchgräben und der Keramik, die sie auf dem Hissarlik gefunden, von der Sonne, die sie fast erstickte und dem schrillen schabenden Keuchen des unaufhörlichen Nord-windes, der ihr Haus nachts erbeben ließ. Dann küßte sie Andromache und sprach in ihre Augen hinein, zeigte den Fleiß ihres Vaters, seine Energie und Ordnungsliebe. „Stell dir vor, Andromache", sagte sie ausführlich, als spreche sie mit einer Erwachsenen, „wir haben Arbeiter gehabt, die dein Vater Admiral nannte, weil sie einige Jahre auf einem Kriegsschiff gedient hatten, ein anderer hieß Professor, weil er immerzu davon sprach, daß er einmal ein Pferd mit einem Esel kreuzen wolle, was ein Tier ergäbe, das zäh wie ein Esel und treu wie ein Pferd sein würde."

Von Tag zu Tag nahmen die Einladungen, die sie gaben, zu. Einmal kamen Professoren von der Universität, dann die Burnoufs vom Französischen Archäologischen Institut, Botschafter, berühmte Schauspieler und Schriftsteller. Und stolz fuhren sie — Sophia in einem wundervollen Abendkleid und ihr Mann in einem festlichen Anzug — zu einem Empfang beim französischen Botschafter.

Sophia wußte, daß ihr Mann die Gunst der Großen von Athen brauchte, und so tat sie alles, um ihm Freude zu machen und ihn zu ehren. Als ihr Mann den Wunsch äußerte, daß sie der „Vereinigung der Damen" beitreten sollte, die sich unter der Schirmherrschaft der Königin um arme Frauen sorgte, war sie sofort dazu bereit.

Nach kaum zwei Monaten gehörten Sophia und ihr Mann zur Athener Gesellschaft. Manchmal, ganz heimlich nur, lächelte sie vor Freude, denn mit jedem weiteren Kontakt, den ihr Mann in Athen gewann, wurde Griechenland seine zweite Heimat.

Noch gab es in Paris die elegante Wohnung. Noch war ihr Mann Amerikaner. In ihr war der Wunsch, sie wagte es kaum, ihn sich selbst einzugestehen, daß ihr Mann restlos Grieche würde. Er sprach wenig von Amerika, von Frankreich, obwohl er Paris sehr geliebt hatte. Gehörte sein Herz bereits Griechenland?

Sie begann zu sinnieren und fragte sich, ob es ihre Gedanken waren, die sie bewegten, oder die ihres Mannes. Hatte nicht in Griechenland alles angefangen?

Stolz lächelte sie, denn sie hatte einen guten Mann. Heinrich war fürsorglich und liebenswürdig. Stimmen in ihr hetzten zwar: „Er hat auch schlechte Eigenschaften!" Sie nickte, wußte, daß ihr Mann sehr jähzornig sein konnte, er zuviel arbeitete, zu früh aufstand und immer stärker forderte, daß sie und Andromache mit ans Meer — zuerst bei Piräus, dann nach Phaleron — fuhren, um zu schwimmen. Er pries das Meerwasser, das Schwimmen und das Frühaufstehen. Sehr liebte er große Gesellschaften, während sie mehr für kleinere Einladungen war, die sie als gemütlicher und persönlicher empfand.

Fuhr sie auf den Markt oder besuchte ihre Eltern in Kolonos, sah sie, daß sich Athen sehr entwickelte. Die Zahl der gepflasterten Straßen nahm zu, die Beleuchtung verbesserte sich, überall entstanden neue Häuser, und die Eltern berichteten aufgeregt, daß der Bürgermeister sogar die Anlage einer Straßenbahnlinie plane.

Ende Oktober war es soweit. Sophia konnte im Garten lange Tische aufstellen und auf ihnen die Funde auslegen. Im Wohnzimmer hatte sie einige Möbel entfernt, und dort standen die über zwei Meter hohen Pithoi, und auf zierlichen Tischchen und Kommoden lagen doppelseitige Streitäxte, interessante Gefäße und Statuetten. Hübsch sahen die Krüge mit den schnabelförmigen Tüllen, die schwarzen Vasen und die roten Kelche aus.

Mit Freude sah sie zu, wie ihr Mann Professor Koumanoudes, dem Sekretär der Griechischen Archäologischen Gesellschaft, besondere Keramik zeigte, diese erklärte, und der Professor, der sich sein Leben lang mit griechischen Altertümern befaßt hatte, nickte anerkennend und bestätigte das genannte Alter. Dann hörte sie eine Frage, die so eindringlich war, daß sie Herzklopfen bekam. „Der große Turm und die Verteidigungsmauer, die ich hier auf den Photographien sehe, sind sie bereits Teile von Homers Troja?"

Ihr Mann sagte vorsichtig: „Ich vermute es, kann es aber noch nicht beweisen."

„Wenn Sie wirklich Ihr Troja finden wollten, gibt es nur einen Weg: Sie müssen weitersuchen", antwortete der Professor ernst.

Sophia war nicht nur Mutter, Ehefrau und archäologische Helferin, sie war zwangsläufig auch Sekretärin geworden. Immer wieder schickte sie Einladungen an die Universität, an das Polytechnikum, an die verschiedenen archäologischen Institute, an Politiker und bot an, die Funde, die sie in Hissarlik gemacht hatten, anzusehen. Und sie kamen. Zuerst einzeln, dann in Gruppen. Unermüdlich führte ihr Mann die Besucher durch die Räume und zu den Tischen im Garten, erklärte bestimmte Stücke und die Fundumstände. Zeigte sich da und dort ein Widerspruch oder sogar offene Kritik, holte er Bücher und belegte anhand der Illustrationen seine Ausführungen.

War es nach Wochen? Sophia konnte keine Antwort darauf geben, wußte jedoch jetzt, daß man ihren Mann nicht mehr als spleenigen Millionär, als verrückten Amerikaner bekrittelte, der sein Geld für Spielereien ausgab, sondern daß er in den verschiedenen Schichten des Hissarlik tatsächlich eine alte, aus mehreren Epochen stammende Siedlung ausgrub. Sicherlich fühlte sie auch, daß manche noch zweifelten und weiterhin ablehnten, daß es sich um jenes Troja handeln könnte, von dem Homer sprach, und manche fragten sogar direkt, ob Schliemann immer noch glaube, daß es diesen Homer gegeben habe.

Als sie an einem Abend ihrem Mann gegenüber diese Skepsis äußerte, sagte er mit leichtem Lächeln: „Sophidion, daß es das homerische Troja in Hissarlik gibt, haben wir nächstes Jahr zu beweisen. Ich plane, am 1. Februar (1873) wieder mit den Grabungen zu beginnen."

Da das Meer zum Schwimmen zu kalt wurde, packte Sophia fast jedes Wochenende große Picknickkörbe, und sie fuhren mit Andromache zum Hymettós und zum Pentelikón, oder sie luden ausländische Freunde ein und zeigten ihnen Athen. Einem französischen Archäologen sagte ihr Mann, daß es deutsche Architekten waren, die eine übersichtliche Stadtplanung verwirklichten. Gerne zeigte er das Alte Schloß, das 1838 König Ludwig I. von Bayern aus seinen Geldern durch den Architekten Friedrich von Gärtner erbauen ließ und das er seinem Sohn, König Otto, schenkte. Mit Freude zeigte er auch das Kloster Kaisariani. Hier konnte Sophia den Führer machen und erzählen, daß das Kloster im 10. Jahrhundert an dem Platz erbaut worden war, wo vorher eine Basilika aus dem 5. Jahrhundert gestanden hatte. Gerne sagte sie, daß Kaiser Hadrian die Quelle vor dem Kloster fassen ließ — daher auch der Name ‚kaisariane pege = kaiserliche Quelle‘ —, und der Glaube uralt sei, daß sie den Frauen Fruchtbarkeit verleihe.

Oft lagerten sie unter den Bäumen und genossen den Ausblick nach Osten zur attischen Ebene. Sie sahen weithin das Meer, und bei klarem Wetter lagen die Inseln Salamis und Ägina fast zu ihren Füßen. Für Sophia war es immer ein großes Geschenk, wenn sie auf dem Pentelikón das Kloster Penteli besuchen durfte. Es war das reichste und beste Kloster des Athener Erzbistums, und der Gottesdienst am Sonntag war in der prächtigen Kirche immer ein Erlebnis. Das Lieblingsziel ihres Mannes war Eleusis. Hier erzählte Sophia den mitgebrachten Gästen, daß der Name ‚Ankunft‘ bedeute, wohl mit Elysion zusammenhänge, mit dem jenseitigen Ort der Seligen; daß das Städtchen Eleusis in der Antike kein Teil Athens gewesen war, trotzdem aber unter athenischer Herrschaft stand, und daß die Mysterien eine spezifisch attische Einrichtung gewesen seien.

Sehr liebte Sophia jene Abende, an denen ihr Mann aus der klassischen griechischen Literatur vorlas. Sprach er, war seine Stimme etwas dünn und hoch, las er vor, klang sie tief und melodisch. Es waren glückliche Stunden, in denen sie den Versen aus der *Ilias* lauschen durfte.

Sie hatte eine eigene Ausgabe von ihr. Als sie einmal die ihres Mannes in die Hand nahm, sah sie, daß am Ende der Textseiten, vor dem Buchdeckel, einige Blätter eingeklebt waren, voll von Notizen aus seiner Hand. Genau waren in ihnen jene Seiten notiert, in denen die Bewaffnung, der Totenkult, die Kleidung und vieles andere aufgeführt wurden. Gesondert waren die Gestalten der *Ilias* mit den entsprechenden Seitenzahlen vermerkt, und so konnte sie genau nachschlagen, wo von Achilles und Agamemnon, von Menelaos, Hektor und Patroklos gesprochen wurde.

Es waren eigenartige Monate, die Sophia erlebte. Und es waren glückliche Monate. Als sie im Garten saß und den Schlaf von Andromache überwachte, waren ihre Gedanken zugleich in Paris und Athen. Paris hatte ihr gefallen, die Stadt war leichtfüßig wie ein junges, hübsches Mädchen. Was sie in der Erinnerung bedrückte, war, daß sie damals vielen Aufgaben noch nicht gewachsen war. Trotz ihres Bemühens war es ihr nicht möglich gewesen, die Dienstboten anzuleiten, zu überwachen und dafür zu sorgen, daß bei abendlichen Empfängen alles so ablief, wie es einem Heinrich Schliemann, dem amerikanischen Millionär, der schon fast die ganze Welt bereist hatte, entsprach.

Als das Jahr zu Ende ging, fuhr Sophia mit ihrem Mann in die Stadt, um kleine Geschenke zu kaufen. In ihrer Lieblingsbuchhandlung besorgte sie sich ein Märchenbuch, um daraus Andromache vorzulesen. Für ihren Mann erstand sie das soeben erschienene Werk ,Geschichte Griechenlands'.

Wie alljährlich wurde das neue Jahr mit einer Kanonade begonnen. Sophia ging mit ihrem Mann, Andromache, den Eltern und Geschwistern gemeinsam in die Kathedrale. Sie schwelgte, denn das neue Jahr begann mit einem guten Omen, sie war mit ihrem Mann um elf Uhr zu einem Empfang im Schloß geladen, es war ihre erste Einladung in den königlichen Palast. Um zwölf Uhr wurde Sophia der Königin vorgestellt, die sich sehr für die ,Vereinigung der Damen' interessierte. Am Abend waren sie zu einem Ball im Schloß geladen. Sophia trug ein kostbares Kleid aus feinem Musselin, ihr Mann einen Frack. Als sie nach dem Ball heimfuhren, sagte er leise, als spreche er für sich: „Sophidion, auf dem Tanzboden war ich nicht so glücklich wie bei meinen archäologischen Grabungen."

Der Dreikönigstag war wieder ein Familien-, ein Engastromenos-Tag. Schon am frühen Morgen fuhr Sophia mit ihrem Mann und Andromache nach Kolonos, nahm am Gottesdienst in der Agios-Meletios-Kirche teil. Mittags gab es nach alter Tradition einen Truthahn, den Madame Victoria bestens zuzubereiten verstand. Am Nachmittag besuchten beide Familien Piräus, wo bereits eine große Menschenmenge darauf wartete, daß der Priester ein Kreuz ins Meer werfe, um das Wasser zu segnen. Dann sprangen junge Männer angekleidet in das Hafenbecken, um das Kreuz zu suchen. Wer es fand, erntete allseits Bewunderung und Anerkennung.

Für Sophia und ihren Mann war es ein Ehrentag, als Bischof Vimpos zu Besuch kam. Er sah sich die Funde und die Photographien an, bewunderte die Zeichnungen. Bei dem üblichen Kaffee strich er sich nachdenklich den langen Bart und sagte: „Heinrich, ich glaube, daß Sie den großen Turm und die Verteidigungsmauer von Troja gefunden haben. Ich glaube, daß die gefundenen und ausgestellten Waffen den Trojanern dazu gedient haben, sich gegen die Achäer zu verteidigen." Er strich sich eine Haarsträhne aus der Stirn. „Ich glaube an Sie. Seien Sie jedoch vorsichtig. Ihre Schwäche ist, daß Sie sich zu schnell begeistern, Sie zu schnell zu Urteilen kommen, die dann nicht haltbar sind. Ihre Feinde halten Sie für einen Träumer, meiden Sie daher voreilige Schlüsse."

Sophia beobachtete ihren Mann, während ihn der Papas mahnte. Er sann einige Zeit vor sich hin und antwortete dann vorsichtig: „Ich kenne die Kritiken; ich weiß, was man mir vorwirft. Es ist leicht, zu Hause am Schreibtisch nüchtern zu sein. Wenn der Betreffende jedoch unter unendlicher Mühsal die Fundamente einer ungeheuren Mauer ausgräbt, die in einer Fundgemeinschaft mit Scherben stehen, die dem Trojanischen Krieg zugeordnet werden dürfen, darf man, nein, muß man", sagte er heftig, „daran glauben, daß sie Troja belegen."

„Ich kenne Sie schon sehr lange, Heinrich", sprach der Bischof weiter. „Ich habe Ihnen geglaubt, als Sie schon früh den Wunsch äußerten, Archäologe zu werden. Ich habe Ihnen geglaubt, als Sie mir sagten, daß Sie nur mit einer griechischen Frau glücklich werden könnten. Ich habe Ihnen geglaubt, daß Sie sich in Sophias Bild verliebt hätten und daß sie die Frau sei, die Sie heiraten würden. Ich glaube Ihnen auch jetzt, kenne Sie so gut, daß ich überzeugt bin, daß Sie Troja entdecken und ausgraben werden." Dann wandte er sich Sophia zu und sah sie warmherzig an. „Du wirst mit jedem Tag hübscher. Dein Schicksal als Archäologenfrau scheint dir zu bekommen."

Die nächsten Tage waren voller Unruhe. Sophia erlebte es, daß ihr Mann, oft bis zum späten Abend, mit Fachleuten, Agenten, Maklern und Banken verhandelte. Die Briefe, die das

Dienstmädchen vormittags ins Haus brachte, stapelten sich auf dem Schreibtisch.

Als die Engastromenos' zu Besuch kamen, die vielen Kisten und Körbe sahen, sagte Madame Victoria voll Sorge: „Sophia, stimmt es, daß ihr Ende des Monats wieder fortgeht?"

„Ja, Mutter."

„Wie lange wirst du das noch mitmachen? Weißt du nicht, daß du ein Kind hast, das dich sehr braucht?"

„Ich muß Heinrich helfen, daß er Troja findet", sagte sie schroff und zeigte, daß das ihr endgültiger Entschluß war.

Wie vorgesehen, fuhr Sophia mit ihrem Mann nach Piräus. Das Schiff, das sie nach Canakkale bringen sollte, lag bereits an der Mole. Da das Meer sehr unruhig war, schaukelte und stampfte es heftig.

Sophia wagte kaum zu essen, ertrug die aufkommende Seekrankheit und atmete auf, als sich nach mühevollen Tagen und qualvollen Nächten der Hafen von Canakkale zeigte.

Nikolaos Yannakis wartete am Anlegeplatz, um die Kisten und Körbe mit den Vorräten in Empfang zu nehmen. Heinrich hatte in Athen zwei weitere Vorarbeiter eingestellt. Einer war Albaner und stammte aus Salamis, der andere war Kapitän Tsirogannis, beide befanden sich bereits in Hissarlik.

Es war am 1. Februar 1873, als sie eine kleine Wanderung durch den Ort machten und dann wie im Vorjahr im Hotel Nikolaides übernachteten.

„Ich glaube, Heinrich, es wäre klug, wenn du dem Gouverneur Achmed Pascha einen Besuch abstatten würdest", riet Sophia. Sie hatte erkannt, daß, wenn die Türken ihre Suche nach Troja nicht gerne sahen, der Angriff die beste Verteidigung war. Und so ging sie mit ihrem Mann zum Gouverneur, der sie liebenswürdig und trotzdem hintergründig mürrisch empfing. Nach den üblichen Floskeln sagte er sachlich: „Sie haben bestimmt schon gehört, daß in Konstantinopel neue Verordnungen für die Ausgrabungen auf unseren Territorien erarbeitet werden?"

Schliemann sah ihn beunruhigt an. „Neue Verordnungen? Was enthalten, was bestimmen sie?"

„Sie werden noch erörtert, sind noch nicht verabschiedet."

„Enthalten sie Dinge, die unsere Arbeit behindern können?" fragte Sophia, weil sie sah, wie ihr Mann leichenblaß in seinem Sessel saß.

„Ich glaube...", wich der Gouverneur aus.

„Was kommt auf mich zu?" forderte Schliemann.

„Sie haben eine Liste aller bei den Ausgrabungen gefundenen Gegenstände anzulegen und diese dem Kultusminister zu übergeben. Ein weiterer Punkt wird sein, daß nichts ohne Genehmigung aus dem Territorium Seiner Majestät des Sultans in ein anderes Land ausgeführt werden darf." Der Gouverneur überlegte, sagte dann: „Für diejenigen Funde, die das Museum nicht zu behalten wünscht, wird eine Ausfuhrerlaubnis erteilt, doch ist für die Ausfuhr Zoll zu bezahlen. Der letzte Punkt wäre", wieder spielte er das berühmte Katz-und-Maus-Spiel, „falls jemand bei einem Versuch ertappt wird, archäologische Funde heimlich außer Landes zu schaffen, wird der Betreffende bestraft und diese Funde werden konfisziert."

„Das widerspricht unserem Ferman", rief Sophia erbittert. „Wie kann eine Regierung eine erteilte Genehmigung rückgängig machen?"

Der Gouverneur blieb ruhig, sagte nur: „Gnädige Frau, jede Regierung hat das Recht, Gesetze zu ändern. Und wenn ein Gesetz geändert wird, setzt es jede vorhergehende Verfügung oder Genehmigung außer Kraft, die nicht den neuen Bestimmungen entspricht."

„Wissen Sie", sagte Schliemann zornig und mit eiskalter Stimme, „daß ich allein voriges Jahr über 50.000 Dollar in meine Grabungen gesteckt habe? Ich bin im Begriff, dieses Jahr wieder Zehntausende von Dollars zu investieren. Herr Gouverneur, ich sage Ihnen, daß ich mit diesem Gesetz nicht leben und nicht arbeiten kann."

Der Türke sah nachdenklich auf Sophia, die ihm offensichtlich gefiel. Er sprach langsam, sah dabei weiterhin Sophia an, als wäre sie sein Gesprächspartner. „Bis das Gesetz erlassen ist, werden Monate vergehen. Dann", jetzt lächelte er sogar etwas, „besteht die Möglichkeit, daß es noch mehrmals geändert wird.

Arbeiten Sie wie bisher, bis ich eine offizielle Abschrift des Gesetzes auf meinem Schreibtisch habe." Kurz lächelte er nun auch Heinrich Schliemann an, öffnete die Lippen, wollte mehrmals etwas sagen, fand anscheinend nicht die richtigen Worte. Er wandte sich wieder an Sophia. „Ihr Mann hat Feinde. Sie wissen bestimmt, daß es auch in Griechenland Kritiker gibt, die den von Ihrem Mann angelegten Nord-Süd-Graben angreifen. Es gibt Stimmen", nun wurde er kritisch und anklagend, „die den zweiten, den sogenannten Ost-West-Graben, für eine ungute Sache halten, da er die römischen und griechischen Siedlungen auf Hissarlik zerstörte. Gewiß, Sie und Ihr Mann suchen Troja, wir — der Sultan und die Archäologen meines Landes — wollen jedoch alles wissen, für uns sind die römischen und griechischen Belege genauso wichtig wie die dort vermuteten Siedlungsschichten des homerischen Troja."

Als sie den Amtssitz des Gouverneurs verließen, mußte Sophia ihren Mann fast führen. Er war wieder blaß, zitterte. Im Hotel angekommen, trank er mehrere Tassen Kaffee und begann dann zu wüten. Sie saß nur da, verstand ihren Mann. Seine Not ergriff sie so, daß sie — wie immer, wenn sie sich aufregte — wieder ihre starken Magenkrämpfe bekam.

Sophia wollte ihrem Mann, damit er ruhiger werde, noch eine Tasse Kaffee einschenken, doch er stand auf, wirkte dabei klein, krank und müde. Klagend sagte er: „Das neue Gesetz bestimmt, daß es alles beschlagnahmen darf, was dem Museum gefällt. Für Dinge, die wertvoll sind, wird man mir ein Almosen von einigen Piastern geben. Wenn wir Glück haben, dürfen wir manche Scherbe behalten."

Mit Freude sah Sophia, als sie in Hissarlik ankamen, daß Nikolaos Yannakis mit zwei Arbeitern jenes Haus gebaut hatte, für das sie im Vorjahr, vor ihrer Abfahrt, die Pläne entworfen hatte. Sie hatte damals ihrem Mann die Zeichnung und die Erklärung der Details gegeben. Stolz und beglückt stellte sie fest, daß der Empfangsgruß ihres Mannes war, daß er das Haus genauso hatte errichten lassen, wie sie es vorgeschlagen hatte. Das Schlaf- und Eßzimmer hatte die Ausmaße ihres Holzhauses, der Arbeitsraum war jedoch beträchtlich vergrößert worden. Zu

Nikolaos Yannakis sagte sie herzlich: „Danke schön, du hast das Haus wundervoll gebaut."

Im Kamin brannte ein wärmendes Feuer, die junge Frau von Nikolaos brachte das Essen, und als Photidas kam, um sie zu begrüßen, luden sie ihn gleich mit ein.

Nach dem Essen gab es Kaffee, und Sophia stellte eine Schale mit Keksen und Waffeln, die sie aus Athen mitgebracht hatte, in die Mitte des Tisches.

„Das hast du reizend gemacht", wurde sie von ihrem Mann gelobt.

Da sie nicht wußte, was ihm gefallen hatte, fragte sie erstaunt: „Was?"

Er antwortete versonnen: „Wenn es euch Frauen nicht gäbe, müßte man sie erfinden, denn die Welt wäre ohne euch arm."

Dann dachte er an ihre Frage. „Wir Männer hätten in unserer Art die Kekse und Waffeln in die Schale geschüttet, so nach dem Motto", jetzt lächelte er übermütig, „Vogel friß oder stirb. Du nahmst die Stücke heraus, suchtest besonders schöne, mit denen du den Schalenrand garnieren konntest; dann hast du — als würdest du einen Blumenstrauß zusammenstellen — die anderen Kekse und Waffeln in die Mitte gelegt. Deine Hände waren dabei anmutig, zärtlich; sie hätten, selbst wenn du nur einfaches Gebäck gehabt hättest, die Schale zu einem festlichen Gedeck gemacht."

Sophia dankte für dieses Lob mit einem Luftkuß. Zärtlich, fast glücklich sagte sie bescheiden: „Heinrich, wenn ich ehrlich bin, muß ich sagen, daß mir das meine Freundin Benatha beibrachte. Ich mag sie sehr, und", sie sah sinnend vor sich hin, „sie war und ist mir in vielen Dingen eine Lehrmeisterin, ein Vorbild."

„Noch etwas ist erstaunlich an dir, Sophidion, was nicht allen Frauen eigen ist. Schließlich habe ich ja in St. Petersburg eine Frau gekannt, die mir sogar einen Sohn und eine Tochter gebar. Katharina liebte den Luxus, spielte bei vielen Einladungen die reiche Frau, doch hatte sie nicht den geringsten Sinn für das Schöne, für das Gute, für das Reine. Du hast vorher im Schlafzimmer deine Ikone auf den Nachttisch gestellt. Bei Katharina gab es nur Duftwässerchen und Schminktöpfe. Ich schätze", sagte er kritisch, „daß sie schon nach einer Stunde Grabung auf dem Hissarlik vor Entsetzen schreiend davongelaufen wäre. Es war gut, es tat mir gut, daß es diese Frau gab. Es ist eigenartig im Leben, daß man erst etwas Falsches tun muß, um zu wissen, was richtig ist."

Bei ihrem ersten Rundgang stellten sie fest, daß sie in Yannakis einen überdurchschnittlich guten Mitarbeiter gefunden hatten. Die Werkzeuge waren gereinigt, die Schaufeln und Spitzhacken geschärft, die Schubkarren geölt, in den Körben lagen geordnet die Kellen, Spachteln und Äxte.

Dann begann altgewohnt, als hätten sie das schon viele Jahre getan, die Aufteilung der Arbeiter: 150 Bauern — Türken und Griechen — standen zur Verfügung, die in fünf Arbeitsgruppen eingeteilt wurden. Jeder der drei Vorarbeiter bekam eine Kolonne. Sophia übernahm die vierte und ihr Mann die fünfte Gruppe. Schwer wurde es für Sophia nicht, ihre Kolonne anzuweisen und die Arbeit zu überwachen, aber die heikle Aufgabe, die auf sie zukam, war, zwischen dem zugeteilten Aufseher der türkischen Regierung und ihrem Mann zu vermitteln.

Amin Effendi hatte die Pflicht, die fünf Arbeitsgruppen zu überwachen und darauf zu achten, daß alle Funde in Listen erfaßt wurden, die dann der Regierung eingereicht werden mußten. Der Aufseher war ein gutaussehender, höflicher junger Mann, der im Büro des Gouverneurs angestellt gewesen war und den Willen hatte, gewissenhaft die Grabung und die Funde zu überwachen.

Schon am ersten Tag kam es zu einer Kontroverse, als Amin Effendi forderte, daß er am Ende eines jeden Arbeitstages eine Liste aller Funde benötige.

Sophia, die zufällig in der Nähe stand, lachte nur laut und winkte abwehrend. Ihr Mann wies das Ansinnen jähzornig zurück, sagte, daß er von der Regierung die Grabungserlaubnis erhielt, in ihr davon nichts stehe. Als der Aufseher auf die bevorstehende Änderung hinwies, antwortete Sophia, um einem weiteren Zornesausbruch ihres Mannes vorzubeugen, daß sie kein Gesetz anerkennen könnten, das es noch nicht gebe.

Um den Beamten nicht zu sehr in eine Abwehrstellung zu drängen, sagte sie ausgleichend, daß sie ein Tagebuch führe, in ihm alle Funde mit der Fundnummer eintrage. „Jederzeit kann ich, wenn es dieses Gesetz einmal geben sollte", jetzt sprach sie fast liebenswürdig, „anhand meines Tagebuches solche Listen erstellen. Bitte, sehen Sie doch ein, daß diese Listen unsere Arbeit behindern. Warum soll ich schon jetzt diese zeitraubenden Aufstellungen machen, wo sie das Gesetz doch gar nicht verlangt?"

„Sie werden jedoch einmal benötigt", entgegnete der Aufseher störrisch.

Sophia nickte. „Gut", beinahe wäre sie nun auch zornig geworden, „dann habe ich ja mein Tagebuch. Hörten Sie nicht, daß ich eines führe und ich in ihm alle Funde notiere?"

Der Beamte lenkte ein. „Tun Sie das, was Sie für richtig halten, Kyria Schliemann. Ich halte mich an die Anweisung meines Gouverneurs und lege für jeden Tag eine Liste an."

Sophia fing einen Blick ihres Mannes auf, seine Augen signalisierten, daß er einen Winkelzug plante. „Ich mache Ihnen einen Vorschlag", sagte er und stockte, als fiele ihm dieser schwer. „Meine Arbeiter erhalten den Auftrag, alle Funde, wenn es dunkel wird, auf die Veranda unseres Hauses zu legen. Da Sie nicht zugleich bei allen fünf Kolonnen sein können, haben Sie abends die beste Möglichkeit, Ihre Listen anzufertigen."

Hatte der Aufseher gefühlt, daß er getäuscht werden könnte? Er sagte sofort: „Danke, Herr Doktor Schliemann, mir ist es lieber, wenn ich gleich an Ort und Stelle meine Liste erarbeiten kann."

Sophia sagte nichts, wandte sich ab, damit er nicht sah, daß sie ihm beinahe spöttisch gesagt hätte, daß er ein Pferd brauche, um immerzu bei den fünf Arbeitsgruppen sein zu können.

Als Polychronios Lempesses eintraf, freute sich Sophia, denn er war lebhaft, klug, humorvoll und ein äußerst geschickter Zeichner. Sie beobachtete mit Freude, wie er mit seinem Zeichenblock den Hügel und die Troas durchstreifte und ununterbrochen versuchte, die Grabung und sogar die Atmosphäre der Fundumstände aufzuzeichnen. Seine Skizzen waren naturge-

treu, die Arbeiter mochten ihn sofort, und wenn sie sahen, daß
auf dem Papier der Kopf oder die Gestalt eines Freundes zu sehen
war, wie er einen Krug mit den Händen aus dem Erdreich
schälte oder mit einer Kelle vorsichtig eine interessante Scherbe
aus einem Felsspalt hob, freuten sie sich und arbeiteten noch
zügiger. Lempesses bestätigte ihre Arbeit und Sophia wußte,
daß mancher Arbeiter noch in 20 oder 30 Jahren seinen Kindern
und Enkelkindern erzählen würde, daß er auf dem Hissarlik
wunderschön gezeichnet worden war. Sophia wartete oft sogar
darauf, daß Lempesses kam, um ihr beim Reinigen der Steinge-
räte, Keramik und Waffen zu helfen, und freute sich, wenn er
besonders schöne Stücke vor sich auf dem Tisch ausbreitete oder
aufstellte, um sie dann zu zeichnen.

Ihre Gedanken wanderten zurück. Es war Mitte Januar 1873
in Athen gewesen, als ihr Mann eines Tages den jungen Künstler
mitgebracht hatte. Vom ersten Augenblick an war dieser von
der Aufgabe fasziniert gewesen, die Ausgrabungen und die
besonders wichtigen Funde mit Tusche und Farbe auf Papier
festzuhalten.

Es ergab sich, daß der Zeichner die Abende bei ihnen
verbrachte. Kapitän Tsirogannis war tüchtig, jedoch sehr
schweigsam und ging abends immer bald ins Bett. Photidas litt
unter der Wortkargheit seines Schlafgenossen, und als er sah,
daß der Zeichner die Zeit von Einbruch der Dunkelheit bis Mitternacht bei ihnen verbrachte, bat er, daß er auch kommen
dürfe.

Sophia war sofort damit einverstanden, doch hatte ihr Mann
anfangs Bedenken, da er gerne, während sie und der Zeichner
die Funde ordneten und mit Nummern versahen, an seinem
Tagebuch und an den Berichten für die Zeitungen arbeitete und
dazu Ruhe brauchte. „Heinrich", stellte sie ihn vor die Wahl,
„wir dürfen Photidas nicht verärgern. Wenn er dir eine große
Hilfe ist, müssen wir ihn aufnehmen. Entscheide dich", sagte sie
diplomatisch, „gibst du ihm abends eine Heimat, so wird er dir
das durch noch größeren Fleiß danken."

„Ich brauche ihn sehr", antwortete Schliemann, sprach fast
mehr zu sich als zu Sophia.

Schon nach kurzer Zeit registrierte Sophia, daß sich Photidas ihrem Mann noch mehr an- und aufschloß. Bald wurde er sogar sein Sekretär, und korrekt schrieb er die Berichte in mehrfacher Ausfertigung ab, die für die Zeitungen, archäologischen Gesellschaften und Wissenschaftler bestimmt waren. Er wurde eine wesentliche Hilfe, und für Sophia war es der schönste Lohn, als sie eines Tages von ihrem Mann herzlich in den Arm genommen und geküßt wurde und er ihr sagte, daß er es ihr zu verdanken habe, in Photidas einen so wundervollen Mitarbeiter gefunden zu haben.

Es war an einem Abend, der Himmel war klar und weithin glänzten die Sterne. Lag es an ihnen, daß sie feierlich gestimmt waren? Sophia lächelte ihren Mann glücklich an, und er führte sie dankbar vor das Haus, sagte, daß er ihr die Sterne zeigen und erklären wolle, da sie für die Schiffe unentbehrlich seien. Sophia wußte, wenn er Führer und Lehrer sein durfte, blühte er auf, wurde lebendig und jung.

„Sophidion", begann er feierlich, als lese er Homer vor, „in frühen Zeiten kannte jeder Fischer und Seefahrer bestimmte Leitsterne, und diese führten sie in klaren Nächten auf hoher See. Noch heute singen die Fischer an den Küsten Irlands ein altes Lied, in dem Dulhe, der hellste Stern des Großen Wagens, als Richtungsweiser gepriesen wird. Damit war übrigens nicht der Polarstern gemeint, den wir heute als Anzeige der Nordrichtung verwenden. Andere Sternbilder, wie beispielsweise den Orion und die Plejaden, benutzte man zur Erkennung der Ost-West-Richtung, ebenso die Jungfrau, deren lange Sternkette diese Richtung am Himmel gut anzeigt. Das haben die verschiedensten Völker bereits vor den Griechen erkannt, wenn sie auch den Sternbildern andere Namen gaben."

Sophia drückte sich an ihn. Sie schwiegen, genossen die Stille, dann sahen sie eine Sternschnuppe.

„Wir dürfen uns etwas wünschen", sagte sie, und sofort antwortete Heinrich: „Ich wünsche mir, daß wir innerhalb der nächsten vier Monate etwas sehr Schönes finden, etwas, das der Welt sagt, daß es vor 3000 Jahren hier das berühmte Troja gegeben hat."

Wieder zog eine Sternschnuppe ihre leuchtende Bahn.

Als sie in das Haus traten, wurde das Brausen des Boreas so stark, daß sie in ein lautes Rauschen und Summen tauchten. Plötzlich erlosch die Petroleumlampe. Als Photidas und Lempesses gegangen waren, legte Sophia noch einige Holzscheite auf die Glut und richtete die Verpflegung für den nächsten Tag her.

Im Vorbeigehen sah sie das Tagebuch ihres Mannes offen liegen. Sie blätterte in ihm, stellte erneut fest, daß er seine Notizen manchmal auf zehn und mehr Seiten in deutscher, dann in englischer, französischer oder griechischer Sprache machte. Und fast auf jeder zweiten Seite hatte er Keramik, Mauerwerk und vieles andere skizziert. Auf Seite 28 las sie: „Ich kehrte mit meiner Frau am 1. Februar hierher zurück, um die Ausgrabungen fortzuführen... Mein Haus, das ich mit 60 cm dicken Wänden aus trojanischem Baumaterial errichten ließ, mußte ich schon bald meinen Aufsehern überlassen, welche nicht mit der nötigen Kleidung versehen waren und in ihren hölzernen Häusern umgekommen wären. Meine arme Frau und ich haben in der Folge viel leiden müssen, denn der eisige Nordsturm blies mit Ungestüm durch die Fugen unserer Bretterwände, so daß wir nicht einmal in der Lage waren, des Abends Licht anzuzünden, obgleich wir im Kamin Feuer hatten. Neben dem Kamin fror das Wasser in den Krügen. Abends hatten wir weiter nichts als unseren Enthusiasmus für das große Werk, um uns zu erwärmen." Auf Seite 31 las sie: „Oft 40 cm Brandasche." Dann lächelte sie, denn auf Seite 43 war die Notiz: „Ich hatte Ärger mit vielen Faulen und mein Zorn schadete mir sehr." Die Seiten 49–54 waren wieder griechisch geschrieben und wiesen viele Zeichnungen auf.

Am nächsten Morgen betrachtete sie schlaftrunken ihren Mann, der bereits aufgestanden war. Es war sehr kalt.

Tagsüber konnten sie die Kälte einigermaßen ertragen, aber abends wurde manche Stunde zur Qual, da sie mit dem Holz, das sehr rar war, sparen mußten. Das Waschen und Restaurieren der Keramik wurde oft zu einer schweren, nicht gerade erwärmenden Arbeit.

Die bittere Kälte dauerte einige Wochen, dann wurde es wieder warm. Schliemann erhöhte den Lohn der Arbeiter, und mit der Sonne kam auch die Freude und das Glück. Jede Arbeitsgruppe machte Funde, da waren es Waffen, dort schöne Keramik. Die Kolonne, die den großen Turm freilegte, stieß auf zwei Mauern, die je drei Meter dick waren.

Da die Arbeit nun problemlos war, erlaubte sich Sophia, das Leben etwas angenehmer zu gestalten. Wohl überwachte sie die ihr zugeteilte Gruppe, doch widmete sie sich auch sehr den häuslichen Pflichten und den Funden. Stolz notierte sie: zweihenkliger Tonbecher; tönerne Schnabelkanne; Prunkaxt aus Nephrit; frühhelladische Schnabeltasse aus Ton, mit Urfirnis überzogen. Sie hatte diese Angaben von ihrem Mann bekommen, und während sie an ihrem Tagebuch arbeitete, stand er plötzlich hinter ihr und erklärte: „Liebling, die sogenannte Urfirniszeit, man sagt auch frühhelladische Kultur, wird auf 2500 bis 1900 vor Christus datiert."

„Dann ist die frühhelladische Schnabeltasse älter als Troja, wir sind also in einer älteren Fundschicht?"

Er blickte sie nachdenklich an, ging einige Zeit auf und ab, stand dann vor dem Regal mit den Funden. „Du hast recht, Sophidion." Wieder schwieg er und sagte dann leise: „Was bist du für eine wundervolle Frau. Als ich dein Bild sah, verliebte ich mich bereits in dich, fühlte, daß in dir vieles ist."

Ein Beweis der Liebe ihres Mannes war für Sophia, daß er darauf bestand, daß sie sich nach dem Mittagessen etwas hinlegte. In dieser Zeit übernahm er neben seiner Arbeitsgruppe auch die Aufsicht über ihre Kolonne.

Durch das angenehme Wetter gingen ihre Arbeiten zügig weiter. Schliemann beschäftigte jetzt im Durchschnitt 160 Männer, und der Wachtturm, der Verteidigungswall und der Tempel wuchsen immer weiter aus dem Schutt.

Es war inzwischen März geworden. Die Körbe mit den Funden, die die Arbeiter vor dem Grabungshaus abstellten, mehrten sich so, daß Lempesses und Photidas ebenfalls bei der Reinigung, beim Sortieren und, soweit es möglich war, auch bei der Instandsetzung halfen. Sophia brauchte täglich den ganzen

Abend, um die Gegenstände zu beschreiben und zu numerieren. Ihr Mann hatte sogar einen Teil ihres Arbeitstisches beschlagnahmt und schrieb an der freigewordenen Ecke bis spät in die Nacht seine Arbeitsberichte. Die Abschlußarbeit des Tages bestand für ihn immer in den Eintragungen in sein Grabungs-Tagebuch. Als Sophia sich mit beiden Händen von hinten her auf die Schultern ihres Mannes stützte, um ihm durch ihre Körpernähe zu zeigen, wie sehr sie ihn liebte, las sie: „Es lohnt sich, eine Reise um die Welt zu machen, um diesen Turm zu sehen, der auf alle Fälle so hoch gelegen hat, daß er einen Ausblick nicht nur auf die Ebene, sondern auch auf das Plateau südlich davon gewährte."

Es war Mitte März, als es anfing, heiß zu werden. Das Thermometer zeigte schon 23 Grad Celsius im Schatten. Die Troas begann, sich mit Blumen zu bedecken. Seit über 14 Tagen hörte Sophia das Quaken der Millionen Frösche in den umliegenden Sümpfen.

Obgleich der Frühling erst anfing, herrschte infolge des milden Winters bereits das Sumpffieber. Wieder kamen von allen Seiten die Bauern und versprachen sich von dem Chinin, das Sophia verteilte, wahre Wunder. Obwohl die Tage immer heißer wurden, waren die Nächte noch sehr kalt.

Die vielen Frösche zogen von weither die Störche und Kraniche an. Sophia hatte in den umliegenden türkischen Dörfern auf manchem Hausdach oft mehr als zehn Storchennester gesehen. Ihr gefiel der Stolz dieser Vögel, und immer wieder lächelte sie, wenn in der Nähe ein Storch gravitätisch daherstolzierte. Wenn er nur auch all die Schlangen und Skorpione fressen würde, betete sie.

Wieder kam eine Kältephase, die Winde umheulten eisig ihr Haus. Sophia sah, daß ihr Mann trotz des Feuers im Herd so klamme Finger hatte, daß er kaum schreiben konnte.

Als sie eines Nachts nicht zu schlafen vermochte und sah, daß auch ihrem Mann der Schlaf nicht gelang, erzählte Sophia von der Fastenzeit, die man in Griechenland sehr einhalte. Sie wollte weitersprechen, doch stockte sie plötzlich.

„Sophidion, was ist?"

Etwas kleinlaut sagte sie: „Bei uns ist die Geburt eines Knaben aus verschiedenen Gründen weit erwünschter als die eines Mädchens. Durch einen Jungen ist die Erhaltung des Familiennamens und die Fortpflanzung gesichert. Ich kenne Familien, in denen nur die Knaben als Kinder zählen. So kann es sein, daß ein Vater sagt: ‚Ich habe drei Kinder und zwei Mädchen.‘ Und daher erhalten die Knaben am Waíon-Sonntag (Palmsonntag) einen Ehrenplatz in der Kirche."

Er nahm seine Frau tröstend in die Arme. „Sophidion, glaube mir, wir bekommen bestimmt noch einen Sohn."

Sie lächelte ihn an und sagte: „Du hattest einmal Angst, ob du als Ehemann genügen würdest. Errikaki, du genügst." Sie küßte ihn und sprach dann weiter: „Ich weiß, daß wir einmal einen Sohn haben werden. Die Zeit nach der Fehlgeburt ist noch zu kurz, als daß ich ihn dir schon schenken könnte."

Ostern nahte. Es war für Sophia Pflicht, Eier zu kochen, sie zu färben und Ostergebäck zu machen; sie las aus der Bibel vor, fastete am Karfreitag und pflückte Blumen, die sie am Ostersonntag vor ihre Muttergottes-Ikone stellen wollte. Sie war von ihrem Tun und von der Seligkeit, die sie empfing und ausfüllte, so ergriffen, daß sie sogar eine Kerze anzündete.

Yannakis hatte nach alter Sitte am Gründonnerstag ein Lamm geschlachtet und aufgehängt. Mittags bot er das traditionelle Essen, eine Linsensuppe, an. Am Karfreitag hatte er das *Lambropsomo*, ein Osterbrot, gebacken. Sophia hätte vor Dankbarkeit fast geweint, als er am Karsamstag, pünktlich um Mitternacht, mit einer angezündeten Kerze zu ihnen trat und verkündete: „Christos aneste!" (Der Herr ist auferstanden!) und sie alle antworteten: „Alithos aneste!" (Er ist wahrhaft auferstanden!).

Beim Ostermahl erzählte jeder irgendeine wichtige Geschichte. Photidas beschrieb seine Arbeit in Australien, sein Heimweh nach Griechenland; Yannakis berichtete humorvoll, daß er eigentlich nie heiraten wollte, doch habe ihm die fünfzehnjährige Polyxene den Verstand geraubt. „Als ich wieder bei Sinnen war, war ich verheiratet", gestand er und zeigte, daß er diese Tatsache mit einem lachenden und einem weinenden Auge hinnahm.

Sophia wandte sich an ihren Mann. „Heinrich, du bist ein Sprachgenie, liebst aber besonders unsere Sprache. Wie kommt das?"

„Es war in jenen Jahren", begann er zögernd, „als ich in dem kleinen Krämerladen in Fürstenberg Heringe, Salz, Zucker und vieles andere verkaufte. An einem Abend kam ein betrunkener Müllergeselle, er hieß Hermann Niederhöffer. Hermann war der Sohn eines protestantischen Predigers und hatte seine Studien auf dem Gymnasium von Neu-Ruppin beinahe vollendet, als er wegen schlechten Betragens von der Schule verwiesen wurde. Trotz seines Hangs zum Alkohol und seiner Arbeitsscheu hatte er Homer nicht vergessen, den er im Gymnasium eingebleut bekommen hatte. ‚Du warst doch auch am Carolynum?' fragte ich ihn. Er sah mich eigenartig an, lallte dann: ‚Selbstverständlich!' Als ich ihn fragte, ob er noch Homer kenne, war seine Antwort: ‚Klar!'. Und so bat ich ihn, Homer zu zitieren und versprach ihm dafür einige Schnäpse. Der Betrunkene richtete sich auf, breitete beide Arme aus und begann laut: ‚Andra moi enepe musa, polytropon, hos mala pola...'. Trotz der Schnäpse rezitierte er nicht weniger als hundert Verse, skandierte sie mit vollem Pathos. Ich bezahlte Hermann von den wenigen Pfennigen, die damals mein ganzes Vermögen waren, drei Gläser Branntwein, und dreimal mußte er mir die göttlichen Verse aufsagen. Von diesem Augenblick an hörte ich nicht auf, Gott zu bitten, daß er mir das Glück gewähren möge, einmal Griechisch lernen zu dürfen."

Am nächsten Tag, als sie wieder am Hissarlik arbeiteten, war es, als hätten ihnen die Feiertage Glück gebracht, denn die Kolonne Sophias stieß auf einen halbmondförmigen Altar. Als Schliemann sah, daß seine Frau in einer interessanten Fundschicht arbeitete, teilte er ihr noch weitere Leute zu.

„Heinrich, bleib bei mir", bat sie ihn. „Schau her, dort kommen Skelette ans Tageslicht."

Wenige Tage später, es war am 9. April, entdeckten sie in einer Tiefe von zehn Metern eine gepflasterte Straße. Am Abend wußten sie, daß diese eine Breite von sechs Metern hatte. Aus einem Impuls heraus sagte Sophia: „Eine solch schöne Straße hatte einen Zweck."

„Welchen?"

„Sie verband zwei wichtige Bauwerke."

Sie mußen über 5000 Kubikmeter Schutt beseitigen, bis sie die Ruinen von zwei großen Häusern fanden. Beide waren vom Feuer zerstört worden.

„Vielleicht führte die Straße vom Palast des Priamos zum skäischen Tor?" meinte Sophia, flüsterte es fast.

Beide suchten sie und fanden kein Tor. Mehrere Tage vergingen, bis sie Mauerwerk entdeckten, in welchem das obere und untere Ende eines riesigen Tors verankert gewesen war.

Sophia hörte, wie ihr Mann sie rief. Sie stürmte den Hang hinauf, und als sie sah, daß er zwei Kupferriegel in der Hand hielt, weinte sie vor Freude über diesen Beweis, fragte immer wieder: „Panagaía mou (Allmächtige Muttergottes)! Heinrich, du hast das skäische Tor Homers entdeckt?" Fast stündlich kamen sie nun zu herrlichen Funden und wichtigen Erkenntnissen.

„Was soll ich nur tun?" fragte Schliemann grübelnd.

„Was ist, Heinrich?"

„Ich folgte der irrigen Idee, daß Troja nur auf dem Urboden und ganz nahe darüber zu suchen sei, habe daher 1871 und 1872 viele wichtige Schichten zerstört, habe alle mir im Weg liegenden Hauswände niederbrechen lassen. Nun möchte ich die Straße, die zum skäischen Tor führt, von allem Schutt befreien, doch wurde sie in späterer Zeit griechisch überbaut. Ich fand in einer Ruine sogar römische Belege. Mein Wunsch ist es, Homer zu bezeugen..., darf ich jedoch jetzt die griechischen und römischen Zeugnisse beseitigen?" Er sah Sophia sinnend an. „Beseitigen heißt zerstören."

Es war fast Abend, als Sophia zu ihrem Mann sagte: „Heinrich, hier siehst du wieder deine Theorie bestätigt."

„Welche?" fragte er gedankenverloren.

„Daß eine neue Siedlung auf den Ruinen einer darunterliegenden älteren Siedlung erbaut wurde. Sieh hier, die Mauern des unteren Hauses sind dicker und stabiler als die oberen."

„Man wird mich einmal steinigen", frotzelte Schliemann.

„Warum?"

„Ich will Troja belegen, zerstöre dabei die anderen Kulturschichten, füge jenen Schmerz zu, die sich mehr für die griechische und römische Vergangenheit dieses Platzes hier interessieren."

„Ja, wir fügen Schmerz zu", wiederholte Sophia nachdenklich. „Ist nicht das ganze Leben ein Schlachtfeld?"

„Der echte Schmerz begeistert. Wer auf sein Elend tritt, steht höher", antwortete er leise.

„Ich glaube", flüsterte Sophia, „wer viel Schönes im Leben erhalten will, muß entsprechend viel dafür hergeben. Errikaki, du vollbringst Großes, man wird es dir neiden. Dem Kleinen mißgönnt man nichts. Sei stolz, daß du groß bist."

Am nächsten Tag sann er lange vor sich hin, sagte dann: „Liebling, ich werde dich zwei Tage alleinelassen müssen, will Siebrecht bitten, daß er die Halterungen der Tore photographiert. Dann werde ich Monsieur Piat telegraphieren, ich brauche Laurent. Er soll eine Karte unserer Ausgrabungen anfertigen; brauche seine Hilfe auch in anderen Dingen. Die Vorarbeiter wissen, was zu tun ist; kommst du mit all den Arbeitsgruppen zurecht? Es kann sein, daß du, wenn ich mit dem Pferd in Canakkale eintreffe, inmitten großartiger Funde bist."

Sie nickte stolz. „Bestimmt, Errikaki, ich bin ja eine Frau Schliemann."

Die zwei Tage, in denen sie allein die Oberaufsicht über meist 150 Arbeiter führte, zerrten sehr an ihren Nerven. Sie spürte jede plötzliche Belastung im Magen, bekam Koliken, und beim Zusammensetzen der Keramik zitterten ihre Hände. Da war eine Kolonne, die besonders am Sumpffieber litt, dort wären beinahe mehrere Arbeiter durch einen herabstürzenden Felsblock zermalmt worden. Dann machte sie sich Sorgen um Andromache und um ihren Vater, der, als sie ihn verließen, sehr abgemagert und blaß gewesen war. Was würde sein, wenn ihrem Vater etwas passieren sollte? Würde ihre Mutter nicht daran zerbrechen?

Es war, als werde ihre Sorge um den Vater von einer unsichtbaren Kraft gesteuert. Ihr Mann war kaum wieder zurück, als ein Bote von Dokos, seinem Bevollmächtigten in Canakkale, kam. Er hatte ein Telegramm, gab es ihrem Mann. Der öffnete es, sagte dann: „Liebling, sei stark, deine Mutter hat für dich eine schlechte Nachricht."

Sie nahm das Telegramm, las laut: „Vater ist sehr krank. Bitte komme sofort!"

Sie begann zu weinen, hielt diese Nachricht hilflos in der Hand, war unfähig, etwas zu sagen.

Schliemann nahm sie in die Arme, legte sie auf das Bett. „Schicke deinem Vater gute Gedanken, bete für ihn. Ich übernehme das Weitere."

Ein Bote ritt nach Canakkale, um dort ein Telegramm an seinen Freund George Boker vom amerikanischen Konsulat aufzugeben, in welchem er ihn bat, auf dem nächsten Schiff von Konstantinopel nach Piräus eine Kabine für sich und seine Frau zu reservieren. Dann packte er in eine Reisetasche die notwendigsten Dinge und trat vorsichtig an das Bett. Sophia lag mit offenen Augen da und sah ihn an, als erleide sie tiefsten Schmerz.

„Ruhe dich aus, Liebling", sagte er rauh. „Morgen früh reiten wir nach Canakkale, von dort fahren wir mit einem Schiff nach Konstantinopel, ich habe für uns eine Kabine bestellt. In einer Woche sind wir in Athen", tröstete er. „Dein Vater wird, weil er weiß, daß wir kommen, diese Zeit durchstehen. Und wenn wir bei ihm sind, werden ihm deine Liebe und die Hilfe der besten Ärzte wieder die Gesundheit geben."

„Errikaki", flüsterte sie, „bring mich nur nach Canakkale, bis zum Schiff nach Konstantinopel. Du darfst jetzt, wo wir vor der Entdeckung von Troja stehen, nicht weg."

„Ich kann dich doch nicht alleinelassen...?"

„Doch. Es täte mir nicht gut zu wissen, daß du aus Liebe zu mir mitfährst und du dabei deine große Aufgabe, Troja zu entdecken, vernachlässigst."

Das Schiff drückte sich vorsichtig an die Mole des Anlegeplatzes in Piräus. Dann wurde der Laufsteg herangeschoben, und als Sophia ihn betrat, sah sie schon von weitem ihren Bruder Spyros. Er war bleich, zeigte Betrübnis. Zuerst wollte sie fragen, wie es dem Vater gehe, doch sagte das Gesicht des Bruders alles.

„Ist Vater tot?" fragte sie leise, flüsterte es fast.

Spyros nickte. „Er starb gestern abend."

„Und ich war nicht bei ihm", klagte sie und begann zu weinen.

„Er wußte, daß du kommen wirst, sprach in den letzten Minuten immer von dir, war sehr stolz auf dich. Seine Abschiedsworte waren: ‚Gebt meiner kleinen Sophia einen Kuß von mir. Sagt ihr, daß ich sie sehr geliebt habe.' Wir alle leiden. Es ist uns, als hätte man uns das Herz, das Licht und alle Freude genommen."

In Kolonos war, als Sophia das Haus der Eltern betrat, die ganze Sippe versammelt. Katingo hatte Andromache aus der Moussonstraße geholt.

Georgios Engastromenos trug seinen besten Anzug und war auf einem niedrigen Bett aufgebahrt. Der Priester traf ein und sprach seine Gebete. Kerzen brannten. Es gehörte zum Brauch, daß immer wieder eine der anwesenden weiblichen Verwandten mit einem klagenden Aufschrei die Tugenden des Toten pries.

Alle saßen sie die ganze Nacht um den Leichnam. Wieder trat der Papas in das Zimmer, forderte nun die Angehörigen auf, dem Toten den ‚letzten' Kuß zu geben. Jeder weinte, beugte sich nieder und nahm Abschied. Am Morgen brachten Männer den Sarg, betteten Georgios hinein, und nach einer erneuten Segnung durch den Priester luden vier Vettern den Sarg auf ihre Schultern.

Langsam bewegte sich der Trauerzug durch die Straßen, voran ging der Papas mit der brennenden Kerze, hinter ihm der Diakon. Dann kam der Sarg, gefolgt von Madame Victoria und ihren Kindern. In einer fast unendlichen Reihe schritten die Verwandten, die Freunde und Nachbarn. Zur Tradition gehörte es, daß in den Straßen, durch die der Trauerzug zog, die Hausfrauen ihre Fenster und die Kaufleute die Türen zu ihren Geschäften schlossen.

Sophia erlebte den Trauergottesdienst wie benommen. Ihre Gedanken gehörten ihrem Mann, der vielleicht in dieser Minute vor einer großen Entdeckung stand; dann dachte sie an ihren Vater. Sie hatte ihn sehr geliebt, ihm verdankte sie vieles, auch ihren Mann. Mit ihren siebzehn Jahren war sie sich keineswegs sicher gewesen, ob der damals siebenundvierzigjährige Heinrich Schliemann der richtige Ehemann für sie war. Erst der Vater hatte sie davon überzeugt, und sie war gut dabei weggekommen.

Der Gang zum großen Friedhof von Athen war zu einer bitteren Pilgerreise geworden. Während der Totenfeier war es Sophia, als zerbreche sie, und als sich der Sarg in die Erde senkte, meinte sie, daß man auch ihr Herz begrabe. Ihr war, als nehme sie Abschied von ihrer Heimat und von ihrer Jugend. „Das Leben geht weiter", mahnte eine Stimme in ihr. Eine andere flüsterte drängend: „Du darfst Andromache nichts von deinem Leid spüren lassen."

Die kommenden Tage wurden schwer. Sophia litt mit ihrer Mutter und ebenso wußte sie, daß ihr Mann sie dringend brauchte. Mehrmals schrieb sie ihm. Geziemte es sich, daß sie vor Ablauf der Trauerfrist zurück zur Troas, zu ihrem durchlöcherten Hügel fuhr?

Am 14. Mai 1873 schrieb er ihr: „Meine geliebte Frau, tröste Dich mit dem Gedanken, daß wir alle einmal den Weg gehen müssen, den Dein Vater gegangen ist. Tröste Dich um unserer kleinen Tochter willen, die ihre Mutter so dringend braucht. Tröste Dich mit dem Bewußtsein, daß alle Deine Tränen Deinen geliebten Vater nicht ins Leben zurückrufen werden... Wenn jedoch Dein Schmerz nicht gelindert werden kann, dann nimm das nächste Schiff und komm zu mir. Ich werde alles tun, was ich kann, um Dir das Herz zu erleichtern und Deine schönen Augen wieder strahlen zu lassen."

Ein neuer Brief bestimmte ihr weiteres Tun. Ihr Mann schrieb: „Die Strapazen hier gehen über meine Kräfte, ich bin entschlossen, die Ausgrabungen nur noch bis zum 1. Juni fortzusetzen..."

Als Sophia darüber grübelte, war in ihr eine Stimme, die eindringlich mahnte: „Denk an etwas, was dich stark macht. Denk an Troja, das es noch zu entdecken gilt, das ihr entdecken müßt. Findet ihr es nicht, wird man deinen Mann bis zum Ende seines Lebens als Phantasten einstufen. Und du wirst die Frau eines

Phantasten sein!" Ja, es stimmte, es ging jetzt um die Ehre ihres Mannes, und seine Ehre war auch ihre. Am nächsten Tag brachte sie Andromache zu ihrer Schwester Katingo und fuhr wieder nach Hissarlik.

Ihr Mann wartete am Kai von Canakkale, zeigte knapp einige Schwierigkeiten auf. Sophia fühlte, daß er sie schonen wollte, und war ihm dafür dankbar.

„Errikaki", flüsterte sie und lehnte sich zärtlich an ihn, „ich liebe dich!" Dann bestürmte sie ihn, nicht aufzugeben, er habe doch schon ausweglosere Situationen durchgestanden.

Die kommenden Tage forderten Sophia restlos, da der Vorarbeiter Photidas wegen eines Vergehens der Polizei übergeben werden und sie nun seine Aufgabe übernehmen mußte.

Es war Sonnabend, der 14. Juni. Ihr Mann kam von seinem täglichen Bad im Ägäischen Meer zurück. Seine Wangen waren vom Schwimmen und dem Ritt gerötet, und froh wünschte er ihr einen guten Morgen. Es war Viertel vor fünf Uhr, als sie kurz frühstückten und sahen, wie die Arbeiter mit ihren Schaufeln, Spitzhacken und Eisenstangen zum Hügel gingen. Sophia setzte sich den großen Strohhut auf, ordnete ihr Kleid und schlang die Haare zu einem Knoten.

In ihr war eine seltsame Unruhe, als sich ihre Kolonne in eine Schicht von Brandresten ehemaliger Häuser neben dem Palast des Priamos eingrub. Sorgsam, um nichts zu zerstören, strich sie immer wieder mit einem Rechen durch die Asche. Dann kam ihr Mann, sah prüfend zu, nahm ebenfalls einen Rechen, strich und suchte mit ihm.

„Du!" flüsterte er plötzlich leise und warf Sophia einen frohen Blick zu.

„Errikaki!" antwortete sie glücklich und sah, daß sich in dem Schutt ein großer ovaler Kupferschild zeigte. Sie kniete sich sofort hin, säuberte ihn etwas mit der Hand, hob ihn hoch, um ihn ihrem Mann zu zeigen. „Heinrich!" rief sie erschrocken und ließ den Schild wieder fallen.

Sie knieten nun zu zweit, sagten fast gleichzeitig: „Ich sah Gold schimmern."

„Schicke die Arbeiter weg", bat Schliemann erregt. „Sage ihnen, sie sollen *paidos* (Ruhezeit) machen."

Sophia nickte nur, erhob sich, verkündete die Paidos, sagte, daß ihr Mann Geburtstag habe, sie sich entschlossen hätten, diesen heute etwas zu feiern. „Ihr dürft die doppelte Zeit ruhen, bekommt sie bezahlt." Dann sagte sie Yannakis, Kapitän Tsirogannis, Lempesses und Demetriou, daß sie den Rest des Tages frei nehmen dürften. Nach kaum einer Stunde waren sie allein. Schliemann nahm seine Frau begeistert in die Arme und rief glücklich: „Sophidion, du bist ein Genie!"

Wieder erlebte sie etwas sehr Seltenes. Ihr Mann entledigte sich seiner Jacke und Weste, lockerte sich sogar den Kragen seines Hemdes. Dann knieten sie und begannen, mit den Händen zu suchen und zu graben. In der roten Asche und den kalzinierten Hausresten, tief in die trojanische Festungsmauer geschoben, sahen sie einen Kupferkessel, und unter ihm lagen goldene Schalen, eine Flasche aus reinem Gold; sie fanden bei der weiteren Suche ein großes silbernes Gefäß, das bis zum Rand mit schönstem Goldschmuck gefüllt war.

„Panagaía mou! (Heilige Muttergottes!)", murmelte sie und starrte wie geblendet auf die goldenen Armbänder, Becher und Schalen.

„Sophidion", mahnte Schliemann ängstlich, „sei vorsichtig, die Mauer, die wir jetzt untergraben, kann jeden Augenblick auf uns stürzen."

Erregt hüllte Sophia die Gegenstände, die ihr Mann aus der Höhlung kratzte, in ihren roten Schal, eilte mehrmals vorsichtig zu ihrem Haus, verbarg sie dort. Als sie alles geborgen hatten, schlossen sie die Türe ab und legten die gefundenen Stücke sorgsam auf das weiße Laken. Was sie nun sahen, nahm ihnen fast den Atem. Vor ihnen lagen goldene Stirnreifen, Diademe, herrliche Ohrgehänge, über 50 Ohrringe und über 8000 kleine Ringe, Armbänder, Becher und — alles aus purem Gold. Die weitaus schönsten Gegenstände, die alles übrige in den Schatten stellten, waren zwei herrliche goldene Diademe. Das größere bestand aus einer feinen goldenen Kette, die um den oberen Teil des Kopfes geschlungen wurde und von der 74 kurze und

16 längere Ketten herabhingen, jede einzelne aus winzigen, herzförmigen Goldplättchen zusammengesetzt. Die ‚Fransen' der kleineren Ketten lagen auf der Stirn der Trägerin; die längeren Ketten, die jede ein kleines ‚trojanisches Idol' trugen, hingen auf die Schultern herab. So war das Gesicht von Gold eingerahmt. Im ersten Diadem allein waren schon 15.353 einzelne Goldteile in Form von kleinen Ringen, Doppelringen und lanzettenförmigen Blättern.

Schliemann hob ein Diadem auf und legte es zärtlich um ihren Kopf. „Königin Sophia", sagte er weihevoll, „du bist Helena von Troja."

Sophia besah sich im Spiegel und blickte stolz und überglücklich auf ihren Mann. „Das Diadem ist wundervoll", flüsterte sie ergriffen.

„Es ist rein trojanisch!"

Es gab sechs goldene Armbänder. Ein goldener Becher wog über 600 Gramm.

Schliemann sah immer wieder auf seine Frau. Er, der Fünfzigjährige, der als Kind in Ankershagen von Troja geträumt hatte, stand vor der Frau, die er liebte, und sie trug das Gold von Troja.

Dann setzten sie sich und glaubten zu träumen. Auf dem Bett lagen zahllose Ketten, goldene Blätter, Becher, Armbänder, Schalen und zu Tausenden goldene Knöpfe und Beschlagnägel als Schmuck für Schilde, Messergriffe, Kleider und Gürtel. Gerührt sah sie, wie ihr Mann feierlich an das Bett trat, ein Armband suchte und es ihr dann um das Handgelenk legte, an ihren Ohren prachtvoll gearbeitete Ohrringe befestigte und ihre Finger mit Ringen schmückte. Als befände er sich in einem hohen kultischen Akt, trat er einen Schritt zurück und betrachtete Sophia. Waren in seinen Augen Tränen der Liebe oder der Freude darüber, daß vor ihm seine Frau saß, geschmückt mit trojanischem Gold?

„Sophidion", sagte er verzückt, „wir haben nun wirklich Troja entdeckt, das ist der Schatz des Priamos!"

Sophia nickte und hatte auch Tränen in den Augen. „Wir haben jetzt den Beweis, daß wir Homers Troja gefunden haben. Wir haben unseren Kampf gewonnen. Du", flüsterte sie und wischte sich die Tränen ab, „dieser goldene Stirnreif ist genau derjenige, den sich Andromache vom Kopf reißt, als sie von Hektors Tod erfährt."

Ihr Mann saß versunken da, starrte auf das Gold, das vor ihm auf dem Laken lag.

„Was machen wir nun?" fragte ihn Sophia.

Er antwortete nicht, rang die Hände, versuchte zu sprechen, doch fand er nicht die Worte; ihm war, als wenn er gelähmt wäre, als wenn er seine Stimme verloren hätte.

„Ob die Arbeiter etwas gesehen und bemerkt haben?" fragte sie ängstlich.

Er schwieg. Erst nach einer Weile gelang es ihm aufzustehen. Ruhelos ging er auf und ab.

„Wir müssen den Schatz mit der türkischen Regierung teilen. Was wird uns der Aufseher Amin Effendi zusprechen, was wird er beschlagnahmen?" sprach sie vor sich hin.

Ihr Mann blieb plötzlich stehen und antwortete erregt: „Ich kann, ich darf nichts hergeben. Nur der ganze Schatz ist Beweis, daß wir Homers Troja entdeckten. Wir brauchen jedes Stück, wir brauchen sogar den letzten Ring."

Beide sprachen sie nicht mehr, reinigten und sortierten den Fund bis zum frühen Morgen.

„Wie können wir den Schatz nach Athen bringen?" fragte Sophia leise, obwohl weit und breit kein Mensch war, der sie hören konnte.

„Ich werde es wie bei der Helios-Metope machen, alles Kapitän Theodorou mitgeben."

„Wann kommt er?"

„In etwa acht bis zehn Tagen."

„Dann müssen wir bis dahin alles verstecken?"

Ihr Mann nickte nur, koste zärtlich ihre Wangen und hatte Tränen der Rührung in den Augen, und zugleich sagte Sophia immer wieder: „Ich liebe dich!" Sie sprachen nicht mehr, verstanden sich ohne Worte, teilten den Schatz in Kategorien ein und wickelten ihn dann in alte Kleidungsstücke.

„Das alles kommt in deinen persönlichen Koffer, Sophidion", sagte er. „Der Aufseher wird es nicht wagen, ihn zu durchsuchen. Wir beenden die Grabung, so schnell es möglich ist. Liebes, überwache du, daß alle Geräte gereinigt und eingepackt werden. Ich will noch durch Adolphe Laurent Pläne von unseren Grabungen anfertigen lassen, damit jene, die nach uns hier arbeiten werden, wissen, was wir getan haben." Er schwieg, ging wieder erregt auf und ab, nahm mehrmals Sophia in seine Arme. „Liebes, ich möchte alles geordnet hinterlassen, unsere Aufgabe, Homers Troja zu entdecken, haben wir beendet. Wir haben unser Ziel erreicht. Der Schatz ist für alle Zweifler ein unwiderlegbarer Beweis, auch der große Wachtturm, auch das skäische Tor, all die Bauwerke, Mauern und Straßen, die wir ausgruben. Troja, Sophidion, hat wirklich existiert."

Während sie zusah, wie ihr Mann versuchte, den Schatz in Kleidungsstücke verpackt in ihrem Koffer zu verstauen, versank sie in die kunterbuntesten Gedanken. Wie lange war es schon her, daß sie mit ungeheurem Herzklopfen in den Garten des Hauses in Kolonos trat, dann vor einem Mann stand, der von Onkel Vimpos und den Eltern als ihr Ehemann ausersehen worden war? Sophia war es, als habe sie Wein getrunken, denn alles Erinnern huschte in wirren Bildern durch ihr Denken. Da war der Tod ihres Vaters, und zugleich stand er neben ihr und warb für diesen Heinrich Schliemann, von dem er sich Rettung aus seinen finanziellen Nöten erhoffte. Sie dachte an ihre Tochter Andromache und zugleich an Madame Victoria, ihre eigene Mutter. Traumverloren lächelte sie vor sich hin und ordnete die Bündel in ihrem Koffer, wußte, daß Andromache und das Kindermädchen bei ihrer Mutter bestens aufgehoben waren, Katingo, die Schwester, beide sehr behüten würde. Sie erinnerte sich an das lustige Geplapper Andromaches und dachte zugleich an ihre Enttäuschung, als sie einst vor dem kleinen, farblosen, fast kahlköpfigen Mann stand, dessen einziges Plus war, daß er Millionen besaß. Sie verbot sich diese Kritik, erinnerte sich sofort, wie sich damals die Wangen ihres Mannes röteten, als er von Homer und Griechenland sprach.

Sophia beobachtete sich im Spiegel. Sie hatte zur Feier des Tages eine Flasche mit dem Lieblingswein ihres Mannes geöffnet, an dem Glas genippt. Heinrich liebte es, war beglückt, wenn sie etwas aus seinem Glas trank, sagte immer wieder, daß ihre Lippen den Wein versüßen würden. Sie lächelte kurz, warf ihrem Mann, als er gedankenverloren auf sie blickte, einen Luftkuß zu. Dann nickte sie. Ja, wenn er von Homer und Troja erzählte, war er jung, lebendig und leidenschaftlich. In ihr war ein solcher Jubel, daß sie ihm beinahe gesagt hätte, er wäre ein hübscher Mann. Dann lag auf ihrer Zunge das Lob, daß er ein Held sei, weil er trotz aller Kritiker, die ihn als Phantasten einstuften, Troja entdeckt hatte. Ja, er war ein Held. Hatte er sich nicht allen Historikern widersetzt, wenn sie behaupteten, daß es niemals einen Homer und ein Troja gegeben hat?

Er stand vor ihr, alles an ihm zeigte ungeheure Freude. „Trink, Liebes", bat er und reichte ihr sein Glas. Sie nippte wieder, sah, wie glücklich er war, wenn ihre Lippen das Glas berührten, und trank es mit einem Zug aus.

Yannakis zimmerte die Kisten und Lattenverschläge für den Transport der Funde nach Athen. Der Aufseher Amin Effendi stand nun ununterbrochen neben ihnen, notierte alles, was sie verpackten, verglich jeden Gegenstand mit einer Kopie jener Listen, die er wöchentlich nach Konstantinopel gesandt hatte.

Der Tag nahte, an dem Kapitän Theodorou in der Bucht von Besika ankern würde. Yannakis lud auf den großen Erntewagen der Dramalis die Körbe, Kisten und Verschläge. Jedes Stück trug ein Zeichen Amin Effendis, das besagte, daß er den Inhalt geprüft hatte.

Vor der Abfahrt zur Bucht holte Yannakis zwei Handkoffer Schliemanns und von Sophia den kleineren und dann ihren großen Kabinenkoffer. Der Aufseher wagte es nicht, sie zu untersuchen.

Beide fuhren sie mit zur Bucht, sahen zu, wie die Gepäckstücke auf die Omonia verladen wurden. Dann übergab Sophia dem Kapitän einen Brief an ihre Mutter mit der Bitte, ihn ihr sofort nach seiner Ankunft auszuhändigen.

Lange hatten sie über die Formulierung diskutiert. Sie wollten, nein, sie mußten einiges sagen, doch dürfte, wenn der Brief in fremde Hände gelangen sollte, nichts Belastendes enthalten sein. Neben persönlichen und familiären Problemen bat sie Alexandros und Spyros, sofort nach Erhalt dieser Zeilen zwei in Hintergärten gelegene Lagerräume zu mieten, wo die Kisten und Koffer bis zu ihrer Rückkehr gelagert werden konnten. Besonders bat sie, daß die Lagerungen möglichst getrennt erfolgten, die Räume verschließbar sein müßten und keinen anderen Zugang haben dürften. In einem Nachsatz bat sie ihre Brüder dann noch, alles zu tun, daß der Zoll in Piräus die Kisten und anderen Gepäckstücke nicht öffnete.

Yannakis entlohnte die noch verbliebenen restlichen Arbeiter. Dann kam der bestellte Priester aus Yenischehir, um die Stätte der Ausgrabung zu segnen. Sie sahen es, wie er erschrak, er bei dem Anblick der vielen Gräben und Terrassen, der Tunnels und der Ruinen von Häusern entsetzt war. Sie fühlten es, wie dem Papas die Messe schwerfiel. Um dem Ganzen einen persönlichen Akzent zu geben, hielt Schliemann anschließend eine kleine Ansprache, dankte den Arbeitern für ihre Hilfe und dankte Gott dafür, daß keiner irgendwelche schweren Verletzungen erlitten hatte. „Kyria Schliemann und ich sagen Ihnen allen Lebewohl und wünschen Ihnen ein gutes Jahr", schloß er.

Jeder verabschiedete sich nun von ihnen. Viele murmelten gute Wünsche und schüttelten besonders Sophia herzlich die Hände, weil sie oft wie ein Engel Frieden gebracht, Streit geschlichtet und mit ihrer Medizin viele Krankheiten verscheucht hatte.

Die letzte Nacht kam, die sie in ihrem Haus am skäischen Tor, nahe dem Palast des Priamos und dem großen Verteidigungswall verbrachten. Bevor sie einschliefen, nahm Sophia die Hand ihres Mannes und fragte: „Bist du jetzt glücklich?"

„Glücklich ist gar kein Ausdruck, meine Sophidion. Ich bin der glücklichste Mensch unter der Sonne. Es gibt Dinge, die werden einem nur einmal im Leben zuteil; aber was mir widerfahren ist, Sophidion, das wird nur *einem* in der Geschichte der Menschheit zuteil."

Sie hatte Mühe, ihre Tränen zurückzuhalten, so sehr rührten sie diese Worte.

Als der Morgen graute, kam der Kutscher des Wagens, der sie nach Canakkale bringen sollte. Sie luden ihr Handgepäck auf und fuhren ab.

Sophia sah sich immer wieder um, es war ihr, als müsse sie eine Heimat aufgeben. Sie grüßte die Ruinen auf dem Hissarlik, die silbernen Streifen des Skamander und des Simois, die aus dem Idagebirge kommend, im Ägäischen Meer endeten. Sophia nahm auch Abschied von einem Heim, in dem sie erst reif geworden war. Paris hatte sie fast als Kind erlebt, hier, auf dem Hissarlik, war sie Weib, war sie Sophia Schliemann geworden. Und wieder dachte sie an jene Stunde, als sie im Garten in Kolonos zum ersten Mal ihren Mann gesehen hatte, wie sie, trotz des Wissens, daß in Griechenland die Ehen von den Eltern geschlossen würden, den Tränen nahe gewesen war, weil sie diesen Mann heiraten sollte. Sie sah sich zugleich in Paris und in der Troas. Hier erst hatte sie sich beweisen können, hier erst hatte sie ihren Mann achten und lieben gelernt. Die Sorgen, der Kampf gegen Hitze und Kälte, gegen Skorpione und Schlangen, gegen die Aufsässigkeit der Arbeiter, den Staub und den Hunger hatten sie zusammengeschweißt, hatten sie zur Liebe geführt. Dann sah sie auf ihren Mann. Er blickte nicht zurück, sah in die Ferne.

„Freust du dich auf Andromache?" fragte sie.

Es war, als erwache er aus einem Traum. „Andromache", wiederholte er. Hatte er an die Andromache Homers gedacht?

„Ich freue mich, Sophidion", sagte er stolz und glücklich. „Weißt du, daß unser Leben nun erst beginnt?"

„Beginnt?"

Er nickte. „Unsere nächste große Aufgabe heißt Mykene."

„Mit größter Freude gebe ich Eurer Maje-
stät bekannt, daß ich die Gräber entdeckt
habe, die der Überlieferung nach, wie bei
Pausanias zu lesen ist, diejenigen Aga-
memnons, Kassandras, Eurymedones und
ihrer Gefährten sind . . .
Ich habe dort ungeheure Schätze und
archaische Gegenstände aus purem Gold
gefunden . . ."

(Heinrich Schliemann)
Telegramm an König Georg I. von Grie-
chenland

VI

Die goldenen Masken von Mykene

Sophia hatte Andromache ins Bett gebracht, ihr eine kleine
Gutenachtgeschichte erzählt. Jetzt saß sie im Garten und freute
sich am Duft des Zitronenbaumes und der anderen Blüten.

„Heinrich", sagte sie froh, „man kann den Zitronenbaum mit
seinen Früchten nicht nur sehen, sondern sogar riechen. Ist der
Duft der Blüten nicht wundervoll?"

Sie genossen den abendlichen Frieden. Als der Mond begann,
die Akropolis in sein Licht zu tauchen, sahen sie sich stolz an.
„Errikaki", flüsterte sie nach einer Weile, „ist die Akropolis
nicht ein gottesfürchtiger Bau?"

Er nickte. „Ja, sie hat eine sakrale Architektur." Er schwieg
und starrte auf die Säulen und die Silhouetten der Ruinen.
„Zuerst krönte den Berg eine Burg. Dann traten an die Stelle des
Palastes Heiligtümer, vor allem der alte Athenatempel, der von
den Persern zerstört und nach ihrem Abzug zunächst wieder
notdürftig renoviert wurde. Stell dir vor, Sophidion, im Perser-
schutt fand man die Reste von mindestens neun Gottes- und
Schatzhäusern. Bereits 50 Jahre nach dem verheerenden Sturm
war alles durch den Willen des Perikles noch prächtiger erneu-
ert. Er schuf ein stolzes Bekenntnis."

„Du sprichst wie ein Liebender", sagte sie glücklich.

Er nickte wieder, als müsse er auch das bestätigen. „Sophidion, wenn man in Griechenland ankommt, hat man immer das Gefühl der Heimkehr. Es ist nicht die Vertrautheit mit der Landschaft, die so anders ist. Die italienische Landschaft ist weich und schmeichelnd, die griechische Landschaft wirkt herausfordernd und zäh. Hier, Liebes, ist der harte Kern Europas, hier ist ein Land, das sich auf seine Wesentlichkeit reduziert: auf Licht und Form, auf Feld, Himmel und Meer. Es wird für mich zu einem Erlebnis, die griechische Landschaft zu beobachten, und immer wieder gibt sie ein Gefühl der Erfüllung. Über die griechische Landschaft liegen die Zeugen der Vergangenheit verstreut: die Tempel und die Kastelle, die Kirchen und die Ruinen berühmter Städte."

„So geht es mir auch. Bei der Berührung einer umgestürzten Säule, eines Kapitells, das wie hingeworfen wirkt, versucht man zu rekonstruieren, was einmal war; und schon im gleichen Augenblick wird einem bewußt, wieviel von dem, was wir erschaffen, was wir träumen und schätzen...", Sophia grübelte, suchte Gedanken und Worte, und es war, als ob ihr Mann in ihrem Herzen lesen konnte, denn er ergänzte: „...griechisch ist."

„Bei uns in Griechenland erlangten Architekten und Bildhauer einen nie wieder erreichten Höhepunkt", sagte sie stolz.

„Und noch etwas, Liebes. Der Mensch fühlte, daß eine Gesellschaft die Ordnung braucht, eine Kultur ohne sie nicht gedeihen kann. Bis zu den Griechen glaubte man, daß Ordnung nur durch Despotie erreicht werden könne. Alle großen Kulturen vor Griechenland waren Tyranneien. Griechenland war es, das entdeckte, daß eine Ordnung nur durch Freiheit zu erringen ist. Philosophen wie Sokrates, Plato und Aristoteles erkannten, daß die schlimmsten Feinde der Ordnung Leidenschaft und Dummheit sind. Die Menschen können nur frei werden, wenn sie gewillt sind, ihre eigene Freiheit zu kontrollieren."

Sophia nickte. „Fast könnte man sagen, daß sich die griechische Landschaft in drei Elemente unterteilt — in Wasser, Land und Licht. Errikaki, hast du eigentlich schon bemerkt, daß unser Wasser so anders schmeckt?"

„Ja, Liebes. Ich habe auf Bergen und in Tälern, in kärglichen Hütten und stolzen Häusern Wasser getrunken, versuchte immer wieder, den Unterschied zu beschreiben. Ich konnte es nicht, kann nur sagen, daß es nach mehr als Wasser schmeckt."

„Meine Heimat ist arm, ist aber auch herrlich schön. Es gibt unzählige anmutige Buchten, traumhafte Berge, Strände mit blinkendem Sand, bizarre Felsen und goldfarbene Ebenen. Heinrich, du hast gesagt, daß alles durch das Licht gekrönt wird. Es stimmt, es ist der Hauptdarsteller. Das Wasser, das Meer, die Täler und die Berge sind nur Statisten. Wer je Griechenland gesehen hat, wird nie mehr das Licht vergessen. Viele Inseln, die meine Heimat umgeben, sind Perlen im Licht, viele Strände Küsten des Lichts." Sie blickte auf die Sterne, den Mond und die silbern leuchtende Akropolis und sagte feierlich: „Meerumschlungenes Griechenland, du entstandst im Licht, bist Licht."

Wieder schwiegen sie, dann begann ihr Mann, leise von Andromache zu sprechen. „Sie wird ein reizendes, ein kluges Mädchen..."

„Bei so einem Vater", scherzte Sophia.

„Die Blumen verdienst du. Auch deine Mutter. Hast du bemerkt, sie hat unser Haus während unserer Abwesenheit vorbildlich behütet."

Die folgenden Tage waren angefüllt mit höchster Aktivität. Während Sophia dafür sorgte, daß ihr Bruder Spyros in regelmäßigen Abständen in die Lagerräume auf dem Lykabettos ging, um Teile aus dem Schatz zu holen, arbeitete ihr Mann an seinem Buch ‚Trojanische Altertümer‘, das in einem Text- und in einem Bildband bei Brockhaus in deutsch und bei John Murray in englisch erscheinen sollte. Neben dieser Arbeit und den vielen Briefen, die er in den verschiedensten Sprachen schrieb, überwachte er das Photographieren der Funde.

Sophias Aufgabe war, daß sie die Terrakotten und die anderen Funde erneut säuberte, damit auch sie photographiert werden konnten. Ein Photograph arbeitete mehrere Monate und machte Aufnahmen von sämtlichen Funden aus den Jahren 1871, 1872 und 1873. Alle Photos wurden im Arbeitszimmer ihres Mannes gemacht, und niemand, außer Sophia, durfte den Raum betreten, wenn Gold photographiert wurde.

Sophia schalt sich, weil sie einige Tage eine schlechte Mutter war, da ihre Aufgabe darin bestand, die etwa 8000 kleinen Goldperlen zu zwei Halsketten, eine mit elf Schnüren, die andere mit dreizehn Schnüren, aufzureihen, und Andromache nervös abwies, wenn diese helfen wollte. Ihr Mann hatte sie gebeten, sich zu beeilen, da er schnell eine ganzseitige Photographie von den Diademen und den beiden Halsketten haben wollte. Ihre nächste Aufgabe war, und wieder mußte Sophia Andromache vernachlässigen, die Ohrgehänge, die kleineren Ohrringe, die Fingerringe und die Schmuckplättchen für Messergriffe, Schwertschneiden, Ledergürtel und Kleidungsstücke übersichtlich zu ordnen. Auch hiervon machte der Photograph mehrere Aufnahmen.

Kaum hatte sie das erledigt, holte sie die 14 Krüge, Schalen und Vasen, alle kunstvoll aus Gold und Silber gearbeitet, und stellte sie nebeneinander auf. Ihr Mann hatte es übernommen, die Schwerter und Dolche, die großen Gefäße und Kupferkessel zu reinigen und für den Photographen übersichtlich im Regal anzuordnen. Dann, als hiervon die Aufnahmen gemacht worden waren, riet Sophia, den gesamten Schatz so aufzustellen, daß die Leser seines Buches ihn auf *einem* Bild sehen würden. Sie brauchten Stunden, bis alles so auf und zu Füßen des Regals stand, daß der Photograph eine gute Aufnahme machen konnte.

Als sie den Schatz wieder im Kabinenkoffer verstaut hatten, bat ihr Mann den Photographen, noch einige Aufnahmen von Kyria Schliemann zu machen.

Es war Sophia, als schmückte er sie für ein besonderes Fest. Auf seinen Wunsch hin hatte sie das hochgeschlossene schwarze Kleid angezogen und die Haare nach oben gekämmt. Erregt und überaus glücklich setzte ihr Heinrich zuerst das Diadem auf. Dann half er ihr, die aus je sechs Goldketten bestehenden Ohrringe anzulegen. Seine Stimme war fast heiser, als er den Photographen anwies, nun von seiner Frau eine Nahaufnahme zu machen, damit der Schmuck bis ins kleinste Detail zu sehen war.

Der Photograph machte mehrere Bilder. Als er das schwarze Tuch von der Kamera nahm und sein Gerät einpackte, war Sophia erschöpft, und wieder meldeten sich ihre Magenschmerzen. Sie mußte sich am Tisch abstützen, dann mit dem Rücken an einen Schrank anlehnen.

Sie sah, wie das Gesicht ihres Mannes vor Schweiß und Stolz glänzte. „Helena von Troja war nicht schöner als du!" rief er begeistert.

Waren es Nachwirkungen der Strapazen in Hissarlik, daß Sophia keinen Schlaf fand, sie immer öfter Magenkrämpfe bekam? Eine unendliche Müdigkeit erfaßte sie, hüllte sie von Kopf bis Fuß ein. Als Andromache unglücklich fragte, warum sie nicht mit ihr spiele oder ihr eine Geschichte erzähle, riß sich Sophia zusammen, trank Unmengen eines Kräutertees, von dem sie glaubte, daß er die Schmerzen lindere. Als es ihr etwas besser ging, lief Andromache begeistert auf sie zu und rief freudig: „Mama, Mama, jetzt gehörst du nur noch mir!"

Sie saß auf dem Schoß Sophias, strampelte vor Vergnügen mit den Beinen und hörte begeistert zu, wie ihre Mutter von den Arbeitern in Hissarlik erzählte. Hell lachte sie auf, als sie hörte, daß ihr Vater viele Krankheiten der Bauern, die oft von weither kamen, mit Chinin heilte, etliche sogar glaubten, daß dieses Zaubermittel auch bei Tieren helfe und es komisch aussah, wenn ein Türkenjunge ein Kamel brachte, das hinkte, oder auf einem Karren ein Schaf, das sich beide Vorderbeine gebrochen hatte. „Stell dir vor, Liebling, zu deinem Vater kamen sogar Kinder mit kranken Haustieren, einer Katze, einem Vogel oder einem Hamster."

Das Kind bettelte um weitere Geschichten, doch kam in diesem Augenblick das Dienstmädchen, bat Sophia in den Salon, da vom Französischen Archäologischen Institut Besuch gekommen sei.

„Ist mein Mann nicht im Haus?" fragte Sophia etwas unglücklich und hatte schon wieder die Anzeichen beginnender Magenschmerzen.

„Ja, er ist in seinem Arbeitszimmer, schreibt an seinem neuen Buch über Troja und ist so in seine Arbeit versunken, daß er mich nicht sah und hörte."

Und so begrüßte Sophia die zwei jungen Archäologen, die helfen sollten, die Funde zu ordnen, zu restaurieren und dann — soweit möglich — zusammenzusetzen. Etwa eine Stunde später kam auch ihr Mann, und nun saßen sie alle um den großen Tisch. Da Sophia einige Erfahrungen gesammelt hatte, konnte sie wesentlich helfen.

Mit feinem Gespür, wie es oft nur Frauen haben, fühlte sie die Unruhe ihres Mannes. Er fand wohl mit einigem Geschick immer wieder Scherben, die zusammengehörten, machte dann fast ruckartig eine Ecke des Tisches frei und begann zu schreiben. Einen Athener Freund bat er, ihm einen Mann zu vermitteln, der zwei Abschriften seiner trojanischen Tagebücher fertige. „Den deutschen Text will ich dann nach Leipzig an den Verlag schikken", erklärte er Sophia, „die zweite Abschrift bekommt Alexander R. Rangabé, der griechische Gesandte in Berlin, der sich anbot, mir die französische Übersetzung zu machen."

Während Sophia Scherben der gleichen Tönung, Schlämmung und Brennung zusammensuchte, bestellte ihr Mann wieder den Photographen. Fast unglücklich sah sie zu, wie er nach einer größeren freien Fläche Ausschau hielt, wo er alle Photos ausbreiten konnte, weil er sein neues Buch auf eigene Kosten mit über 200 Aufnahmen illustrieren wollte. Sophia sah ihren Mann zugleich verblüfft und bewundernd an. „Errikaki, wie willst du das schaffen? Das ergibt eine Arbeit, die dich erdrükken kann..."

Er nahm sie in die Arme, küßte ihr die Stirn, die Augen und die Lippen. „Sophidion", sagte er zärtlich, „ich habe noch mehr vor..."

„Heinrich?"

Er nickte nur.

„Was ist es?"

„Ich habe der Regierung eines unserer schönsten Eckgrundstücke plus 200.000 Francs angeboten, damit sie dort ein Museum bauen, das unsere ganze trojanische Sammlung zeigen soll."

„Oh, Heinrich", jubelte sie, „ich bin stolz auf dich! Du bist mehr Grieche als ich!"

179

„Ob man aber auf meine Bedingungen eingehen wird?" fragte er nachdenklich.

„Bedingungen?" wiederholte sie ängstlich.

„Ja, Liebes. Das Museum soll dem griechischen Staat gehören, die Sammlung muß jedoch bis zu meinem Tod mein Eigentum bleiben. Jeder Fund wurde mit so viel Mühe und Sorge gemacht, daß ich nichts hergeben kann. Du weißt auch, daß mich die Grabungen fast ein Vermögen gekostet haben. Ich war es", sagte er mit leuchtenden Augen, „der das alles entdeckt hatte. Ich bin stolz auf meine Sammlung, und so soll das Gebäude ‚Schliemann-Museum' heißen."

Sophia verstand ihren Mann, wußte, daß er ungeheuer großzügig sein konnte, wußte aber auch, daß er manchmal um jede Drachme feilschte. Auf der einen Seite bezahlte er seine Arbeiter und Angestellten überdurchschnittlich, um dann wie ein kleiner Händler fast unendlich um den Lohn für eine Fuhre zu streiten.

Sie hatte es aus Gesprächen mit Bischof Vimpos oder anderen Freunden erfahren, daß er auch sehr berechnend sein konnte. Um seine Scheidung in Indianapolis zu beschleunigen, hatte er sich ein Haus und eine Firma gekauft, um zu beweisen, daß er ortsansässig war. Als Bürger des amerikanischen Staates hatte er nun das Recht, die Scheidung einzureichen. Dann dachte sie an ihren Ehevertrag, in dem festgelegt wurde, daß sie — solange er diesen Passus nicht änderte — bei seinem Tod keinen Anspruch auf ein Erbe hatte. Sie sah noch jene Stunde, in der ihr Vater es mit betrübtem Gesicht der Familie mitteilte und ihr Bruder Spyros das mehr als kritisch kommentierte. Zugleich dachte sie aber auch daran, daß ihr Mann ihr jeden Wunsch erfüllte, er ihr großzügigste Geschenke machte. Er war aber auch sehr jähzornig, seine Wutausbrüche konnten schrecklich sein. Um seine aufkommende Erregung zu dämpfen, lobte sie ihn und meinte, daß der griechische Staat dieses Angebot bestimmt mit offenen Armen annehmen würde.

„Man wäre dumm, auf meine Bedingungen nicht einzugehen", antwortete er etwas überheblich.

„Hast du noch andere gestellt?"

Er nickte und lächelte eigenartig. „Ja, Liebes. Ich forderte als Gegenleistung die Erlaubnis, in Olympia und Mykene graben zu dürfen."

Sophia begann, wieder vor sich hinzugrübeln. Ihr Mann war jetzt 51, seine Komplexe, die er am Anfang ihrer Ehe gegenüber Frauen hatte, gab es nicht mehr. Er trat nun sicher und selbstbewußt auf, promenierte mit ihr am Arm durch Athen und genoß die Huldigungen, die man ihm entgegenbrachte. Hatte er gehofft, daß die Griechen ihn wie einen Nationalhelden feiern würden?

Sophia wußte, daß es Nachbarn gab, die an der Existenz des Schatzes zweifelten. Als sich das Kultusministerium in Schweigen hüllte, keine Antwort auf das Angebot — ein Schliemann-Museum zu errichten — gab, polterte ihr Mann und rief: „Alle sind sie Bauern und Dummköpfe. Sie sind es nicht wert, daß ich die Vergangenheit ihrer Heimat ausgrabe!"

Er wurde von Tag zu Tag nervöser. Der ‚Schatz des Priamos‘ ließ ihn nicht zur Ruhe kommen, dazu zeigten sich immer wieder neue Gegner. Die einen spotteten nur, die anderen erklärten rundweg Priamos für eine mythologische Gestalt und behaupteten, der Ort stimme natürlich nicht. Besuchern erklärte Schliemann — Sophia war immer bei solchen Debatten dabei, um, wenn sie zu heftig wurden, durch ein ausgleichendes Wort Frieden zu stiften — erregt: „Ich identifiziere mit dem homerischen Ilion die Stadt, die an zweiter Stelle aus dem jungfräulichen Boden zutage trat, weil die Überlieferung, deren Echo Homer ist, den Schatz so nennt. Sobald bewiesen ist, daß Homer und die Überlieferung hierin unrecht haben und daß Trojas letzter König ‚Schmidt‘ hieß, werde auch ich ihn sofort so nennen."

An Professor Alexander Conze schrieb er: „Ich bekenne aufrichtig, daß die Sammlung und insbesondere der Schatz eine ungeheure Last für mich sind und daß ich aus Furcht vor Dieben keine Nacht mehr ruhig schlafen kann."

Dann überstürzten sich die Ereignisse. Die *Newspaper of the Debates* begann, Teile des Tagebuchs aus Troja zu veröffentlichen. In aller Welt erschienen Artikel über die Entdeckung Trojas durch Heinrich Schliemann und brachten Berichte über seine Grabungsaktionen. Zwei Zeitschriften publizierten sogar, daß Heinrich Schliemann seine Funde der griechischen Regierung übergeben würde, sie in einem Museum ausgestellt werden sollten, für das er 200.000 Francs stiften werde.

Sophia saß noch beim Frühstück mit ihrem Mann. Als sie Andromache die Milch schmackhaft machte, die etwas unangenehm roch, meldete das Dienstmädchen Besuch.

Benatha Pateras stand im Türrahmen. Als sie sah, daß die Schliemanns frühstückten, entschuldigte sie sich, sagte, daß sie später wiederkomme, sie in der Nähe etwas zu besorgen habe und dachte, daß sie dabei Andromache sehen könnte.

Sophia begrüßte sie und sagte zu ihrem Mann stolz: „Das ist meine Benatha."

„Benatha? Der Name ist interessant. Er setzt sich aus zwei Namen zusammen, wurde dann in eine Kurzform gebracht. Viele Namen aus der biblischen Zeit beginnen mit ‚Beth', aus dem dialektisch oft eine Kürzung, eine Änderung mit ‚Bett' wurde. So gibt es bei uns in Deutschland die Babette und die Bettina, eine Ableitung von Elisabeth und Benedikta. Doch das werden Sie ja selbst wissen. Gut ist das ‚Natha'; Nathan kommt aus dem Hebräischen und heißt ‚Geschenk'." Warmherzig meinte er, daß sie das Geschenk verdiene. „Das ‚N' dürfte aber nur eine Überleitung sein zu Athena, der Jungfräulichen. Ihr Name ist bedeutungsvoll, Fräulein Pateras." Nach einem kurzen Sinnieren wiederholte er: „Benatha", sagte dann: „Sie haben einen schönen Vornamen, Fräulein Pateras."

„Bitte nennen Sie mich Benatha."

Schliemann nickte und sah wieder auf das Mädchen. „Ihr Name verpflichtet. Alles Dumpfe und Böse soll Ihnen fremd sein. Pallas Athena stellt sich gegen die Nacht, ist ihrem Charakter nach eine Gestalt des lichten Äthers." Er verbeugte sich höflich, lächelte etwas und sagte dann, daß er, wenn er nicht verheiratet wäre, sich sofort in sie verlieben könnte.

Sophia umarmte ihn. „Danke, Heinrich. Ja, Benatha verdient deine Liebe."

War es nur eine Verlegenheitsgeste, daß Benatha Pateras sich setzte und Andromache auf den Schoß nahm, sie auf die Schläfe küßte und ihr die Tasse Milch an die Lippen hielt? „Du mußt viel Milch trinken", mahnte sie, „dann wirst du einmal ein frohes, hübsches Mädchen. Deine Mutter hat viel Milch getrunken. Siehst du, wie hübsch sie ist?" Dann wandte sie sich an Schliemann. „Sie wissen, daß Sophia und ich zusammen aufwuchsen, wir uns schon immer mochten." Sie lachte herzlich und zeigte dabei ihre schönen Zähne und ihre wundervoll geformten Lippen. „Herr Doktor Schliemann, ich bewundere Sie, weil Sie so tapfer für die Ilias eintreten. Ich lese immer wieder in ihr, sie ist mir mehr als nur ein Kriegsepos. Erstaunlich ist die gewissenhafte Aufzählung von Kriegern und Vorräten, von Schiffen, Häfen, Orten, Kriegstaktiken und Kampfmitteln. Ich glaube, daß der Schiffskatalog aus dem zweiten Buch der Ilias für die Historiker der wertvollste Teil des ganzen Epos ist. Es dürfte kein Buch geben, das uns eine solche Menge von Wissen über die Geographie Griechenlands im 12. Jahrhundert vor Christus vermittelt. Schon aus diesem Grunde müssen wir Homer für die Ilias dankbar sein."

Sie schwieg, liebkoste Andromache, wandte sich dann wieder an Schliemann: „Herr Doktor Schliemann, der Raub der Prinzessin Europa im Libanon und die Entführung durch Zeus in Gestalt eines Stiers nach Kreta ist doch nur eine Symbolgeschichte?"

Schliemann nickte und lächelte. „Ja, Benatha. Frühe Autoren verpackten den Raubzug eines kretischen Königs in eine mythische Form. Die Ereignisse, die in diesem Mythos dargestellt sind, haben sich im Anfang des zweiten Jahrtausends vor Christus abgespielt. Europa hatte bereits einen Namen, noch ehe es zu existieren begonnen hatte. Die Geschichte von Zeus und Europa, die den Anfang der europäischen Kultur darstellt, ist gleichzeitig das letzte, auf geheimnisvolle Weise lebendig gebliebene Urbild einer verschollenen Religion, eines weit in die Vorzeit zurückreichenden Fruchtbarkeitskultes. Und alles wurde — wie es nicht nur bei den Achäern üblich war — in eine mythologische Überlieferung verpackt." Er sann vor sich hin, sagte dann nachdenklich: „Im Mythos vom Raub der Europa spiegelt sich eine Fülle von Tatsachen, Verflechtungen und Zusammenhängen wider."

„Dann ist die Überlieferung von einem Minotauros, den Theseus mit Hilfe der Ariadne tötete, auch nur eine Symbolaussage,
die man in ein mythisches Gewand verpackte?"

Schliemann nickte. „Der Minotauros ist nicht nur eine Schöpfung der kretischen Sagenwelt. Überall im babylonischen, kleinasiatischen und ägyptischen Kulturbereich begegnen uns Stiere
mit Menschenhäuptern, beziehungsweise menschliche Gestalten
mit Stierköpfen. Wir dürfen annehmen, daß in einem frühen
Fruchtbarkeitskult dem Apis, dem heiligen Stier, Menschenop-
fer gebracht wurden. So spiegelt sich in der Tötung des Minotauros die Abschaffung des Menschenopfers wider, und Theseus, ein
Mykener, beendete diesen Kult. Und noch etwas, Benatha. Wir
müssen uns klar darüber sein, daß die Erzähler, die über die Welt
des König Minos berichten, Griechen waren. Bei uns in Deutschland war und ist es noch heute so, daß die Franzosen Böses über
die Deutschen sagen und diese wiederum den Franzosen einiges
ankreiden. Und so hatten die frühen Griechen auch ihre Greuel-
märchen." Dann sah er Benatha interessiert an, auch Sophia
begann zu grübeln, was die Freundin vorhabe.

„Besteht dann nicht auch die Möglichkeit, daß Homer die
Entführung der Helena durch Paris mythisch verpackte? Gut,
der Trojanische Krieg ist Tatsache, auch die agierenden Personen. Lösen wir jedoch die Verpackung, kommen wir auf den
Kern, auf das eigentliche Geschehen. Bitte, seien Sie mir nicht
böse, aber ich glaube nicht, daß wegen der Entführung der
Helena ein Krieg entstehen konnte, der zehn Jahre dauerte." Sie
stockte, grübelte. „Mancher Krieg hat seine Begründung in
einem Anlaß, der nur ‚Verpackung' ist, in Wirklichkeit aber
tiefere, ernstere Gründe hatte."

Schliemann schwieg, zögerte mit der Antwort. Sophia zog die
Unterlippe zwischen die Zähne und kaute erregt an ihr. Sie
bewunderte die Freundin, traf sie doch mit diesen Fragen den
Lebensnerv ihrer Arbeit. Hatten sie auf dem Hissarlik nicht
immerzu von Priamos, Paris und Helena gesprochen? Hektor
und Patroklos, Achilles und Ajax waren um sie, während sie sich
in die Tiefe gruben. Und jetzt, jetzt sollte das alles nur eine
dichterische Verpackung gewesen sein?

„Herr Doktor Schliemann", fragte nun Benatha, „glauben Sie wirklich, daß die Griechen Troja nur wegen der entführten Helena bekämpften?"

Sophia sah voll Sorge, wie ihr Mann aufstand und erregt hin und her ging. Dann setzte er sich wieder, nahm beide Hände der Freundin. „Benatha", begann er gütig. „Sie haben recht. Bevor ich Ihnen genaue Antwort gebe, muß ich sagen, daß es Paris und Helena — also die Entführung von Helena — gegeben haben muß. Es gab einst auch Theseus und Ariadne. Es gab auch einen König Minos. Theseus war laut der ‚Parischen Chronik' sogar König von Athen. Es gab auch wirklich den Trojanischen Krieg, und die Parische Chronik sagt, daß Troja im 22. Jahr der Regierungszeit des Menestheus zu Athen fiel, genau am 7. Tag vor dem Ende des Monats Thargelion. Besagte Chronik spricht sogar von Aigisthos und Klytämnestra und wann sie vor Gericht kamen. Doch", er sann kurz vor sich hin, sprach dann weiter, „nun zu Homer. Er war ein epischer Dichter und kein Historiker, und es ist ganz natürlich, Fräulein Benatha, daß er alles mit dichterischer Freiheit schildert. Vielleicht ist die Stadt des Priamos kleiner, als nach den Angaben der Ilias zu erwarten wäre. Tatsache ist es jedoch, daß Troja kein Phantasiebild eines Poeten ist, sondern tatsächlich existiert hat, und die weiteren Ausgrabungen werden es beweisen, daß es dort auch die Ereignisse gab, von denen er berichtet. Doch zu Ihrer Frage. Troja war um 1200 vor Christus eine mächtige, für damalige Verhältnisse unermeßlich reiche Handelsstadt, beherrschte die ganze Westküste Kleinasiens bis hin zum Nil und kontrollierte den Eingang in das Schwarze Meer. Troja behinderte daher den Handel der Achäer. Die Ilias schildert die agierenden Mächte, zeigt die Personen und die Ausmerzung einer Stadt, die die Ausbreitung des Griechentums an der Westküste Kleinasiens wesentlich erschwerte. Troja war seit langer Zeit die größte Festung an der Küste zwischen den Dardanellen und Syrien. Ich sagte schon, daß die Stadt sehr reich war. Die bisherigen Ausgrabungen belegen, daß dort alle Häuser meist mehrere Etagen hatten." Erregt rang er nach Atem, sah auf Sophia, dann wieder auf Benatha. „Ein Beispiel, wie sehr Homer die Landschaften gekannt haben muß, ist der Wanderer Odysseus. Er nimmt bei seiner Rückkehr von Troja einen Weg, der auf einer guten Karte von Insel zu Insel genau aufgezeichnet werden könnte und der Homers Kenntnisse der ägäischen Topographie beweist. Die *Odyssee* — Europas erster Roman — darf als ausgesprochene Dichtung Märchenelemente enthalten. Aber sogar die nüchterne *Ilias,* welche die Belagerung Trojas schildert und von den Griechen der klassischen Zeit als authentische Geschichte betrachtet wurde, hat ihre mythischen Momente. Die Götter ergreifen Partei im Kriege, erscheinen den Helden und kämpfen in beiden Heeren mit, wenn auch meist in menschlicher Gestalt. Aber dies sind untergeordnete Elemente der Erzählung, die in der Hauptsache kraß und glänzend realistisch ist und nur von jemandem geschrieben werden konnte, der mit der trojanischen Ebene völlig vertraut war. Die Epen Homers sind von einem einheitlichen Realismus durchzogen."

Benatha nickte und unterbrach ihn. „Es ist erstaunlich, wie präzise Homer den Alltag zeigt, die Häuser — vom Palast bis zur Hütte des Schweinehirten —, den Ackerbau und die Seefahrt, die Kriegsführung, die häuslichen Arbeiten, die Kleider, Schmuckstücke und Kunstwerke. Alle Zweifler sollten erkennen, daß das alles nicht erfunden sein kann."

Schliemann blickte froh auf Sophia, es war nun, als spreche er zu ihr. „George Grote schrieb 1846 seine ‚Geschichte von Griechenland'. Er hatte als Grundlage für die Schilderung der frühen Vergangenheit Griechenlands nur die Aussagen von Homer."

Er atmete tief durch. „Fräulein Benatha, Sie sind wundervoll, Sie sind...", er suchte die Worte, vermochte nicht mehr weiterzusprechen, nahm nur noch das Mädchen in die Arme und küßte ihre Wangen.

„Bitte, Heinrich", sagte Sophia, „du magst Benatha wie ich, sagt doch ‚du' zueinander."

Er nahm das Mädchen mit beiden Händen an den Schultern, stellte es vor sich hin und sagte warmherzig: „Du!"

Benatha errötete vor Freude, Stolz und Glück, antwortete scheu: „Ich bin als Lehrerin tätig, würde Ihnen, Verzeihung, würde dir in meiner freien Zeit gerne helfen."

„Benatha, ich warne dich!" rief er. „Tu das nicht, ich neige dazu, Menschen, die ich mag und die bereit sind, mit meinen Weg zu gehen, mit Haut und Haar aufzufressen."

Das Mädchen lachte. „Ich biete mich gerne zum Mahl an..."

„Gut", sagte er knapp. „Kannst du Englisch?"

„Ja."

„Komm!" befahl er nun fast grob, nahm Benatha an der Hand und führte sie, als wäre sie seine Tochter, in das Arbeitszimmer. „Hier ist die englische Übersetzung eines Berichtes über meine Grabungen in Troja. Ich will sie der Englischen Archäologischen Gesellschaft schicken. Die Übersetzung hat sprachliche Schwächen. Bitte lies das Zeug, biege es zurecht." Er stand noch immer da, hielt ihre Hand, als das Dienstmädchen Bischof Vimpos meldete.

„Bleib, Benatha", bat Schliemann. „Du tust mir gut."

Sie gingen in den Garten, und nach den ersten Begrüßungsworten wandte sich der Bischof an Sophia: „Du wirst immer hübscher", lobte er. Dann sagte er zögernd: „Was ist, du siehst mich so fragend an. Kann ich dir helfen?"

„Onkel Theokleto", begann Sophia und zögerte weiterzusprechen.

„Na, was ist?" fragte er, stand wieder auf, entschuldigte sich bei Schliemann und sagte, „beinahe hätte ich es vergessen. Meinen herzlichen Glückwunsch zur Entdeckung von Troja und zur Auffindung des Schatzes des Priamos."

Sophia zog den Bischof zu sich und bat ihn, neben ihr Platz zu nehmen. „Onkel Theokleto, es geht um diesen Schatz des Priamos. Ich glaube, wir haben hier nicht ganz korrekt gehandelt." Dann erzählte sie von den Schwierigkeiten mit der türkischen Regierung und von der Klausel in ihrem Ferman, wonach die Hälfte aller Funde dem Museum in Konstantinopel übergeben werden mußte. Sie sprach von Amin Effendi, dem Aufseher, und über die Subjektivität, mit der dieser entschied, was davon der Regierung zu geben sei. „Man hat uns gesagt, als wir wieder zu graben anfingen, daß ein neues Gesetz in Vorbereitung sei, wonach wir nur noch bedingt Funde mitnehmen dürften. Das Gesetz wird noch diskutiert, ist also noch nicht erlassen. Und nach der alten Grabungserlaubnis durften wir — weil Heinrich schließlich alles aus eigener Tasche finanzierte — die Hälfte aller Funde behalten. Wir hatten also Besitzrechte. Kann ein Gesetz für uns bindend sein, das noch keine Rechtskraft besitzt?"

„Ich bin kein Jurist", lächelte der Bischof ausweichend.

„Wir haben den Schatz des Priamos restlos mitgebracht, haben ihn nicht abgeliefert, also auch nicht geteilt", sagte sie impulsiv. „Das war doch moralisch nicht ganz einwandfrei?"

„Soll ich jetzt als Bischof deiner Kirche antworten oder als Verwandter deiner Mutter?"

„Rate uns als bischöflicher Verwandter", schmeichelte sie.

„Ein Gesetz, das es noch nicht gibt, von dem man nur spricht, ist nicht rechtskräftig. Es muß Grenzen geben, auch in der Rechtsprechung. Eine Grenze ist zum Beispiel, daß man nie etwas rückwirkend verbieten kann. Ihr hattet bisher euren Ferman, und dieser erlaubte euch, die Hälfte des Schatzes mitzunehmen. Das wäre die juristische Definition. Die menschliche wäre, daß dein Mann unter großen finanziellen Opfern Troja entdeckte. Hier hätte die türkische Regierung sogar zu danken, und der Dank sollte sich dadurch zeigen, daß man euch keine Schwierigkeiten macht. Sophia, vertraue deinem Mann. Er übernahm die volle Verantwortung und wird sie tragen, was auch geschieht."

Schon am nächsten Tag kamen schlechte Nachrichten. Yannakis schrieb, daß ihm die Behörden größte Vorwürfe machen würden, sie ihm die Schuld gaben, daß in Hissarlik mit großem Erfolg gegraben wurde.

„Der arme Yannakis", klagte Sophia.

„Sie setzen ihn jetzt unter Druck, wenden scheußliche Methoden an."

„Was war es für ein Glück, Heinrich, daß wir allen Arbeitern die doppelte Freizeit gaben und wir die Aufseher beurlaubten, als wir den Schatz aus der Mauernische kratzten", meinte Sophia.

Trotz der beruhigenden Worte von Bischof Vimpos war sie nun in Sorge. Durfte sie im Garten mit Andromache spielen? Durfte sie mit ihr die Tauben füttern, während oben im Arbeitszimmer ihr Mann sich fast die Finger wund schrieb, um den Zeitungen und den archäologischen Gesellschaften mitzuteilen, daß er unter unendlichen Strapazen und Opfern Troja entdeckt habe? In ihr Grübeln mischte sich Stolz, denn er schrieb in englischer, französischer, deutscher, griechischer und in diesen Minuten sogar in russischer Sprache. War er jedoch vorsichtig genug? Sie kannte seinen Jähzorn, der ihn oft zu überstürzten Handlungen führte. Gut, sie sah ein, daß er jetzt, wo ihn fast die ganze Welt als Phantasten eingestuft hatte, stolz darauf war, bewiesen zu haben, daß es Troja gab. Sie wußte, daß er von sich viel forderte, das auch von anderen erwartete, auch von ihr als seiner Frau. Auch von Andromache, dem Kleinkind, das sich ebenfalls vor den Aufgaben der Archäologie zu beugen hatte.

Sie wußte, daß ihr Mann seine Tochter sehr liebte. Trotzdem brachte er es fertig, während er ihr ein deutsches Kinderlied vorsang, anzuordnen, daß das Kind schon bald Sprachunterricht erhalten müsse, damit sie so schnell wie möglich mit ihm deutsch sprechen könne. Er brachte es fertig, während er mit ihr im Garten Ball spielte, den Photographen zu bestellen und ihm neue Aufträge zu erteilen.

Sophia begann zu grübeln. Ihr Mann hing an Andromache, doch fragte sie sich, ob er je eine Geschichte zu Ende erzählte oder ein Spiel mit ihr beendete, er nicht immer wieder plötzlich aufhörte und sich für ihn wichtigeren Dingen zuwandte?

Dann überdachte sie ihre Ehe. Heinrich war zärtlich, fürsorgend, großzügig, erfüllte ihr jeden Wunsch, bestellte, wenn sie kränkelte, sofort die besten Ärzte, um dann, wenn sie an ihren Magenkoliken leidend im Bett lag, wohl teilnehmend ihre Hände zu streicheln, um ihr jedoch — als wäre auch das eine heilende Medizin — ausführlich zu erzählen, daß es ihm gelungen sei, einen Typenkatalog aufzustellen, der es ihm ermögliche, die auf dem Hissarlik gefundene Keramik genau auf die jeweilige Kultur einzustufen.

Als sie an einem Vormittag in sein Zimmer trat, sah sie, daß er einen langen Bericht an die *Augsburger Allgemeine Zeitung* schrieb, in ihm seine Arbeit in Troja schilderte und dann den gefundenen Schatz des Priamos in allen Einzelheiten beschrieb.

„Heinrich!" rief sie entsetzt, „wenn du eingestehst, daß du den Schatz gefunden hast, kannst du damit rechnen, daß dich die Türken in Kürze wegen Vertragsbruch, vielleicht sogar wegen Diebstahl, anklagen werden."

Er schwieg, sah auf Sophia, nein, er blickte durch sie hindurch, seine Augen zeigten, daß er in einer fernen Welt weilte. „Sophidion", sagte er nach einer Weile, „du hast recht. Bitte, verstehe mich, ich kann nicht auf die Dauer den Schatz des Priamos verschweigen. Er ist der schönste, der wichtigste Beleg, daß wir Troja entdeckt haben. Und noch etwas, Liebes. In sechs Monaten erscheint mein neues Buch, in dem ich genau berichte, wie wir den Schatz fanden. Ich zeige ihn sogar mit vielen Photos..."

„Heinrich, warte doch, bis es dein Athener Museum gibt und du dann all deine Funde zeigen kannst. Ab diesem Augenblick steht hinter dir die griechische Regierung. Sie kann dich beschützen, ihr wagt man keine bösen Worte zu geben." Sie versuchte mit allen Mitteln, ihren Mann zu überzeugen, vorsichtiger zu sein, und bekam die immer gleiche Antwort, daß die Öffentlichkeit endlich erfahren sollte, daß er Troja entdeckt hatte.

„Gibt es denn keinen Mittelweg?" klagte Sophia und spürte, daß wieder die Magenschmerzen kamen. Sie ging gekrümmt aus dem Zimmer, mußte sich hinlegen. Minuten später saß ihr Mann an ihrem Bett und während er ihr die Hände streichelte, sagte er, daß er sofort dem Direktor des Museums in Konstantinopel schreiben werde und ihm sagen, daß er den Schatz gefunden und mit nach Athen genommen habe. „Sophidion", tröstete er, „die Türken spielen doch nur Theater. Das Museum in Konstantinopel ist völlig verwahrlost, besitzt nichts von Wert. Ich biete den Türken 40.000 Francs an, damit sie das Museum modernisieren können. Ich biete dem Direktor an, mit mir drei Monate auf meine Kosten in Troja zu arbeiten und erkläre mich bereit — obwohl es immer noch nicht das besagte Gesetz gibt — alle Funde aus dieser gemeinsamen Arbeit von drei Monaten der türkischen Regierung zu überlassen. Wäre das nicht ein Ausweg? Sophidion, wäre das nicht der Mittelweg, von dem du sprachst?"

Sophia schloß die Augen, hielt sich ängstlich an dem Leinen fest, das ihren in einer Fieberwelle glühenden Körper kühlte. In Troja war sie Partnerin gewesen, jetzt war sie nur noch Ehefrau. Sie hatte den Ehrgeiz, eine gute Ehefrau zu sein, und zu einer guten Griechin gehörte es, daß sie zu ihrem Mann stand, sein Tun billigte, sich also fügte, restlos unterordnete.

Dann dachte sie an ihre Mutter. Sie hatte in großer Tapferkeit zu ihrem Mann gestanden, obwohl er ihre Mitgift verlor. Sie murrte nicht mit der kleinsten Geste, als sie ihr Haus in Athen verlassen und in das Sommerhaus nach Kolonos ziehen mußten.

Sophia dachte an Freundinnen, die geheiratet hatten. Immer hatte die griechische Frau die Aufgabe, dem von Gott angetrauten Mann zu dienen, den Kindern, ja sogar den Eltern des Mannes, den Onkeln und Tanten, Neffen und Nichten. Es gehörte zur Tradition, daß die Kinder ihr Haus mit den Eltern teilten, solange diese lebten, sie respektierten und als Familienmitglieder anerkannten. Und so beschloß Sophia, ihre Angst wegen der Bekanntgabe des Schatzfundes ihrem Mann nicht mehr zu zeigen.

Es kam, was kommen mußte. Schon wenige Tage nach der Veröffentlichung des Berichtes in der *Augsburger Allgemeinen Zeitung* begannen die Angriffe. Der türkische Gesandte in Athen legte Protest beim griechischen Kultusminister ein, die griechische Regierung begann, Schliemann zu meiden, als habe er die Pest. Wenige Tage später kam von der Regierung die Mitteilung, daß man das Angebot, auf Kosten Schliemanns ein Museum zu bauen, nicht annehmen könne. Dann erhielt er den Bescheid, daß eine Grabung in Olympia nicht möglich sei.

Die ganze Sippe Schliemann-Engastromenos wurde zur unpopulärsten in Athen. Man tat, als wären sie Diebe, Verbrecher. Sogar viele Freunde zogen sich fast über Nacht zurück.

Sophia sah, wie sich ihr Mann abkapselte, sich einschloß, fast Tag und Nacht in alle Welt Verteidigungsbriefe schickte, sein Tun begründete.

Trotzdem fuhren sie täglich in den Morgenstunden nach Phaleron, um im Meer zu schwimmen. Als Sophia von ihrer Sorge sprach, daß dabei Andromache etwas passieren könnte, wies ihr Mann das zurück — in Gedanken wahrscheinlich wieder bei einem Verteidigungsbrief — und lachte laut, als sich immer mehr herausstellte, daß Andromache das Meer und den Strand überglücklich genoß. Für das Kind war alles ein Wunder. Jede Muschel wurde begeistert aufgehoben und gesammelt, und — Sophia kommentierte es mit ‚Schliemanns Eigensinn' — es bestand darauf, daß sie mit nach Hause genommen wurde. In ihrem Zimmer mehrten sich die Körbe und Kästen, die mit den unterschiedlichsten Muschelschalen gefüllt waren.

Die offiziellen und inoffiziellen Attacken gegen Schliemann häuften sich. Die Türken hatten bei den Arbeitern, die auf dem Hissarlik geholfen hatten, Razzien gemacht und bei ihnen goldene Halsketten, Armbänder, Ohrringe sowie Gefäße aus massivem Gold gefunden. Dann wurde Yannakis erneut verhaftet, man stellte sogar den Aufseher Amin Effendi vor Gericht, warf ihm vor, seine Pflicht nicht genügend erfüllt zu haben.

Eine Gruppe von Feinden prangerte Schliemann ausführlich wegen seiner Grabungsmethoden an, sprach von unverzeihlichen Sünden, die er begangen habe, indem er Mauern, Häuser, Tempel und vieles andere niederriß, nur um seine fixe Idee belegen zu können, daß es einst Troja wirklich gab. Eine noch schlimmere Gruppe nannte ihn einen Schwindler, denn all die Goldgegenstände, die er als ‚Schatz des Priamos' bezeichnete, habe er in den Basaren von Konstantinopel und Athen gekauft oder anfertigen lassen.

Als sein Buch *„Trojanische Altertümer — Bericht über die Ausgrabungen in Troja"* und der *„Atlas trojanischer Altertümer"* erschienen, half Sophia fast Tag und Nacht. Benatha kam auch jede freie Stunde, machte Abschriften der Briefe Schliemanns und setzte dann jeweils die Anschrift ein, an die eine Kopie gehen sollte.

Sophia spürte den guten Einfluß der Freundin auf ihren Mann und war ihr dankbar, wenn sie ihn zu einem Gespräch zwang, ihn dadurch ablenkte.

„Benatha, du hast so reine, klare Augen, daß ich dir nicht widersprechen kann", sagte ihr Mann oft zu ihrer Freundin.

Es war späte Nacht, als Sophia auf die Uhr sah. „Heinrich, jetzt arbeitest du seit zwanzig Stunden. Du ruinierst deine Gesundheit", mahnte sie.

Dann kam der Prozeß des Museums von Konstantinopel. Die Anwälte der türkischen Regierung beantragten die Beschlagnahme des gesamten Besitzes Schliemanns als Garantie für den Fall eines Urteils zugunsten des Museums.

Sophia kannte ihren Mann. Immer, wenn er in eine Sackgasse getrieben wurde, aus der es keinen Ausweg gab, ging er auf Reisen. Während sie mit Benatha das mögliche Reiseziel besprach, sie rätselten, ob er Berlin, London oder Paris besuche, trat er zu ihnen und sagte nur: „Sophia, wir fahren morgen nach Mykene. Unser Schiff geht um sechs Uhr ab Piräus."

„Darfst du dort graben?"

Ausweichend antwortete er: „Die Landschaft ist sehr schön, sie wird dir gefallen."

Auf Sophia stürzten die vielfältigsten Probleme ein, das schwerste war, daß Andromache krank war, Fieber hatte. Durfte sie das Kind der Obhut der Schwester und des Kindermädchens überlassen?

Wie abgesprochen, bestiegen sie in Piräus das Schiff. Das Meer hatte starken Wellengang, und bangen Herzens sah Sophia, wie die Maschinen anfingen zu stampfen und sich der Bug des Schiffes hinaus in die Ägäis schob. Doch die See beruhigte sich bald, und so genoß sie den Anblick der Inseln und erlebte froh, wie der Dampfer in die Bucht von Argos einbog und Nauplia ansteuerte.

Sie nahmen ein Zimmer im Hotel Olympus, setzten sich an das offene Fenster, das einen herrlichen Blick auf das Meer bot, und Sophia genoß es, als ihr Mann sie, weil es kühl wurde, in eine Decke einhüllte und dann begann, aus seinem Pausanias vorzulesen.

„Sophidion, Pausanias lebte im zweiten Jahrhundert", erklärte er. „Seine Beschreibung Griechenlands ist das Ergebnis weiter Reisen und sorgfältigster Quellenstudien." Er las kurz, machte sich Notizen, hob dann den Kopf. „Jetzt zitiere ich Pausanias: ,... es sind übrigens von der Mauer noch Reste und das Tor vorhanden; über ihm stehen Löwen... In den Trümmern sind die unterirdischen Gemächer des Atreus und seiner Söhne, worin sie ihre Schätze aufbewahrten. Gräber sind dort für den Atreus und für alle die, welche, als sie mit Agamemnon aus Ilion zurückgekehrt waren, Aigisthos beim gastlichen Mahle mordete... Ein anderes Grab ist da für Agamemnon...'" Er las, suchte, sagte dann: „Pausanias berichtet, daß Agamemnon, Elektra und Atreus innerhalb der Umwallung der Akropolis bestattet wurden, und zwar in dem Plattenring, den man rechter Hand vor sich sieht, sobald man das Löwentor durchschritten hat."

„Er spricht von einem Plattenring, den man sieht, sobald man das Löwentor durchschritten hat. Dieser muß doch, auch wenn er zwischenzeitlich zusammengefallen und mit Schutt bedeckt ist, zu finden sein", rätselte Sophia.

„Das ist es, Liebes. Es dürfte keine Stätte in Griechenland geben, wo eine Grabung mit größerem Nutzen durchgeführt werden könnte."

Am nächsten Tag fuhren sie mit einem Wagen nach Mykene. In dem kleinen Dorf Charvati, am Fuß des Burgberges, quartierten sie sich in einem Gasthaus ein und begannen mit drei, am Tag darauf bereits mit 14 Arbeitern zu graben.

Sie fühlten sich in dem Gasthaus sehr wohl, bewohnten die beiden Zimmer im ersten Stock. Die Familie Dases lebte seit Generationen im Ort, und Sophia hörte gerührt, daß die Kinder Agamemnon, Ajax und Diomedes hießen, fast alle also Namen aus der Ilias hatten.

Der Treffpunkt der großen Familie war die Küche. Alle Frauen der Sippe nahmen an der Zubereitung der Mahlzeiten teil, und Sophia fühlte sich sofort geborgen. Es war wie in ihrer Mädchenzeit, als die Mutter ihre drei Töchter in die Küche holte und ihnen Aufgaben zuwies.

Während Sophia sich lachend eine Schürze umbinden ließ und dann begann, die Bohnen zu waschen, saßen die Männer auf der Veranda, diskutierten und rauchten.

„Sie wollen in Mykene graben?" fragte ein Bauer nach einer Weile ihren Mann.

„Ja, sobald ich die Genehmigung aus Athen habe."

„Bestimmt suchen Sie auch die Königsgräber?"

Er nickte nur.

„Viele haben sie schon gesucht und nicht gefunden. Man sucht sie schon seit Jahrhunderten. Besonders das Grab des Agamemnon muß voll von Gold sein."

Wieder nickte Schliemann.

Als es dunkel wurde, erhob er sich, sagte, daß er seiner Frau noch den Agamemnon aus Aeschylos vorlesen wolle.

Ioanna, die Frau des Gastgebers, sah bittend hoch. „Wir können nicht lesen. Von meinem Vater und von meinem Großvater kenne ich wohl diese Geschichte, aber nie habe ich die genauen Worte gehört. Es wäre sehr gütig von Ihnen, Herr Doktor Schliemann, wenn wir alle zuhören dürften."

Er lächelte bejahend, sagte, daß er seine Frau hole, die sich etwas hingelegt habe, weil die Wanderung durch Mykene sie angestrengt hätte.

Als er ihr von dem Wunsch Ioannas erzählte, richtete sie sich auf und sagte leidenschaftlich: „Errikaki, es ist für jeden Griechen eine große Freude, fast möchte ich sagen ein Entzücken, wenn er einen Ausländer griechisch sprechen hört."

Sie saßen unten im großen Zimmer. Nicht nur die Sippe der Dases war anwesend, sondern das ganze Dorf.

Schliemann setzte sich so, daß ihm das Kaminfeuer die Buchstaben zeigte. Er blätterte, suchte eine bestimmte Stelle, erklärte kurz, wie es zur Ermordung Agamemnons gekommen war. Dann begann er zu lesen: „Hier steh' ich nach dem Morde, wie ich ihn erschlug. Ich hab' es so vollendet, und bekenn' es laut..." Alle hörten begeistert zu, und Sophia sah bewegt, wie sie, als ihr Mann gelesen hatte, beim Gehen seine Hände streichelten oder ihn nach alter Sitte auf beide Wangen küßten.

Am frühen Morgen stiegen sie wieder den Burgberg hinauf. Von allen Seiten drangen die Düfte von Majoran, Wildkraut und wilder Minze auf sie ein. Überall leuchtete blutroter Mohn, sah man helles Grün, und viele Königskerzen schwankten in dem hellen Licht, das weithin die Ebene von Argos erfüllte.

„Eigenartig, diese Ruinen hier", flüsterte Sophia, als verbiete ihr die Ehrfurcht, laut zu sprechen.

„Sie liegen inmitten einer ungeheuren, unmenschlichen, zerschundenen und verbrannten Landschaft. Ohne an die Aussagen der Dichter zu denken, glaubt man zu spüren, sich an einem fluchbeladenen Orte zu befinden. Wenn man über die Erde geht, ist es, als wenn einem schwerer Blutdunst entgegenfliege. Man wird den Gedanken an die fünfzehn Gemordeten aus königlichem Geschlecht nicht los, die hier vor Jahrtausenden in den Boden gelegt wurden", sagte Schliemann ergriffen.

„Ob wir sie finden, ob die Hinweise von Pausanias wirklich den Weg weisen?" begann Sophia zu grübeln.

Dann hörten sie das Knarren eines Wagens. Demetrios und sein Sohn Ajax brachten die Arbeitsgeräte. Schliemann bedankte sich, lehnte die Schubkarren, die auf dem Wagen lagen, ab, sagte, daß er nur einige Suchschächte anlege, da er noch keine Ausgrabungen machen dürfe.

Sie gruben sich an mehreren Stellen in den Boden ein und füllten die Schächte dann wieder. Auch in den folgenden Tagen tasteten sie das Gelände nur mit Suchschächten ab, fanden nur einige Scherben, die Sophia in einem Korb sammelte.

Am Morgen des 5. Tages hörten sie vor dem Haus Lärm und heftige Stimmen. Als Sophia ins Freie trat, erfuhr sie, daß der Präfekt ein Telegramm des Kultusministers erhalten hatte, in dem stand, daß Doktor Schliemann in Mykene grabe und die Regierung das nicht wünsche. Sophia packte sofort, und kaum eine Stunde später reisten sie ab und nahmen wieder in Nauplia in ihrem Hotel Quartier. Nach einem kleinen Spaziergang, bei dem ihr Mann fast ununterbrochen über die Kurzsichtigkeit des Kultusministers haderte, ließen sie sich das Abendessen auf das Zimmer bringen. Dann deckte Sophia das Bett auf, beide waren sie müde, wollten schlafen gehen, als es an der Türe heftig klopfte.

Als Sophia die Türe öffnete, stand vor ihr ein Offizier. „Sind Sie Frau Schliemann?" fragte er.

„Ja, was ist?"

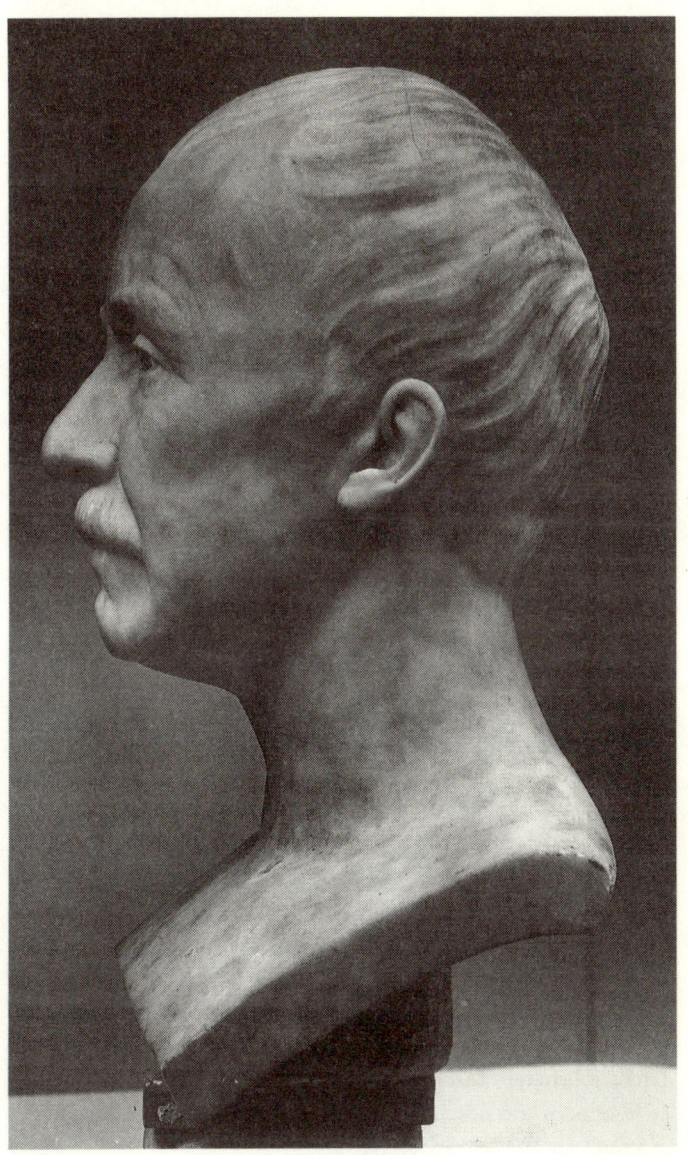

Heinrich Schliemann.

„Ich bin der Polizeichef von Nauplia", er zögerte weiterzusprechen, suchte die passenden Worte, „ich habe die Anweisung..."

Sophia unterbrach ihn. „Bitte kommen Sie herein, darf ich Ihnen eine Tasse Kaffee anbieten? Interessieren Sie sich für Archäologie, darf ich Ihnen die Scherben zeigen, die ich in Mykene gesammelt habe?" Schon holte sie ihren Korb, zeigte ihm die wenigen Scherben und Terrakottafragmente.

Der Offizier sah hilflos hoch, hatte wohl erwartet, daß der Korb goldene Becher, prunkvolle Waffen und herrlichste Figuren enthalte. Er senkte beschämt den Kopf, notierte seinen Besuch und die Tatsache, daß er nur belanglose Scherben vorgefunden hatte.

Als sie wieder in Athen waren, erhielten sie den Bescheid, daß alsbald der Prozeß der türkischen Regierung stattfinde.

Erneut fühlte sich Sophia hin und her gerissen. Sie sollte zugleich ihrer Tochter eine zärtliche Mutter, ihrem Mann die verständnisvolle Ehefrau und dem Haus eine hütende Wächterin sein. Sie half geduldig bei der Typisierung der trojanischen Scherben, vernahm Fachbegriffe wie archaische und mykenische Tonstatuette, Schnurösenkrug, Tongefäß mit Zylinderhals, Bügelkanne, Ringgefäß und Doppelhenkelbecher. Unten im Garten hörte sie Andromache weinen, doch es gab keine Flucht. Sie hörte ergeben zu, wie ihr einer der Helfer vom Französischen Archäologischen Institut 15 hütchenförmige Knöpfe aus der Frühen Bronzezeit zeigte und erklärte. Sie wollte aufstehen, sich entschuldigen und sagen, daß ihre Tochter weine, als schon ihr Mann zu ihnen trat und barsch sagte, daß Kinder dazu neigen, bei jedem Widerspruch oder nichterfüllten Wunsch zu weinen. „Du sorgst dich zu sehr", mahnte er. „Ich sah vor wenigen Minuten das Kindermädchen mit Andromache spielen. Vielleicht folgte der Ball nicht? Auch unsere Tochter wird allmählich lernen und erkennen müssen, daß das Leben ein ewiger Kampf mit Widerständen ist."

Sophia spürte, wie ihr Mann mit jedem Tag nervöser wurde, wenig sprach. Als sie ihn fragte, ob er wirklich gedenke, den Schatz des Priamos aus Griechenland auszuführen, ihn vielleicht den Museen in London oder Paris zu übergeben, antwortete er kaum. Sie wollte Partnerin sein, Wegbegleiterin in das Abenteuer Archäologie, war aber auch Patriotin und hatte den Ehrgeiz, daß der Schatz von Troja ihrer Heimatstadt Athen erhalten blieb.

Fragen über Fragen quälten sie. Liebte ihr Mann sie wirklich? Wenn ja, warum besprach er dann mit ihr nicht seine Sorgen? Sah er in ihr nur noch die Hausfrau, die Mutter seiner Tochter? Gut, sie war gerne für die Familie da, doch wollte sie auch mit ihm über den Verbleib des Schatzes diskutieren, mit ihm Möglichkeiten suchen, daß es nicht zu dem Prozeß mit der türkischen Regierung kam. Sie wollte vermitteln, daß ihr Mann wieder zu einem Frieden mit den Regierungsstellen in Athen fand.

Aus Wortfetzen erfuhr sie, daß der Louvre in Paris und das Britische Museum in London sehr an dem Schatz des Priamos interessiert waren. In ihrer Not bat sie ihre Freundin Benatha um Hilfe. „Mein Mann ist dabei, unser Griechenland zu verraten", klagte sie, „dabei liebt er unsere Heimat unendlich. Bitte, stärke ihn, daß er unserem Land treu bleibt."

Benatha kam wie immer bescheiden, begrüßte Schliemann herzlich, sah ihm zu, wie er Briefe, die er beantworten mußte, ordnete.

„Kann ich dir helfen?" fragte sie.

Seine Antwort war nur, daß er sich setzte und sie unglücklich anstarrte.

„In der Schule sprach ein Lehrer, den wir sehr verehrten, vom griechischen Wunder", begann sie diplomatisch.

Schliemann sah sie auf einmal interessiert an. „Griechisches Wunder?" wiederholte er.

Benatha nickte. „Es war einmal, da verschob sich das Zentrum der Macht vom Palast auf die Agora, den Marktplatz, und er wurde der Hauptschauplatz für dieses Wunder. Bis zum Beginn des sechsten Jahrhunderts vor Christus wurde Athen von Königen und Oligarchen regiert. Der Konflikt zwischen arm und reich war so gefährlich geworden, daß sich beide Klassen im Jahre 594 um Vermittlung an den Kaufmann Solon wandten, der den Ruf eines weisen Ratgebers hatte. Er erfand

die Demokratie, verlangte aber auch von jedem Bürger die Mit-
verantwortung für den Staat. Die Niederlage der Perser war ein
Meilenstein in der Geschichte. Das kulturelle goldene Zeitalter
begann, Männer wie Sophokles, Euripides, Phidias und Sokrates
gaben ihre erstaunlichen Beiträge zur westlichen Kultur. Daran
sollten wir, Herr Doktor Schliemann, Verzeihung, daran solltest du, Heinrich, immer denken und", sie sah ihn ernst an,
„dafür dankbar sein."

Er antwortete mit einem Lächeln. „Das hast du gut gesagt.
Und das Symbol dieses Zeitalters ist die Akropolis von Athen,
deren Ruinen heute als leuchtendes Denkmal der kreativsten
Periode in der Geschichte stehen."

Benatha setzte mehrmals zum Sprechen an. Dann hatte sie
den Mut, das zu sagen, was sie bedrängte. „Heinrich, jedes Mal,
wenn ich die Akropolis erblicke, berührt sie mir das Herz auf
eine andere Art. Stimmung und Farbe wechseln mit der Tages-
zeit. Am frühen Morgen erscheinen die Marmorsäulen so kühl
wie die Haut einer Perle, mittags scheinen sie unter der Sonne zu
pulsieren, und im Licht der untergehenden Sonne glühen sie rot
und golden, als ob sie von einem inneren Feuer erleuchtet
werden. In Vollmondnächten hat die Akropolis eine fast mystische Schönheit. Jeder, der den heiligen Weg hinaufgeht und
den Glanz des Ruinenwaldes sieht, wird von einer Art religiöser
Ehrfurcht erfüllt. Sogar die Kinder meiner Klasse sind ruhig,
wenn ich ihnen die Gebäude zeige, die Stätte ist voll von einer
majestätischen Stille."

Schliemann sah sie ergriffen, fast zärtlich an. „Benatha, das
hast du wundervoll gesagt."

Ab dieser Stunde war er ruhiger geworden. Äußeres Zeichen
der Spannungen, die ihn noch beunruhigten, war, daß er seine
Brille, die er nur zum Lesen trug, nicht mehr abnahm. Merkte er
nicht die störende Brille, die ihn doch in vielen Situationen
behinderte?

Sophia ging nun täglich in die nahe Kirche, zündete vor
vielen Ikonen Kerzen an und betete. Als sie eines Tages nach
Hause kam, überlegte sie, ob sie den Tisch im Speisezimmer für
das Mittagessen herrichten sollte, da ihr Mann wahrscheinlich

wieder nicht kam, weil er uferlos mit Freunden und Bekannten über seine Probleme diskutierte.

Sie beschloß, mit Andromache in der Küche zu essen, gab dem Mädchen den Auftrag, dort den kleinen Ecktisch zu dekken. Im gleichen Augenblick hörte sie, daß ein Wagen vor dem Haus hielt, ihr Mann schnellen Schritts die Treppen hochstieg. Dann stand er vor ihr. Die krankhaft blassen Wangen waren gerötet, als habe er Fieber; in der rechten Hand hielt er einen Blumenstrauß.

„Sophidion!" keuchte er.

Sie zog ihn in das Arbeitszimmer. „Was ist, Heinrich?" fragte sie erschrocken, hatte Herzschmerzen und spürte, daß wieder die Magenkoliken kamen.

„Liebes", sagte er erregt und vermochte kaum zu sprechen, „ich möchte mich bei dir entschuldigen."

Sophia nickte nur, hatte nun auch starke Kopfschmerzen, die fast noch schlimmer als die Koliken waren.

„Ich war zu dir unhöflich, verzeih mir, aber ich werde so von allen Seiten gequält, daß ich nicht mehr ein noch aus weiß. Seit meinem Besuch der antiken Stätten Griechenlands im Jahre 1868 ist es Mykene, das ich neben Troja in mein Herz geschlossen habe. Mykene, die ‚Stadt' des achäischen Fürsten Agamemnon, die Homer ‚goldreich' nannte, ist mir ungeheuer wichtig. Im Frühjahr 1870 hatten sich die Behörden zustimmend zu meinem Plan, dort zu graben, geäußert. Im Januar 1873 schrieb ich an den Kultusminister und bat erneut, in Mykene graben zu dürfen, unterstrich meine Bitte mit dem Hinweis, daß ich mich in Athen niedergelassen, eine Griechin geheiratet habe und seitdem ohne Unterlaß für den Ruhm Griechenlands arbeite. Ich erhielt keine Antwort. Doch das alles weißt du ja. Ich habe dir in den letzten Tagen Schmerz zugefügt, will dir sagen, daß ich deine Sorgen nun einsehe. Heute morgen habe ich nach Paris telegraphiert und mitgeteilt, daß ich den Schatz des Priamos nicht dem Louvre geben könne. Sophidion, der Schatz gehört — weil du mein über alles geliebter Partner bist — zur Hälfte dir."

„Was willst du nun tun?" fragte sie mit leiser, zögernder Stimme.

„Ich werde öffentlich erklären, daß es für mich eine Ehrensa-
che ist, daß Griechenland meine Sammlung erhält. Ich werde
auch sagen, daß ich ein Museum bauen werde, um sie dort
auszustellen."

Trotz der Schmerzen, die Sophia immer mehr quälten, war in
ihr eine ungeheure Freude, daß sich ihr Mann besiegt hatte, daß
der eigentliche Besieger seine Liebe zu ihr gewesen war. Und so
schliefen sie mittags engumschlungen und fuhren dann mit
Andromache nach Phaleron, badeten im Meer, suchten mit dem
Kind Muscheln und freuten sich, als der Berg von gesammelten
Muschelschalen wuchs.

Sie spürten, daß Benatha wesentlichen Anteil daran hatte,
daß sie sich wieder bestens verstanden, und so luden sie auch die
Freundin ein, als sie mit Madame Victoria und Andromache in
eine Taverne gingen.

Sophia fühlte, daß ihr Mann gerne ausging. War er bereits so
Athener geworden, daß er wußte, daß man abends ein Kafenion
oder eine Taverne besuchte?

Sie sah um sich, war glücklich, daß Andromache neben ihr
saß und den Abend genoß. Es war eine warme Sommernacht,
und Athen sah aus, als ob die ganze Bevölkerung im Freien
sitzen würde, um die Luft und die Gesellschaft zu genießen,
dabei honigtriefende *baklava* zu essen und den dicken griechischen Kaffee aus winzigen Tassen zu schlürfen.

Schliemann saß glücklich da, musterte die Vorbeischlendern-
den. Dann wandte er sich warmherzig an Benatha. „Als es Hunderte von Jahren vor der christlichen Zeitrechnung bei den
Einwohnern des übrigen Europas noch halbgare Schenkelkno-
chen wilder Tiere gab, die sie abnagten, genossen die Griechen
bereits Delikatessen wie ein gebratenes Lamm mit Kapern,
gekochte Seevogeleier und mit Safran gewürzten Reis. Sie kannten Honigkuchen, raffinierte Soßen und geizten nicht mit der
Anwendung von Gewürzkräutern wie Oregano, Basilikum, Lor-
beerblättern, Dill und Minze. Stellt euch vor", nun begann er
fast zu dozieren, „für die Zubereitung von Fleisch und Fisch
wurden Kräuter verwendet, und die so schmackhaften kleinen
Keftédes (Fleischbällchen) gehörten zur alltäglichen Mahlzeit.

Köstlichkeiten waren die Pasteten aus Fischrogen, die gebratenen Auberginen und die mit Reis gefüllten Weinblätter."

Er beobachtete ein Kafenion, das sich gegenüber, auf der anderen Straßenseite, befand. Es war ein unbequemer, abgenutzter Raum, ohne jeglichen Zierat. Alle Tische waren besetzt, und viele Männer lasen eine Zeitung. Sie nahmen den Text langsam auf, buchstabierten ihn oft, als hätten sie gerade die Schwelle des Analphabetentums überschritten, Satz für Satz. Alle glühten sie vor Anteilnahme, dabei wurden ihre Augen noch schwärzer, als sie von Natur aus schon waren. Sie zeigten eine politische Ergriffenheit, die sich insofern erklärte, daß der Widerstand gegen die türkische Herrschaft vom Volk getragen wurde, ohne Obrigkeit, sondern im freien Entschluß des einzelnen Kämpfers, der damit Tod und Folter auf sich nahm.

Sophia und Benatha aßen ein *Pastizzio* (Nudelauflauf mit Hackfleisch), Heinrich liebte den *Mousaka* (Kartoffelauflauf mit Hackfleisch und Auberginen). Dann wählte jeder seinen Salat und seine Nachspeise. Alle tranken den leichten roten Landwein, sahen dann den Straßenhändlern und Schuhputzern zu. Auf einem kleinen Karren wurden im Vorbeifahren Sesamkringel, Pistazienkerne und geröstete Maiskolben angeboten. Dicht neben Schliemann saß ein Schuhputzer mit solcher Würde, daß man glauben konnte, es gereiche einem zur großen Ehre, wenn man die Dienste dieses Meisters in Anspruch nehme.

Am Nebentisch hatte ein Ehepaar Platz genommen. Man sah ihm an — hörte das nicht nur an der Sprache —, daß es aus Deutschland kam.

Schliemann wandte sich ihnen erfreut zu und lächelte etwas, als er erfuhr, daß sie aus München stammten. „Dort gab es einen großen Verehrer der griechischen Kunst, es war König Ludwig I. Aus München kam auch Prinz Otto, sein Sohn, der im Juni 1835 König von Griechenland wurde."

Das Ehepaar sah ihn und Sophia interessiert an, fragte sich wohl, wer dieser Deutsche sei, der mit einer so hübschen Griechin verheiratet war.

„Sprechen Sie Griechisch?" fragte Schliemann.

„Nein, leider nicht", antworteten beide.

„Schade. Sie versäumen damit etwas. Die griechische Sprache ist voll von Schönheiten, ist nicht nur die Sprache der Homerischen Epen, der Tragödien des Aeschylos, Euripides und Sophokles und der Komödien des Aristophanes. Was mich ergreift, ist auch die Tatsache, daß es in Griechenland bereits eine geschriebene Literatur gab, als der Rest Europas noch am Lagerfeuer herumkroch und auf Bärenhäuten lag. Es gab am Hof Karls des Großen irische Mönche, die alle Griechisch konnten. Der Kaiser selbst hat Griechisch gesprochen. Die ältesten Übersetzungen der Bibel zeigen die griechische Sprache, so daß das Interesse an dem Text der Heiligen Schrift in der Kirche immer lebendig blieb." Er sann vor sich hin, sagte dann, daß die Gedanken eines Menschen begrenzt sind durch die Flexibilität und Vielfalt seiner Muttersprache.

„Das stimmt", bestätigte Sophia. „Die griechische Sprache gestattet eine Genauigkeit des Ausdrucks, die außergewöhnlich ist. Ich spreche noch nicht gut Deutsch, bemühe mich, diese Sprache zu erlernen, weil mein Mann in Deutschland geboren wurde. Ein Beispiel", sie zögerte und suchte die richtigen Worte, „ist im Deutschen das Wort ‚Liebe'. Im Griechischen haben wir dafür die unterschiedlichsten Bezeichnungen, die auf die erotische, die romantische, die nichterotische Liebe — unter Geschwistern oder Freunden —, die Eigenliebe, die überwältigende, die Kindes- und die Elternliebe eingehen."

Schliemann lachte vor sich hin, nickte dann und sah beglückt auf die Silhouette der Akropolis, die in dem aufgehenden Mond wie in Silber getaucht wirkte.

„Keine andere Sprache kann dem Wort ‚Tod' die majestätische Größe von *thanatos* verleihen oder dem Wort ‚Freiheit' die herausragende Schönheit von *eleftheria* geben", sagte Sophia fast ehrfürchtig.

Schliemann wandte sich dem deutschen Ehepaar zu. „Stellen wir uns vor, Griechisch wird seit fast 4000 Jahren gesprochen und ist somit die älteste Sprache Europas. Die ersten geschriebenen Zeugnisse aus dieser Sprache erschienen 750 vor Christus — es waren die Epen Homers."

Der Morgen graute, als sie nach Hause gingen. Madame Victoria, die sehr auf Andromache achtete, hatte sich schon bald — als die Kühle in die Gassen kroch — mit dem Kind verabschiedet.

Der nächste Tag tauchte Sophia und ihren Mann wieder in Sorge. Die Türken übten politischen Druck auf die griechische Regierung aus, die daraufhin die Beschlagnahmung des Goldschatzes verfügte. Hausdurchsuchungen folgten, da ihr Mann nicht bereit war, ihn herauszugeben.

„Was sollen wir tun?" fragte Sophia nach qualvollen Stunden ängstlich.

Seine Antwort verblüffte sie, doch dann erkannte sie erneut, wie tief sie geliebt wurde.

„Du mußt dich erholen, Sophidion. Ich habe bereits eine Kabine auf dem Schiff nach Neapel bestellt. Gehe du — bitte, ich brauche dich recht bald wieder — zur Kur nach Ischia."

„Und du, Errikaki?"

Er versuchte zu lächeln. „Ich werde den Schatz des Priamos in Sicherheit bringen."

Während Sophia ihr Gepäck zusammenstellte, der Mutter, der Schwester und dem Kindermädchen Anweisungen gab, sah sie, wie ihr Bruder Spyros mit Körben und Koffern kam und ging.

Später erfuhr sie, daß ihr Mann, sobald sie außer Haus war, begann, die etikettierten Einzelstücke der Funde aus Troja verschiedenen Verwandten ihrer Familie zur sicheren Aufbewahrung zu übergeben. Der Schatz des Priamos wurde erneut vergraben — diesmal in Ställen und Privatgärten in den verschiedensten Regionen Griechenlands und Kretas. Er machte nicht die geringsten Notizen, ließ ihr nur in Ischia durch Spyros mitteilen, wo alles verborgen lag.

Im April 1874 begann in Athen der Prozeß. Ihr Mann wurde verurteilt, der türkischen Regierung eine Entschädigungssumme von 10.000 Francs zu zahlen, die dem Kaiserlichen Museum zugute kommen sollten. Er zeigte sich großzügig, überwies das Fünffache dieses Betrages und schickte obendrein eine ganze Ladung trojanischer Fundobjekte an das Museum in Konstantinopel.

Als Sophia erholt, froh und gesund aus Ischia zurückkam, stand ihr Mann am Kai und empfing sie glücklich. „Du siehst wundervoll aus, warst du für mich bisher die schönste Frau von Athen, so bist du jetzt", er stockte, suchte das richtige Wort, sagte dann, „die herrlichste Frau von Griechenland."

Nachdem sich Sophia nach Andromache, der Mutter, dem Haushalt und den vielen anderen Problemen erkundigt hatte, die sie als Frau berührten, fragte sie ängstlich: „Was ist nun aus dem Schatz des Priamos geworden?"

„Er ist nun endgültig unser Eigentum, Sophidion."

„Holst du ihn aus den Verstecken zurück?"

„Liebes, du kennst mich doch; was ich will, das tue ich ganz. Er liegt seit gestern im Tresorraum der griechischen National-bank."

Das Leben ging weiter, hieß Leben nicht immerzu Kampf? Neue Gegner tauchten auf, und wieder sah Sophia, wie ihr Mann fast Tag und Nacht beschäftigt war, Verteidigungs- und Recht-fertigungsbriefe zu schreiben. Was ihr auch Sorge machte, war, daß sie spürte, wie er sich überforderte, Kräfte hergab, die er eigentlich nicht mehr hatte. Sie kannte Tage, wo er vor Freude und Glück glühte, sie sah aber auch, wie die Tage sich mehrten, an denen er erschöpft vor sich hinstarrte und ihm jede Bewegung schwerfiel.

„Errikaki, ich bete viel für dich", versuchte sie ihren Mann zu trösten, wenn er wieder mit aschgrauem Gesicht an seinem Stehpult stand.

Unter der Post war eine Einladung der angesehenen *Royal Society of Antiquaries* mit der Bitte, daß Schliemann vor ihren Mitgliedern am 24. Juni 1875 einen Vortrag halten möge.

„Sophidion!", rief er stolz und zeigte ihr den Brief, „man beginnt, mich anzuerkennen, Premierminister William Glad-stone will mich sogar vorstellen."

„Nimmst du mich mit?" fragte Sophia mit bangem Herzen, wußte, daß die Antwort zeigen würde, ob sie Partnerin oder nur noch Hausfrau und Geliebte war.

„Selbstverständlich, die Ehrung, die mich erwartet, hast auch du verdient."

„Ich, Heinrich?"

„Ja, Liebes."

„Ich möchte auch Andromache mitnehmen, und Kalypso, das neue Kindermädchen, damit unsere Tochter betreut wird, während wir..."

„Einverstanden. Und noch etwas. Dein Bruder Spyros hat sich große Verdienste erworben. Ich werde ihn einladen, eine Woche nach Paris zu kommen."

Die Reise nach England wurde für Sophia zu einem großen Erlebnis. Sie wohnten komfortabel im Charing-Cross-Hotel. Von allen Seiten kamen Freunde und Bekannte, zeigten ihnen die Westminsterabtei, den Buckingham- und St. James Palast, den Tower, die Themsebrücken und das berühmte Britische Museum.

Es war, als sollte der Becher der Freude, der nun auf sie zukam, nicht zu voll werden. Schon während der letzten Tage in Athen wurde Sophia immer wieder von Fieber befallen. Die Begeisterung, die man ihrem Mann von vielen Seiten entgegenbrachte, dämpfte die beginnende Erkrankung, doch nach kaum einer Woche Aufenthalt in England brach das Fieber verstärkt durch. Sophia konnte vor Kopfschmerzen kaum noch klar denken. Ein Arzt empfahl den Badeort Brighton, meinte, daß das Meer, die Sonne und der Frieden der Landschaft Heilung bringen würden.

Gerührt sah Sophia, wie ihr Mann ihr beim Packen half und sie persönlich nach Brighton brachte. Um ihm trotzdem nahe zu sein, las sie dort sämtliche Zeitungen und sammelte alle Berichte über ihn, über seine Vorträge und die Ehrungen, die auf ihn zukamen. Sehr gefiel ihr das Bild in der *Illustrated London News,* das ihren Mann im Gehrock mit weißer Krawatte vor seinem Tisch zeigte. Um ihn herum waren die Gesichter der bedeutendsten Wissenschaftler und Gelehrten Englands zu sehen.

Dann fuhren sie nach Paris. Dort trafen sie mit Spyros zusammen, und Sophia war überglücklich, daß ihr Mann sich mit ihrem Bruder bestens verstand.

Wieder kam das Fieber, Sophia war so schwach, daß sie kaum aufzustehen vermochte. Wohl hatte Heinrich mit ihr eine Europareise vereinbart, aber nun kam diese Erkrankung, und alle Pläne schienen auseinanderzufallen. In seiner Not ließ er den griechischen Arzt holen, der Sophia schon vor fünf Jahren wegen ihrer Magenbeschwerden behandelt hatte.

Dieser verordnete mehrere Wochen Ruhe. Da Vorträge riefen, wichtige Besprechungen warteten, vereinbarte Schliemann, daß seine Frau unter der Obhut von Spyros und dem Kindermädchen Kalypso in Paris bleiben solle, er pünktlich in fünf Wochen wiederkommen werde. Am Tag seiner Abreise übergab er Sophia 2500 Francs und meinte, daß sie wahrscheinlich kaum die Hälfte brauchen werde. „Du sollst jedoch für den Notfall eine kleine Reserve haben", sagte er warmherzig.

Er schrieb oft, berichtete, daß er von der holländischen Königin zu einem Essen eingeladen worden sei, er viele bestens geleitete Museen besuche.

Ein Brief brachte Sophia fast zur Verzweiflung, und die Folge war, daß sie sofort wieder Magenkoliken bekam. Ihr Mann hatte sie gebeten, daß sie ihm wöchentlich die Hotelrechnung schicke, er prüfen wolle, ob man korrekt abrechne. Und schon nach der ersten Rechnung schrieb er, daß sie zuviel für das Mittagessen ausgebe. „Vermeide um jeden Preis dieses ruinöse Mittagessen, das ein unerhörter Betrug ist... Ich umarme Dich, meine geliebte kleine Frau!"

Wieder wurde für Sophia ihr Mann zu einem Rätsel. In Troja bezahlte er seine Arbeiter überdurchschnittlich, in Athen bot er der Regierung an, ein Grundstück und ein Museum zu spenden, den Türken überwies er freiwillig das Fünffache der geforderten Entschädigung, und nun kritisierte er, daß sie für ein Mittagessen statt zwei Francs sieben Francs bezahlte.

„Man muß viel lernen, um zu erkennen, wie wenig man weiß", murmelte sie grübelnd vor sich hin. Kannte sie ihren Mann überhaupt? Sie nickte zögernd. Waren es die Jahre, in denen er in einem kleinen Krämerladen Alltägliches verkaufte? Waren es die Stunden, in denen ihn die Brandung als Schiffbrüchigen an die holländische Küste schleuderte? Waren es die

Hungerjahre in Paris? Summierten sich diese Narben in seinem Herzen zu Brandmalen, die ihn ewig belasten würden?

Als sie ihn Anfang September am Bahnhof abholte, zeigte sie nicht, daß sie sich gekränkt fühlte, weil er sie wegen des teuren Mittagessens kritisiert hatte.

Wieder in Athen, sah sie erneut voll Sorge, daß ihr Mann von Tag zu Tag erregter die Post durchsah, er wie ein Hungernder auf die Grabungserlaubnis wartete.

Einer Einladung nach Italien folgte er sofort. „Ich werde nun Griechenland in Italien suchen", sagte er trotzig, als er abreiste.

Die Briefe, die Sophia erhielt, zeigten jedoch eine Niedergeschlagenheit, aus der sie erkannte, daß ihn Italien nicht befriedigte. „Ich will graben, ich muß graben", schrieb er immer wieder. Dann kam aus Konstantinopel die Nachricht, daß man bereit sei, ihm einen neuen Ferman auszustellen.

Sophia sah es mit Wehmut, daß ihr Mann, obwohl das Weihnachtsfest nahte, sofort abreiste. Sie hatten vorgehabt, dieses Jahr die Festtage besonders feierlich mit allen Verwandten und Freunden zu verbringen, und nun war er weg.

Die Wochen vergingen. Immer wieder erhielt Sophia Briefe, in denen ihr Mann berichtete, daß sich der neue Ferman verzögere. Es war Mai, als er erfreut schrieb, daß nun die Grabungserlaubnis erteilt worden sei.

Sophia begann bereits, ihr Gepäck zusammenzustellen, da ihr Mann geschrieben hatte, er werde in Hissarlik die Häuser in Ordnung bringen lassen, auf daß sie nun besser als bisher wohnen könnten. „Ich gebe Dir Bescheid, Liebes, wenn Troja Dir auch unterkunftsmäßig Freude macht!"

Der Bescheid kam nie, denn trotz der Grabungserlaubnis gab es die verschiedensten Hemmnisse. Wohl hatte man ihm den Ferman gegeben, doch legte man die Bestimmungen der Grabung so eng aus, daß es ihm unmöglich war, unter diesen Bedingungen zu arbeiten. Zwei Monate hatte er nur den Schlamm aus den Gräben beseitigt, der sich während der vergangenen drei Jahre angesammelt hatte. Dann gab er alle Hoffnung auf, ließ die Karren, Schaufeln und all das andere Gerät wieder verpacken und kehrte nach Athen zurück.

Sophia erwartete ihn am Kai von Piräus. Als er auf sie zutrat, sie glücklich in die Arme nahm, war er ein alter, müder, kranker Mann.

„Ach, Sophidion", klagte er. „Es war schwer, sehr schwer...!"

„Errikaki", sagte sie voller Freude und umarmte ihn.

„Du bist wie immer schön", lobte er, weil sie das Kleid trug, das er sehr liebte.

Wieder lachte sie ihn voll des Glücks an.

„Ich freue mich sehr, daß ich wieder bei euch bin", sagte er leise, als fehle ihm die Kraft, laut zu sprechen.

„Errikaki!" rief sie nun froh, „ich habe etwas für dich. Es ist so schön, daß ich, als ich es sah, weinen mußte."

Sie umarmte ihn erneut, klammerte sich an seine Schultern, schluchzte und lachte zugleich. „Du, du...", sie konnte nicht mehr weitersprechen, drückte ihm nur einen Brief in die Hand.

Schliemann wollte ihn lesen, suchte seine Brille, fand sie nicht. „Wo habe ich nur meine Brille?" fragte er unglücklich.

„Ich lese für dich, Errikaki", sagte sie mit tränenerfüllter Stimme, wollte den Brief Wort für Wort vorlesen, vermochte es nicht. „Du, Liebling", sagte sie erregt und rang nach Atem, „die griechische Regierung hat deine Grabung in Mykene genehmigt. Wir können sofort beginnen!"

Sophia stellte an ihrem Mann wieder jene Scheu fest, die er vor Jahren auch vor Troja hatte. Warum begann er nicht sofort mit seiner Grabung in Mykene?

Am 31. Juli 1876 reiste sie mit ihm und drei Wissenschaftlern aus Athen nach Nauplia. Beglückt nahmen sie erneut im Hotel Olympus Quartier, und stolz stellte ihr Mann dem Polizeichef seine Gäste vor. „Herr Leonardos, drei gelehrte Freunde begleiten mich", sagte er nachdrücklich. „Herr Dr. Kastorches ist Professor für Griechische Archäologie an der Universität in Athen, Herr Dr. Phendikles ist Professor für Philologie an der Universität und Vizepräsident der Archäologischen Gesellschaft, Herr Dr. Papadakes ist Professor für Mathematik und Astronomie an der Universität und war lange Jahre ihr Rektor.

Mykene. Eine Gruppe von Altertumskundlern vor dem Löwentor. Oben auf
dem Tor Schliemann, in der Mauernische Dörpfeld, unten rechts (mit weißem
Hut) Sophia Schliemann.

Die Herren sind für eine Woche mitgekommen, um sich Tiryns anzusehen."

Der Polizeichef verneigte sich ehrerbietig vor den Gelehrten.

Am nächsten Tag machten sie sich früh auf den Weg nach Tiryns. Schon von weitem sahen sie die riesigen Blöcke der Ringmauern, die ohne Klammer und Mörtel aller Zerstörung getrotzt hatten.

„Mein Mann hat in Troja die Wohnstätte des Priamos entdeckt", sagte Sophia, als sie vor der fremdartigen, altertümlichen Pracht der steinernen Zeugen standen, „nun befinden wir uns vor der berühmten Zitadelle, die als Geburtsort des Herkules in die Geschichte einging. Im ganzen Altertum hat man die Mauern von Tiryns als ein Wunderwerk angesehen. Ich bin überzeugt, daß mein Mann auch hier Sensationelles entdecken wird."

„Pausanias stellt sie sogar über die Pyramiden Ägyptens. Ich möchte behaupten, meine Herren", ergänzte Schliemann die Worte seiner Frau, „daß die zyklopischen Mauern von Tiryns das älteste Denkmal in Griechenland sind."

Vier Tage gruben sie sich in die Ruinen ein, zogen auf dem hohen Plateau einen langen tiefen Graben und untersuchten das Gelände mit dreizehn Schächten. Auf dem niedrigen Plateau arbeiteten sie sich mit vier Schächten in den Boden, fanden schöne Keramik und viele Idole.

Die Grabungserlaubnis der Behörden enthielt für Mykene die Bestimmung, daß alle Funde dem griechischen Volk gehörten und sie daher von Schliemann abgeliefert werden mußten. Ein anderer Passus besagte, daß er für alle Kosten aufzukommen habe, vorhandene Mauerreste nicht zerstört werden durften. Die Grabungsgenehmigung bestimmte auch, daß Schliemann in Mykene mit dem Vertrauensmann der Griechischen Archäologischen Gesellschaft, Panajotis Stamatakis, zusammenzuarbeiten habe. Mit ihm gab es — als sie dort mit der Grabung anfingen — schon am ersten Tag größte Schwierigkeiten, und es kam zu grotesken Auseinandersetzungen. Ihr Mann beschwerte sich über den zugeteilten Aufseher, dieser führte wiederum fast ununterbrochen Klage über die Eigenmächtigkeiten Schliemanns. Als die Zusammenarbeit kaum mehr möglich war, reiste Sophia nach Athen, um dort persönlich das Verhalten des Aufsehers anzuprangern. Als sie nicht das Gehör fand, das sie erwartete, bat sie Benatha, für einige Tage mit nach Mykene zu kommen. Mit Freude sah sie dann, wie ihr Mann der Freundin seine Vorstellungen über die Grabung zeigte und Benatha sehr auf seine Gedanken einging. Als Sophia zu den beiden trat, hörte sie mit einigem Stolz die traumversponnenen Worte der Freundin.

„Heinrich", sagte diese zögernd, tastete sich geistig in die Grabung ein, „Tor und Burg sind ein Gebilde aus eigenem Recht, eigener Gewalt, unvergleichbar, einer völlig ausgesonderten Situation des Lebens angehörig."

Ihr Mann nickte bejahend und antwortete ernst: „Du hast recht. Das zyklopische Gemäuer, ungefüge und kolossal, sieht aus, als wäre es von Riesen aufgerichtet worden; die schweren Tore, niedrig und bedrückend, mit mächtigen Quersteinen von oben her abgeschlossen, wirken wie Steinklötze."

„Dort sieht man dunkle Korridore", sprach die Freundin immer noch traumverloren weiter, „sie führen geradeaus, bergan, bergab in kellerartige Gelasse, endlos wie in einem Labyrinth. Die Räume sind wie Schächte, sind ebenfalls ein gigantisches Mauerwerk gewalttätiger Heroenzeiten."

„Stimmt, Benatha. Mir drängt sich ein Vergleich mit Troja auf, denn wie die Burg von Troja steht die von Mykene an einem genau ausgemittelten Punkt — nämlich auf einem Ausläufer des Gebirges, auf der vordersten Terrasse —, von dem aus man das Meer gerade noch zu überblicken vermag. Was aber der Burg von Mykene die letzte und entscheidende Besonderheit gibt, ist der doppelte Kuppelbau unterhalb des Hügels."

Benatha blieb zwei Tage, und Sophia spürte, daß ihr Mann wieder den Frieden fand. Mit feinem Gespür weckte die Freundin in Heinrich erneut die Liebe zu Griechenland und sagte mit bescheidenen, aber bestimmenden Worten, daß Liebe immer eine Verpflichtung sei. „Heinrich", beschwor ihn Benatha, „die schöne, aber herbe griechische Landschaft hat eine unendliche Vielfalt. Das Auge wird dauernd überrascht. Ein Weg, der durch einen gespenstigen Olivenhain führt, kann plötzlich am Rande eines Felsens enden und den Blick freigeben auf eine türkisblau gesprenkelte Bucht, einen Streifen weißen Sandstrandes und einen Felsen, auf dem sich die blendend weißen Säulen eines Tempels erheben."

„Ich besuchte einmal den Epirus, es ist der ärmste Teil des Landes", erzählte er. „Die Menschen sind dort so blond wie die Griechen der Antike. Südlich vom Epirus liegt eine fruchtbare Gegend, Missolonghi ist die Hauptstadt. Dort starb am Ostermontag 1824 Lord Byron, einer der Führer des griechischen Freiheitskampfes gegen die Türken. Zwei Jahre später fiel die Stadt an die Türken, deren Führer Ibrahim Pascha sich damit brüstete, daß seine Soldaten 3000 Köpfe abgeschnitten hätten und daß er zehn Fässer eingesalzene menschliche Ohren als Siegesbeweis an den Sultan nach Konstantinopel schickte."

„Lord Byron", wiederholte Benatha den Namen andächtig. „Er schrieb einmal: ‚Wohin man in Griechenland tritt, ist alter heiliger Grund!'"

„Byron kam 1809 und verfiel sofort dem Zauber der Landschaft", sagte Sophia.

„Und bezahlte seine Liebe zu unserem Land mit seinem Leben", antwortete Benatha.

Schliemann hatte die Grabung mit 63 Arbeitern angefangen, die er in drei Gruppen einteilte. Ab dem 19. August waren es bereits 125 Arbeiter. Eine Gruppe arbeitete am Löwentor, eine andere auf dem Plateau der Akropolis, wo einst die Agora gewesen war.

„Heinrich", bat Sophia ihren Mann, „gib mir die dritte Gruppe, ich möchte das Tholos-Grab, das sogenannte Klytämnestra-Grab, das nahe dem Löwentor liegt, untersuchen."

„Warum gerade dieses? Es liegt außerhalb der zyklopischen Mauern und kann keines der Königsgräber enthalten, nach denen wir suchen." Nach einer Weile meinte er, daß der Zugang schwer zu finden sei.

Sophia lachte ihn an. „Heinrich, ich möchte diese Grabung selbst durchführen. Gelingt es mir, dieses ‚Grab der Klytämnestra' freizulegen, hätte ich das Gefühl, etwas Sinnvolles getan und mich als deine Frau bewiesen zu haben."

Als sie mit ihrer Kolonne den Suchgraben anlegte, sah sie mit Freude, daß ihr die Arbeiter gehorchten, sich nicht sträubten, von einer Frau Befehle anzunehmen. Dann stand ihr Mann neben ihr, sah zu, sagte dann der Gruppe: „Dieses Schatzhaus wird Kyria Schliemann ausgraben, wird die Arbeiten leiten. Bitte helft ihr, so gut ihr könnt."

Der Boden war hart. Immer wieder mußten ungefüge, große Steine mühsam freigeschaufelt und weggeschafft werden. Sie arbeiteten erst seit wenigen Stunden, als der Aufseher Stamatakis mit seinem Pferd im Galopp herangeritten kam. „Sie dürfen dieses Schatzhaus nicht ausgraben!" rief er schon von weitem.

„Warum nicht?" fragte Sophia verblüfft.

„Wenn Sie die schwere Erdhülle entfernen, wird alles zusammenbrechen."

„Ich will doch gar nicht den Hügel abtragen, suche nur den Eingang, den *dromos*. Habe ich ihn, kann ich ungefährdet das Schatzhaus untersuchen."

Der Aufseher zog sein Notizbuch. „Ich trage ein, daß ich Ihnen verboten habe, diesen Tholos anzurühren."

Sophia wachte in der folgenden Nacht auf, weil eine eigenartige Stille sie beunruhigte. Unterbewußt griff sie nach rechts, tastete nach ihrem Mann. Sein Bett war leer. Sofort schreckte sie hoch und lauschte. Im gleichen Augenblick spürte sie, daß wieder die Magenschmerzen kamen. Sie legte sich auf den Rükken, drückte beide Handflächen an jene Stelle, an der die Koliken anfingen. Sie grübelte. Ja, sie konnte den Punkt ertasten, der oft zum Zentrum der Schmerzen wurde.

Draußen, vor dem offenen Fenster, lag noch die Nacht. Vereinzelt klagten und piepsten Vögel im Schlaf. Irgendwo im Dorf stöhnte ein Tier.

Langsam wuchsen die Magenschmerzen zur Kolik an. Während Sophia die Bauchwand preßte, um die Spannung, die sie zu fühlen begann, zu lindern, grübelte sie weiter. War sie magenkrank? Hatte sie etwas gegessen, was sie nicht vertrug? Lag es an den Bohnen, an dem Wasser oder an dem Wein?

Sie suchte Ursachen, um in Zukunft vorsichtiger zu sein. Dann waren ihre Gedanken in Ischia und Brighton. Schon nach wenigen Tagen war sie dort ohne Schmerzen. War es vielleicht eine falsche Ernährung, die sie krank machte?

Sie tastete sich in die Möglichkeiten hinein, die auch Ursache sein konnten. War es der griechische Arzt in Paris gewesen, der sie andeutete? Eine Stimme in ihr sagte fast gehässig: „Du hast schwache Nerven, sie sind die Ursache deiner Kopf-, Magen- und Herzschmerzen. Härte dich ab, mache dich stärker!"

„Und wie soll ich mich stärker machen?" flüsterte sie vor sich hin.

„Du nimmst vieles zu tragisch, bauschst Dinge hysterisch auf, formst sie zu einer Last, die dich fast erdrückt. In dem Augenblick, wo du glaubst, ein Problem nicht bewältigen zu können, reagiert dein Körper mit Angst. Sie ist der Nährboden einer Erkrankung. Die Hysterie sucht sich in einem Körper immer die schwächste Stelle aus, bei dir ist es der Magen."

Um sich abzulenken, versuchte Sophia zu beten. „Panagaia mou! (meine Allerheilige!)", sprach sie andächtig. Dann bat sie die Gottesmutter, Andromache zu beschützen, betete für ihren Mann, ihre Mutter und die Geschwister. Inbrünstig bat sie, gab sich dem Mysterium des Gebetes hin. Und, sie konnte es kaum glauben, Minuten später spürte sie, wie die Schmerzen geringer wurden, dann sogar verschwanden.

Wieder grübelte sie. Konnte das Gebet Schmerzen lindern, sie sogar beseitigen, konnte es eine Kraft auslösen, die über das Nervensystem beruhigend auf ihren Körper wirkte? In Gedanken zerlegte sie dann kritisch die Stunden, in denen sie sich in tiefstem Schmerz befand. Waren ihre Nerven der auslösende Faktor? Sie erkannte plötzlich, daß sie fast grundsätzlich nach Aufregungen krank wurde.

„Ich darf mich also nicht mehr aufregen", spottete sie über sich.

Aus dem Nebenzimmer hörte sie, wie ihr Mann vorsichtig hustete. Sie erhob sich leise, schlich zur Türe, die nur leicht angelehnt war, öffnete sie zaghaft und sah, wie ihr Mann am Schreibtisch saß und schrieb.

„Errikaki!" rief sie zärtlich.

Er wandte sich sofort um, war leichenblaß, sah müde und besorgt aus. „Habe ich dich geweckt, Sophidion?" fragte er warmherzig. „Ich wollte den Husten unterdrücken, aber es ging nicht mehr."

„Du arbeitest schon wieder?" mahnte sie.

Er lächelte wehmütig. „Schon wieder? Nein, Liebes, immer noch. Ich schreibe Freunden in Athen, daß ich an dem zugeteilten Ephoros (Regierungsbeamter, Aufseher) zerbreche. So kann ich nicht arbeiten..."

„Heinrich, warum bist du nicht diplomatischer? Du drohst und verärgerst damit nur noch weitere Regierungsstellen."

„Ich kann aber diesen Schnüffler nicht mehr ertragen", schrie er jähzornig, „er benimmt sich wie ein Spürhund. Ich brauche mich nur zu bücken — schon ist er da, fürchtet wohl, ich könne eine Handvoll Erde in die Tasche stecken."

Wieder begann Sophia zu grübeln. Nein, sie hatte nicht die Absicht, den Aufseher zu verteidigen, doch hatte dieser seine Anweisungen. In der Grabungserlaubnis zeigte sich die Befürchtung der Regierung, daß ihr Mann sich wie in Troja kostbare Funde aneignen und in seinem Eifer, die Gräber Agamemnons zu entdecken, alle anderen Zeugnisse der Besiedelung Mykenes zerstören könnte. Sie wagte sich die Tatsache kaum einzugestehen, daß ihr Mann in seinem Drang, das homerische Mykene freizulegen, wieder dabei war, klassische griechische und römische Belege zu ignorieren, denn er suchte ja die pelasgischen Mauern. Konnte, nein, durfte sie ihren Mann daraufhin ansprechen?

Es war Vormittag, als Schliemann am Löwentor Münzen, hellenische und makedonische Terrakotten und geriffelte Vasen fand. Mit einem Unterton von Spott fragte er den Aufseher: „Herr Stamatakis, wann ging Mykene unter, Sie haben doch klassische Geschichte studiert?"

„468 vor Christus, als die Argiver die Zitadelle eroberten", antwortete er prompt.

„Ich fand hellenische Vasen und makedonische Münzen, was besagt, daß der Platz hier noch weitere 200 Jahre bewohnt wurde."

Zum ersten Mal sah der Aufseher Schliemann mit einem Anflug von Respekt an. „Hellenische Siedlungen?"

„Ja, die Töpferware bezeugt es."

Sie arbeiteten in Staub, Schmutz und glühender Hitze. Täglich fingen sie um fünf Uhr morgens an, und meist wurde es neun Uhr abends. Sophia genoß trotzdem jeden Tag. Nach etwa einer Woche entdeckte sie den Eingang zum Schatzhaus, kam nun täglich zu schönsten Funden.

Als ihr Mann weitere senkrecht stehende Platten freigelegt hatte, rief er Sophia, zeigte ihr ein Basrelief (Flachbildwerk), das die Arbeiter gerade ausgruben. Kaum eine Stunde später wurde eine zweite ‚Grabstele' freigelegt.

„Heinrich", flüsterte Sophia erregt, „diese Stelen stammen bestimmt aus derselben Epoche wie die Löwen über dem Tor. Vielleicht nähern wir uns dem Mykene Agamemnons?"

Am nächsten Tag arbeitete Sophia am Schatzhaus weiter und sah begeistert, wie allmählich die herrliche Fassade zum Vorschein kam. Wieder lief Stamatakis, der Aufseher, herbei und rief schon von weitem: „Halt, halt! Aufhören mit der Arbeit!"

„Warum schreien Sie so?" fragte ihn Sophia.

„Weil Sie ohne meine Erlaubnis weiterarbeiten. Ich bestehe darauf, daß die Erde zurückgeholt wird, die Ihre Arbeiter fortgeschafft haben, und der *dromos* wieder zugedeckt wird."

Sophia war empört. „Haben Sie einen Sonnenstich?" schrie sie ihn an. „Sie wissen doch genau, daß die Arbeit eines Archäologen ist, Altertümer freizulegen, nicht, sie zuzudecken."

Nun schrie auch der Aufseher. „Daß ich nicht lache, Sie eine Archäologin? Sie sind", er rang nach Worten und kreischte dann fast, „eine kleine griechische Hausfrau, die die Orientierung verloren hat, die vergessen hat, welchen Platz sie im Leben hat. Ich befehle Ihnen, diese Mauer wieder mit Erde zu bedecken."

Als ihr Mann zu ihnen trat, weil er Stamatakis' schreiende Stimme gehört hatte, sagte sie zu ihm: „Heinrich, so kann ich nicht arbeiten. Ich gehe in unsere Unterkunft und schreibe einen Brief an die Archäologische Gesellschaft, mit der Bitte, daß man diesen Mann zurückruft, seine Unverschämtheiten sind unerträglich."

Sophia erhielt erstaunlich schnell Antwort auf ihren Brief. Professor Kastorches, der einige Tage mit in Tiryns dabeigewesen war, schrieb ihr ausweichend, führte aus, daß Stamatakis im Auftrag der Archäologischen Gesellschaft handle, er sich bereits einige Verdienste erworben hätte, und bat Sophia, Griechenland zuliebe nachsichtig zu sein. In einem Nachsatz sagte er noch, daß er auch an Stamatakis geschrieben und ihn gebeten habe, seinen Pflichten höflicher nachzukommen.

Nach dem Abendessen ging Sophia mit ihrem Mann in das Arbeitszimmer. Er begann sofort an einem Artikel für die *London Times* zu arbeiten. Wenn er eine Seite fertig hatte, machte Sophia eine Abschrift, damit sie jederzeit einen zusammenhängenden Bericht ihrer Arbeiten in Mykene zur Hand hatten. Selbst begann sie eine Reportage für die Athener Zeitung *Ephimeris,* die sich dafür interessierte.

Bisher war es die drückende Hitze gewesen, mit der sie zu kämpfen hatten, nun, in den ersten Septembertagen, tobten auf einmal heftige Sandstürme. Der heiße Wind aus dem Süden trieb allen Arbeitern den feinen Staub in die Augen, brachte sie zum Tränen und verursachte lästige Entzündungen. Die Zahl der Ausfälle mehrte sich von Tag zu Tag. Schliemann, der sich nichts Schöneres denken konnte, „als in den Ruinen vergangener Zeiten zu graben", notierte in sein Tagebuch: „Jetzt nur nicht den Mut verlieren. Du darfst nicht aufhören. Weiter!"

Plötzlich, von einer Stunde auf die andere, kam von Südwest her ein Sturm auf sie zu, es begann stark zu regnen. Sophia stellte sich mit ihrem Mann unter die Reste eines Hauses. Es begann zu donnern, Tal, Berge und Ebene zitterten.

„Bedecke deinen Himmel, Zeus!" rief ihr Mann.

Dann war wieder Ruhe, überall lagen jedoch bleischwere dicke Wolken. Das Tal duftete nach Minze, Myrrhe, Klatschmohn, Narthexstauden, und es wurde wieder warm. Der nachlassende Wind wirbelte zum Abschied verspielt Staub, Blüten und Asche auf.

Nachdem Sophia vor dem Schatzhaus wieder einen heftigen Streit mit dem Aufseher hatte, ging sie niedergeschlagen zu ihrem Mann und fragte ihn mutlos: „Was soll ich tun?"

Er lächelte, als stünde er über den Dingen. „Liebes, deine Mutter hat geschrieben, daß Andromache krank ist. Fahre für einige Tage nach Athen, sie werden dir und unserer Tochter gut-tun. Ich bringe dich nach Nauplia. Morgen geht ein Schiff nach Athen."

Keine 24 Stunden später fuhr sie vor ihrem Haus in der Mous-sonstraße vor. Der Garten, jedes Zimmer war ein Genuß. Hier in Athen lag weithin eine süß duftende Herbstluft, in Mykene brannte die Sonne jedoch unbarmherzig, und der Staub ver-klebte derart ihre Augen, daß sie und ihr Mann eine schwere Bindehautentzündung hatten. Wieder war sie zurückgekehrt. Wie oft war sie von Troja gekommen, entkräftet, fieberkrank, mit Kratz- und Schürfwunden an Armen und Beinen? Würde es immer so sein? Nach Troja gab es Mykene. Kam nach Mykene nicht noch einmal Tiryns oder Troja? Hatte ihr Mann nicht von einer Grabung in Orchomenos gesprochen? Dann war es, als ob eine Stimme ihr zurief: „Dein Mann will auch nach Kreta!" Sophia schlug mit einer Hand durch die Luft, als wolle sie alles negative Sinnieren wie eine lästige Mücke verscheuchen.

Überglücklich drückte sie die nun fünfjährige Andromache an sich. „Mein armes Kind, was fehlt dir, bist du erkältet, hast du Schmerzen?"

Nachdem Sophia die Mutter, die Schwester und das Kin-dermädchen umarmt und geküßt hatte, nahm Spyros sie auf die Seite. „Sophia, Andromache kränkelt nur, wenn du nicht bei ihr bist. Du solltest öfter daran denken, daß du Mutter bist."

Erneut spürte Sophia, daß wieder die Magenschmerzen kamen. Lag die Ursache in ihrem Denken, wurde ihr klar, daß sie ihre Mutterpflichten vernachlässigte, sich außerdem zu wenig um ihre Mutter kümmerte? Was sollte sie tun? Wieder grübelte sie. Auf der einen Seite hatte sie vom ersten Tag ihrer Ehe an ihrem Mann versprochen, ihm bei seinen Grabungen zu helfen. Nun sah sie die Mutter, die von Rheuma geplagt wurde und oft gebeugt ging. Dann gab es Andromache, die sie auch brauchte. Mußte sie als Frau, als Frau Schliemann, nun zwischen ihrem Mann und ihrem Kind wählen?

Eine ganze Nacht quälte sie sich mit Vorwürfen. Waren ihre Erkrankungen vielleicht unbewußt eine Flucht? Floh sie vor ihrem Mann? Sofort wehrte sie diesen Gedanken ab, denn sie liebte ihn sehr, war zu jedem Opfer bereit. „Das Opfer heißt jedoch Andromache", hetzte eine Stimme in ihr. Gegen Morgen holte Sophia die Tochter in ihr Bett und fühlte, wie selig sie sich an sie schmiegte. Als sie aufstanden, die Sonne in jede Zimmerecke leuchtete, fragte Andromache: „Mama, du gehst doch nicht mehr nach Mykene?"

„Doch, Liebling. Aber nur noch für kurze Zeit, bald kommt der Regen, dann kommen wir, dein Vater und ich, zurück."

Obwohl sich Sophia nur wenige Tage Urlaub gönnte, besuchte sie Verwandte und Bekannte, ging mit Spyros die Geschäftsbücher ihres Mannes durch, sagte ihm, daß er nach Mykene mitkommen solle, weil eine Arbeitsgruppe eine Aufsicht brauche. Bei der Redaktion der *Ephimeris* erfuhr sie, daß ihre Artikel gut aufgenommen worden waren, es zum erstenmal vorkam, daß eine Frau über archäologische Ausgrabungen berichtete. Dann besuchte sie Euthymios Kastorches, der Mitglied des Vorstandes der Archäologischen Gesellschaft war. Ihn bat sie, um Stamatakis besser abwehren zu können, einen Ingenieur zu vermitteln, der sie berate, wo sie ohne Risiko graben konnten.

„Das ist eine gute Lösung", antwortete der Professor sofort. „Einer meiner Freunde, Charilaos Souidas, ist gerade frei. Ich werde ihn bitten, sofort nach Mykene zu gehen."

Wenige Tage später erhielt Sophia von ihrem Mann ein Telegramm. „ZU MEINER FREUDE FAND INGENIEUR SOUIDAS DIE MAUERN DES SCHATZHAUSES STABIL GENUG UND MEINT, DAS LÖWENTOR KANN FREIGELEGT WERDEN! EIN BRAVO VON DEINEM DICH ANBETENDEN MANN."

Als wieder ein Bote mit einem Telegramm kam, hatte Sophia starkes Herzklopfen. Anscheinend kam auch der Ingenieur nicht mit Stamatakis zurecht. Sie wagte kaum, es zu öffnen. Dann las sie: „KEINE WEITERE AUSGRABUNG OHNE DEINE AUFSICHT. ICH ERWARTE DICH AM MONTAG UN-

BEDINGT IN NAUPLIA ODER ICH STERBE. SCHLIE-
MANN."

Es fiel ihr schwer, sich von Andromache zu trennen, sie wußte nicht, wie sie ihr die schnelle Abreise erklären könnte. Als die Schwester Katingo sah, daß Sophia bereits die Koffer packte, sagte sie vorwurfsvoll: „Du willst doch nicht schon wieder weg? Siehst du nicht, wie Andromache aufblüht und glücklich ist, wenn du bei ihr bist?"

Erneut erhielt Sophia ein Telegramm. Sie hatte einige Zeit nicht den Mut, es zu lesen, spürte, daß wieder die Kopf- und Magenschmerzen kamen. Dann las sie zögernd den Text: „BLEIBE IN ATHEN. DIE TÜRKISCHE REGIERUNG BIT-TET MICH, NACH TROJA ZU KOMMEN, UM SEINER MAJESTÄT DOM PEDRO VON BRASILIEN DIE AUSGRA-BUNGEN ZU ERKLÄREN."

Sie schämte sich fast aufzuatmen, als wäre sie von einer Last befreit. Ihr Mann würde nun drei Wochen in Troja sein, das bedeutete, daß sie diese Zeit bei Andromache bleiben konnte. Zehn Tage später erhielt sie in einem Brief den Bescheid, daß Seine Majestät Dom Pedro, trotz der völlig verschlampten Grabungsstelle, von Troja sehr begeistert gewesen sei. „Stell Dir vor, Liebes", schrieb ihr Mann, „der Kaiser ging neben mir, hatte Homers Ilias in der Hand, und ich zeigte ihm die Stellen, in denen auf bestimmte Gegebenheiten hingewiesen wurde, und vor dessen Stätten wir nun standen. Ich bin am 21. Oktober wieder bei euch, wir fahren dann sofort nach Mykene."

Dann waren sie wieder in Mykene und standen vor dem Schatzhaus. Sophia freute sich sehr, daß die Arbeiter einen Teil des vier Meter tiefen Eingangstunnels freigelegt hatten.

„Sophidion", sagte ihr Mann stolz und trat zu ihr. „Den Durchstich habe ich dir aufgehoben, schließlich ist das deine Grabung. Du sollst die erste sein, die das Schatzhaus betritt."

Sie hatten sich kaum wieder eingelebt, als Spyros ihnen ein Telegramm brachte. Schliemann las es in Anwesenheit von Stamatakis vor. „KAISER DOM PEDRO II. UND SEINE BEGLEITUNG TREFFEN AM SONNTAGMORGEN EIN, UM DIE AUSGRABUNGEN ZU BESICHTIGEN."

Sophia erschrak. „Bestimmt bleiben sie den ganzen Tag hier, Heinrich. Die Höflichkeit fordert, daß wir ihnen ein Mittagessen anbieten", sagte sie ängstlich.

„Wo sollen wir die Gäste bewirten? Im Freien? Das Haus der Dases ist zu klein. Schade, daß es keinen Dorfplatz mit einer Platane gibt..."

Schliemann sann vor sich hin, sah dann seine Frau freudig an. „Ich hab' es, Sophidion. Wir machen aus der Not eine Tugend, eine große Tugend sogar, säubern das sogenannte ‚Schatzhaus des Atreus' und stellen dort Tische auf. Es wird ein Essen bei Kerzenschein."

Der Kaiser traf mit seinem Gefolge in den Vormittagsstunden ein. Auch der Präfekt von Argos und der Polizeichef von Nauplia waren gekommen. Während Schliemann dem Besucher Mykene zeigte, hörte Sophia von einem Begleiter des Kaisers, daß dieser weithin beliebt sei, 1850 den Sklavenhandel verboten habe, die Erziehung fördere und Schirmherr der Künste und der Wissenschaft sei.

Das Schatzhaus sah in dem flackernden Kerzenlicht wie verzaubert aus. Holzblöcke mit Brettern ergaben lange Tische, die Bauern des Dorfes hatten Tischtücher aufgelegt. Um der Höflichkeit zu genügen, erarbeitete Sophia eine Sitzordnung und fertigte kleine Platzkarten. Alle Frauen des Ortes hatten griechische Delikatessen zubereitet, und Mädchen in ihrer hübschen Tracht brachten die Speisen. Nachdem der starke griechische Kaffee serviert worden war, sprach der Kaiser einen Toast auf König Georg und Königin Olga, ehrte dann seine Begleitung, die Frauen von Charvati und seine Gastgeber, Doktor und Kyria Schliemann.

Sophia sah und hörte es, war überglücklich, daß ihr Mann während der Führung von ihrer Heimat sprach. „Eine Ahnung davon", sagte er eindringlich, „daß des Menschen Maß von Gott kommt, ist tief im griechischen Bewußtsein verankert. Aus dieser Ahnung heraus wehrte sich der griechische Geist, der Geist eines seiner innersten Natur nach frommen Volkes, gegen die asiatischen Gottheiten, die in ihrer Ungeheuerlichkeit weder nach göttlichem noch nach menschlichem Maß gemacht sind. Die Grie-

223

chen haben die Monstrosität Asiens, die sie als eine Bedrohung empfanden, immer von neuem bekämpft. Sie haben", ihr Mann stockte und sah sie fragend an, sprach dann wieder weiter, „diese schauerlichen Gottheiten immer wieder umgeschmolzen. Die Griechen sind das einzige Volk der Geschichte, bei dem Übermut gegenüber dem Schicksal ein Verbrechen war. Als die Griechen Griechenland in Besitz nahmen — ich möchte das Wort ‚Eroberung‘ nicht gebrauchen —, stießen sie auf die alten Kulturen der Ägäis. Die Auswahl der Dinge, deren sie sich bemächtigten, beweist, daß sie damals schon den Sinn für das Maß besessen haben. Dieses Talent wird uns durch das Löwentor bezeugt, dessen Erbauer aus orientalischen Stilelementen das früheste uns erhaltene europäische Bauwerk auf griechischem Boden errichtet haben. In seiner Klarheit und seiner schlichten Größe ist es eines der bedeutendsten Werke der Weltarchitektur."

„Welche Sprache hatten wohl die Achäer?" fragte der Kaiser.

„Die bisher entdeckten Inschriften gehören einer sehr frühen Stufe der griechischen Sprache an. Ich möchte behaupten, Hoheit, daß in Mykene griechisch gesprochen wurde."

Als der Kaiser wieder abgereist war, ihr Mann die Grabung Mitte November einstellen wollte, galt es, die knapp drei Wochen zu nützen. Sophia konnte ihren ersten Triumph verbuchen. Die Schwelle des Eingangs zum Schatzhaus war freigelegt, sie betrat, wahrscheinlich als erster Mensch nach rund 3000 Jahren, den Kuppelraum.

Die Gruppe, die ihr Mann leitete, arbeitete am Löwentor, kam dort zu schönen Funden. Als es stark zu regnen begann, entdeckte sie Gräber mit den verschiedensten Beigaben. Der Regen wollte nicht enden und setzte sofort die Schächte und Gräber unter Wasser. Gerade, als die Arbeiter nach Hause gehen wollten, sah Sophia eine gleichmäßige Schicht von Gestein und Erdreich. Als sie mit der Hand die Kieselsteine vorsichtig untersuchte, wurden drei menschliche Skelette sichtbar, alle lagen mit dem Kopf nach Osten und den Füßen nach Westen. Auf jedem der drei Skelette fanden sie fünf Diademe.

Tagelang lag nun Sophia neben ihrem Mann auf den Knien und kratzte mit Messern und Kellen das festgepreßte Erdreich von den Gebeinen. Jede Schaufel mit Aushub untersuchte sie genau. Schon nach kaum einer Stunde sahen Sophias scharfe Augen in der Erde etwas aufleuchten. Vorsichtig hob sie einen kleinen Gegenstand vom Boden auf und wischte den Lehm ab. Es war ein goldener Ring. Sie zeigte ihn sofort dem Ephor Stamatakis, der aufgeregt die Arbeiter zu einer anderen Grabungsstelle schickte.

Zu dritt knieten sie nun, kratzten mit den Taschenmessern die Skelette sauber. Bald stießen sie auf 14 handtellergroße Blütensterne aus Gold, auf 15 goldene Diademe und zwischen den Skeletten auf Gold- und Silbervasen, Schalen, Becher, Dolche und schön verzierte Keramik als Grabbeigaben. Allein die Gegenstände aus Gold wogen über 30 Pfund.

In den fünf Schachtgräbern, die Sophia mit ihrem Mann anschließend freilegte, kam noch mehr ans Tageslicht. Sie entdeckten insgesamt die Überreste von 19 Menschen: Männern, Frauen und zwei kleinen Kindern. Die meisten waren buchstäblich mit Gold überladen.

Als Sophia mit ihrem Mann über die Schwerter, Dolche und das viele Gold sprach, meinte er, daß es sich wahrscheinlich um die sterblichen Überreste der unglücklichen Atriden handelte und daß alle Einzelheiten sowohl der Homerischen Überlieferung wie auch der Schilderung des Pausanias entsprachen.

Der Anblick des relativ gut erhaltenen Gesichtes eines Toten im ersten Grab bewog ihn, ein Telegramm an Georg I., den griechischen König, zu schicken und ihm mitzuteilen, daß er das Grab Agamemnons gefunden habe. An einer weiteren Stelle entdeckten sie drei Skelette. Den Grabbeigaben nach zu schließen, waren dort die Frauen bestattet. Im Tagebuch vermerkte Schliemann stolz, daß die Ausbeute der Gräber II und III fast sechs Kilogramm Goldschmuck ergab.

Trotz der vielen Funde machte Panajotis Stamatakis, der Kurator der Archäologischen Gesellschaft, wieder ernstliche Schwierigkeiten. Er forderte mehr Polizei zur Bewachung der Grabungsstätte, für die archäologische Auswertung einen Professor aus Athen und befahl, bis dahin alle Ausgrabungen einzustellen. Schliemann setzte jedoch unbeirrt seine Arbeit fort, und um die Mittagszeit schälten sich die Umrisse eines weiteren Grabes von gewaltigen Ausmaßen aus dem Schutt.

Aus Athen traf der Vizepräsident der Archäologischen Gesellschaft, Professor Spyridon Phendikles, ein. Er bewunderte den Fleiß und den Instinkt Schliemanns, und von diesem Augenblick an war der Aufseher kaltgestellt, und alle konnten in Ruhe weiterarbeiten.

Dann wurden wieder Gräber und Skelette gefunden. Sophia kniete von früh bis abends, kratzte und pinselte die herrlichsten Grabbeigaben aus dem Schlamm. Kein Arbeiter durfte noch mit der Schaufel oder dem Spaten arbeiten. Drei Tage wühlte Sophia mit ihrem Mann fast ununterbrochen. Beide waren sie so erregt, daß sie kaum Schlaf fanden.

Aber das eigentliche mykenische Abenteuer begann erst, und Schlag auf Schlag folgten die Überraschungen. Sophia kniete neben ihrem Mann, war restlos erschöpft, rang nach Luft. Dann schrien sie auf, Professor Phendikles starrte, auf einer Leiter stehend, auf sie in die Tiefe. Zwischen den letzten Kieselsteinen sahen sie vergoldete Gesichter. Vier menschliche Skelette, drei von ihnen mit goldenen Masken, die ihre Gesichtszüge lebensecht wiedergaben. Zwei der Bestatteten trugen sogar goldene Brustplatten.

„Professor!" rief Sophia, „bitte kommen Sie."

Phendikles hastete in die Tiefe.

Sophia sah die Verblüffung des Professors, hörte sein Stöhnen, denn zwischen den goldbedeckten Skeletten lagen herrliche Diademe, andere Schmuckstücke, Becher und Trinkgefäße. Phendikles starrte ungläubig auf die Skelette. Dann knieten sie alle, hatten kaum Platz zum Arbeiten. Mittags brachte einer der Dases-Söhne das Essen. Sie saßen mit dem Rücken zur Wand, aßen, tranken einen Schluck Wein, unterhielten sich mit knappen Worten über die Goldmasken. Sophia war es, die den Gedanken äußerte, daß sie Porträts der Toten sein könnten.

Sie arbeiteten bis zum späten Abend. Ihr Mann grub einen Pokal mit einem Henkel aus, der mit Goldnieten befestigt war. Dann entdeckte er einen Pokal mit zwei waagrechten Henkeln. Er prüfte ihn von allen Seiten und fragte mit bleichem Gesicht

Phendikles: „Meinen Sie nicht auch, daß auf diesen Pokal die Beschreibung paßt, die in der *Ilias* von Nestors Pokal gegeben wird?"

Am nächsten Tag ließ sich sogar Stamatakis anstecken, er kniete mit in der Grube und arbeitete in der Asche, den Kieselsteinen und der darunterliegenden Erde. Sie waren jetzt vier, die in fieberhafter Erregung eine Entdeckung nach der anderen machten.

Die wenigen noch verbliebenen Arbeiter setzte Schliemann an anderen Stellen ein; er war nun völlig davon überzeugt, daß, wie Pausanias berichtete, fünf Gräber in dem Rund zu finden waren. Am folgenden Tag fanden sie das Mauerwerk des fünften Grabes, es war kleiner als das vierte, größer als das dritte Grab. Wieder war es Sophia, die neben ihrem Mann kniete und ihm half, die obere Kieselschicht wegzuräumen, Phendikles und Stamatakis halfen ihnen stehend. Sie fanden ein Skelett, das um den Schädel ein goldenes Diadem trug, die Grabbeigaben waren zwei kleine Bronzeschwerter und zwei Bronzemesser.

„Wir haben das erste Grab noch nicht ganz untersucht, Heinrich, wir hörten dort auf, als es stark zu regnen anfing", mahnte Sophia am nächsten Tag. Da der Regen nachgelassen hatte, es war am 22. November gegen Mittag, begann Schliemann mit größter Vorsicht die Kieselschicht, die sichtbar geworden war, abzutragen. Sophia sammelte die Kieselsteine, versuchte immer wieder den Grabungsplatz zu ordnen. Dann sah sie die Umrisse von drei Körpern. Die Kieselschicht über dem mittleren Leichnam war umgewühlt, dem Skelett fehlte jeder Goldschmuck. „Grabräuber", murmelte ihr Mann kritisch.

Sophia nickte, meinte dann, daß es so aussehe, als hätten die Grabräuber nur den mittleren Leichnam entdeckt und ihn beraubt, jedoch nicht gesehen, daß auf beiden Seiten weitere Leichen lagen.

Als sie weitersuchten, staunte sie: „Du, Heinrich, das linke Skelett muß einem Riesen gehört haben!" Sekunden später rief sie fast erschrocken: „Herr Professor, bitte kommen Sie!" Sie standen vor einem Skelett, das die größte, schönste und eindrucksvollste von allen Goldmasken trug, die sie bisher in

Mykene gefunden hatten. Ehrfurchtsvoll sahen sie auf die Bestattung, wagten kaum zu sprechen.

„Welch ein Antlitz!" staunte Schliemann.

„Das Gesicht eines Herrschers!" flüsterte Sophia.

„Das muß Agamemnon sein! Da kann es keinen Zweifel geben!" rief ihr Mann.

Professor Phendikles sagte sanft und gütig: „Mein lieber Doktor Schliemann, die erste Regel der Wissenschaft ist, mit dem Urteil zu warten, bis alle Beweise vorliegen!"

Dieser nahm die Kritik an. „Es stimmt. Die Begeisterung, die in einem Archäologen sein muß, damit er überhaupt die Kraft hat, in Hitze und Kälte und vielen anderen Widerwärtigkeiten zu arbeiten, gleicht Flügeln, die ihn tragen, die ihn schweben lassen." Er verzog das Gesicht schmerzlich und sagte: „Sie wissen es selbst, man holt uns schon wieder herunter auf die Erde."

Sophia und Phendikles suchten weiter und fanden in dem engen Grab einen wahren Schatz von Bernsteinperlen, vergoldeten Zylindern, Goldblättern, zerbrochenen Silbervasen; eine Vase enthielt sogar Hunderte von runden Goldknöpfen.

Am 1. Dezember entdeckten sie wieder ein Grab, in dem ein Skelett mit einer Goldmaske lag. Am gleichen und am nächsten Tag fanden sie Schwerter und mehr als hundert Goldknöpfe. Perikles Komnenos, der bestellte Maler, zeichnete ununterbrochen. Als er dann seine Staffelei aufstellte und die Farben zurechtlegte, kamen schon die ersten Neugierigen. Bald war auf der Akropolis von Mykene das Gewirr von Hunderten von Stimmen. Am nächsten Tag waren es bereits mindestens tausend Menschen, die kamen, um einen Ahnen zu sehen, der zu ihnen zurückgekehrt war.

Mühe bereitete es, den mumifizierten Leichnam zu konservieren. Mit Hilfe eines Apothekers aus Argos gelang es, und dann hoben sie den Körper mit Flaschenzügen hoch.

Schliemann stand am Rand des Schachtes, beobachtete jede Bewegung der Arbeiter, jeden Ruf. Er hielt mit ungeheurer Erregung die Hand Sophias, preßte sie immer wieder, und als dann der Tote in ihrer Augenhöhe schwebte, hatte er Tränen

Mykene. Goldmaske des sogenannten „Agamemnon" aus dem 5. Grab.

in den Augen und flüsterte ununterbrochen: „Sophidion, Sophidion, Sophidion...!"

Feierlich legten die Arbeiter die Mumie auf den Pferdekarren, um sie dann langsam hinunter ins Dorf zu bringen. In diesem Augenblick drängten sich Bauern heran. „Herr Doktor Schliemann", baten sie, „erlauben Sie uns, daß wir *unseren* König nach Charvati tragen."

Schliemann vermochte vor Ergriffenheit nur zu nicken, Sophia versuchte ihre Tränen zurückzuhalten. Die Männer luden den Leichnam auf ihre Schultern und schritten langsam und festlich, wie in einem fürstlichen Totenzug, ins Tal. Schliemann ging mit Sophia hinter den Arbeitern, die stolz die Last trugen. Ihnen folgten Professor Phendikles und Spyros, dann kamen mit ernstem und feierlichem Gesicht Stamatakis, Leonidas Leonardos und der Präfekt von Argos. Hunderte folgten.

Es war Nacht, als die Träger die gewundene Straße hinunter nach Charvati schritten. Das Dorf, jedes Haus, fast jeder Baum waren von Fackeln erleuchtet, die von Bauern gehalten wurden. Und immer, wenn der Sarg vorbeigetragen wurde, hielten sie ihre Fackeln hoch, grüßten mit ihnen den König von Mykene.

*„Meine Sammlungen trojanischer
Altertümer haben einen unschätz-
baren Wert, doch sollen sie nie verkauft werden. Wenn ich sie nicht
noch bei meinen Lebzeiten ver-
schenke, so sollen sie kraft letztwil-
liger Bestimmung nach meinem
Tode dem Museum derjenigen
Nation zufallen, die ich am meisten
liebe und schätze."*

(Heinrich Schliemann)

VII

Endlich ein Sohn

Als das Schiff in Piräus anlegte, sah Sophia stolz, daß eine riesige Menschenmenge sie erwartete, ihnen zurief und winkte,
mit Staunen beobachtete, wie die Kisten mit dem Gold von
Mykene unter Polizeischutz an Land gebracht wurden. Ganz
Athen wußte, daß diese, wie der ‚Schatz des Priamos', in den
unterirdischen Tresorräumen der Nationalbank von Griechenland gelagert werden würden. Sophia nahm die Hand ihres Mannes, und so, Hand in Hand, gingen sie den Laufsteg hinunter
an Land.

Die Fahrt zur Moussonstraße war ein Triumph. Überall standen Menschen und zeigten ihre Anerkennung. Als der Wagen
vor ihrem Haus hielt, lief ihnen Andromache entgegen. An der
Treppe standen Madame Victoria, hinter ihr Katingo, Spyros,
das Kindermädchen und die Köchin.

Nachdem Sophia durch einige Räume gegangen war, lobte sie
ihre Mutter: „Du hast das Haus wundervoll versorgt!" Dann
nahm Andromache ihre Hand und zog sie in ihr Zimmer.
„Schau, Mutter, habe ich nicht schön aufgeräumt? Meine Spielsachen haben ihren Platz, dort stehen die Photos, die du mir
geschickt hast." Erregt führte sie Sophia zu einem kleinen Tischchen, auf dem hübsch gerahmt ein Bild stand, das die Mutter

mit einem Kamel zeigte. „Du, Mama, hast du nie Angst vor einem solchen Tier gehabt?"

Sophia verneinte. „Sie sind gutmütig. Wenn die Bauern kranke Tiere, oft waren es Kamele, brachten, heilte sie dein Vater mit einer Arnikatinktur."

Wieder zog Andromache Sophia zu einem anderen Platz. „Das ist Ali, ein Papagei, den mir der Kapitän eures Schiffes aus Konstantinopel mitgebracht hat. Ich habe heute früh den Käfig selber saubergemacht." Sie plapperte uferlos, wollte ihre ganze Kinderwelt zeigen, versprach sich mehrmals, weil sie in einem Satz zugleich von Blumen und dem Kindermädchen, ihrer Leibspeise und den Tauben im Garten sprechen wollte.

Dann kam Madame Victoria, zog Sophia in die Küche, sagte, daß sie der Köchin zum Empfang besondere Anweisung gegeben habe. „Es gibt heute all das, was du gerne ißt! Ich übernehme jetzt Andromache, schätze, daß Heinrich dich in seinem Arbeitszimmer braucht. Hier ist Kaffee für ihn, willst du ihn gleich mitnehmen?"

Als Sophia in das Zimmer ihres Mannes trat, stand er am Fenster, sah in den Garten, hörte nicht, daß sie den Kaffee abstellte und dann die Koffer öffnete.

„Ich lege dein Grabungstagebuch auf den Schreibtisch", sagte sie.

Er antwortete nicht.

„Deine Brieftasche mit den Ausweisen kommt wie immer in die mittlere Schublade. Ist es dir recht, daß ich die Briefe, ob erledigt oder nicht, einfach neben dein Tagebuch lege?"

Wieder antwortete er nicht, starrte nur auf die Lagerräume am hinteren Ende des Gartens, in denen die Koffer und Kisten mit den trojanischen Funden verwahrt wurden.

„Kommst du mit?" fragte er. „Ich möchte nachsehen, ob die Lagerräume nicht aufgebrochen wurden, ob alles in Ordnung ist."

Sie verstand seine Sorge, ging mit in den Garten. Kritisch prüften sie die Schlösser, die Fensterläden, betraten kurz die Räume und sahen, daß keine Kiste, kein Korb und kein Koffer geöffnet worden waren. Auf dem Rückweg ins Haus bewunderten sie, wie die Sträucher und Bäume gewachsen waren, der Rasen gepflegt aussah und die Wege kein Unkraut zeigten.

Sophia wollte eben in die Küche gehen, als ihr Mann sie ins Arbeitszimmer bat. „Trinkst du auch einen Kaffee?" fragte er und goß eine Tasse voll, nippte an ihr, entschuldigte sich und gab sie Sophia. Dann nahm auch er eine Tasse, trank hastig und begann zu sprechen: „Der Empfang in Piräus war gut, ich habe mich sehr darüber gefreut." Auf und ab gehend sprach er von der Fahrt nach Nauplia, nach Piräus, von Stamatakis und der Grabung in Mykene.

Sophia war jedoch mit ihren Gedanken bei den Fragen der Köchin, bei der Sorge um die Mutter, die krank aussah, dachte an Andromache, die sie so freudig empfangen hatte und glaubte, daß sie nun immerzu mit ihr spielen würde.

Im Flur standen Blumen, die vertrocknet wirkten. Hatte man vergessen, sie zu gießen, oder mußten sie umgetopft werden? Am Spielplatz Andromaches im Garten gab es Bahnen von Ameisen. Sie hatten sich wohl in der Nähe eingenistet und zogen nun voller Emsigkeit ihre Straßen. Dann waren ihre Gedanken beim Empfang in Piräus. Der Aufseher Stamatakis hatte beim Ausladen der Kisten mit den Funden getan, als wäre er der Entdecker, als wäre er der Besitzer. Sie fühlte, daß von diesem Mann noch einige Schwierigkeiten auf sie zukommen würden.

„Sophia, du hörst mir gar nicht zu", klagte ihr Mann. „Ich sagte soeben, daß ich morgen schon zur Nationalbank gehen werde und anfange, die Goldfunde von Mykene zu photographieren. Mein Buch über Mykene soll schnell bei Brockhaus in Leipzig und bei Murray in London erscheinen. Die Druckplatten der Illustrationen können dann Brockhaus und Murray zugleich verwenden, ich werde beiden noch heute schreiben, daß sie die Termine abstimmen." Er schwieg, ging erregt auf und ab. „Sophidion", begann er, „Mykene ist ein unwiderlegbarer Beweis dafür, daß ich mit meiner Homer-Gläubigkeit recht behalten habe. Bitte beschleunige das Mittagessen, ich will dann gleich mit dem Manuskript über meine Ausgrabungen in Mykene anfangen. Du machst wieder eine Kopie, diese bekommt Murray."

Sophia stand wie erschlagen da. Sie war müde, wollte ihre Hausfrauenpflichten erfüllen, die Familie begrüßen, Freunde und Bekannte besuchen, sich mit Andromache in den Garten setzen und sich an ihrem kindlichen Geplapper erfreuen. Vor ihr stand, wie ein erdrückender Felsblock, der sie umzustürzen drohte, die Aktivität ihres Mannes: sie war riesig groß, war unbeirrbar, unüberwindbar. Sie preßte die Hand auf den Magen, die Schmerzen kamen wieder. Dann war in ihr seit vielen Monaten eine heimliche Angst. Ihr Mann wünschte sich einen Sohn. Vor fünf Jahren hatte sie Andromache geboren. Lag es an den Strapazen in Troja und Mykene, daß sie neben den Magenkoliken nun auch Beschwerden im Unterleib hatte? Mehrmals hatte sie gehofft, daß sie ihrem Mann endlich den ersehnten Sohn geben könnte, doch kam es immer wieder zu starken Blutungen. Ob die Monate, die sie nun in Athen bleiben würde, halfen?

Ja, hier im Frieden ihres Hauses, im Spiel mit Andromache und unter der Fürsorge der Mutter würde sie schnell alle Pein vergessen, die sie in Mykene durchgestanden hatte. Auch ihr Mann würde ruhiger werden, es gab ja keinen Stamatakis mehr, und er, Heinrich Schliemann, würde nun in aller Welt wegen seiner Funde gelobt.

Sophia war Athenerin, und so gelang es ihr schon nach wenigen Tagen, ihren Mann zu verführen, mit ihnen auszugehen. Eine echte Athener Familie ging in den warmen Monaten jeden Abend aus, vielleicht nur zu einem *peripatos* (Spaziergang) oder in eine Taverne. Schon ihre Eltern blieben, als sie noch ein Kind war, in den Sommermonaten selten zu Hause, gingen immer irgendwohin, schlenderten einfach durch die Straßen und blieben oft stehen, um mit Freunden, Nachbarn oder Verwandten zu reden.

Sie lächelte vor sich hin, dachte an ihren Vater. Wenn die Familie ausging, ging er stets voran und spielte mit seinem Komboloi, sah sich nicht um, ob ihm die Familie folgte. Er hatte auch keinen Grund dazu, wußte, daß sie hinter ihm gehen würde, denn die jahrhundertealte Tradition der übermächtigen Vaterfigur hatte sie darauf festgelegt.

Sophia ging neben ihrem Mann, die Mutter folgte mit Andromache, hinter diesen gingen dann meist Marigo und Spyros. Dann saßen sie in einer Taverne, hatten einen hübschen Platz unter einer Platane gefunden. Ein alter Grieche schlurfte die Gasse herauf, sein Rücken war gebeugt, und fast zärtlich drückte er einen Beutel an die Brust, setzte sich mühselig an den Tisch neben der Eingangstüre zur Taverne. Umständlich holte er aus dem Sack eine *santouri* (eine Art Hackbrett), legte sie vorsichtig vor sich auf den Tisch und begann, mit kleinen gepolsterten Hämmerchen die Saiten zu schlagen. Zirpende Töne wuchsen hoch, formten sich zu einer eigenartigen, exotisch anmutenden Melodie; die Töne vermählten sich zu einem Lied, das er mit seinem zahnlosen Mund vor sich hinsummte. Andromache starrte mit offenem Mund auf den Alten. Schliemann lauschte fasziniert auf das Zirpen und Klingen, nickte anerkennend. „Der Mann ist gut", sagte er lobend.

Bekannte kamen, begrüßten sie. Schon nach kaum einer Viertelstunde war ihr Tisch von Neugierigen umgeben. Die griechische Gastfreundschaft brach durch, man bot ihnen Speisen, Süßigkeiten und Wein.

„Heinrich, sei vorsichtig", mahnte Sophia ihren Mann, denn jeder rechnete es sich zur Ehre an, mit dem berühmten Archäologen anzustoßen und mit ihm einen Ouzo zu trinken. Immer wieder rief man „Jamas!" und prostete ihm zu.

Sophia sah, daß Andromache auf ihrem Schoß mehrmals einschlief, die Mutter auch müde war und immer wieder ihre kranken Füße rieb. „Heinrich!" bat sie, „wir müssen heim."

Als sie sich erhoben, sah sie, wie stolz und glücklich ihr Mann die Schmeicheleien annahm, ahnte aber auch, daß riesiggroße Berge von Schwierigkeiten vor ihnen lagen, daß die Grabung in Mykene, trotz aller Mühen und Entbehrungen, dagegen vielleicht ein Kinderspiel gewesen war. Sie zog ihren Mann weg, mußte ihn sogar etwas führen, denn der Ouzo begann in ihm zu wirken. Teilweise mußte sie auf dem Heimweg Andromache tragen, die in kleinen Phasen aufwachte und hellauf lachte, wenn sie sah, wie ihr Vater schwankte, sich an der Mutter oder an einem Zaun festhielt und unverständliche Worte sprach.

Schon wenige Tage später kam es zu den ersten Krisen im Hause Schliemann. Der Präsident der Griechischen Archäologischen Gesellschaft erlaubte Schliemann nicht, die Funde von Mykene zu photographieren, sagte, daß dies zur Zeit nicht möglich sei.

Sophia verstand die Empörung ihres Mannes, denn er brauchte für sein Buch über Mykene die Photos, um auf manchen Fund besser eingehen zu können. So zog sie ihr bestes Kleid an, ging zum Kultusminister, bat ihn um Hilfe. Dieser wies ihr Ansuchen ab und sagte, daß sie warten müßte, bis der Ephoros Panajotis Stamatakis zurück sei.

„Ist er denn nicht hier in Athen?" fragte sie erstaunt.

Die Antwort erfuhr sie durch Freunde, wußte nicht, ob sie das ihrem Mann mitteilen durfte. Während sie im Garten saß und mit Andromache spielte, ihr die Blumen erklärte, mit ihr die Tauben fütterte, grübelte sie und fand keine Lösung. Die Tatsache war, daß der deutsche Professor Curtius mit Stamatakis in Mykene war und beide dort ein sechstes Königsgrab entdeckt hatten. Weitere Tatsache war, daß dieser Curtius anstatt ihres Mannes die Genehmigung bekam, Olympia auszugraben und sogar den Keller der Nationalbank betreten und das Gold von Mykene besichtigen durfte. Eine Freundin, die mit einem hohen Beamten des Kultusministeriums verheiratet war, hatte ihr sogar erzählt, daß dieser deutsche Professor seitdem über die Masken von Mykene spotte, sarkastisch meine, daß der Held Agamemnon ein bettelarmer Fürst gewesen sein müsse, da sie fast beschämend dünn seien.

Ernst Curtius? Sophia spielte gedankenverloren mit ihrer Tochter und versank in die Vergangenheit. Es war im Juli 1871 gewesen, als sie den Professor, der weithin als Papst der Altertumswissenschaft galt, in Berlin besuchten. Sie konnte sich noch genau an das Haus erinnern, in dem Curtius sie empfing. Ihr Mann hatte dem Professor erzählt, daß er seit drei Jahren in Athen lebe, seine Frau Athenerin sei und er ein Töchterchen habe, das gerade zweieinhalb Monate alt sei und Andromache heiße.

Sophia lächelte verhalten. Heinrich hatte diesem Kulturpapst sogar erzählt, daß er einen Jungen erhofft hatte, den er Aga-

Die Akropolis von Athen, in der Mitte der von Schliemann abgetragene
venezianische Turm (nach einer Zeichnung von K. Sprosse von 1868).

memnon genannt hätte, er in Paris für ihn für 2000 Francs Kinderwäsche gekauft habe. Sie erinnerte sich noch aller Worte. War es Eitelkeit gegenüber dem berühmten Professor gewesen, daß Heinrich ihm sagte, daß er in Paris vier Mietshäuser habe? Als ihn Curtius fragte, was ihn von Paris nach Berlin führe, hatte ihr Mann sein zerlesenes Exemplar der Ilias aus der Seitentasche seines dunklen Gehrocks gezogen, es krampfhaft in der Hand gehalten und den ersten Vers der Ilias zitiert. Dann hatte er dem Professor von seiner Jugend erzählt, von seinem Krämerdasein, und daß er bereits mit fünfzehn Jahren den Plan gefaßt hatte, sich der Altertumskunde zu widmen.

Sophia versank erneut in die Erinnerung. Heinrich hatte sich mit Curtius gut verstanden, da sie viele gemeinsame Interessen hatten. Ausführlich hatte er dann von seiner Probegrabung auf Hissarlik berichtet und dem Plan einer Großgrabung. Ihre Gedanken glitten weiter, zum Ende des Jahres 1871, als der Winterregen einsetzte, so kalt und heftig, daß die Arbeiter auf dem Hissarlik reihenweise krank wurden, die Unfälle sich so häuften, daß sie aufgaben und nach Athen zurückkehrten. Damals hatte Heinrich dem Professor nach Berlin eine Blechbüchse mit Kopien von Inschriften der Hissarlik-Funde geschickt und gebeten, ihm bei der Entzifferung, bei der Deutung zu helfen. Die Hilfe blieb jedoch aus, da Curtius als Mann der Wissenschaft seine Lehrmeinung in Gefahr sah, nach welcher es das Troja Homers nicht gab. Trotz dieses Rückschlages nahmen sie im März 1872 die Ausgrabungen wieder auf. Es war dann im August 1872 gewesen, als ihr Mann an Curtius schrieb: „Endlich bin ich glücklich, obwohl noch immer sehr krank, nach Athen zurückgekehrt. Die Entdeckung der Riesenbauten auf Iliums Boden hat, wie Sie sich wohl denken können, hier, wie in der ganzen Welt, eine unbeschreibliche Freude ausgelöst." War es 1874 gewesen? Ihr Mann hatte der griechischen Altertümerverwaltung angeboten, Olympia auszugraben, doch hatte Curtius die Grabungskonzession erhalten.

Sophia versank immer mehr in Erinnerungen. Ihr Mann war damals grenzenlos enttäuscht gewesen, hatte jedoch, um zu zeigen, wer er war, als Zeichen seiner Uneigennützigkeit und

Großzügigkeit, angeboten, den Frankenturm auf seine Kosten zu beseitigen. Dieser venezianische Turm auf der Athener Akropolis war ein monströses, im 14. Jahrhundert nach Christus über den Propyläen errichtetes Bauwerk, das einen Teil des Parthenons verdeckte. Der Turm war ein Klotz von 24 Metern Höhe, und es erforderte einigen technischen und finanziellen Aufwand, um ihn so abzutragen, daß die antiken Baureste nicht beschädigt wurden.

Sophia schämte sich, daß man das Angebot sehr zögernd annahm. Ihr Mann kaufte dann das Holz für ein Gerüst, und wieder fand Sophia das Verhalten der Behörden unmöglich, denn sie führten die Abbrucharbeiten in eigener Regie durch und sandten ihnen dann die Rechnung mit 10.000 Francs zur Bezahlung zu. Sie verstand den Zornausbruch ihres Mannes, bestärkte ihn sogar in dem Gedanken, sich bei König Georg über diese schäbige Behandlung zu beschweren.

Sie hörte, daß ihr Mann oben in seinem Arbeitszimmer wütend auf und ab ging, mit sich und aller Welt haderte, denn er hatte vor knapp einer Stunde erfahren, daß Curtius die Genehmigung erhalten hatte, in der Nationalbank die mykenischen Masken zu besichtigen. Den ganzen Abend kannte er kein anderes Thema als Curtius und wie dieser dazu komme, die Masken zu kritisieren, sie abzuwerten und seine Grabungsmethoden anzuprangern.

Wieder schrieb er in alle Welt, wehrte sich, bewies Mykene und seine Funde. Sophia spürte, welches Feuer in ihm brannte und — wie er immer mehr daran verbrannte. Welche Freude war in ihm gewesen, als er die Königsgräber in Mykene entdeckte. Wie sollte sie ihm beibringen, daß Curtius und Stamatakis ein weiteres Königsgrab gefunden hatten?

Sie nahm erschreckend ab, litt an Schlaflosigkeit und Gallenkoliken. Es gab jedoch keine Flucht, besonders nicht für eine Frau Schliemann. Immer wieder erklärte sie der Archäologischen Gesellschaft, wie unendlich wichtig für ihren Mann die Aufnahmen der Funde für sein Buch über Mykene seien und welche Zeit dies erfordere.

Endlich zeigten sich wieder positive Momente. Ihre unermüdlichen Vorsprachen brachten einen ersten Erfolg. Das

Kultusministerium hatte geschrieben, daß sie am 14. Dezember in das Büro kommen sollten. Bei dieser Zusammenkunft könnte die besprochene Kiste geöffnet und der Inhalt photographiert werden. Sollten sich nun weitere Türen öffnen?

England nahm den Außenseiter Schliemann ernst. Das *Royal Archaeological Institute of Great Britain and Ireland* bat ihn, eine Troja-Ausstellung vorzubereiten.

Sophia beobachtete in den folgenden Tagen, daß ihr Mann zugleich höchst beglückt und zutiefst gekränkt war. Die Archäologische Gesellschaft hatte erneut mitgeteilt, daß sie an einer Mykene-Ausstellung vorerst nicht interessiert sei. Sophia hatte nun die schwierige Aufgabe, ihren Mann zu trösten und seine empörten Reaktionen aufzufangen. Einmal rief er: „Ich werde den Schatz des Priamos im South-Kensington-Museum in London ausstellen", dann sagte er, daß er kein Interesse mehr habe, noch weiter in Mykene zu graben. „Sehr wahrscheinlich werde ich nie mehr in Griechenland arbeiten."

„Was machst du dann?" fragte ihn Sophia zögernd, weil sie wußte, daß ihr Mann nur glücklich war, wenn er ein archäologisches Problem lösen konnte.

„Wir werden wieder nach Troja gehen", antwortete er knapp.

„Troja?" fragte sie erstaunt.

Er nickte. „Ich möchte den Rest des Palastes des Priamos ausgraben. Vielleicht gibt es in Troja noch mehr Schichten aus dieser Epoche? Ich möchte sie alle untersuchen, und es wird eine gute und schöne Arbeit werden, Sophidion, da ich nun mehr Erfahrung habe."

Sophia begann zu grübeln, war betrübt. Sie konnte Andromache nicht nach Troja mitnehmen, da es dort nur die nüchternen Hügel, keine Schulen und Ärzte gab. Dann dachte sie mit einem Schimmer Hoffnung daran, daß ihr Mann nur noch einen Ferman bis 5. Mai 1878 hatte, nun die Ausstellung in London kam und der Aufenthalt in England ihn sehr beanspruchen würde.

Die gute Presse in England hatte sich bis nach Griechenland durchgesprochen, und die Schliemanns wurden zu einem Empfang beim griechischen König eingeladen. Beide waren sie beglückt, und so zogen sie sich festlich an, fuhren mit dem

Wagen zum Palast, gingen durch die Halle und wurden von einem Kammerherrn in den Audienzsaal geleitet.

Während sie dem König vorgestellt wurden, dachte Sophia an ihre Mädchenzeit, an Onkel Jannis. Er war einst mit dem bayerischen König Otto gekommen, und nun standen sie dessen Nachfolger gegenüber.

Georg I. war einunddreißig Jahre alt, aber schon seit dreizehn Jahren König. Die Aussprache verlief harmonisch, ihr Mann erzählte von seiner Grabungsarbeit, den Erfolgen und Mißerfolgen, von Hitze, Kälte, Sandstürmen und dann von den Königsgräbern. Der König hörte aufmerksam zu, nickte mehrmals wohlwollend und sprach dann seine Anerkennung aus. Eine frohe Botschaft war der Satz: „Ich habe gehört, Herr Doktor Schliemann, daß die Archäologische Gesellschaft beschlossen hat, Ihre Kisten mit den Funden aus Mykene am 1. Januar zu öffnen."

Als sie nach der Audienz zurück zum Wagen gingen, sagte Sophia begeistert: „Am 1. Januar ist es also soweit, Errikaki. Das alles, die Audienz und den Termin, verdanken wir bestimmt unserem Freund Kastorches."

Schliemann führte ihre Hand, die er hielt, an die Lippen und küßte sie. „Sophidion", sagte er stolz, „das hast du gut gemacht!"

In die Freude über diese Anerkennung mischten sich wieder Sorgen. Zu den Angriffen über die Grabungsfehler ihres Mannes in Troja und Mykene kamen Stimmen, die sie als Dilettantin und als größenwahnsinnige Hausfrau einstuften.

Während ihr Mann empörte Gegenangriffe schrieb, fast Tag und Nacht an seinem Stehpult arbeitete, verfiel sie in Hoffnungslosigkeit. Wieder quälten sie heftige Gallenkoliken, dazu kam die Mitteilung des Arztes, daß Madame Victoria, ihre Mutter, immer öfter Herzanfälle habe.

Ein Lichtblick war, er wirkte fast wie eine Wundermedizin, daß Charles Newton, der Direktor und Ausgräber von Harlikarnass, zu Besuch kam. Er war ein Anhänger Homers und restlos davon überzeugt, daß es das Troja der Ilias wirklich gegeben und das Ehepaar Schliemann es in Hissarlik entdeckt hatte.

Als das Mädchen den Besuch meldete, meinte Sophia zuerst, nicht die Kraft zu haben, um aufstehen und sich ankleiden zu können. Dann saß sie im Salon dem Engländer gegenüber. Newton strahlte, als bringe er Freude und unendliches Glück. „Madame Schliemann", sagte er leidenschaftlich, „ich habe in der Nationalbank die Goldmasken von Mykene gesehen. Sie sind toll, sie sind wundervoll. Mir ist es ein Rätsel, daß sie Ernst Curtius so abwerten konnte. Es sind uralte Masken, alle sind echt, nichts eine Fälschung, wie einige Kritiker behaupten."

Als Sophia andeutete, daß es besonders deutsche Gelehrte seien, die ihren Mann angriffen, antwortete er lächelnd: „Meine liebe Madame Schliemann, es ist doch überall so, daß der Prophet im eigenen Lande nichts gilt. Wir alle werden mit Vorurteilen erzogen und so in die Welt geschickt."

Wenige Tage später lag Sophia wieder mit einer Kolik im Bett, als das Mädchen einen Besuch meldete. Es machte einen so feierlich-ernsten Eindruck, daß sich Sophia sofort erhob. „Wer ist es?" fragte sie und hatte Atembeschwerden und Herzschmerzen.

„Ein Deutscher, ein Professor Curtius."

„Curtius!" rief Sophia verblüfft, fast entsetzt.

Das Mädchen nickte nur, als wüßte es, was dieser Name bedeute.

Als Sophia in den Salon trat, sah sie zuerst die Löwenmähne dieses Mannes, der zu einem gefährlichen Widersacher geworden war. Der Kopf war mit dichtem weißen Haar bedeckt, das ihm über Ohren und Nacken reichte.

Curtius erhob sich, verbeugte sich höflich und küßte ihr die Hand. „Kyria Schliemann", er stockte und verzog die Lippen, als kaue er, dann sagte er langsam, fast zögernd, „ich habe vorschnell über die Funde von Mykene, besonders über die Masken, geurteilt. Ich gebe zu, daß ich", wieder suchte er die richtigen Worte, „mit Neid urteilte. Ich habe mich geirrt. Die Funde sind wirklich sehr alt und keineswegs dünn, wie ich annahm. Da ich nicht möchte, daß zwischen Ihrem Mann und mir nur der Schatten einer Feindschaft entsteht, bitte ich Sie, ihm dieses Schreiben mit meiner Entschuldigung und mit meinem Widerruf zu geben."

Schliemann während eines Vortrags über seine Entdeckungen in Mykene, den er 1875 vor der „Society of Antiquaries" im Londoner Burlington House hielt.

Sie nahm den Brief und sagte bittend: „Könnten Sie diesen Widerruf nicht auch in der Zeitung veröffentlichen?"

Wieder bewegten sich die Lippen des Gelehrten, als kaue er. Dann antwortete er leise, flüsterte fast: „Nein, Kyria Schliemann. Bitte verstehen Sie mich, ich würde mir sehr schaden. Eine öffentliche Entschuldigung wäre, wenn ich das Buch Ihres Mannes über Mykene, das ja bald erscheinen wird, in den deutschen archäologischen Zeitschriften bespreche. Damit sage ich alles, und damit könnte ich Ihrem Mann einen viel besseren Dienst erweisen."

Sophias Gedanken weilten in London, gehörten ihrem Mann. Er bereitete dort seine Troja-Ausstellung vor und sprach vor der *Royal Society of Antiquaries* über seine Grabungen in Mykene. Als sie dann Zeitungsausschnitte erhielt, die besagten, daß sein Vortrag eine begeisterte Aufnahme gefunden habe, freute sie sich sehr. Ihre Mutter war es, die sich von ihrem Herzanfall erholt hatte und mit einer Athener Zeitung zu Sophia trat und vorlas, daß „man zugeben müsse, daß die Griechen die Bedeutung dieses Mannes unterschätzt haben." Dann erhielt Sophia von ihrem Mann einen Bericht der *London Illustrated News* über das ‚Schatzhaus der Frau Schliemann'. Der Verfasser schrieb fundiert und sagte aus, daß dieses Bauwerk dank der unermüdlichen Arbeit Frau Schliemanns vollständig ausgegraben werden konnte. „Während ihr Mann innerhalb der Mauern der Akropolis von Mykene arbeitete, unternahm sie es, dieses Zeugnis der Vergangenheit zu erforschen..."

Sophia war froh, beglückt und sehr stolz. Wenn auch ihr Leben an der Seite ihres Mannes — der von einer unbändigen Leidenschaft getrieben, Homer zu beweisen, und trotz der dreißig Jahre, die er älter war, oft jünger und aktiver wirkte als sie — mehr als schwer war, so erfuhr sie jetzt den ersten Dank, die erste Anerkennung.

Sie versank in ihr Grübeln. Versagte sie als Mutter? Versagte sie als Tochter und als Schwester? Versagte sie, weil sie in den letzten Monaten — oder waren es sogar Jahre? — oft krank war und im Bett liegen mußte, auch als Haus- und Ehefrau? Dann dachte sie an ihre Kinder- und Mädchenzeit. Nach der Aufgabe des Hauses in Athen und dem Umzug nach Kolonos, mußten die Eltern mit jeder Drachme rechnen, und sie bewunderte ihre Mutter, die mit knappsten Mitteln immer wieder die Familie zu ernähren vermochte. Nie hatte sie von den Eltern ein Taschengeld bekommen. War es Schicksal, daß sie auch von ihrem Mann kein Geld bekam, über das sie frei verfügen durfte?

Hatte sie je gelernt, mit Geld umzugehen? Warum verhandelte ihr Mann allein mit den Dienstboten, bestimmte die Löhne, die Preise für die Kutschenfahrten? Sie nickte, ja, er war der geborene Kaufmann. Hatte er es aus diesem Grund zum Millionär gebracht? Was bekam die Köchin, die sie in einer Taverne in der Plaka entdeckten, als Monatslohn? Sie wußte es nicht. Was bekam das Dienst- und was das Kindermädchen? Fragen um Fragen tauchten auf, und sie fand auf keine eine Antwort.

Dann stand wie eine Gewitterwolke mahnend die Armut ihrer Familie vor ihr. Fand Marigo ohne Mitgift einen guten Mann?

Wieder bekam sie eine Gallenkolik, und das Herz begann zu schmerzen. Sie selbst war die Frau eines Millionärs, und ihre Schwester darbte. Unter aufkommenden Kopfschmerzen dachte sie daran, daß ihr Mann einmal gesagt hatte, daß er ihr helfe. Wie half er? Gab er seine Hilfe großzügig oder wie ein Krämer, der einem Bettler hin und wieder eine Drachme zuwirft?

In diesem Augenblick kam Sophias Mutter ins Zimmer und berichtete, daß sie soeben Besuch von einer Freundin hatte. Diese habe gelesen, daß Griechenland die Schliemanns mehr beachten müsse.

Ja, die Briefe aus London zeigten Sophia, daß man ihren Mann in England sehr ehrte. Er berichtete, daß Dom Pedro II. ihn besuchte, über zwei Stunden mit allergrößtem Interesse in dem Photo-Album blätterte, das die mykenischen Schätze zeigte, und ihm zu dem Erfolg seiner Ausgrabungen gratulierte. Sie erfuhr auch, daß er immer wieder um Vorträge gebeten wurde.

Lag es an der Schwüle der Juninacht, daß sie nicht schlafen konnte? Irgendwann tastete sie nach rechts. Das Bett ihres Mannes war leer. Sophia fühlte sich verlassen, stand deprimiert auf und ging in das Arbeitszimmer, an *seinen* Schreibtisch, und zeigte ihre Not in einem Gedicht in Altgriechisch: „O höheres Wesen, Dein Streben wird Dich vernichten. Bedauerst Du nicht Deine kleine Tochter und Dein armes Weib, die bei Dir sein möchten? Sind die Lobpreisungen der Briten mir vorzuziehen?"

Als sie am nächsten Tag, immer wieder, das Gedicht las, wußte sie auch seine Antwort. Sie war „Ja!". Vor ihrem Mann lagen viele Vorträge. Dann hatte er noch gut einen Monat für Murray zu arbeiten, darüber hinaus warteten die Verhandlungen mit Cooper und Whymper, den besten Kupferstechern Englands, damit die Druckplatten für das Mykene-Buch termingerecht bereitlagen.

Ein Brief ihres Mannes riß sie aus ihrer Lethargie, denn es lag das offizielle Schreiben des Präsidenten des *Royal Archaeological Institute of Great Britain and Ireland* bei. Lord Talbot de Malahide schrieb neben einer Mitteilung an ihren Mann: „Frau Schliemann ist eingeladen, das Institut in Kürze anläßlich einer Sondersitzung um fünf Uhr nachmittags mit ihrer Anwesenheit zu beehren und wird gebeten, einen Vortrag über ein ihr genehmes Thema zu halten."

Aus den Zeilen, die an ihren Mann gerichtet waren, ging hervor, daß man ihr bei dieser Gelegenheit ein Diplom überreichen und sie zum Ehrenmitglied des Instituts, eines der angesehensten Englands, ernennen wollte.

Sophia fuhr mit dem Schiff nach Marseille und von dort mit dem Zug nach Paris, wo sie von ihrem Mann abgeholt wurde. Mit ihm reiste sie nach London. Auf dem Schiff, das sie von Calais nach Dover brachte, sah Sophia glücklich auf Andromache, die, von dem Kindermädchen und ihrem Bruder Spyros behütet, die Fahrt mit lautem Rufen genoß. Immer wieder sagte Sophia zu ihrem Mann: „Du, ich habe Angst, ich habe noch nie einen Vortrag gehalten. Über was soll ich sprechen? In welcher Sprache?"

„Sophidion", tröstete er sie stolz und nahm sie zärtlich in die Arme, „sei so, wie du bist. Sprich über mich, über deine Heimat, über Troja und Mykene. Ich glaube", jetzt sah er sie nachdenklich an, „du wirst einiges zu erzählen haben, denn du bist

Griechin, bist eine Homer-Verehrerin und dürftest als meine Frau — im Guten und Schlechten — viel erlebt haben. Liebes, zeige auch das Schlechte, die Engländer sind fair, lieben die präzise Stellungnahme. Schnarche ich? Das solltest du nicht zeigen, aber sage ehrlich, daß ich dich oft, mehr als oft sogar, überforderte und in meinem Wunsch, Homer zu beweisen, ein schlechter Vater und vielleicht ein noch schlechterer Ehemann war."

„Welche Sprache rätst du mir?"

„Unbedingt englisch. Dann verstehen dich alle, und darauf kommt es an."

Lag es an Schliemann, daß seine Frau verwöhnt wurde? Die Köchin brachte Sophia das Frühstück ans Bett. Es war typisch englisch, bestand aus Porridge (Hafermehlbrei), Spiegeleiern mit Speck, Toast, Marmelade und Tee. Sophia, die morgens meist nur eine Tasse Kaffee trank, war entsetzt.

„Heinrich!" klagte sie, „das schaffe ich nie."

Seine Antwort war ein Schmunzeln. „Sophidion, deine Magen- und Gallengeschichten haben dich mager gemacht. Ein bißchen Speck um die Hüften...", wieder lächelte er hinterlistig, „würde dir nicht schaden."

Sie war selbst überrascht, daß sie jeden Morgen diese Supermahlzeit schaffte. Sie fühlte sich wieder gesund, hatte nicht die geringsten Beschwerden, und im Morgenrock setzte sie sich an ihren Schreibtisch und arbeitete am Entwurf ihres Berichtes über Troja und Mykene. Mit Freude sah sie, daß ihr Mann in der Zwischenzeit Vorträge vor der *Royal Historical Society,* im *Athenaeum Club* und im *Royal Archaeological Institute of Great Britain and Ireland* hielt. Immer wieder berichteten die Zeitungen positiv darüber und erwähnten sogar, daß demnächst Frau Schliemann über ihre archäologischen Erfahrungen sprechen werde.

Täglich saß Sophia nun mit ihrem Mann meist drei Stunden im Arbeitszimmer und schrieb. Sie genoß diese Zweisamkeit, dieses Eins-Sein, diese Zusammengehörigkeit. Es war ihr, als sei sie noch eine junge Ehefrau und baue mit ihrem Mann ein Haus, trage Ziegel, schleppe Mörtel.

Es war am 8. Juni 1877, als Sophia und ihr Mann in einer Kutsche in die Burlington Street einbogen. Sophia hatte sich

entschieden, als Griechin aufzutreten. Sie trug die Nationaltracht, die aus einem bodenlangen blauen Seidenrock und einer
dünnen weißen Bluse bestand, einer kurzen Jacke und einem
roten Samtfez. Von den Vorstandsmitgliedern des Instituts
begleitet, ging sie die Treppe hinauf und wurde dann offiziell
begrüßt.

Als sie den Saal betrat, sah sie Hunderte von Mitgliedern des
Instituts und viele Gäste. Sie schwiegen, sahen sie nur interessiert an. Lord Malahide stellte sie galant vor. Sophia spürte, daß
man nicht auf ihre Jugend — sie war doch erst fünfundzwanzig
— und auf ihre klassische griechische Schönheit gefaßt gewesen
war. Sie erkannte sofort, daß viele Besucher festlich gekleidet
waren, die Damen elegante Roben und die Herren würdevolle
dunkle Anzüge trugen. Sie sah viel Schmuck, trug selbst nur
ihren Ehering und die Korallenkette, die ihr Mann ihr einige
Tage nach ihrer ersten Begegnung in Kolonos geschenkt hatte.
Als Sophia zum Podium ging, fühlte sie sich befreit. Sie war
stolz, glücklich, denn nach acht Jahren ihrer Ehe mit Heinrich
Schliemann, die ein beschwerlicher Weg gewesen waren, hatte
sie jetzt ein Ziel erreicht: sie konnte sich bestätigen, sich als
seine Frau beweisen.

Sie hatte vor, ohne Manuskript zu sprechen. Während sie
dem Beifall dankte, der ihr zuwuchs, sah sie vertraute Gesichter.
Da war Charles Newton, dort Ioannes Gennadius, der griechische Geschäftsträger in London. Man sagte von ihm, daß er fast
sein ganzes Gehalt für seltene Bücher über die Geschichte Griechenlands ausgab. Hieronymus Myriantheus von der griechischen Gemeinde nickte ihr beruhigend zu, und viele Besucher,
bei denen sie mit ihrem Mann eingeladen gewesen war, warteten
voll Interesse auf ihre Rede. Sogar der Verleger John Murray und
viele Professoren der Universitäten von Oxford und Cambridge
waren anwesend.

Froh und sicher begann Sophia mit ihrem Vortrag, der mit
einer Huldigung an ihre Heimat einsetzte: „... zu einer Zeit,
da die übrige Welt noch im Dunkel lebte, hatten meine Vorfah-
ren ... in der Wissenschaft und in den Künsten einen Grad der
Vollkommenheit erreicht, den zu übertreffen der Menschheit

nie gelingen wird..." Sie zeigte Ausschnitte aus der griechischen Geschichte, sprach von Homer, Agamemnon, Achilles und Odysseus, von Perikles, Solon und Plato. „Alexander der Große schlief nie ohne seiner Homer-Ausgabe unter seinem Kopfkissen. Unserer Verehrung und Bewunderung für Homer verdanken wir die Entdeckung Trojas, den Schriften von Pausanias die der fünf Königsgräber von Mykene... Ich bin eine Frau, mein Anteil ist gering..." Dann berichtete sie, wie sie mit ihrem Mann die Königsgräber entdeckt und 25 Tage lang buchstäblich fast Tag und Nacht in der Erde der Schachtgräber gekniet hatte, um Stück für Stück die Goldschätze der Atriden zutage zu fördern.

Sie sah es, das Publikum lauschte ergriffen, ihr Mann strahlte vor Stolz. Ihr Vortrag in englischer Sprache, exotisch mit griechischem Akzent, kam bestens an. Als sie zu den letzten Worten kam, dankte sie England für die großzügige Unterstützung des Freiheitskampfes, denn ohne diese Hilfe wäre es Griechenland nicht gelungen, sich von der Unterdrückung durch die Türkei frei zu machen. Dann bat sie noch, daß man die Kinder Englands die griechische Sprache lehre, damit sie in der Lage seien, Homer und die anderen unsterblichen Klassiker in der Originalsprache zu lesen.

Sie sah hoch, lächelte ihren Mann an, der in der ersten Reihe saß und sie begeistert anblickte. „Zum Schluß, meine Damen und Herren", sagte sie und lächelte dabei scheu, „möchte ich Ihnen noch für die Nachsicht danken, mit der Sie einer glühenden Verehrerin Homers zugehört haben."

Von allen Seiten klatschte man frenetisch Beifall. Die Zuhörer hatten sich erhoben, und als Sophia aus dem Saal ging, stand plötzlich eine ältere, würdige Dame vor ihr, strich ihr mit beiden Händen über die Wangen und dankte ihr weinend.

Ganz London war begeistert. Der Oberbürgermeister gab ein Bankett für das Ehepaar Schliemann und überreichte dann in einem feierlichen Akt Sophia ein Diplom für ihre rastlose Mitarbeit bei der Entdeckung Trojas und der Freilegung der Königsgräber von Mykene.

Von diesem Tag an wurden sie von allen wesentlichen Familien Londons eingeladen, da zu einem Gartenfest, dort zu einem Dinner.

Als Sophia ihren Mann fragend ansah, weil er ihr immer wieder eine Einladung übermittelte, sagte er schlicht: „Sophidion, alle mögen dich, alle nahmen deine Worte beglückt auf." Er küßte sie zärtlich und sagte dann schüchtern wie ein Jüngling: „Auch ich mochte dich vom ersten Tag an, ich war schon von dir begeistert, ehe ich dich persönlich kannte."

„Was hat dir mehr Freude bereitet, Errikaki?" fragte sie. „Deine Troja-Ausstellung, die man mit größter Bewunderung besucht, oder mein Vortrag?"

„Dein Vortrag und jene Stunde, als man dir das Diplom überreichte. Ich glaube, daß jeder Mann mehr als stolz ist, wenn seine Frau, die er liebt, so geehrt wird."

„Es geht mir gesundheitlich erstaunlich gut, obwohl ich hier in London sehr strapaziert wurde. Wie geht es dir, Heinrich?" fragte sie am nächsten Tag, weil ihr Mann blaß und müde wirkte.

„Ich glaube, Sophidion, wir beide haben uns einige ruhige Tage verdient. Wenn ich alles mit John Murray abgestimmt habe, fahren wir Ende Juni nach Paris."

„Mir hat London sehr gut gefallen. Alle nahmen uns an, es gab keine Feindseligkeit, kein Mißtrauen. Ioannes Gennadius sagte, daß wir in London mit unserer Begeisterung mehr für das alte und neue Griechenland tun könnten als zu Hause in Athen."

„Das könnte stimmen, Sophidion, aber wir brauchen vorerst einige Ruhe; es wird die Ruhe vor dem neuen Sturm sein", sagte er nachdenklich.

Paris empfing sie mit linder Luft, mit jenem Flair, das nur diese Stadt haben kann. Es wurden glückliche Monate, und sie wohnten in einer gepflegten Wohnung. Was Sophia auch sehr beglückte, war, daß sie Andromache, das Kindermädchen und ihren Bruder Spyros bei sich hatte.

Mehrmals hatte Sophia seit der Geburt Andromaches geglaubt, daß sie wieder schwanger sei, doch vereitelten ihre Schwäche und ihre Erkrankungen alle Hoffnungen. Nun konnte sie es kaum glauben, aber sie wußte felsenfest, sie war wieder schwanger. Ihr Mann war begeistert, überhäufte sie mit Geschenken und verkündete überall, daß es nun ein Sohn werden würde. Um einer Fehlgeburt vorzubeugen, ließ er seine Frau in Paris und reiste allein nach Athen, denn er hatte den Plan gefaßt, sich dort ein Haus zu bauen.

Sophias Gedanken waren immerzu bei ihrem Mann. Sie sah ihn — als wäre sie neben ihm — an seinem Stehpult, da er Sitzmöbel ablehnte, fast haßte. Eigentlich, sinnierte sie vor sich hin, hätte er einen Sekretär gebraucht, denn er schrieb an manchem Tag zwanzig und mehr Briefe. Als sie ihm einmal riet, sich durch einen tüchtigen Schreiber zu entlasten, winkte er ab und meinte, daß es keinen Mann, außer ihm, gebe, der mehrere Sprachen perfekt beherrsche.

Sophia erhielt oft die zärtlichsten Briefe, die jedoch immer auch eine Spur Bitternis enthielten. Viele Gelehrte werteten die Königsgräber und den Goldschatz von Mykene bereits ab, ohne die Veröffentlichung seines Buches über Mykene abzuwarten. Dann tauchte ein deutscher Hauptmann a. D. auf, ein Ernst Boetticher, der Gelehrter geworden war. Dieser behauptete, daß Troja nie existiert habe und Homer nur ein Sammelname für die Schriftsteller mehrerer Jahrhunderte sei. Boetticher äußerte auch, daß der Hissarlik nur ein Begräbnishügel gewesen sei und gar manche Fakten in Schliemanns Büchern über Troja (*„Trojanische Altertümer"* und *„Atlas trojanischer Altertümer")* gefälscht seien. Auch hatte Boetticher angeblich Material über Mykene und warf ihrem Mann sogar Betrug vor. Nach solchen Briefen bekam Sophia sofort wieder ihre Magenschmerzen. Sie hielt sich aber nicht für schwach, wußte, daß sie einen starken Willen hatte. Tapfer hatte sie das ungesunde Wetter in der Troas und die primitiven Lebensbedingungen erduldet. Gar mancher Tag hatte eine Arbeitszeit von fünfzehn Stunden gebracht, das bei eiskaltem Wind, bei Regen und glühender Sonne. Sie wußte, daß sie gesund war, nur keine starken Nerven hatte.

Den Briefen, die sie aus Athen erhielt, lagen immer Kopien der empörten Gegenangriffe ihres Mannes bei. In mancher Nacht träumte sie, daß sie in einem kleinen Boot sitze und um sie das Meer tobe. Manchmal wachte sie auf, war schweißgebadet, wehrte sich gegen die riesigen Wellen, die immerzu auf sie einbrachen. Die Schlafstörungen nahmen zu. Wohl gaben ihr die beruhigenden Worte ihres Mannes Kraft und Trost, wenn er schrieb: „Mein liebes Kind... diese jämmerlichen Angriffe werden sich in Nichts auflösen. Es ist das Werk der neidischen Gelehrten... Für die Öffentlichkeit sind wir in allen Ländern Helden... Du bist berühmt, Kyria Schliemann!"

Die meiste Zeit des Tages verbrachte Sophia im Obergeschoß ihrer Wohnung, da die Ärzte sie gewarnt hatten, Treppen zu steigen. Ergab sich doch die Notwendigkeit, ging sie ungeheuer vorsichtig, in panischer Angst, dieses Kind, das sie unter dem Herzen trug, wieder zu verlieren.

An einem Tag häuften sich die Mißlichkeiten. Andromache, nun fast sechsjährig, verlor ihre ersten Zähne und hatte Fieber. Alexandros, der älteste Bruder, hatte geschrieben, daß Madame Victoria wieder Herzanfälle hatte. Dann bat das Dienstmädchen um Geld, denn ein Lieferant warte im Foyer und wolle eine Rechnung kassieren. Sophia ging an die Kommode, in der sie das Bargeld aufbewahrte. Sie war erstaunt, daß sich in der kleinen Schublade nur noch 400 Francs befanden. Dann sah sie, daß auf der Kommode noch weitere unbezahlte Rechnungen lagen. Als sie die Beträge zusammenrechnete, erkannte sie, daß über 2000 Francs offenstanden, sie kaum ein Fünftel zur Verfügung hatte. Mit Schrecken dachte sie daran, daß am 1. September die Dienstboten ihren Lohn zu bekommen hatten, sie die Lebensmittelvorräte auffüllen und Kohlen einlagern mußte.

Sofort teilte sie ihrem Mann telegraphisch ihre Not mit. Er antwortete nicht. Fast täglich bat sie ihn um Hilfe, betonte, daß sie als ‚Frau des Heinrich Schliemann' das Personal und etliche Lieferungen nicht bezahlen konnte. „Ich werde nicht daran sterben, Heinrich", schrieb sie bitter, „aber findest Du es richtig, daß ich als Deine Frau kein Geld habe, daß wir überhaupt über so etwas sprechen müssen?"

Endlich bekam sie postwendend Antwort. Mit Herzklopfen öffnete sie den Brief und las, wie sich ihr Mann entschuldigte, er einsah, daß er einen Fehler gemacht hatte. „Ich lege Dir einen Scheck bei. Die Summe müßte reichen, bis ich Mitte September zurückkomme." Als sie den Scheck prüfend in die Hand nahm, stockte ihr fast der Atem. Der Betrag war so klein, daß sie kaum die Kosten für die Lebensmittel decken konnte. Sie weinte vor Empörung, und wenn sie die Mittel dazu gehabt hätte, wäre sie am liebsten sofort mit Andromache, dem Bruder und dem Kindermädchen nach Athen abgereist.

Für Sophia wurde ihr Mann wieder zu einem Rätsel. Er konnte Städte und Burgen finden, die in den Grübeleien eines Dichters entstanden waren, entdeckte Königsgräber, über die es nur vage Andeutungen gab, konnte Keramik nach kurzer Prüfung sofort datieren und die Welt, in der sie entstand, beschreiben. Er verstand vieles, vermochte sich jedoch nicht in die Psyche einer Frau hineinzudenken, die ohne Geld in Paris leben mußte. Ihr Bruder Spyros definierte ihren Mann bestens mit den Worten: „Wenn er bei uns ist, gibt es nur das Beste. Wenn er fort ist, gibt es nur Armut."

Sophia antwortete müde: „Ich demütige mich nicht mehr durch Bitten, wir werden uns langsam und würdevoll zu Tode hungern. Wenn er aus Athen zurückkommt, kann er uns dann alle in einem Massengrab bestatten, wie die Leibwachen vor dem dritten Königsgrab in Mykene."

Es kamen Tage, da Sophia sich und die Welt nicht mehr verstand. Fast täglich erhielt sie nun von ihrem Mann zärtlichste Briefe. Er hatte immer etwas zu berichten, schrieb, daß er den Schatz des Priamos nach London abgeschickt habe, er gerade die schönsten Pithoi verpacke, die Idole, die Terrakottagefäße, die Waffen und der Schmuck mit dem nächsten Transport auf den Weg gingen. In einem langen Brief erfuhr sie neben seinen Liebesbeteuerungen, daß das Gold von Mykene endlich ab dem 18. Oktober im Polytechnikum ausgestellt werde. „Sophidion", schrieb er begeistert, „die Regierung und die Universität begrüßten mich aufs herzlichste." Im nächsten Brief stand, daß sogar der König und die Königin die Ausstellung besucht und ihn anschließend zu einem Diner im Palast eingeladen hätten. Bitter flüsterte Sophia vor sich hin: „Er schreibt vieles, schickt jedoch kein Geld, ich weiß bald nicht mehr, von was wir leben sollen."

Es war am letzten Oktobertag, als Sophia ihren Mann in Paris begrüßte und ihn in die Arme nahm. Spyros war es, der kurz andeutete, daß sie Schwierigkeiten hätten, weil sie die Miete nicht bezahlen konnten.

„Sophidion?" fragte er ratlos. „Warum hast du mir nicht telegraphiert? Von was habt ihr gelebt?"

Sie konnte nicht anders, die Verbitterung war zu groß. „Wir lebten vom Betteln", sagte sie hart. „Andromache und ich haben Blechschalen in den Händen gehabt und trugen auf der Brust ein Schild: ‚Wir bitten um eine kleine Spende für die verhungernde Familie Schliemann!'"

Die Antwort versöhnte Sophia sofort. Kleinmütig und beschämt stand ihr Mann vor ihr, war nicht mehr der Held, der berühmte Archäologe, der Entdecker von Troja, der Ausgräber von Mykene. „Du hast recht", sagte er demütig. „Es soll nie wieder vorkommen. Noch heute gehe ich zur Bank und veranlasse, daß du jeden ersten und fünfzehnten eines Monats den Betrag erhältst, den du brauchst." Er lächelte bescheiden. „Zieht euch alle hübsch an, wir gehen jetzt aus, essen irgendwo festlich. Ich bin wieder bei euch, es ist für mich ein Sonntag, wir wollen diesen Sonnentag feiern."

„Errikaki", antwortete Sophia und konnte sich den kleinen Spott nicht verkneifen, „sei vorsichtig mit uns, wir haben das Essen verlernt, unsere Mägen sind geschrumpft."

Sie war mit ihrem Mann wieder völlig ausgesöhnt, als John Murray ihnen das erste Exemplar von „Mykene" schickte. Es enthielt über 500 Abbildungen der wichtigsten Funde, sieben ganzseitige Bilder, vier davon in Farbe, viele Pläne und eine topographische Karte des gesamten Grabungsbereiches. Das Buch war in braunes Leder gebunden, die Titelseite zeigte ‚Das Schatzhaus beim Löwentor' und enthielt den Hinweis „Ausgegraben von Mrs. Schliemann". Als Sophia das erste Exemplar der amerikanischen Ausgabe in die Hand nahm, zeigte der Einband in einem mit Gold ausgelegten Stich, wie sie vor dem Eingang des Schatzhauses stand.

Dann blätterte sie in der deutschen Ausgabe von „Mykene". Diese war Georg I., dem König der Hellenen, in tiefster Ehrfurcht gewidmet.

Andromache stand vor Sophia, hatte ein Anliegen, doch Sophia war so versunken in das umfangreiche Buch, daß sie den Titel laut vor sich hinsprach: „Mykene, Bericht über meine Forschungen und Entdeckungen in Mykene und Tiryns".

Erst jetzt bemerkte sie Andromache, die ungeduldig darauf wartete, daß die Mutter Zeit für sie hatte. Immer noch von dem Mykene-Buch gefangen, sprach sie in die Augen des Kindes hinein: „Das Vorwort ist von W. E. Gladstone, es hat zahlreiche Abbildungen und vorab die Illustration ‚Das Schatzhaus beim Löwentor', ausgegraben von Frau Schliemann."

Ihr Mann hatte davon nichts gesagt, seine Dankbarkeit für all die Hilfe zeigte er, indem sein Mykene-Buch aller Welt mitteilte, daß er diese große archäologische Aufgabe zusammen mit seiner Frau bearbeitet und gelöst hatte.

Als ihr Mann in das Zimmer trat, ging sie auf ihn zu, küßte ihn stolz und dankbar, vergaß alle Sorgen. „Das war lieb von dir", sagte sie zärtlich und umarmte ihn froh.

Paris wurde kalt, es regnete viel. Sophia verließ kaum noch ihre Zimmer. Hin und wieder kamen Bekannte zu Besuch, sehr freute sie sich, wenn sie Freunde aus der griechischen Gesellschaft sah, denn es gab für sie nichts Schöneres, als von der Sonne in Athen zu sprechen, von der Akropolis, dem neuesten Stand der dortigen Ausgrabungen und Renovierungsarbeiten.

Einmal bekam Sophia von ihrem Mann Post aus London, dann wieder aus Athen. Sie wußte, daß er in Athen ein eigenes Haus bauen wollte, die Grundsteinlegung bereits erfolgt war. Den Briefen lagen Zeitungsausschnitte bei, die auf Einzelheiten dieses palastähnlichen Hauses eingingen, das auf einem Grundstück in der Nähe des Königspalastes errichtet werden sollte. Sie kannte die Gedanken ihres Mannes, hatte auch die Pläne gesehen, als sie der Architekt Ernst Ziller, der sich schon 1865 selbst in der Troas als Ausgräber versucht hatte, ihrem Mann zeigte. Lag es daran, daß sie mit den Skizzen nicht zurechtkam? Ihr Mann las sie, als wären sie ein Buch, als sei ihm diese Sprache völlig geläufig. Warum hatte sie etwas Angst vor dem Haus? Beruhigend wirkte auf sie wiederum der Architekt. Er kam aus Wien, war dort Universitätsprofessor. Ernst Ziller war korrekt, ruhig und zuverlässig. Da es sich in Griechenland nicht ziemte, daß die Ehefrau bei geschäftlichen Besprechungen länger anwesend war, kannte sie nur Ausschnitte des Bauvorhabens. Sie wußte nur, daß der Architekt jede Freiheit bei der Gestaltung erhalten hatte. An einige Wünsche ihres Mannes konnte sie sich erinnern: er wollte eine breite Marmortreppe, die vom Garten zum ersten Stock führte, der obere Abschluß sollte eine Terrasse sein. Er wünschte weite Räumlichkeiten, zwei Arbeitszimmer mit Ausweichmöglichkeit vor der Sonnenhitze und ein Flachdach mit Balustrade.

Zehn Monate nach ihrem Vortrag in London — es war am 16. März 1878 — gebar Sophia im Alter von 26 Jahren in Paris einen Sohn. Der 56jährige Vater geriet in einen Freudentaumel. Ein Sohn!

Noch vor zwei Jahren hätte er ihn Odysseus genannt, aber nun lag Mykene dazwischen, und so gab er ihm bei der in Griechenland stattfindenden Taufe den Namen Agamemnon.

Ergriffen sah Sophia, daß ihr Mann bei der Taufzeremonie dem Säugling sein abgegriffenes Ilias-Buch, das er in Troja bei Hitze und Kälte, bei allen Grabungen immer mit sich trug, auf die Stirn legte, damit ihn der Geist Homers erfülle.

Sosehr er sich über den Sohn freute, seine Gedanken — Sophia spürte das — waren bereits bei den Vorbereitungen für eine weitere Grabung in Hissarlik. Er spann Fäden, oft sogar Intrigen, und mit Hilfe der Protektion amerikanischer und russischer Gesandter, mit Hilfe Virchows, des Erbprinzen von Sachsen-Meiningen und später auch Bismarcks, beantragte er in Konstantinopel eine neue Grabungslizenz.

Sophia schwelgte in ihrem Glück, sich durch Agamemnon als griechische Frau bewiesen zu haben. Sie verstand auch, daß es der Lebenszweck ihres Mannes geworden war, mit Hacke und Spaten die Schauplätze der homerischen Gesänge aufzudecken, und sie war stolz darauf, daß sie mithelfen konnte, den vollen Beweis zu erbringen, daß die wundersame Geschichte Homers genau an den aufgedeckten Stätten stattgefunden hatte.

Im September 1878 war es endlich soweit, daß ihr Mann in Troja seine Ausgrabungen wieder aufnehmen konnte. Sie war dankbar für seine Einsicht, daß der kleine Agamemnon restlos ihre Fürsorge brauchte, und so fuhr er ohne sie nach Hissarlik.

Täglich kam nun Madame Victoria zu Besuch, half im Haushalt und verhätschelte — wie es wohl alle Großmütter in Griechenland tun — ihren männlichen Enkel.

Agamemnon war ein halbes Jahr alt, als ihm die Großmutter von Kreta erzählte, von den Bergen, vom sagenhaften König Minos, von den Kämpfen gegen die Türken und von Melidóni.

„Was war in Melidóni?" fragte Sophia, weil sie nur wenige Worte gehört hatte, da sie in der Küche den Obstbrei für den Kleinen zubereitet hatte.

„Ich habe es euch, als ihr noch Kinder ward, doch schon oft erzählt", kritisierte Madame Victoria, doch man sah ihr an, daß sie davon gerne mit einigem Stolz berichtete. Sie nahm den Säugling auf den Schoß und begann, ihm ununterbrochen plaudernd, mit einem kleinen Löffel das Mus in den Mund zu schieben. Agamemnon strahlte, genoß die zärtliche Zuwendung, und zwischen den Löffeln lachte er hell auf.

„Du hast den gleichen Namen wie der berühmte König von Mykene", begann Madame Victoria weitschweifig. „Agamemnon war der oberste Führer der Griechen im Trojanischen Krieg. Der König wurde leider nach seiner Rückkehr von seiner Frau ermordet. Dir, Liebling, wird das nie passieren, denn du hast einen weltberühmten Vater, der dich, wo du auch bist, schützen kann." Dann wandte sie sich an Sophia. „Meine Eltern stammten aus Melidóni, zogen dann nach Réthymon. Réthymon ist die drittgrößte Stadt Kretas, hat einen wunderschönen venezianischen Hafen und auf einer Bergkuppe eine mächtige venezianische Festung. Die Höhle von Melidóni ist sehr mit dem Schicksal meiner Familie verbunden. Es war bei einem der vielen Aufstände der Kreter gegen die türkische Herrschaft. 1824 versteckten sich in der Höhle einige hundert Frauen und Kinder. Die Türken entdeckten das Versteck, töteten viele grausam, machten daraus ein Volksfest. Diejenigen, die sie nicht aus der Höhle locken konnten, die trotz Hunger und Durst dort ausharrten, erstickten im Rauch eines vor der Höhle angezündeten Feuers. Die Mutter meines Vaters", sagte sie feierlich, „und eine Schwester im Alter von vier Jahren verloren in Melidóni ihr Leben."

Es war am gleichen Tag, als Sophia ihre Mutter fragte: „Du, kommst du mit?" Ihre Stimme klang ängstlich, fast schüchtern.

„Wohin?"

„Ich möchte sehen, wie der Architekt Ziller mit dem *Bau* zurechtkommt."

Die Mutter wußte, was mit dem *Bau* gemeint war. Er sollte einst den Namen „Iliou Melathron" (Palast von Ilion) tragen, sollte für ihren Schwiegersohn Ausdruck seines Erfolges, Demonstration seines Lebensgefühls werden.

Sophia begrüßte den leitenden Ingenieur Drosinos, ließ sich von ihm die ersten Baumaßnahmen erklären. War es Spott, Ironie oder Anerkennung, daß der Bauleiter ihr ausführlich erklärte, daß er mit einer Bauzeit von zwei Jahren rechne, Doktor Schliemann Angebote der renommiertesten Firmen Europas einhole, bestes Baumaterial wünsche und sich die Raumausstattung selbst vorbehalten habe. Den Baustahl und die Eisengitter habe er in Deutschland, den Zement und auch die Gläser und Spiegel in England bestellt, für die Bodenmosaiken habe er zwei italienische Experten vorgesehen, nur das Holz und die Ziegel kämen aus Griechenland. „Ihr Mann, Kyria Schliemann, will von allem das Beste. Ich habe sogar den Auftrag, bestimmte Wände mit Marmor zu verkleiden."

Sophia nickte dankend, fuhr dann mit ihrer Mutter wieder in ihr Haus in der Moussonstraße zurück, wußte, daß sie ihrem Mann, der in etwa ihr drittes Kind war, diesen Traum von einem Luxusbau nicht zerstören durfte. Wie kläglich mochte das Kinderzimmer gewesen sein, in dem er aufwuchs? Wie häßlich die Mansarde in Paris, wo er fror und hungerte, jeden Franc für sein Studium und für Bücher ausgab? Er wollte sich hier in Athen beweisen, wollte königlich wie ein König wohnen.

Sie erhielt aus Hissarlik viele Briefe, alle waren sie zärtlich, und trotzdem machten sie ihr Sorge, denn immer erfuhr sie auch die neuesten Probleme. Da waren es Räuber, die zu einer Plage der Troas wurden, dort Schwierigkeiten mit den Arbeitern. Sie erfuhr, wie die neuen filzgedeckten Baracken aussahen, wie die

Aufseher und Diener hießen. Sie kannte die Zahl der Arbeiter und der Pferdekarren, den Fortgang der Arbeiten, Grabungsdetails und daß er täglich, trotz Kälte und Dunkelheit, an die Küste ritt, um dort zu schwimmen. „Ich bin jedoch vor Sonnenaufgang wieder zurück, um den Beginn des Tageswerkes in Hissarlik zu überwachen", schrieb er. In einem weiteren Brief gestand er, daß das tägliche Arbeitspensum von 14 Stunden an ihn und die Kraft der Arbeiter hohe Anforderungen stelle.

Als am 28. November 1878 unerwartet früh der Winter in Hissarlik hereinbrach, stellte ihr Mann die Grabung ein, kam nach Athen zurück. Fast gleichzeitig umarmte er Sophia, Andromache und Agamemnon, bewunderte alle und sagte immer wieder, wie glücklich er sei, wieder bei ihnen zu sein.

Wieder sah ihn Sophia lange Stunden an seinem Stehpult arbeiten und in alle Welt Briefe schreiben. Er lud namhafte Gelehrte ein, seine Grabungen in Hissarlik zu besichtigen und sich ihr eigenes Bild zu machen. Dies war einer der vielen geschickten Schachzüge, denn — Sophia wußte das — er konnte mit noch so viel Fleiß und Mut zu Erfolgen kommen, für gewisse Kreise würde er immer ein Laie bleiben. Er brauchte Anerkennung aus den Reihen der Wissenschaft, und diese Besucher waren die besten Fürsprecher, um ihre Kollegen zu überzeugen.

Die erste Zusage kam von dem Berliner Professor für pathologische Anatomie, Rudolf Virchow, einem Gelehrten von Weltruf. Virchow war Mitbegründer und Mitglied der Deutschen Anthropologischen Gesellschaft und neben seinem eigentlichen Fachgebiet auch mit prähistorischen Forschungen hervorgetreten.

Regelmäßig jeden Donnerstag, später sogar fast täglich, kam nun Ernst Ziller, der Architekt, zur Besprechung, und Sophia bewirtete und umsorgte ihn, wie es sich für eine gute griechische Hausfrau gehörte. Sie hörte meist nur Ausschnitte aus den Gesprächen, doch beunruhigten sie diese. Als sie ihr erstes Haus, das in der Moussonstraße, einrichteten, hatte ihr Mann sie bei vielen Dingen um Rat gefragt. Nun, bei seinem „Palast von Troja", fragte er nicht, erfüllte *seine* Träume. „Ich habe mein ganzes Leben in engen Häusern verbracht; jetzt möchte ich etwas Geräumiges", hatte er zu Ziller gesagt.

Wenn der Architekt zu einer Fassade italienisch-toskanischer Prägung riet, konnte sich Sophia nichts darunter vorstellen. Als sie einmal mit dem Architekten allein war, fragte sie ihn: „Herr Ziller, was treibt meinen Mann dazu, einen der größten Paläste Griechenlands zu bauen?"

Die Antwort schockierte sie: „Großen Männer steht es zu, große Häuser zu bauen."

„Wird das Haus eigentlich gemütlich?" fragte sie ängstlich.

Der Architekt überlegte, sagte dann: „Wenn man will, kann man auch in einem Palast angenehm leben. Kyria Schliemann, Sie werden im ‚Iliou Melathron' wie eine Königin residieren."

Später, als Sophia zu Hause in die Küche ging, mit ihrer Mutter sprach, im Garten dann auf Agamemnon achtete und mit Andromache spielte, dachte sie daran, daß mit diesem Palast, den sie zwar nicht mochte, die Tatsache verbunden war, daß ihr Mann nun öfter in Athen bleiben würde. Und das söhnte sie etwas aus.

Eigentlich war es Andromache, die ihr wieder den Frieden gab. Auf die Frage, ob das neue Haus auch einen Garten habe, wo man spielen könne, sagte sie, daß es von drei Seiten von einem Garten umgeben sei. „Das ist schön, wunderschön!" rief Andromache begeistert.

Mit einiger Sorge prüfte Sophia fast ununterbrochen ihren Mann, ob er gut zu den Kindern war, und konnte immer wieder mit großer Freude feststellen, daß er sich — trotz seiner Überbelastung — sehr bemühte, ein vorbildlicher Vater zu sein. Nach seiner Rückkehr aus Hissarlik gab er Andromache täglich zwei Stunden Unterricht in Deutsch und Französisch. Unter dem Kopfkissen Agamemnons lag ab seiner Geburt eine Homer-Ausgabe. Es war für Sophia ein erhebender Augenblick gewesen, als er seinem Sohn nach dem ersten Bad hundert Zeilen aus der *Ilias* vorlas. Was sie auch sehr beeindruckte, war, daß ihr Mann darauf bestand, daß beide Kinder beim Abendessen mit am Tisch saßen.

Eine Sorge hatte sich bald als grundlos erwiesen. Ihr Mann war die ersten Wochen nach seiner Rückkehr aus Hissarlik mit seinen Gedanken oft abwesend. Es gab Tage, wo er sie kaum

ansah, und schon hatte sie geglaubt, daß seine Liebe zu ihr erlo-
schen war. Brauchte die Liebe — wie eine Blume — täglich eine
Aktivierung? Sie grübelte vor sich hin und sagte dann laut: „Ja!"
Ihre Gedanken begannen zu suchen, und in ihr Denken drängten sich die vielfältigsten Stimmen. Eine sagte mahnend: „Wer
lieben kann, ist glücklich!" Dann dachte sie darüber nach, was
Glück ist, und eine Stimme in ihr antwortete: „Glück besteht
aus Empfindungen. Geld ist nicht das Wesentliche, auch nicht
die Macht. Es gibt viele Menschen, die beides haben und trotzdem nicht glücklich sind. Auch Schönheit ist nichts, es gibt
viele schöne Menschen, die nicht glücklich sind."

Sie wußte es, Glück war überall da, wo ein Mensch starke
Gefühle hatte und in ihnen lebte, sie nicht vertrieb, sondern
pflegte und genoß. „Glück ist Liebe. Glücklich ist der, der lieben kann. Denk daran", mahnte die Stimme, „Liebe ist weise
gewordene Begierde; Liebe will nicht besitzen, will nur lieben.
Merke dir: Glück kommt nur durch Liebe. Für jeden ist das ein-
zig Wichtige auf der Welt sein eigenes Glück, dieses wächst aus
seiner Liebesfähigkeit und diese wieder aus seiner Seele. Ist diese
in Ordnung, so mag man trockenes Brot oder Kuchen essen, in
Lumpen gehen oder reichsten Goldschmuck tragen, man ist
glücklich. Die Seele braucht die Liebe und — die Liebe die Seele.
Hüte daher deine Seele, halte sie rein, auf daß sie in der Lage
ist zu lieben." Und so gab Sophia ihrem Mann ihre Seele, bot
sich an und erkannte, daß er sich wieder als leidenschaftlicher
Liebhaber erwies.

Die folgenden Tage erlebte sie wie im Traum. Sie wurde aus
ihm gerissen, als sie erfuhr, daß ihr Bruder Spyros ernstlich
erkrankt war. Sein gesundheitlicher Abstieg begann mit Kopfschmerzen, Fieber und Bewußtseinsstörungen. Dann wurde er
einseitig gelähmt.

Armer Spyros, dachte sie und zündete vor ihrer Lieblings-
ikone eine Kerze an. Jahrelang hatte er die Rolle ihres Beschüt-
zers gespielt, und jetzt, kaum dreißig, schien sein Leben dem
Ende zuzugehen.

Sophia glaubte in die Tage zurückversetzt zu sein, als sie aus
Troja zurückgekommen war. Obwohl ihr Mann nur ein Drittel

Der im italienischen Palazzostil erbaute Athener Wohnsitz der Familie
Schliemann (Iliou Melathron).

seiner Funde behalten durfte, hatten sich auf dem Tisch seines Arbeitszimmers Gefäße, Scherben, Teller und goldener Schmuck gestapelt. Beim vorsichtigen Reinigen und Renovieren hatte er oft von Besuchern Hissarliks erzählt, die seine Erfolge anerkannten.

Bei der Bestimmung der Funde aus der neuesten Grabungsaktion auf dem Hissarlik bemerkte Sophia an ihrem Mann immer öfter eine beginnende Verbitterung, die sich in absonderlichem Verhalten äußerte. Auf der einen Seite wurde er verschwendungssüchtig, wenn es um den Bau seines ‚Palastes‘ in der Universitätsstraße ging. Der Architekt hatte die Anweisung, 25 Zimmer, einen Ballsaal und mehrere Salons einzuplanen. Die Kronleuchter wurden in Paris bestellt, die Möbel in Wien. Kein Architekt der Welt hätte sich gegen ein pompöses Bauwerk gesträubt, das ihn vielleicht weithin berühmt gemacht hätte, aber sogar Ziller sagte, daß das Haus theatralisch, kalt und ungemütlich werden könnte. Hier also war ihr Mann fast krankhaft großzügig. Auf der anderen Seite wurde er immer mehr der Kleinkrämer aus Mecklenburg, feilschte bei den Honorarforderungen des Architekten um wenige Drachmen, war sogar bereit, wegen geringfügiger Summen einen Prozeß zu wagen. Sophia versuchte es zu übersehen, aber es kränkte sie allwöchentlich, wenn ihr Mann das Haushaltsbuch peinlichst kontrollierte. Kamen Gäste, mußte Sophia das Feinste anbieten, der Weinkeller enthielt kostbarste und damit auch teuerste Weine. Oft hatte sie ein Menü zu planen, als gelte es, zehn Personen zu verwöhnen, dabei kam nur der Geschäftsführer einer archäologischen Gesellschaft oder der Direktor eines Museums mit seiner Frau. Gewiß, ihr Mann war zu ihrer Familie äußerst großzügig geworden, aber wenn sie von der Fülle einer Einladung ihren Brüdern oder Schwestern etwas zuleitete, kritisierte er es, erkannte nicht, daß die verbliebenen Salate, Fische und diversen Fleischgerichte innerhalb von längstens zwei Tagen verdorben sein würden. Aßen sie alleine, nur mit den Kindern, gab es meist nur Fisch und Obst. Er hielt sich beim Essen zurück, konnte stundenlang darüber sprechen, wie ungesund es sei, sich den Magen vollzustopfen. Dann wurde er zum Hygiene-Apostel. Dazu gehörte

unter anderem, daß er täglich nach Phaleron ritt, um im Meer zu
baden. Sommers stand er um vier Uhr früh, winters um fünf Uhr
auf, ritt oder ging an die fünf Kilometer, badete — und holte
sich dabei wohl seine schmerzhafte Ohrenentzündung, die ihn
immer mehr zu quälen begann.

Sophia hatte Verständnis dafür, daß jetzt, nach der Rückkehr
von der neuen Grabungsaktion auf dem Hissarlik, ihr Mann in
seiner fast unbegrenzten motorischen Kraft Aufgaben brauchte.
Wenn sie kränkelte, sich hinlegen mußte, weil einmal die Galle
oder der Magen, ein andermal das Herz Sorge machte, schmerzte
es sie in ihrer Feinnervigkeit, durch mehrere Wände hindurch
ihren Mann zu hören und zu wissen, was er tat. Machte er kleine
Schritte, dann stand er an seinem Pult und schrieb; ging er energisch durch sein Zimmer, suchte er ein Buch, aus dem er wohl
einen Ausschnitt, als Beleg, zitieren wollte. Hörte sie ihn in
dem großen Arbeitszimmer, dann stand er vor den neuesten
Funden aus Troja, prüfte sie, um sie in einer Darstellung noch
besser beschreiben zu können. War seine Stimme gedämpft,
dann sprach er mit den Kindern oder dem Kindermädchen.

Wieder hatte eine seltsame Müdigkeit Sophia gezwungen,
sich etwas hinzulegen. War es eine Stunde gewesen, die sie
erschöpft geschlafen hatte? Sie wachte auf, weil eine Hand, die
ihr guttat, die eine eigenartige Kraft ausströmte, auf ihrer Stirn
lag.

Als sie die Augen öffnete, sah sie, daß neben ihr, auf einem
Stuhl, Benatha saß. Sie sprach nicht, lächelte nur verhalten,
nickte ihr beruhigend zu. Nach einer Weile sagte sie: „Sophia,
ich war in der Nähe, wollte die Kinder sehen." Fürsorglich
sprach sie leise weiter: „Andromache entwickelt sich prächtig,
sie wird einmal ein hübsches Mädchen." Kurz schwieg sie, sah
dann Sophia warmherzig an. „Agamemnon sieht zum Verlieben
aus. Er hat die Augen deiner Mutter, Kinn und Mund sind von
deinem Mann. Wie geht es Heinrich?"

„Benatha, sei so lieb, hole mir das helle Kleid aus dem
Schrank, weißt du, das mit den bunten Kreuzstichkanten,
Heinrich sieht es gerne. Gehen wir dann etwas in den Garten?"

„Wie geht es dir, Sophia?"

„Ich bin sehr müde, scheine Fieber zu haben. Weißt du, Benatha, alle, die wir in Hissarlik arbeiteten, haben als Souvenir Malaria mitgebracht, und sie zeigt sich von Zeit zu Zeit."

Als sie dann im Garten saßen, plauderten sie über gemeinsame Freunde, über die Lehrer und das Gymnasium. Benatha rieb mit einem Zeigefinger nachdenklich die Lippen. „Eigentlich wollte ich deinen Mann bitten, mir eine Kunstgeschichte zu leihen. Ich will in den nächsten Tagen in meiner Klasse über den sogenannten dorischen und ionischen Stil sprechen, dabei auf die Säulen und charakteristischen Kapitelle eingehen." Sie schmunzelte vor sich hin. „Sophia, ein antikes Künstlermärchen schreibt die Erfindung des korinthischen Kapitells dem Bildhauer Kallimachos aus Korinth zu. Dort starb eines Winters ein kleines Mädchen. Die Amme stellte ihm seine Spielsachen in einem Korb auf das Grab und beschwerte ihn mit einem großen quadratischen Ziegelstein. Zufällig kam der Korb gerade über der Wurzel eines Akanthus zu stehen, und als dieser im Frühjahr ausschlug, umkleidete er mit seinen Blättern den Korb, während die Stengel sich an den Ecken des Ziegelsteins volutenartig einrollten. Dieses Motiv habe Kallimachos im Vorübergehen erhascht und so das korinthische Kapitell erfunden. Klingt doch reizend?"

„Du Schlange...", antwortete Sophia humorvoll.

Benatha sah sie unschuldig an. „Was meinst du damit?"

„Das mit dem Ausleihen einer Kunstgeschichte ist doch nur eine Ausrede."

Nun lachte Benatha. „Etwas schon, Sophia. Ich mag deinen Mann; wenn er nicht schon vergeben wäre, könnte er mir gefallen."

„Er ist aber dreißig Jahre älter..."

Benatha nickte. „Dafür aber in seiner Wesensart, in seinem leidenschaftlichen Ringen um die Entschleierung der Vergangenheit jünger als mancher in unserem Alter. Er ist im Herzen jung. Was macht ihr Weihnachten? Seid ihr zu Hause? Ich würde gerne wieder mal zu euch kommen und mit Heinrich philosophieren. Weißt du", sie kam jetzt ins Schwärmen, „am Anfang war das Ahnen. Das Wirken einer außermenschlichen

Macht spürte der Mensch der Frühzeit droben im Reich der Wolken und Gestirne. Der Glaube an die Götter, die Furcht vor ihrer Kraft und die Hoffnung auf ihre Hilfe beseelten schon den Hellenen der ältesten Epochen. Und, Sophia, es war die Kraft der hellenischen Phantasie, die im Mythos vom Leben der Götter ein erhöhtes Bild des menschlichen Daseins entwarf."

„Du Philosophin", scherzte Sophia.

„Und darüber will ich auch mit Heinrich sprechen, denn er wird mir beipflichten, daß Homer der erste Philosoph war."

„Benatha, Homer war als Poet ein freier Diener der göttlichen Erkenntnis. Homer war Dichter..."

„Aber auch ein Denker und ein Erzieher, und seine *Odyssee* und auch *Ilias* wuchsen — vermischt mit den tatsächlichen, geschichtlichen Fakten — aus seiner Philosophie. Ein Beispiel, Sophia. In seiner Odyssee sagt er, daß der Mann die Hälfte seiner Kraft und Tüchtigkeit verliere, wenn er aus einem Freien zum Sklaven werde. Heinrich wird mir bestätigen, daß das homerische Epos durchzogen ist von dem Bemühen, sich darüber Klarheit zu verschaffen, wie weit dem Menschen Freiheit des Handelns vergönnt ist. Das ist es, Sophia, und", sie sah ernst und feierlich vor sich hin, „darüber will ich mit deinem Mann sprechen, er wird Bescheid wissen, und", fast trotzig sagte sie es, „deswegen mag ich ihn auch."

Aus dem offenen Küchenfenster hörten sie die Stimme Madame Victorias rufen. „Kommt bitte rauf, ich möchte mit euch etwas besprechen."

Als Sophia und Benatha in das Haus gingen, kam ihnen Andromache entgegen. „Mutter", rief sie schon von weitem, „ich darf euch doch helfen?"

„Das Essen gibt es erst, wenn Heinrich zurückkommt", sagte Madame Victoria entschieden, säuberte sich die mehligen Hände an der Schürze. Dann begrüßte sie Benatha herzlich. „Ich habe euch am Fenstertisch Kaffee und Kuchen hingestellt, damit ihr mir nicht verhungert. Ich bin gerade an der Weihnachtsbäckerei. Helft ihr mir? Ich will — weil wir oft Gäste haben werden — einen Vorrat von *kourabides* (süße Butterkekse) machen." Sie sah kurz auf den Tisch, auf dem schon die Zutaten

lagen. „Sophia, ich glaube, Benatha wird bestimmt einige
Kniffe kennen, machst du das *christopsomo* (mit Walnüssen,
Sesamkörnern und einem Teigkreuz verziertes Weihnachts-
brot)?"

Sie waren gerade beim Mehlsieben und den übrigen Vorbereitungen, als Schliemann in die Küche trat. Zuerst sah er nur die
Mehlbehälter, die Nüsse und die Backformen, dann erst
bemerkte er Benatha. Er nahm sie herzlich in die Arme und
küßte sie — wie ein echter Grieche — auf beide Wangen. „Ich
freue mich, dich zu sehen. Was machst du Weihnachten? Die
Schulferien sind zu kurz, als daß es sich lohnen würde, deine
Tante in Kreta zu besuchen. Willst du nicht zu uns kommen?"
Er lachte etwas, sagte, daß das Gästezimmer sehr auf sie warte,
dann wandte er sich an Sophia: „Liebes, ich muß auf einige Stunden weg, möchte zur Archäologischen Gesellschaft, wartet nicht
mit dem Essen auf mich."

Zwei Tage später war Weihnachten. In den frühen Morgenstunden gingen sie alle zur Weihnachtsmesse. Der Tag verlief
mit gegenseitigen Besuchen, Madame Victoria hatte als Mittagessen die traditionelle Putersuppe gemacht, und zum Kaffee
gab es das Weihnachtsbrot. Sie hörten es schon seit einiger Zeit:
Auf der Straße gingen Kinder mit einer Triangel von Haus zu
Haus, sangen die ‚Kallanta', das waren altertümliche, sich auf
den Festtag beziehende Texte, und bekamen dafür Geld und
Süßigkeiten.

Sophia sah mit Sorge, daß die Weihnachtstage durch Ohrenschmerzen ihres Mannes getrübt wurden. Ein Athener Arzt
hatte ihm geraten, nicht mehr im Meer zu schwimmen, doch
wies er das brüsk zurück, sagte, daß er sein Arbeitspensum ohne
diese ‚Wasserkur' nicht schaffe.

Als sein rechtes Ohr immer mehr schmerzte, schließlich sogar
entzündet war und er Hörschwierigkeiten hatte, fuhr er nach
Deutschland zu einem Professor Tröltsch in Würzburg, der als
einer der besten Ohrenspezialisten Europas galt. Auch dieser
mahnte ihn, im Winter nicht mehr im Meer zu schwimmen.

Das Jahr 1879 begann. Emile Burnouf, der jetzt in Paris
lebte, hatte sich für den Fall, daß Schliemann wieder archäolo-

gisch in Hissarlik arbeite, als Berater angeboten. Virchow hatte ebenfalls seine Mitarbeit zugesagt. Sophia freute sich, daß ihr Mann nun zwei überdurchschnittliche Helfer hatte. Etwas war sie betrübt, daß sie gesundheitlich einige Bürden zu tragen hatte. Wenn der kleine Agamemnon auf ihrem Schoß saß und sie ihm von Mykene und Troja, von den Tauben im Garten, den Blüten an den Bäumen, von der Akropolis und dem neuen Haus, das wie ein Palast aussehen würde, erzählte, schloß sie oft mit dem Hinweis: „Liebling, deine Mutter wird bald eine alte, kranke Frau!"

Zugleich dachte sie an Stunden, wo sie in ihrem Mann einen müden Greis gesehen hatte. Und jetzt, jetzt war es umgekehrt. Ihr ‚alter' Mann war jung, und sie als ‚junge' Frau war schon alt. Es stimmte, sie schaffte es gesundheitlich nicht, mit ihrem Mann nach Troja zu gehen, und betrübt winkte sie ihm nach, als ihn die Kutsche zum Schiff nach Piräus brachte.

Ein Brief aus Hissarlik dämpfte ihren Kummer darüber, daß sie nicht wieder an der Seite ihres Mannes die Vergangenheit entschleiern konnte. Er schrieb: „Sophia, mein Liebling..., Du kannst nicht kommen, das Leben hier wäre zu gefährlich für Dich... Die Troas ist jetzt ein Schlachtfeld, auf dem die Räuber und die Dorfbewohner miteinander kämpfen. Sie plündern, morden, vergewaltigen... Wenn sie erführen, daß in unserem Lager eine schöne junge Frau lebt..., müßte ich mich Tag und Nacht um Dich sorgen. Bleib zu Hause, meine Geliebte. Wache über den Bau unseres schönen neuen Heimes. Ich bin Ende Juni zurück, dann werden wir den ganzen Sommer zusammen sein..."

Sophia wußte, daß Professor Virchow nur drei Wochen in Hissarlik mitarbeiten konnte, er über Athen wieder zurück nach Berlin reisen würde. Ihr Mann nannte Virchow ‚den kleinen Doktor'. Als das Mädchen an einem Nachmittag den Besuch von einem Professor Virchow meldete, wußte sie nur, daß er in etwa das Alter ihres Mannes hatte. Voller Neugierde begrüßte sie ihn, denn zwischen den beiden gab es viele Parallelen. Virchow hatte zum Beispiel das gleiche Sprachtalent, beherrschte Latein, Griechisch, Hebräisch, Arabisch, Englisch, Französisch, Italienisch und Holländisch. Erstaunt stellte sie fest, daß sich dieser Deutsche, von dem man sagte, daß er ein Rebell, ein streitsüchtiger und aggressiver Mensch sei, der sogar einmal von Bismarck, dem eisernen Kanzler, zum Duell gefordert worden war, erstaunlich liebenswürdig, bescheiden und überaus höflich benahm. Sie lud ihn daher zum Abendessen ein, bewirtete ihn mit griechischen Speisen und unterhielt sich auf deutsch. Sie wußte, daß ihr Mann Virchow sehr schätzte, und so hörte sie mit Freude, daß der Professor größten Respekt und höchste Anerkennung für die Leistungen in Troja und Mykene hatte.

Im Verlauf der Gespräche sagte Virchow: „Wir Mediziner glauben nur das, was wir sehen. Ihr Mann, Frau Schliemann, wird — und das ist das Erstaunliche an ihm — durch das, was er nicht sieht, erst beflügelt. Er ist durch und durch Idealist." Kurz sann er vor sich hin, sprach dann weiter: „Der erste Idealist der Weltgeschichte dürfte der Pharao Echnaton gewesen sein."

Als ihn Sophia fragend ansah, meinte er, daß dieser in der zweiten Hälfte der mykenischen Epoche den Versuch unternahm, die unzähligen Götterkulte zu beseitigen, um an deren Stelle ein höchstes Wesen zu setzen, das durch die Sonne symbolisiert war. Er hüstelte verlegen, sagte dann mit feierlicher Stimme: „Ich weiß nicht, ob Ihr Mann es Ihnen schon gesagt hat. Sie wissen, daß wir Freunde wurden, und das Freundschaftsgeschenk Ihres Mannes war das Versprechen, daß er den Schatz des Priamos, der noch in London gezeigt wird, seiner Heimat und damit dem deutschen Volk zum Geschenk machen wird." Er erhob sich, ging auf Sophia zu. „Gnädige Frau, ich beglückwünsche Sie, die Gefährtin von Heinrich Schliemann sein zu dürfen. Ihnen von Herzen Dank, daß Sie bei der Bergung des Schatzes wesentliche Hilfe leisteten. Das deutsche Volk wird Ihnen auf ewig verpflichtet sein."

Sophia spürte, daß sie errötete, ihr Herz fast bis zum Hals hinauf klopfte. Sie dankte Professor Virchow und griff sich wieder ans Herz, kämpfte gegen die Enttäuschung, daß Griechenland um ‚seinen' Schatz gebracht wurde.

„Frau Schliemann, Ihr Mann hat mich gebeten, Sie zu untersuchen. Bitte, sagen Sie mir, wann Ihnen dies genehm ist." Er schwieg, blickte sie entschuldigend an, sagte dann fast schüchtern: „Gerne würde ich morgen mittag weiterreisen, ich habe in Berlin einige wichtige Termine."

Sophia überlegte kurz. „Das Mädchen richtet gerade das Gästezimmer her. Wenn Sie mir eine halbe Stunde Zeit geben — Sie könnten sich inzwischen den Garten ansehen, aber auch das Arbeitszimmer meines Mannes dürfte Sie interessieren —, stünde ich dann zu Ihrer Verfügung."

Als sich Professor Virchow am nächsten Tag verabschiedete, sah er sie zwingend an. „Gnädige Frau, hier ist ein Brief an Ihren Mann, ich habe ihn offengelassen. Sie können ihn lesen. Bitte, leiten Sie ihn dann nach Hissarlik weiter." Während er sprach, stellte sie wieder fest, daß er älter wirkte, seine Haut pergamentartig und runzlig aussah. Ja, er war ein Rebell, seine Augen zeigten, daß er kritisch war und wohl in vielen Dingen seine eigene Meinung hatte. „Frau Schliemann", sagte er nach einer Weile, „Sie sind an und für sich völlig gesund. Was Sie krank macht, ist Ihre Umgebung. Um Sie sind zu viele nervöse und kranke Familienmitglieder. Sie brauchen dringend eine Kur, ich würde Ihnen sehr Bad Kissingen empfehlen."

Sophia las, als sie den Gast verabschiedet hatte, den Brief, der zuerst den Dank Virchows zeigte, daß er von Schliemann nach Troja eingeladen worden war. Dann sprach er begeistert über den fünftägigen Ausflug in die Troas. Mit einigem Humor pries er das Nachtlager, obwohl Sophia wußte, daß er meist auf der bloßen Erde schlafen mußte. Dann ging Virchow mit knappen Worten auf die geologische Beschaffenheit der troischen Ebene ein, zeigte seine Beobachtungen bei der Freilegung der Ringmauern und Datierung der Brandschichten. Abschließend las Sophia dann den Befund der Untersuchung und daß er Schliemann rate, mit seiner Frau alsbald nach Bad Kissingen zu einer längeren Kur zu fahren.

Froh und sogar stolz, weil dieser deutsche Professor so gut über ihren Mann gesprochen hatte, machte sie fortan mit den Kindern täglich einen längeren Spaziergang. Andromache, die mit ihren acht Jahren immer mehr zu einem hübschen Mädchen heranwuchs, schob den Kinderwagen, den Heinrich aus England bezogen hatte, und tat, als wäre sie die einzige Hüterin des kleinen Agamemnon.

Sophia spürte, daß ihre Nerven wieder zu rebellieren begannen, die Magenschmerzen anfingen und auch die Herzbeschwerden zunahmen. Hatte Professor Virchow recht, als er sagte, daß sie für zu viele kranke Familienmitglieder zu sorgen habe? Madame Victoria hatte einen ernsten Herzanfall, der Arzt befahl unbedingte Bettruhe. Und so hatte Sophia ihre Mutter und dann den halbgelähmten Bruder Spyros zu sich genommen. Die Kinder hatten ihre Zimmer abgeben müssen, und so stand links und rechts vom Bett Sophias ein Kinderbett. Eine weitere Belastung war, daß sie — da Spyros ausfiel, der bisher die Finanzen überwacht hatte — sich nun selbst damit befassen mußte. Sie hatte etwas Angst vor dieser Verantwortung, war nicht dazu erzogen worden, und es stimmte vielleicht sogar, was ihr Mann einmal angedeutet hatte, daß sie nicht mit Geld umgehen konnte. Noch größer war die Angst und Sorge, weil ihr Mann sie eindringlich beauftragt hatte, den Bau in der Universitätsstraße (Panepistimioustraße) zu überwachen. Was verstand sie schon von Holz, Ziegel, Glas, Zement und Marmor?

Wenn die Kutsche in die Straße einbog, sah sie schon von weitem über hundert Arbeiter, die — sie verstand diese Organisation nicht, bewunderte sie jedoch unbewußt — wie Ameisen in den verschiedensten Etagen herumkrochen. Da waren deutsche Zimmerleute, dort griechische Klempner, da französische Stukkateure und dort italienische Fliesenleger. Sie sprach mit den Vorarbeitern, kam mit ihnen, welche Sprache sie auch hatten, zurecht, doch war sie meist schon nach einer Stunde so erschöpft, daß sie kaum noch die Kraft hatte, sich zu entkleiden, wenn sie sich hinlegte. Sie wurde mit sich immer unzufriedener, es mehrten sich die Situationen, wo sie zu schwach war, die Schuhe auszuziehen, bevor sie sich auf das Bett warf.

Sie fühlte sich restlos vereinsamt. Die Mutter fieberte im Nebenzimmer, Spyros stöhnte vor Schmerz, das Hausmädchen nützte die Schwäche der Herrin und begann zu schlampen, die

Köchin, Sophia sah es fast täglich, stahl, und wenn Verwandte oder Bekannte sie besuchten, gingen sie alle mit vollen Körben weg. „Eine alleinstehende Frau ist das ärmste Wesen der Welt!" sagte sie laut und prüfte sich verbittert im Spiegel. „Ich bin in einem Gefängnis", sprach sie vor sich hin. Der Spiegel zeigte, wie sie dazu nickte. Eine Stimme in ihr versuchte, ihr Mut zu geben, sagte, daß sie doch eine Frau Schliemann sei. Eine andere drang wie ein spitzer Dolch in ihr Denken und kritisierte fast gehässig: „Du hast einen berühmten Mann, er ist sogar Millionär, und er liebt dich. Du hast zwei gesunde Kinder, was willst du denn noch mehr?"

„Ich will raus aus diesem Gefängnis", sagte sie eigensinnig.

„Eine Pflicht ist kein Gefängnis. Übernehme die Pflicht, sei froh in ihr. Eine Aufgabe, die man froh löst, ist Freude."

„Ich möchte mit meinem Mann graben. Er ist nun schon über drei Monate weg. Ich möchte bei ihm sein, ich bin doch erst siebenundzwanzig."

Wieder mahnte eine Stimme in ihr gütig: „Denk an deine Mutter, sie hatte in diesem Alter schon fünf Kinder. Dann kam der finanzielle Zusammenbruch deines Vaters. Deine Mutter murrte nicht, als sie mit euch in das Sommerhaus in Kolonos ziehen mußte, ertrug tapfer ihre Aufgabe; du, die du es um vieles leichter hast, willst feige sein?"

Lag es an den vielen Gebeten Sophias, an der Magie ihrer Sehnsucht oder an einem Brief Virchows, der für Schliemann ein guter Freund geworden war? Anfang Juni kehrte ihr Mann nach Athen zurück.

Für Sophia begann eine glückliche Zeit. Wieder konnte sie ihm beim Ordnen und Bestimmen der neuen Funde helfen. Sie fühlte es, wenn sie zusammen arbeiteten — so war es in Troja, so war es in Mykene, so war es bei den vielen Restaurierungsarbeiten in Athen —, verstanden sie sich bestens.

„Es muß schön sein, mit dir ein Haus bauen zu dürfen", sagte sie an einem Abend. Sie saßen im großen Arbeitszimmer, sortierten Scherben, strahlten sich an, wenn sich Fragmente zu einem hübschen Krug oder einer herrlichen Vase zusammenfügten. „Du baust doch mit mir ein Haus", rief er ihr zu, „du warst viele Wochen fast täglich in der Universitätsstraße, hast also, wie man so sagt, hautnah das Werden unseres Hauses erlebt!" Konnte sie ihm sagen, daß *er* baute, sie nur Zuschauer war? Am nächsten Abend saßen sie nebeneinander, sprachen nicht, ahnten jedoch, daß die Scherben, die vor ihnen lagen, eine Bügelkanne ergeben mußten. Nach fast einer Stunde wuchs aus dem Sandkasten, in den sie das Bodenstück gelegt hatten, die Bügelkanne empor, zeigte eine bemalte Dekoration aus Oktopus und Fischen. Sie atmeten befreit auf und sahen sich glücklich an. Nach einer Weile zeigte Sophia ihrem Mann eine Kanne, die mit pflanzlichen Motiven und mit Kreisen bemalt war.

„Mykene", sagte ihr Mann.

Sophia nickte. „Wir fanden die Scherben in einem Grab."

„Du hast die Kanne wunderschön restauriert, meine Anerkennung", lobte er sie. „Und du hast alle Scherben gefunden und zusammenfügen können?"

Jetzt lächelte Sophia stolz. „Vom Henkel hatte ich nur kleine Stücke, der Hals fehlte, der Ausguß war auch nur in Bruchstükken vorhanden."

„Und wie konntest du sie so schön restaurieren?"

„Unsere Freunde im Französischen Archäologischen Institut ersetzten die fehlenden Stücke immer mit Gips. Ich brauchte einige Zeit, bis ich daran dachte, für die Restaurierung Originalmaterial zu verwenden. Wir haben viele Scherben, die wir wegwerfen müssen. Ich suchte mir davon solche aus, die die gleiche Schlämmung und Färbung hatten, zerkleinerte sie in einem Mörser; aus dem Sand, den ich mit Fischleim vermischte, formte ich mir die fehlenden Teile." Sie hob die Kanne hoch. „Hier siehst du links am Ausguß meine Kunst, mir gelang sogar die Bemalung. Hier am Henkel", sie drehte die Kanne, „siehst du mein Ersatzmaterial, jedoch noch nicht bemalt."

Schliemann sah seine Frau an, als wäre sie ein Zauberwesen. Dann nahm er sie überglücklich in die Arme, küßte sie leidenschaftlich und sagte: „Sophidion, du bist ein Wunder. Ich verliebte mich in dich, schon bevor ich dich kannte, jetzt, Sophidion", er rang erregt nach Atem, „liebe ich dich unendlich. Du bist eine Gefährtin, wie ich sie mir nicht hätte besser wünschen können." Dann sah er sie stolz an: „Sophidion, morgen beginne ich mit meinem neuen Buch."

„Welches?" fragte sie und hatte sofort Herzbeklemmungen, denn sie wußte, daß er dann wieder täglich bis zu vierzehn Stunden an seinem Stehpult arbeiten würde.

„Es könnten 1000 Seiten werden", antwortete er so nebenher, „wird den Titel ,Ilios' haben, und in ihm werde ich die Stadt und das Land der Trojaner beschreiben. Weißt du, Sophidion, in meinen ,Trojanischen Altertümern' sind einige falsche Schlußfolgerungen. Inzwischen weiß ich mehr, habe einiges dazugelernt. Besonders Virchow und Emile Burnouf haben mir beigebracht, wie man ein Anliegen objektiv und wissenschaftlich darstellt. Dann . . ."

„Ja, Heinrich?"

„Homer sprach von insgesamt drei Städten, in denen es Gold im Überfluß gab. In Troja und Mykene haben sich diese Berichte bestätigt. Die dritte Stadt Homers ist", er sah nachdenklich auf Sophia und sagte dann leise: „Orchomenos."

Als sie ihn entsetzt ansah, meinte er gütig, daß er sie fortan zu allen Ausgrabungen mitnehmen werde.

Das gab ihr Mut. Sie begann zu überlegen: mit dem neuen Buch würde ihr Mann über ein halbes Jahr sehr belegt sein, und dann hatte er die Absicht, es reich zu illustrieren. Bis dahin, grübelte sie, war Agamemnon alt genug, von einem Kindermädchen betreut zu werden.

Schliemann stand auf und ging erregt auf und ab. „Ich brauche jetzt zwei bis drei Wochen, damit ich die liegengebliebene Korrespondenz aufarbeite, dann habe ich geschäftlich einiges zu regeln. Wichtig ist auch, daß ich mich nun um den Bau unseres *Iliou Melathron* kümmere. Habe ich dir schon gesagt, daß ich die Absicht habe, unser Haus mit Wandgemälden zu schmücken, die ich Künstlern aus Bayern und Wien — von dort kommt der slowenische Maler Juri Subic — in Auftrag geben will? Ist das erledigt, fahren wir mit den Kindern für einen Monat zur Kur nach Bad Kissingen." Er blieb stehen, ging auf sie zu, nahm sie herzlich in die Arme. „Liebling, wir wollen bis dahin aber auch Athen genießen, wollen viel ausgehen, du warst lange genug eingesperrt."

274

„Er weiß, daß du in einem Gefängnis gelebt hast", wisperte es in ihr.

Oft hatte sich Sophia vorgenommen, ihm seine Schwächen zu zeigen, dort seine Verschwendungssucht, hier den Geiz, da seinen Jähzorn und dort eine Nachsicht, die ihr unverständlich war. Aber immer, wenn er etwas bereute, sein Fehlverhalten einsah, wurde sie entwaffnet, war wehrlos und verzieh ihm nach solchen Reuegeständnissen wieder alles.

Es gab trotzdem Stunden, in denen Sophia ihren Mann nicht verstand. Er konnte in der gleichen Minute um wenige Drachmen feilschen wie ein billiger Händler, war aber sofort bereit, für ihre Mutter ein kleines Haus zu kaufen, wo sie mit einer Freundin als Pflegerin in Ruhe und Frieden leben konnte.

„Wir Frauen sind schon komische Geschöpfe", murmelte sie und betrachtete sich im Spiegel. „Ist unsere Schwäche unsere Stärke, oder sind wir stark, wenn wir schwach sind?" philosophierte sie.

Als sie ihrer Mutter mitteilte, daß Heinrich ihr ein Haus kaufen wolle, sie es selbst aussuchen dürfe, war diese sofort wieder gesund, konnte frei atmen und sogar etwas gehen. Schon nach wenigen Tagen hatte sie in einer stillen Straße ein hübsches Häuschen gefunden.

Sophia und ihr Mann halfen ihr beim Umzug. Und da Madame Victoria Spyros zu sich nehmen wollte, engagierte Schliemann zur Betreuung ein Hausmädchen und eine Köchin.

Es war am Abend im Garten. Schon nach wenigen Minuten gelang es Sophia, sich bei ihrem Mann für seine Hilfe zu bedanken. „Errikaki?" fragte sie vorsichtig, „es ist schon ein Kreuz, eine griechische Frau zu heiraten, denn man heiratet meist die ganze Sippe mit."

„Sophidion, jeder hat sein Kreuz zu tragen. Ich glaube, daß du mit mir mehr Last hast."

„Wieso?" fragte sie unschuldig.

„Ist es nicht eine große Last, einen alten Ehemann zu haben, der dazu so voll von Archäologie ist, daß er oft und oft vergißt, in Athen eine junge, hübsche Frau zu haben?"

Es war Ende Mai, als sie für einen ganzen Monat nach Bad Kissingen fuhren. Die Landschaft, die Kur, die Tatsache, daß sie ihren Mann für sich hatte, er ihr all seine Zärtlichkeit geben konnte, machte sie schnell gesund. Als der Aufenthalt zu Ende gehen sollte, bat er Sophia, daß sie alleine nach Athen zurückfahre, er gerne nach Paris wolle, um dort mit Burnouf die neuen Karten für *Ilios* vorzubereiten.

Als auch er wieder in Athen war, arbeitete er fast Tag und Nacht an seinem Buch, verließ sein Arbeitszimmer nur, wenn er die Bauarbeiten an seinem Iliou Melathron überprüfen mußten.

Was Sophia beglückte, war, daß sich ihr Mann an vielen Abenden freimachte und mit im Garten saß, mit den Kindern spielte, oder sie alle in ein nettes Restaurant oder Kafenion gingen. Andromache war in die erste Vorschulklasse des Arsakeion gekommen und lernte gut. Der nicht ganz zweijährige Agamemnon zeigte sich sehr aufgeweckt, hatte für sein Alter bereits einen erstaunlichen Wortschatz.

Es war eigenartig, und Sophia machte sich darüber Gedanken: Wenn Benatha den Abend bei ihnen verbrachte, war alles schöner, lichter und lebendiger. Die Kinder mochten sie, weil sie voll von Märchen war. Besonders liebten sie Geschichten, in denen die Tiere sprachen, sie sich wie Menschen benahmen. Als Benatha einmal Agamemnon auf dem Schoß hatte und ihm die Geschichte vom Hasenkönig erzählte, bettelten die Kinder, Tante Benatha jedes Wochenende einzuladen.

Sophia war froh, daß es Benatha gab. Sie hatte einen überdurchschnittlichen guten Einfluß auf ihren Mann, sogar das Personal mochte sie, und es war rührend zu sehen, wie die Köchin ihr fast schüchtern ein Stück Kuchen hinstellte, sich entschuldigte, sagte, daß er übergeblieben sei, er noch heute gegessen werden müsse.

Wenige Minuten später trat Schliemann in den Garten und Sophia sah, wie die Freundin fast scheu auf ihren Mann blickte. Zögernd erzählte sie ihm, daß sie tags zuvor ein Reliefbild der nachdenklichen Göttin Athena gesehen habe. „Sie steht in langem, damenhaft niederfließendem Gewande mit tiefer antiker

Gürtung. Auf dem Kopf trägt sie den Helm und stützt die Schläfe an die Lanze. Es ist eine wunderschöne Darstellung.

Schliemann nickte ihr warmherzig zu. „Benatha, du hast die Göttin von Athen gesehen: wehrhaft, aber auch gedankenvoll; stark, widerständig an Leib und Seele, adlig an Körper und Geist; eine Göttin des Mutes, der Kühnheit, des Kampfes, zugleich jungfräulich und trotzdem eine wahre Frau."

Benatha nickte froh und sah dann auf Sophia: „Kann man euch zu einem Ausflug verführen? Das Wetter ist so schön, ward ihr schon einmal in der Landschaft nördlich von Athen? Es gibt dort Gebiete, die märchenhaft sind."

Schliemann war sofort bereit, Marigo und das Kindermädchen behüteten die Kinder, und zu dritt fuhren sie hinaus. Es war ihnen, als erlebten sie Griechenland neu. Da öffnete sich ein Tälchen, dort war der Silbersaum eines Olivenwäldchens. An einem Hang waren zwei Häuschen in die Landschaft getupft. Ein Mandelbaum blühte, und aus einem Weinfeld heraus näherte sich ein Bauer, ließ sich auf einem Esel schaukeln, dahinter ging die Frau, führte einen zweiten Esel, der mit Reisig bepackt war.

„Ist das nicht Urmusik?" fragte Benatha überglücklich, denn von einem steppigen Acker her klang das Glockengeläut einer Schafherde, es waren drei einfache Töne. Alles war nah und zugleich fern.

Dann besuchten sie das Frauenkloster. Der Hof, die gekalkten Zellen strahlten vor Sauberkeit. Die Nonnen eilten herbei, um sie zu begrüßen. Man sah ihnen an, sie arbeiteten viel, um den Lebensunterhalt zu verdienen, wachten, beteten und konnten sich wahrscheinlich nicht sattessen, denn in den wenigen freien Stunden stickten sie althergebrachte Muster — kleine Zypressen, Kreuze, Rosen und Blumentöpfe mit Nelken — um neben dem, was die Äcker ergaben, noch die Kapelle schmücken zu können. Dann erfuhren sie, tranken dabei das Glas Wasser, das man ihnen angeboten hatte, daß sie — wie alle griechisch-orthodoxen Nonnen und Mönche — die ‚nackte Beerdigung‘ erwarte.

„Nackte Beerdigung?" fragte Schliemann.

Benatha erklärte sie, sagte, daß der Leichnam in ein Tuch gewickelt und ohne einen hölzernen Sarg direkt in die Erde gelegt werde. „Nach drei Jahren wird dann die Leiche exhumiert und die Gebeine werden in einem Sammelgrab beigesetzt."

Auf der Rückfahrt sahen sie um sich Felder, Weinäcker, braune Erde, große Schafherden und viel rinnendes Wasser. Benatha wies um sich: „Seht ihr das Licht? Ist nicht das attische Licht der erlösteste Grad des griechischen Lichts? Dieses Licht", sie sann vor sich hin, sprach dann weiter, „durchströmt den ganzen Körper. Es hebt alles Schwere auf. Sind die Sonnentage nicht erhaschtes Glück, sind sie nicht ein Geschenk des Lichts?"

Die Monate vergingen. Sophia wurde immer mehr Sekretärin, Übersetzerin und Vermittlerin. Sie half den *Ilios* zu übersetzen und über seine Herausgabe in mehreren Ländern zu verhandeln. Im April (1880) erhielt Harper die Rechte für die Vereinigten Staaten, Brockhaus war bereit, die deutsche Ausgabe herauszubringen.

Es war an einem gemütlichen Abend im Garten, als Sophia den Mut hatte, ihren Mann zu fragen, warum er Deutschland den Schatz zuspreche, obwohl er dieses Land als Neunzehnjähriger tief enttäuscht verlassen hatte.

Er überlegte lange, bis er antwortete: „Sophidion, jeder hat seinen Schwachpunkt. Du weißt, daß ich am 6. Januar 1822 in dem Städtchen Neu-Buckow in Mecklenburg-Schwerin geboren wurde, wo mein Vater protestantischer Prediger war. 1823 wurde er an die Pfarre von Ankershagen versetzt. Dort verbrachte ich acht Jahre meiner Kindheit. Ich glaube, man kann, nein, man darf nie seine Heimat vergessen, sonst entwurzelt man. Virchow muß geahnt haben, daß ich — trotz meiner Verbitterung, weil mich besonders deutsche Wissenschaftler lächerlich machten — an dieser meiner Kinderheimat hing. Als wir bei unserem fünftägigen Streifzug durch die Troas auf einer Bergwiese rasteten, pflückte er aus einem Impuls heraus einen blühenden Schlehdornzweig und gab ihn mir mit den Worten: ‚Heinrich, ein Strauß aus Ankershagen!' Und damit hatte er meinen Widerstand gebrochen. Davon abgesehen, ich habe durch Virchow unendlich viel gelernt, bin ihm sehr zu Dank verpflichtet. Mein *Ilios* hat fast 900 Seiten Umfang. In ihm gibt es keine Widersprüchlichkeiten mehr. Das Material wird nach Art und Herkunft zusammengefaßt, die Darstellung ist systematisch und sachlich, die Funde analysiere und beschreibe ich sorgfältig. Du weißt, daß ich sehr begeisterungsfähig bin, damit zur Übertreibung neige, Träume als Realität ansehe. Virchow und Burnouf bezeichneten sich als Helfer; Sophia", er sah sie ernst und ehrlich an, „sie waren weniger ‚Helfer‘, sie waren eigentlich meine Lehrer."

Es war mehrere Wochen später, als Sophia gerührt Benatha aus einem Bericht Virchows vorlas: „Es ist heute eine müßige Frage, ob Schliemann im Beginn seiner Untersuchungen von richtigen oder unrichtigen Voraussetzungen ausging. Nicht nur der Erfolg hat für ihn entschieden, sondern auch die Methode seiner Untersuchung hat sich bewährt. Es mag sein, daß seine Voraussetzungen zu kühn, ja willkürlich waren, daß das bezaubernde Gemälde der unsterblichen Dichtung seine Phantasie zu sehr bestrickte, aber dieser Fehler des Gemüts, wenn man ihn so nennen darf, enthielt doch auch das Geheimnis seines Erfolges. Wer würde so große, durch lange Jahre fortgesetzte Arbeiten unternommen, so gewaltige Mittel aus seinem Besitz aufgewendet... haben, als ein Mann, der von einer sicheren, ja schwärmerischen Überzeugung durchdrungen war? Noch heute würde die gebrannte Stadt in der Verborgenheit der Erde ruhen, wenn nicht die Phantasie den Spaten geleitet hätte."

„Das stimmt", sagte Benatha in ihrer entschiedenen Art. „Mit Troja und Mykene wurde die Arbeit Heinrichs zu einer Sternstunde der Archäologie. Ich habe gestern mit einem Geschichtsprofessor gesprochen, den ich vom Arsakeion her gut kenne. Er sagte, daß Heinrich eine Beziehung zwischen Troja und Mykene herstellte, während die orthodoxen Philologen behaupteten, die mykenische Kultur sei längst untergegangen, ehe die Griechen in ihre Heimat kamen. Heinrich sei es, der die Tore zur griechischen Urgeschichte öffnete."

„Jetzt ist aus dem Schatzgräber ein
gelehrter Mann geworden, der seine
Erfahrungen in langem und ernstem
Studium mit den Aufzeichnungen der
Historiker und Geographen, mit den
sagenhaften Überlieferungen der Dich-
ter und Mythologen verglichen hat."
(Rudolf Virchow)

VIII

Wanderung zwischen Welten und Zeiten

Sophia war nun achtundzwanzig, Heinrich achtundfünfzig. An
den Abenden saßen sie, sooft es möglich war, mit den Kindern
im Garten. Gerne sprachen sie über die Kur in Kissingen, und
Sophia verstand die Freude ihres Mannes, als er immer wieder
erzählte, wie schön es gewesen sei, ihr seinen Heimatort Ankershagen zeigen zu dürfen. Sie sprachen auch darüber, daß es ein
großes Erlebnis war, daß sie in Bad Kissingen an einem Junitag
mit Bismarck speisen konnten.

„Weißt du, Heinrich, was mir an Bismarck sehr imponierte,
waren die tiefen, gründlichen Kenntnisse von Geschichte und
Altertumskunde, die er und sein Sohn, Graf Herbert, zeigten",
sagte Sophia begeistert.

Er antwortete respektvoll: „Ich war erstaunt über die Einfachheit und Liebenswürdigkeit der ganzen Familie."

Dann kam aus Berlin der Bescheid, daß der preußische Kultusminister zugestimmt habe, die Schliemann-Sammlung in
speziellen Ausstellungsräumen unterzubringen, sie stets separat
gezeigt und für immer seinen Namen tragen würde.

Als diese Mitteilung eintraf, litt Sophia gerade sehr an Kopf-
schmerzen; sie hatte auch schlecht geschlafen, und ein Bote
Madame Victorias hatte ihr mitgeteilt, daß es ihrem Bruder
Spyros nicht gut gehe.

Sie saßen in Phaleron, Heinrich hatte mit den Kindern im
Meer gespielt und sie dann in ihren Schwimmkünsten über-

Sophia Schliemann mit Sohn Agamemnon (aufgenommen in Bad Kissingen im Juli 1879).

wacht. Die Taverne, in der sie essen wollten, hatte ihre Tische bis an das Ufer gestellt. Auch ihr Mann wußte, daß der Grieche gerne in Restaurants aß, die im Freien waren. Eine Familie am Nebentisch hatte sogar den Tisch und die Stühle so gestellt, daß einige Erwachsene ihre Füße ins Wasser des Meeres hängen lassen konnten.

„Was essen die Leute dort?" fragte Schliemann und deutete auf einen Tisch.

Sophia war dabei, sich wieder zu fangen, und antwortete humorvoll: „Eine Bohnensuppe, es ist das ‚Fleisch der Dörfler‘, aber auch das traditionelle Freitags-Nachtessen. Die Suppe besteht wie gesagt aus Bohnen, in denen man Tomaten, Brot, rohe Zwiebeln und in Salz eingelegtes Gemüse mitkocht."

Ein Kind trat auf sie zu und überreichte ihr einen Strauß aus Königskraut, worüber sich Sophia sehr freute. Natürlich erwartete die Kleine ein Gegengeschenk, und da sie als Griechin Süßigkeiten sehr liebte, hatte sie in der Tasche Bonbons und füllte mit ihnen eine Hand des Mädchens.

Ihr Mann sah es. War es die Kleinlichkeit des ehemaligen Krämerlehrlings, die rügte, daß sie dem Kind so viele Bonbons gab?

Wieder kam in Sophia der Kopfschmerz hoch und mit ihm die üble Laune. „Heinrich, was sind schon die Bonbons?" wehrte sie sich. „Du verschenkst deine ganzen Trojafunde an Deutschland, vergißt völlig, daß sie eigentlich Griechenland gehören. Du beleidigst damit meine Landsleute, die — wenn wir ehrlich sind — als Nachfahren Priamos' und Agamemnons Anspruch auf den trojanischen Schatz erheben könnten."

Der Haussegen hing schief, die Ehe war in Gefahr. Der Erbprinz von Sachsen-Meiningen, seit zwei Jahren Schwiegersohn Kaiser Friedrichs III., der sich immer für ihren Mann eingesetzt hatte und ein treuer Freund des Hauses geworden war, schaltete sich ein. Und nun erkannte Sophia, daß es für ihren Mann gut war, wenn er sich mit seinem Geburtsland aussöhnen und die Sammlung Berlin überlassen würde.

Sophia war froh, daß der unleidliche Kleinkrieg beendet war, und freute sich mit, daß ihr Mann im Winter nach London reisen und die Verpackung seiner Sammlung überwachen konnte.

Kaum von London zurück, bestand Schliemann darauf, daß sie in das noch nicht ganz fertiggestellte Iliou Melathron einzogen. Er begründete es mit der Notwendigkeit, daß er so die Wandmaler besser überwachen könne. Mit schwerem Herzen half sie beim Verladen der Möbel. Andromache bestand darauf, daß auch das Taubenhaus mit allen Tauben mitgenommen werde; Agamemnon war untröstlich, weil er sich im Garten in eine Gruppe Sträucher eine Burg gebaut hatte, er wollte all den Kram, aus dem *sein* Troja bestand, auf die Straße schleppen, stolperte dabei mehrmals und fiel hin.

Zehn Jahre ihrer Ehe hatten sie in der Moussonstraße verbracht, Andromache war in diesem Haus auf die Welt gekommen. Wie oft hatte sie im Garten mit ihrem Mann auf dem langen Tisch die Funde aus Troja und Mykene ausgebreitet, sie bewundert, sortiert und dann in liebevoller Zusammenarbeit gereinigt? Das alles war nun vorbei, das Haus würde nun vermietet werden, Fremde es bewohnen, den Garten benützen, der Zeuge vieler Sorgen, aber auch vieler Liebesstunden gewesen war.

Als die Wagen vor dem neuen Haus vorfuhren, erschrak Sophia. Sie hatte wohl den Bau erlebt, das Hochwachsen der drei Stockwerke, das Werden der Treppen, die Arbeiten der Handwerker bis hin zum Fliesenlegen. Was sie jetzt sah, war ein Marmorpalast, kalt und abweisend.

Reizvoll, das mußte sie zugeben, waren die Arkadenbögen der beiden Loggien, die im ersten Stock von Pilastern mit ionischen und im zweiten Geschoß mit korinthischen Kapitellchen scheinbar gestützt wurden. Sie gaben dem Gebäude einen freundlichen Charakter, nahmen ihm die Schwere. Das Dach sollte auch als Terrasse dienen und wurde von einer Balustrade eingefaßt, auf deren Pfeilern 24 überlebensgroße Terrakottakopien antiker Figuren standen. Im Erdgeschoß waren die Zimmer für das Personal, die Wirtschaftsräume, Abstellkammern und auch der Raum, der einmal das Museum ihres Mannes aufnehmen sollte. Als sie ihn betrat, sah sie, daß er in pompejanischem Rot ausgemalt war.

Über dem Eingang war ein Abguß der Heliosmetope eingemauert worden, das einzige Bildwerk, das sie in Troja entdeckt hatten. Eine breite Treppe aus weißem Marmor führte vom Garten in den ersten Stock, über dessen Eingang eine große hölzerne Eule hockte, denn jeder Schmuck des Hauses sollte in irgendeiner Beziehung zu den archäologischen Arbeiten ihres Mannes stehen. Sie sah im ganzen Haus Wandmalereien und Mosaikdarstellungen. Im ersten Obergeschoß befanden sich die großen Empfangsräume und Gästezimmer. Über der Türe zur Garderobe war als Spruch die Aufforderung *Hesiods,* in der er den Menschen mahnte, zielstrebig, sparsam und erfolgreich zu sein! Auch das Empfangszimmer war in pompejanischem Rot ausgemalt und zeigte an der Decke eine aufwendige Bemalung, an den Seiten Bordüren. Im westlichen Eckzimmer, das als Salon benutzt werden sollte, hatten die Wände ebenfalls reichen Schmuck mit pompejanischen Malereien. Der luxuriöseste Raum war der Saal der Hesperiden. Er sollte als Ballsaal und Empfangshalle für die zahlreichen Veranstaltungen dienen, die Heinrich plante. Die Dekoration, vor allem die der Decke, war eine einzige Verherrlichung des wissenschaftlichen Eifers ihres Mannes. Der Fußboden war der schönste im ganzen Haus. In 74 kreisförmigen Medaillons sah man Funde aus Troja, in 24 Medaillons die Goldfunde aus Mykene. Auch die Wände waren reich geschmückt, zeigten schwebende weibliche Gestalten und Blattvoluten mit Vögeln. Sophia blieb abrupt stehen. An der Nordwestwand sah sie Köpfe, die wie Münzbilder wirkten. Auf einer Scheibe war ein weiblicher Kopf zu sehen, eine behelmte Athena, die Göttin der Weisheit, die jedoch ihre Gesichtszüge trug. Auf der anderen Scheibe sah sie den Kopf eines römischen Kaisers. Als sie ihn genau betrachtete, trug er wie ihr Mann einen Bart auf der Oberlippe.

Wo sie auch hinging, sah sie weibliche und männliche Eroten (ungeflügelte Putten); manche bestaunten archäologische Funde, studierten, zeichneten oder betrachteten alte Karten. Einige der Eroten, Sophia glaubte zu träumen, zeigten eine blonde weibliche Gestalt, wahrscheinlich Minna Meincke, die Kinderfreundin ihres Mannes aus seinem Heimatdorf Ankershagen. Auch Sophia sah sich dargestellt, zweimal sogar, wohl als Gegengewicht zu Minna Meincke, erkennbar an ihrem typischen Haarknoten. Ihren Mann sah sie als Eroten, der die charakteristische runde Brille trug. Agamemnon saß als zweijähriger Knabe auf einem Felsen, Andromache war im Nordostfries wiedergegeben. Der Fries der südwestlichen Langseite war der Ausgrabung in Troja gewidmet. Eroten gruben, trugen Funde, schoben einen Karren, und wieder sah sich Sophia, wie sie neben einem Relief, mit einem Hund zu Füßen, saß. Jetzt mußte sie lächeln. Sie sah im Nordwestfries einen Eroten, der sie darstellen sollte und zeigte, wie sie eine Statuette bewunderte, ein weiterer Erote war Andromache, die mit einem Schreibgerät auf ein Pergament schrieb, ein Erote — an der runden Brille als ihr Mann erkennbar — studierte. Ein anderer Erote, es war Agamemnon, lag auf dem Boden und bearbeitete ein schwarzfiguriges Gefäß, auf dem eine Kriegergruppe dargestellt war.

Überall, im ganzen Haus, sah Sophia Decken- und Wandgemälde, Friese, Flechtbänder und fast in jedem Raum Inschriften. Allein der Hesperidensaal enthielt zehn Inschriften. Ein Spruch von *Hesiod* betonte, ,wie wichtig es sei, das Tagwerk früh zu beginnen', im östlichen Teil des Saales war auch ein Spruch von *Hesiod,* der ,dem Gerechten Wohlstand und Überfluß' zusprach. Sie sah auch Verse von *Pindar.* Einer — er stammte aus dem 11. Olympischen Gesang — verkündete, ,wie gerecht der Nachruhm sei für jemanden, dem in seinem Leben dank unermüdlicher Mühe alles gelungen ist'. *Hesiod* wies an einer Wand auf die ,schlimmen Folgen der Saumseligkeit' hin, und als sie sich umwandte, las sie ein ,Loblied auf die Arbeit'.

Sophia ging wie in einem Traum durch die Räume. Befand sie sich jetzt in den Gästezimmern? Sie stand, stützte sich an einer Wand ab, sah hohe Fenster, schöne Türen und immer wieder Wandmalereien und Zitate. Stammte der Spruch nicht von ihr? Sie hatte, als ihr Mann gute Aussprüche suchte, sogar mitgeholfen, mehrere vorgeschlagen? Eine Inschrift berichtete, ,daß der glücklich sein wird, wer den Göttern nicht mißtraut und rastlos arbeitet'; dieses Zitat stammte von ihr. Sie rang erregt nach Atem, war beglückt, als sie las, daß es ,für einen Mann kein höheres Gut zu erreichen gäbe, als eine brave Frau und daß ihn kein größeres Unheil treffen könne als ein böses Weib'.

Lange stand sie dann im Speisesaal. Hier würden sie essen und hier sollten auch die ,musikalischen Liturgien' stattfinden, die ihr Mann plante. Sie wußte, daß ein Mitglied des Personals nunmehr die Aufgabe hatte, während des Essens homerische Verse vorzulesen, und ein weiterer Wunsch ihres Mannes war, daß während des Essens nur Altgriechisch gesprochen werden durfte. Der Raum war hübsch. Drei große Glastüren gaben Licht, die mittlere Türe führte über eine große Außentreppe direkt in den Garten. An der Südwestwand befand sich der handbetriebene Aufzug, mit dem die Speisen von der direkt darunterliegenden Küche hochtransportiert werden konnten. Wieder sah sie Malereien. Ein Spruch von *Hesiod* wies darauf hin, daß man ,zum Essen nicht seinen Feind einladen sollte, sondern seinen Freund, noch mehr aber seinen Nachbarn'.

Jeder Raum hatte marmorne Kamine, große Fenster und Türen. Die Pilaster aus gemasertem Stuck erweckten den Eindruck, als wären sie aus Carrara-Marmor.

Sophia mußte sich erneut abstützen, spürte, daß eine Magenkolik kam und ihr Herz stark schmerzte. Wieder lehnte sie sich mit dem Rücken an eine Wand, und vor ihren Augen war das Epigramm des *Loukianos,* das darauf hinwies, daß ,Hilfe immer rechtzeitig gewährt werden soll, da sie sonst unnütz ist'.

Sie glaubte, nicht mehr weitergehen zu können, fühlte sich erdrückt, erschlagen. Doch es gab keine Flucht; eine Sophia Schliemann floh nicht. Und so atmete sie mehrmals tief durch, um wieder Kraft zu haben, und stieg langsam in den zweiten Stock hoch. Die Marmortreppe war prächtig, das Geländer wunderschön, die Wände überall bemalt. Dann stand sie im Arbeitszimmer ihres Mannes, das in ein Sommer- und ein Winterstudio geteilt war. Langsam ging sie hinüber in die Bibliothek und in das Schlafzimmer. Über der Türe las sie die Inschrift: ,Ein jeder, der gut und rechtschaffen ist, liebt seine Frau und ist ihr zärtlich zugetan'. Sie nickte, die Worte stammten aus der *Ilias.* Dann las sie den Spruch ,Leg dich nicht schlafen, bevor es Zeit ist'. Jetzt mußte sie sogar etwas lächeln, denn diese Mahnung stammte

aus der *Odyssee*. Befand sie sich jetzt im Schlafzimmer Andromaches oder Agamemnons? Sie wußte es nicht mehr, obwohl ihr
Heinrich mehrmals den Plan des Hauses und die Aufteilung der
Räume gezeigt und erklärt hatte. Lange stand sie vor dem
Spruch ,Wohlstand und Mäßigung im Haus erzieht ja nur
prächtige Kinder', die Worte stammten aus der *Odyssee*. Sophia
begann zu grübeln. Hatte sie ihren Mann nicht auch zu Zitaten
von dreien der Sieben Weisen geraten und er versprochen, sie
zu verarbeiten? Sie schritt durch die Zimmer, suchte, fand
dann beglückt die Mahnung von Pittakos ,Bedenke die Zeit',
die von Solon ,Ehre Gott' und die von Bias ,Rede Nützliches'.
Zärtlich lächelte sie, als sie im Vorzimmer, das einmal das Aus-
grabungszimmer werden sollte, an der Südostwand eine Darstellung des Tholosgrabes der Klytämnestra sah, an dessen Eingang
sie stand.

Sie ging in einen Raum, dessen Wände leuchtendes pompeja-
nisches Rot zeigten. Die Türaufsätze trugen Inschriften wie
,Studieren ist alles', ,Wer nicht Geometrie betreibt, bleibe
draußen', ,Maßvoll ist am besten' und ,Schrecklich die Verbil-
dung'. Nun wußte sie, sie befand sich in der Bibliothek ihres
Mannes, dem bedeutendsten Zimmer des Hauses. Lange stand
sie vor dem Kamin, über dem eine Photographie von ihr hing,
die sie in Landestracht zeigte, auf dem Kopf trug sie eines der
trojanischen Diademe.

Sie sah auch Diplome, Bücher, Büsten, Vitrinen mit Münzen
und das altmodische Stehpult; nur an ihm konnte Heinrich — er
hatte es immer wieder gesagt — *denken* und *schreiben*.

Sophia erlebte beglückt, daß ihr Mann mit dem Einzug in
dieses Haus Grieche wurde. Oft sprach er nur noch Altgriechisch mit ihr. Das Personal erhielt antike Namen, der Türste-
her, welcher Demetrios hieß, bekam den Namen Bellerophon-
tes, der Gärtner wurde in Priamos umbenannt, der Kutscher in
Kalchas.

Mit Erschrecken sah Sophia jedoch, wie die Zahl der Briefe,
die ihr Mann erhielt, aber auch die seiner literarischen Arbeiten
zunahm. Trotz dieser Überbelastung wanderte oder ritt er
täglich nach Phaleron, wo er nun eine eigene Badeanstalt hatte,

von der aus er bei jeder Temperatur ins Meer hinausschwamm. Sie erkannte, daß das Schwimmen ihm gut tat, er immer erfrischt, wie neugeboren zurückkam. Was sie aber auch bemerkte, war, daß er an starken Ohrenschmerzen litt, die Stunden sich mehrten, in denen er schlecht hörte.

Wieder meinte Sophia, diese Last nicht mehr tragen zu können. Ihr Mann, dreißig Jahre älter, arbeitete — als wäre das nichts — täglich über zwölf Stunden, verhandelte mit den Behörden und schrieb schwierigste Briefe in den verschiedensten Sprachen. Sie, die um viele Jahre jünger war, wurde schon nach wenigen Stunden kraftlos. Wie konnte es sein, daß sie, die Jüngere, schwächer war, und er, der Ältere, Tag für Tag eine überdurchschnittliche Energie besaß?

Schon wenige Tage nach ihrem Umzug wurden sie von der Griechischen Archäologischen Gesellschaft eingeladen, nach Olympia mitzukommen, wo das Deutsche Archäologische Institut das Areal mit dem Zeustempel, den vielen Götterstatuen, das Stadion und viele andere herrliche Belege freilegen und man schon jetzt die majestätische Schönheit Olympias in vielen Phasen erkennen konnte.

Für Sophia war die Besichtigung dieses Grabungsortes ein großes Erlebnis, und anerkennend sah sie die Gründlichkeit der deutschen Archäologen, die mit erstaunlichem Fleiß und einer Korrektheit ohnegleichen viele Zeugnisse aus der Erde geschält und gekonnt aufgestellt hatten. In einer kleinen Pause flüsterte sie ihrem Mann zu: „Du, Heinrich, hier arbeitet doch auch Doktor Dörpfeld, der dir so reizend schrieb?"

Da stand dieser auch schon vor ihnen, stellte sich selbst vor.

„Da sind Sie also", begrüßte ihn ihr Mann, dankte ihm für den Brief und sagte, daß ihm der Freimut, mit dem er geschrieben habe, sehr imponierte. „Sie sind Architekt?"

„Ja, ich habe bei Professor Adler studiert."

„Wie alt sind Sie?"

„Achtundzwanzig, Herr Doktor", antwortete er knapp.

„In diesem Alter verdiente ich mir mein erstes Geld in Amerika als Goldgräber. Und Sie wollen für mich arbeiten?"

Der Mann nickte. „Ich glaube, ich könnte Ihnen von Nutzen sein." Er schwieg kurz, fragte dann, ob er ihnen etwas die Ausgrabung zeigen dürfe. „Es war anfangs sehr schwer, denn eine fünf bis sieben Meter dicke Schlammschicht bedeckte das ganze Gelände."

Interessiert hörten sie, was dieser junge deutsche Archäologe sagte. „Wir arbeiten seit 1875 hier, fanden über 100 Statuen oder Reliefs, über 10.000 Bronzegegenstände, an die 6000 Münzen, 400 Inschriften, 1000 Gegenstände aus Ton und die Reste von 40 Bauwerken." Er führte sie, zeigte bestimmte Details, und Sophia versank in ein träumerisches Denken. Die Ruinen des ältesten hellenischen Heiligtums machten auf sie einen tiefen Eindruck, weil sich die gedrungenen Säulen und geborstenen Säulentrommeln harmonisch in die Natur einfügten. Ja, sie nickte, das Ausgrabungsfeld hatte eine besondere Atmosphäre: im Rauschen der Pinien, im Bannkreis des Heiligtums wagte man kaum ein lautes Wort zu sprechen. Die Sinne waren entzückt, man war berauscht vom starken Duft der Bäume und des roten Nadelteppichs, während tausend kleine namenlose Blumen unter ihren Schritten süßen Honigduft aus der Erde aufsteigen ließen.

Mit Freude sah sie, daß sich ihr Mann und Dörpfeld bestens verstanden. Sie hörte fachliche Dialoge und dann, wie ihr Mann zugab, in seinem Buch *Ilios* Erkenntnisse zu zeigen, die ihm inzwischen Bedenken bereiteten.

Sophia verglich ihren Mann mit Dörpfeld. Beide waren gänzlich verschieden in den Lebensschicksalen, in der Methode des Ausgrabens. Dörpfeld war von überlegener Ruhe, ihr Mann voll von Hast und Unruhe.

Als es Abend wurde, wurden sie von Dörpfeld eingeladen, und sie blieben über Nacht. Nach dem Abendessen bekam sie sofort starkes Herzklopfen, als ihr Gastgeber höflich, aber kritisch sagte, daß Homer Ilion als eine große gutgebaute Stadt mit breiten Straßen schildere, die bisherigen Grabungsergebnisse aber nur ein kleines Städtchen zeigten. Sie beobachtete ihren Mann genau. Er nickte anerkennend und antwortete: „Herr Dörpfeld, ich habe bereits einen Architekten, einen

Herrn Höfler aus Wien, eingestellt, kann es nicht mehr rückgängig machen, aber Sie interessieren mich sehr, ich brauche
Sie, bitte Sie, bei meiner nächsten Trojagrabung mitzuma-
chen."

Als sie wieder in Athen waren, erfuhr Sophia, daß ihr Bruder
Spyros einen weiteren Schlaganfall erlitten hatte und wenige
Stunden danach gestorben war. In die Trauer um den Toten
mischte sich die Freude über die Genehmigung, daß ihr Mann in
Orchomenos graben dürfe.

Als Sophia den Bescheid las, den er ihr freudestrahlend auf
den Tisch gelegt hatte, wiederholte er sofort sein Versprechen,
ja, seine Bitte, daß sie an der Grabung teilnehme.

Das Zusammentreffen der neuen Grabung mit dem Tod des
Bruders stürzte Sophia wieder in eine solche Bedrängnis, daß sie
sofort Kopfschmerzen und Magenkoliken bekam. Dann
bedrückte sie die Sorge, ob sie der kranken Mutter — trotz der
Hilfe von Marigo und dem Kindermädchen — den Haushalt
anvertrauen durfte. Orchomenos? Sie begann zu grübeln. War
dieser Ort nicht eine der ältesten Städte des heroischen Griechenlands gewesen? Gab es nicht Berichte, daß die Bewohner
Asklepios, den Arzt, den Sohn des Apollon, verehrten? Lag
nicht in der Nähe Chaironeia, einst jenes Schlachtfeld, auf dem
das uneinige Griechenland seine Freiheit verlor und der junge
Alexander die heilige Schar der Thebaner zerschlug? War nicht
in dieser Landschaft auch ein anderes Schlachtfeld, der Paß der
Thermopylen, auf dem Leonidas und seine Spartaner 480 vor
Christus gegen die Heere des Xerxes standen? Als der Wider-
stand aussichtslos wurde, schickte Leonidas die Griechen nach
Hause und behielt nur 300 Spartaner und 700 Thespier bei sich.
,Wanderer, kommst du nach Sparta, verkündige dort, du habest uns
hier liegen gesehn, wie das Gesetz es befahl!' Diese Mahnung von
Simonides hatte sie in der Schule oft und oft gehört. War nicht
Orchomenos die dritte Stadt, die Homer mit der Bezeichnung
,goldreich' versah?

Da sie die Grabungserlaubnis hatten und in Sorge waren, daß
ihnen andere Verpflichtungen Orchomenos verwehren könnten,
reisten sie am 13. November 1880 in die böotische Ruinen-

Sophia Schliemann mit ihren Kindern Andromache und Agamemnon.

stätte nordwestlich von Theben, die wie Mykene auf einem kargen, von Bergen umgebenen Felsplateau lag. Bei ihrer Suche legten sie ihr Hauptinteresse auf das in Pausanias' Reisebericht erwähnte ‚Schatzhaus des Minyas‘, das von ihm als eines der größten archäologischen Wunder bezeichnet wurde.

Schnell entdeckten sie dieses sogenannte Schatzhaus, es war ein verfallener Tholos, ein unterirdisches Gewölbe, ähnlich den bienenkorbförmigen Schatzhäusern Mykenes. Der ins Innere führende Gang, der *dromos,* war durch große Steinblöcke versperrt. Von ihrem Mann wurde Sophia als sein Glücksbringer bezeichnet. Stolz war sie auch darüber, daß sie — wie in Mykene — die Aufsicht über die Ausgrabung des Schatzhauses erhielt. Angefeuert durch diese Aufgabe, kroch sie, nachdem sie sich einen Gang freigeschaufelt hatte, auf dem Bauch liegend und sich mit beiden Händen von dem immerzu fallenden Gestein abschirmend, in das Bauwerk. In einer kleinen Nebenkammer entdeckte sie grüne Schieferplatten, die mit herrlichen Fragmenten in Reliefarbeit verziert waren und sie an Mykene und Tiryns erinnerten. Es handelte sich also um Kostbarkeiten mykenischer Handwerkskunst.

In vielen mühevollen Stunden setzte sie mit ihrem Mann die Fragmente zusammen, damit Zeichnungen und Photographien des Reliefmusters gemacht werden konnten. Von großer Bedeutung für die archäologische Forschung war auch die gefundene einfarbige polierte Töpferware, die bereits auf einer Töpferscheibe hergestellt worden war. Obwohl sie über 100 Arbeiter zur Verfügung hatten, diese innerhalb und außerhalb der alten Burganlage Schächte aushoben und große Gräben zogen, fanden sie kein einziges Königsgrab.

Sie erhielten oft Besuch. Zuerst kam der Orientalist A. H. Sayce, dann Professor Ziller, der ihr Haus entworfen, vorher bereits an einigen kleineren Grabungen in Griechenland und Kleinasien teilgenommen hatte. Einmal erschien sogar ein führendes Mitglied der Griechischen Archäologischen Gesellschaft.

Am 9. Dezember waren sie wieder in Athen. Wenige Tage später mußte ihr Mann nach London, um seine dort ausgestellte Troja-Sammlung zu verpacken, und wenig später trafen in Berlin 40 Kisten ein.

Am 24. Januar 1881 wurde im Reichsanzeiger des Deutschen Reiches der Erhalt der Schliemannschen Schenkung bekanntgegeben. Kaiser Wilhelm I. dankte ihrem Mann für ‚diese von warmer Anhänglichkeit an das Vaterland zeugende Schenkung.‘

Am 30. Januar 1881 sollte das Iliou Melathron, der ‚Palast von Ilion‘, der Öffentlichkeit mit einem großen Empfang vorgestellt werden. Die Gästeliste wies einschließlich der Verwandten Schliemanns aus Deutschland über 200 Namen auf. Kleinmütig sagte Sophia: „Heinrich, es fehlen noch die Kronleuchter aus Paris, die Mosaiken sind noch nicht fertig, im Hof stehen die Kisten mit den Möbeln aus unserer Pariser Wohnung, ein Teil deiner Bücher aus der Moussonstraße muß ausgepackt werden...", sie schwieg und starrte betrübt vor sich hin.

„Was ist, Liebling?“

„Mein Boudoir ist...", sie stockte und sah ihn hilfesuchend an.

„Sprich schon, Liebling.“

„Es ist ein Herrenzimmer, sieht aus, als ob es das Gemach eines Kriegers wäre, der die Thermopylen oder die Schlacht bei Marathon erlebte. Der Raum ist kalt, ungemütlich und farblos. Warum hast du mir nicht die Möglichkeit gegeben, ihn selbst zu gestalten?“

Wieder erlebte Sophia einen Mann, der seine Fehler erkannte. „Sophidion, ein Vorschlag: wirf alle Möbel raus, die dir nicht gefallen, richte dich so ein, daß du Freude an ihm hast. Bestimme auch du die Einrichtung der Kinderzimmer.“ Er lächelte sie schuldbewußt an. „Natürlich habe ich sie schon möbliert, doch zeigt alles meinen Geschmack, und“, er schmunzelte erneut und klagte sich damit an, „über diesen kann man bekanntlich streiten.“

„Ich glaube, Heinrich“, sagte sie vorsichtig, „daß du dazu neigst, aus unserem Haus einen zweiten ‚Palast des Priamos‘ zu machen.“

„Ein klein wenig nur, Liebes. Hätte ich wirklich diese Absicht gehabt, wäre es Professor Ziller nicht gelungen, im Bau den italienischen Renaissance-Stil toskanischer Prägung zu verwenden. Vielleicht hätte ich dann den klassischen griechischen Stil der Universität und der Staatsbibliothek angeordnet."

Die Zeit drängte, sie hatten nun jede Stunde zu nutzen. Die Kronleuchter waren gekommen und wurden im Ballsaal, in den Salons und im Eßzimmer aufgehängt. Fast täglich kamen jetzt Sendungen aus dem Ausland. Handwerker brachten den Zaun an, setzten das in England hergestellte Eisentor ein, das mit zwei Greifen geschmückt war. Dann waren die Mosaikböden fertig, sie zeigten Blumen und Vögel der Troas, ihr Mann hatte die Vorlagen selbst entworfen. Über ihrer Schlafzimmertür sah sie, als sie sich wieder einmal erschöpft hinlegte, den abgewandelten Vers aus der Ilias: „Wer gut ist und das Herz auf dem rechten Fleck hat, liebt seine Frau und sorgt für sie."

Fast alle Räume waren nun mit Zitaten geschmückt. Während sie darüber nachsann, ob dieser Schmuck aus einer Eitelkeit entstanden war, rügte sie sich selbst. Hatte ihr Mann sich nicht restlos Homer, diesem ersten großen Dichter Griechenlands, verschrieben? Hatte er nicht das Recht, seine Seele auch in diesem Haus zu zeigen?

Als sie abends in der Bibliothek, dem Lieblingsraum ihres Mannes, saßen, verbot sie sich jegliche Kritik. Sie war sich darüber klar, daß sie ihn nie völlig verstehen würde. Er verschenkte riesige Beträge, gab aber nie etwas einem Bettler; er verachtete Schwache und Kranke, sagte, daß sie an ihrem Schicksal selbst schuld wären, man wissen müsse, daß das Leben Kampf sei und man nie etwas geschenkt bekomme.

Erst jetzt hatte sie die Kraft, ihrem Mann zu danken, daß sie am ersten Tag, an dem sie in ihrem neuen Haus schliefen, unter ihrem Kopfkissen ein Exemplar der *Ilias* gefunden hatte. Gab es eine Gedankenübertragung? Hatte er ihre Kritik wegen der vielen Zitate gefühlt? Er lächelte nur, sagte dann zärtlich: „Sophidion, der Barde, der einst dem Volk dieses Epos sang, soll auch für uns singen!"

Am nächsten Tag stand plötzlich Bischof Vimpos vor Sophia. Als sie ihn durch Iliou Melathron führte und ihm dann den Park erklärte, war er sprachlos. Beim Kaffee zeigte sie ihm dann ihre Sorgen, deutete das Ohrenleiden Heinrichs an, das sich von Tag zu Tag verschlimmerte, die Kränklichkeit der Mutter, den Tod von Spyros und daß ihr Mann zuviel arbeite, fast an sich selbst verbrenne. Nachdenklich antwortete er: „Sophia, es gibt nur einen Weg, das Leben zu ertragen, nämlich den, unsere Niederlagen hinzunehmen. Du bist noch herrlich jung, ich bin zwanzig Jahre älter als du, habe also mehr Zeit gehabt, diese Lektion zu lernen." Jetzt erst sah sie, daß er müde aussah, seine Augen in tiefen Höhlen lagen.

Als Sophia zu weinen begann, legte er den Arm tröstend um ihre Schultern. „Sophia, dein Mann hat das getan, was er tun mußte. Steh ihm weiterhin zur Seite, zeige Verständnis. Du weißt, daß er schon sehr früh gepeinigt, geschlagen und gedemütigt wurde, verstehe daher dieses Haus hier. Er will mit ihm seine schwere Jugend kompensieren. Sei weise und duldsam, das ist der einzige Weg zu einer guten Ehe, die einzige Möglichkeit, dein Leben leichter zu machen."

Dann war es soweit, der Tag der Einweihung von Iliou Melathron war gekommen. Das Haus erstrahlte im Lichterglanz unzähliger Kronleuchter und Wandlampen, im Garten brannten Fackeln, Pagen geleiteten die ankommenden Gäste die marmorne Freitreppe hinauf. Hausmädchen in einheitlicher Kleidung nahmen die Mäntel und Schals der Gäste entgegen. Die Damen trugen festliche Abendkleider, die Männer den traditionellen Frack. Immer, wenn ein Paar den Ballsaal betrat, nannte ein Butler mit lauter Stimme Namen und Titel.

Sophia stand mit ihrem Mann am Ende des Saals, und dort begrüßten sie die Gäste. Es war eigenartig, daß sie trotz der Belastung der letzten Tage keinerlei Schmerzen empfand. Lag es an dem neuen Kleid, das vom berühmtesten Modeatelier gefertigt worden war? Nach französischer Mode war es ärmellos, hatte ein viereckiges Dekolleté, eine kurze Schleppe und eine sehr enge Taille. Die Haare trug sie hochgesteckt, und als Halsschmuck hatte ihr Heinrich eine goldene Halskette geschenkt, die der aus dem Schatz des Priamos verblüffend ähnlich war.

Kellner in Livree reichten auf Tabletts Champagner. Alle Gäste sahen zum Saaleingang, wenn der Butler ein neues Paar ankündigte. Jeder war neugierig, wer an diesem Tag kam, um den berühmten Heinrich Schliemann, um dieses Haus, von dem man nicht nur in ganz Athen sprach, zu sehen. Es kamen alle außer König Georg I. und Königin Olga, die verreist waren. Das gesamte Kabinett war anwesend, auch ein großer Teil der Universitätsprofessoren und der Mitglieder der Archäologischen Gesellschaft, das Diplomatische Korps, der Erzbischof von Athen, die Direktoren der griechischen Nationalbank und viele bekannte Kaufleute und Reeder. Bischof Vimpos war gekommen, auch die Familie Sophias, die Mutter, die Schwestern und Brüder, sogar zwei Schwestern ihres Mannes aus Deutschland gaben mit ihren Ehemännern Heinrich die Ehre. Sehr freute sich Sophia, als sie einige der Vorarbeiter von den Grabungen in Troja und Mykene sah, sogar der Polizeichef Leonidas Leonardos aus Nauplia befand sich unter den Gästen. Als er ihr förmlich vorgestellt wurde, mußte Sophia lächeln, weil sie an jene Stunde dachte, als er diskret, aber trotzdem bestimmt an die Türe ihres Hotelzimmers klopfte, mit dem Auftrag, alle Fundgegenstände zu beschlagnahmen.

Das Orchester spielte in einem Nebenzimmer. Diener reichten Getränke und kleine Imbisse. Irgendwann ergab es sich, daß Sophia mit ihrer Mutter sprechen konnte. Madame Victoria war aufgeregt, konnte nicht schnell genug sagen, was sie mitteilen wollte. „Du, Sophia, das hier ist ein Wunder, nein, es ist ein Märchen. Hast du das alles arrangiert: die Blumen, die Speisen, das Programm?" Dann wischte sie sich das schweißnasse Gesicht mit einem Spitzentüchlein ab. „Ich weiß es, das war Heinrich. Komisch, für mich war er lange Zeit ein Verrückter, und einige Zeit meinte ich, daß du zu schade für einen um dreißig Jahre älteren, so spleenigen Mann bist. Ist er eigentlich Deutscher oder Amerikaner? Jetzt, wo du zwei Kinder und dieses kostbare Haus hast, wirst du nicht mehr mit auf seine verrückten Grabungen gehen?"

Sie plauderte weiter, bemerkte nicht, daß einige Universitäts-professoren neben Sophia standen und mit ihr sprechen wollten.

Bei einem Toast zu Ehren der Gäste, den Schliemann auf deutsch ausbrachte, sagte er etwas überheblich, daß die Deutschen die wahren Nachkommen der Griechen seien. Sophia war das peinlich, sie fand diesen Vergleich mehr als unglück-lich. Sie konnte nicht anders — als sich die Einladung dem Ende näherte, erhob sie sich und sprach ihren Toast auf französisch: „. . . erlauben Sie mir, auf die Gesundheit der Vertreter aller Län-der zu trinken, die uns heute abend die Ehre geben. . . Darf ich auf die Aussage meines Mannes zurückkommen, denken Sie bitte daran, daß ich Athenerin bin — und die heutigen Griechen die Nachkommen der alten Griechen sind!"

Wieder nahte ein Termin. Am 7. Juli 1881 sollten in Berlin die „Trojanischen Altertümer" Schliemanns in einem feier-lichen Akt im „Museum für angewandte Kunst" vorgestellt werden.

Sophia sah stolz auf ihren Mann und die beiden Kinder, die neben ihr saßen. Sie reisten mit dem Schiff von Piräus nach Brindisi, von dort mit dem Zug bis an die italienische Grenze, stiegen dann in die deutsche Eisenbahn um. In Berlin angekom-men, wurden sie von Virchow und seiner Frau am Bahnhof abgeholt. Im Tiergarten-Hotel war eine Vier-Zimmer-Suite reserviert, die einen herrlichen Blick auf den großen Park mit seinen Seen bot. Frau Virchow hatte für Andromache und Agamemnon eine junge Erzieherin engagiert, die mit ihnen spazierengehen und ihnen die schönen Parks, besonders aber den Zoo, zeigen sollte. Das Mädchen war tüchtig und bemühte sich sehr um die Kinder, die im Tierpark außer sich vor Freude waren, als sie Elefanten, Tiger, Löwen und die vielen anderen exotischen Tiere sahen.

Am Abend gaben die Virchows einen kleinen Empfang zu Ehren der Schliemanns. Wissenschaftler, Ärzte, Mitglieder der Berliner Gesellschaft für Anthropologie waren anwesend, und Sophia freute sich sehr, als auch Ernst Curtius und Wilhelm Dörpfeld erschienen. Alle sprachen sie ihre Anerkennung zu den Funden in Troja und Mykene aus.

Während der Tage, die sie in Berlin verbrachten, wurden sie oft eingeladen, und Sophia war ihrem Mann dankbar, daß er sie gezwungen hatte, Deutsch zu lernen. Sie verstand fast alles, konnte sogar die Zeitungen lesen.

Als sie von Frau Virchow gefragt wurde, konnte Sophia noch nicht sagen, ob ihr Berlin, ob ihr überhaupt Deutschland gefiel. Athen hatte derzeit um die 100.000 Einwohner, Berlin glänzte mit einer Million. Überall sah Sophia Freude. Die Kinder spielten laut lachend auf den Plätzen, die Lokale waren besonders an den Wochenenden überfüllt. Die Theater wurden gut besucht, und erstaunlich groß war auch die Zahl der Menschen, die sich in den Parks ergingen oder geruhsam auf den Bänken saßen. Was Sophia auch auffiel, war die Sauberkeit der Straßen, die glänzenden Fenster und daß die Pferde tapfer die Karren und Kutschen zogen, während in Athen die Esel der Bauern, die jeden Morgen Obst und Gemüse zum Markt brachten, traurig aussahen. Als Sophia mit den Kindern durch eine große, breite Straße schlenderte, sie die vielen Geschäfte ansahen, machte sie Spaß und sagte, daß derjenige eine große Tafel Schokolade erhalte, der zuerst einen Esel sehe. Es gab keinen, und die Kinder waren traurig. Um sie aufzuheitern, versprach sie dem eine Tüte Süßigkeiten, der einen Vogelkäfig sehe. In Athen gab es kaum eine Straße, wo es nicht an vielen Häusern, neben der meist offenen Haustüre oder vor dem Küchenfenster, Vogelkäfige gab. Sie fanden keinen Käfig.

Um den Kindern zu der Schokolade zu verhelfen, sann Sophia über etwas nach, das es — wie zu Hause in Athen — bestimmt auch in Berlin gab. Sie dachte an ihr Haus in Kolonos, in dem sie aufgewachsen war. Im Hof und an der Hauswand waren Dutzende Töpfe und Behälter aus Blech und Holz gestanden, und in allen waren Blumen, besonders Geranien, die sich in dem warmen Klima gut entwickelten. Geranien, sie gab es doch überall.

„Wer Geranien sieht, bekommt eine Tafel Schokolade“, lockte sie.

Fast gleichzeitig entdeckten Andromache und Agamemnon Geranien, sagten dann etwas enttäuscht: „Die sind aber klein!“

Es stimmte, in Athen, in Kolonos, erreichten die meisten Geranien eine Höhe von über einem Meter, im Garten gab es sogar
welche, die fast zwei Meter hoch waren. Hier sahen sie nur
kleine, keine schaffte eine Höhe von über zwei Handbreit.

Da ihr Mann mit Wilhelm Dörpfeld viele Stunden im
Museum verbrachte, um die 4000 Exponate auf Tischen und in
Regalen würdig zu gruppieren, ließ sich Sophia gerne einladen.
So besuchte sie einmal in der Königlichen Oper eine Aufführung
von Richard Wagners *Tristan und Isolde*. Sie war von der leiden-
schaftlichen Musik begeistert, staunte, wie ruhig die Deutschen
saßen, obwohl auch sie jeden Ton, jedes Solostück des Orche-
sters bewunderten. Mit derselben Energie, folgerte sie, vier
Stunden fast bewegungslos sitzenzubleiben, war es den
Deutschen anscheinend auch möglich, riesige Häuser zu bauen,
Maschinen zu erfinden, Prunkgärten anzulegen und herrliche
Schlösser zu errichten. Irgendwie verstand Sophia nun die
deutschen Gelehrten, die ihren Mann angriffen. Bei ihnen
mußte alles korrekt, alles beweisbar und nachvollziehbar sein.
Ihr Mann geriet durch Homer in Enthusiasmus, für ihn war
jedes Wort ein Zeugnis, ein Beleg. Ein Deutscher hätte jedes
Detail x-mal untersucht und dann erst gewagt, auf eigene
Kosten nach Kleinasien zu reisen, um in mehrmals geprüften
Ruinen das umstrittene Troja zu suchen. In ihr Denken und
Abwägen drängte sich eine fast spottende Stimme: „Dein Mann
ist doch auch Deutscher!" Sie nickte nachdenklich, dachte an
Rudolf Virchow, Wilhelm Dörpfeld und Ernst Ziller, der wohl
aus Wien nach Athen kam, jedoch auch Deutscher war.

Sie wußte es, es gab zwei Heinrich Schliemann. Einmal den
großen Forscher, dessen Taten und Funde die ganze Welt begei-
sterten, dann den Menschen, der stets die Distanz wahrte, kaum
das Du gebrauchte. Er war leicht erregbar, war überempfind-
lich, nahm die kleinste Kritik übel. Sie senkte den Kopf und
ihre Gedanken waren in Athen. Ihr Mann saß unter einem roten
Sonnenschirm auf dem Dach des Hauses und schimpfte erregt
über einen Kritiker. Als sie ihn damals liebevoll mahnte und
sagte, daß die Leute ihn hören würden, sprang er auf und ging
eine ganze Stunde mit dem Schirm vor dem Haus auf und ab,

denn er war im Recht, nur *er* konnte recht haben. Ja, ihr Mann war jähzornig und herb, konnte aber auch lange Plauderbriefe schreiben, wenn auch nicht oft. Bei all seiner Überbelastung sehnte er sich aber nach den Menschen, vielleicht sogar nach dem Kind-Sein. Dann fiel ihr noch etwas ein. Heinrich war gerne privat, doch erlaubten ihm das seine vielen Aufgaben sehr, sehr selten.

Der Tag der Eröffnung der Ausstellung nahte. Auf Wunsch ihres Mannes war Bischof Vimpos gekommen, auch wohnten drei seiner vier Schwestern im Tiergarten-Hotel.

Der Eingang des Museums war mit Blumen geschmückt. Als Sophia mit ihrem Mann eintraf, standen auf der Treppe der Bürgermeister von Berlin und Mitglieder des Stadtrates. Virchow führte eine Gruppe Wissenschaftler. Sophia hatte sich aus Paris die modernsten Kleider bestellt. Zuerst hatte sie diesen ,Aufwand' nicht verstanden, doch nun war sie sehr glücklich, festlich gekleidet zu sein, da der Kronprinz sie an den Stufen, die zum Museum hochführten, empfing und ihr das Ehrengeleit gab.

Ein feierlicher Festakt folgte, und in ihm wurde ihr Mann, als Dankesbeweis des Deutschen Reiches, zum Ehrenbürger von Berlin ernannt. Diese Auszeichnung war bisher nur zweimal verliehen worden: an Bismarck, den Kanzler des Reiches, und an Feldmarschall von Moltke, den Chef des Generalstabs. Virchow hielt die Laudatio auf den neuen Ehrenbürger, sprach so bewegt, daß Sophia Tränen in den Augen hatte, alle Kraft aufwenden mußte, um nicht laut zu weinen. Die Gratulanten standen in langer Reihe, sprachen Heinrich Schliemann und seiner Frau ihre Anerkennung aus.

Als am Abend im Festsaal des Rathauses ein Bankett stattfand, die Kutsche vorfuhr und Sophia als erste ausstieg, standen am Eingang, bis hinab zur ersten Stufe der breiten Treppe, der Magistrat, der Staatsminister, der Präsident der Deutschen Geographischen Gesellschaft und viele andere berühmte Gäste. Als Sophia in ihrem schwarzen Samtkleid neben ihrem Mann durch die Reihe der Wartenden schritt, die sich alle ehrfurchtsvoll verbeugten, flüsterte sie ihm zu: „Errikaki, das alles ist noch größer als unser ,Iliou Melathron!"

Jeder Gast war festlich gekleidet. Es gab Champagner, Kaviar, Austern, livrierte Kellner servierten nach Wunsch die köstlichsten Speisen.

Sophia vermochte vor Aufregung nur wenige Bissen zu essen, war übersatt, und immer wieder bot man ihr Köstlichkeiten an.

Verstohlen hatte sie die Menü-Karte gelesen, schob sie dann ihrem Mann zu. Auch er war überrascht, staunte ob dieser Würdigung, denn die Titelseite zeigte ihn auf dem Thron Priamos', in der rechten Hand hielt er eine Spitzhacke und in der linken eine Miniatur der Göttin Nike, die ihm einen Olivenzweig anbot. Der Text dieser Seite war zu Sophias Ehren in Griechisch abgefaßt.

Ansprachen folgten. Besonders Virchow fand liebenswürdige Worte, als er dem neuesten Ehrenbürger und seiner Frau gratulierte. „... Es ist mir eine Freude, daß Doktor Schliemann... die Liebe zu seinem Vaterland wiederentdeckt hat. Diese Liebe bewog ihn zu seinem Entschluß, uns die kostbaren Früchte seiner Entdeckungen zu schenken und Berlin zum Wächter seiner Schätze zu machen..."

Alle Gäste erhoben sich, applaudierten. Sophia beobachtete ihren Mann, sah sein strahlendes Gesicht, fühlte, welch ungeheure Freude in ihm war. Er, der Krämergehilfe, der unter dem Ladentisch hatte schlafen müssen, war in seine Heimat zurückgekehrt. Als der Applaus endete, dankte Heinrich für die Ehrung, sagte, daß er es seinem lieben Freund Rudolf Virchow schuldig gewesen sei, die Funde Deutschland zu übergeben.

Professor Schöne, der Direktor der Königlichen Museen, stand auf und erhob sein Glas. „Frau Schliemann, ich danke Ihnen; darf ich Ihnen, als der tapferen Gefährtin Ihres Mannes, die Urkunde seiner Ernennung zum Ehrenbürger überreichen?"

Sie nahm die Urkunde, zitterte vor Erregung, als sie sah, wie ihr Mann den Kopf senkte, um nicht zu zeigen, welche Ergriffenheit ihn bewegte. Dann begann sie, in deutscher Sprache zu danken, und es beglückte sie zu sehen, wie alle ihren Worten, die griechisch gefärbt waren, interessiert und freudig lauschten. „... ich nehme die Ehrung meines Mannes an. Er ist es, der den Weitblick und den Mut besaß, sich der ganzen Welt entgegenzustellen, um für alle Zeiten neue Ausblicke auf die Vorgeschichte zu schaffen. Wenn es mir vergönnt war, in bescheidenem Ausmaß zu seinem Werk beizutragen, so verdanke ich das ausschließlich seiner Güte. Daß ich an diesem großartigen Abenteuer teilnehmen und helfen durfte, das Werk meines Mannes zu einer Vollendung zu bringen..., das bedeutet, daß auch mein Leben eine Erfüllung gefunden hat. Ich danke Gott für alles Gute, das mir während der zwölf Jahre meiner Ehe zuteil geworden ist, und ich möchte enden, indem ich Kaiser Wilhelm, dem Kronprinzen, Kanzler Bismarck, Herrn Professor Virchow und allen hervorragenden Wissenschaftlern meinen innigsten Dank ausspreche für die große Ehre, die uns an diesem Abend zuteil geworden ist."

Obwohl Sophia mit ihrem Mann in Karlsbad eine Kur gemacht hatte und sie dann für einige Wochen in die Schweiz gegangen waren, kamen nach diesen erholsamen Monaten wieder die Magenkoliken, die fast jeden Schritt zur Qual machten. Es war ihr nicht möglich, mit zu der geplanten, so entscheidenden Grabung nach Troja zu gehen, und sie grämte sich darüber. Das, was ihr Mann entdeckt hatte, genügte wohl als Beweis, daß Troja im Hügel von Hissarlik lag, doch gab der bisherige Stand des Wissens Homer nicht recht. Er sprach von einer vielstraßigen Stadt, sie hatten jedoch bisher nur einen kleinen Ort entdeckt, der wenige hundert Meter Durchmesser hatte. Sollte Homer recht haben, dann hatte Heinrich unrecht.

Sie wußte, daß ihr Mann in seiner Homerbegeisterung nicht begehbare Wege beging, Entscheidungen traf, die oft ans Unmögliche grenzten. Und so hatte er wohl aus diesem Wissen heraus Wilhelm Dörpfeld gebeten, trotz dessen Tätigkeit in Olympia mit zur Grabung zu kommen. Und Dörpfeld kam.

Im März 1882 sollte die dritte Untersuchung des Hissarlik beginnen. In den Wochen bis zu diesem Termin war das Iliou Melathron zur Zentrale für die vielleicht wichtigste Trojagrabung geworden. Wilhelm Dörpfeld und der Wiener Architekt Joseph Höfler − beides nette, sympathische, tüchtige Männer − bewohnten die Gästezimmer, Personal wurde engagiert.

Immer wieder kamen Wagen und luden Hacken, Brechstangen, Schaufeln und Schubkarren ab. Andromache und Agamemnon waren überglücklich, prüften jedes Gerät, beobachteten jeden Wagen, die Arbeiter, waren so aufgeregt, daß sie kaum Zeit zum Essen hatten.

Es war März. Sophia wußte, daß jetzt die Störche zurückkehrten und die Kraniche wie Pfeilspitzen über die Troas zogen. Schweren Herzens nahm sie von ihrem Mann Abschied. Tröstend sagte er, daß sie mit den Kindern, wenn das Wetter besser sei, nachkommen solle.

Als die neue Grabungskampagne in Troja begann, entdeckte Dörpfeld schon nach wenigen Tagen, daß die ungeheure trojanische Ziegelmauer sich nach Nordosten fortsetzte, also ein weit größeres Gebiet, als bislang angenommen, einschloß.

Nach langem Warten erhielt Sophia endlich den langersehnten Brief ihres Mannes, daß sie mit Andromache nach Troja kommen könne. Als sie eintrafen, sah sie ein altbekanntes Bild: Arbeiter krochen wie Ameisen auf dem Hissarlik herum, zogen Gräben, schaufelten und fuhren den Aushub weg.

Gerührt beobachtete sie, welchen Respekt ihr Mann vor Dörpfeld hatte. Oft fragte er ihn, bevor er einen neuen Grabungsabschnitt begann, ob er damit einverstanden sei.

Sophia verglich ihren Mann wieder mit Wilhelm Dörpfeld. Beide waren grundverschieden. Dem einen war kein Hügel zu hoch, kein Graben zu tief, um ihn nicht zu untersuchen. Der andere hatte in Olympia gelernt, ein Areal mit Suchgräben zu überziehen, um sich ein ungefähres Bild zu machen und dann erst behutsam ins Detail zu gehen. Dörpfeld, das erkannte sie sofort, war ein Mann des Details.

Heinrich arbeitete mit über 100 Mann, Dörpfeld war meist abseits und allein, nahm nur selten eine Gruppe Arbeiter in Anspruch. Er schien durch die Erde, durch den Schutt sehen zu können, erkannte schon nach wenigen Tagen, daß die von ihrem Mann mit Schicht I und II bezeichneten Siedlungsreste zu ein und derselben Stadt gehörten.

War es am 4. Mai? Sophia wußte es nicht, war zu erschöpft, um es nachzuprüfen. Sie arbeitete mit ihrem Mann an der dritten Schicht, welche er bisher als das Troja des Priamos bezeichnet hatte, als er ihr mit einem tiefen Seufzer mitteilte, daß diese Schicht nur ein elendes Dorf gewesen sei, das nach der Zerstörung Trojas über den Ruinen der Akropolis erbaut worden war. „Liebling", sagte er betrübt, „die zweite Stadt (Schicht) ist das homerische Troja."

Als Sophia zufällig Wilhelm Dörpfeld traf, fragte sie ihn, wo die Stadt Troja mit den breiten Straßen wäre, von der Homer spricht.

„Gnädige Frau", antwortete er nach einigem Nachdenken. „Sie waren doch in Mykene. Der König, die Priester und die Hofleute wohnten oben, das Volk jedoch am Fuß des Hügels. So dürfte es in Tiryns gewesen sein und in Orchomenos, und so war es, gnädige Frau, auch hier. Der Palast nahm den ganzen Burgberg ein. Das Volk lebte am Ende des Burgberges, wo Ihr Mann bisher noch nicht gegraben hat."

Bis zur Sommerpause legte Heinrich mit Dörpfeld und Höfler die Ringmauer der zweiten Burganlage auf einer langen Strecke frei. Sie entdeckten neue Gebäude, Tore und eine große Menge Keramik.

Dörpfeld verstand es ausgezeichnet, ihren Mann so zu nehmen, wie er war, trotzdem gelang es ihm, den ‚Alten' — wie sie ihn unter sich nannten — zu überreden, sich auch den spätgriechischen und römischen Belegen zuzuwenden. Als Sophia mit ihm eine Mauer vermaß, ihm die Zahlen zurief, sagte er in einer Pause: „Wir sammelten und zeichneten auch schon die Reste des Tempels der Athena, erkannten das Torgebäude des Heiligen Bezirkes und konnten seinen Grund- und Aufriß in der Zeichnung ergänzen."

Anfang Juli begannen die Sümpfe der Troas auszutrocknen. Die Frösche starben, und viele Arbeiter erkrankten an Malaria. Die böseste Herrscherin der Sümpfe war die Anophelesmücke, die Griechenland an die Spitze der Malariazonen Europas stellte. Die Todesrate war 75 pro 100.000 — in Italien nur 5. Bei den Kindern stand die Malaria in der Todesursache an zweiter Stelle.

Als Virchow von den Malariaerkrankungen erfuhr, schrieb er mahnend an Sophia: „Sie wissen, daß ich Sie und Ihren Mann sehr schätze. Bitte sagen Sie ihm, daß Sie mit Andromache *sofort* weg müssen, die Malaria könnte Sie, besonders aber Andromache sehr gefährden."

Als sie ihrem Mann den Brief zeigte, nickte er nur: „Virchow hat recht", sagte er dann. „Liebes, fahre zurück nach Athen, ich werde noch bis Ende des Monats arbeiten, komme dann nach."

Als Sophia abschiednehmend durch das Grabungshaus ging, sah sie einen Brief Dörpfelds nach Deutschland auf seinem Arbeitsplatz liegen. Sie überwand ihre Scheu und las mit Freude: „Ich muß gestehen, daß ich noch nie einen so tätigen Menschen wie Herrn Schliemann gesehen habe. Es vergeht keine Minute, die er nicht angestrengt arbeitet... Die Ausgrabungen sind schwierig, weil hier mehrere Städte übereinanderliegen und man daher meist die obere zerstören muß, wenn man die untere freilegen will."

Sophia war kaum zu Hause, als sie einen Brief Dörpfelds erhielt. Er teilte ihr mit, daß ihr Mann an Malaria erkrankt sei, sein Körper in Fieberanfällen bebe. „Ich bat Ihren Mann, sofort die Grabung einzustellen. Er wird in wenigen Tagen bei Ihnen eintreffen."

Als ihn Sophia in Piräus abholte, war er so entkräftet, daß er wie ein Betrunkener auf sie zutappte. Der Arzt, den sie sofort bestellte, empfahl ihr, mit ihm nach Marienbad zur Kur zu gehen.

Als sie wieder in Athen waren, trat das trojanische Malariafieber mehrmals erneut auf, oft so stark, daß sich ihr Mann hinlegen mußte. Trotz der Schwäche war in ihm mehr Energie als in Sophia. Mit kleinen Schritten stapfte er die Treppen hinab, in den Garten, überwachte dort die Anpflanzung von Hunderten von Apfelsinen- und Zitronenbäumen. Dann hatte der Gärtner Pappeln und Pfefferbäume zu setzen. Andromache wünschte sich Apfel-, Birnen- und Kirschbäume, Agamemnon bettelte so lange, bis auch mehrere Dattelbäume im Garten standen.

Sophia mußte lächeln, als ihr Mann einem Besucher den Namen seines Hauses erklärte. „Iliou Melathron wird meist mit ,Palast von Ilion' übersetzt. Wörtlich heißt es ,Hütte von Ilion', denn ich wohnte mit meiner Frau auf dem Hügel von Hissarlik in einer Hütte. Für mich ist es, in dankbarer Erinnerung, die ‚Hütte von Ilion‘."

Es kamen Monate, in denen ihr Mann wieder an seinem Stehpult arbeitete, obwohl ihm nun ein bequemer, prunkvoller Schreibtisch zur Verfügung stand. Er schrieb an einem Manuskript für sein neues Troja-Buch. Im Vorjahr waren „Ilios, Stadt und Land der Trojaner", „Bericht über meine Ausgrabungen im böotischen Orchomenos" und „Reise in die Troas im Mai 1881" erschienen.

Als Benatha zu Besuch kam, Sophia und die Kinder herzlich begrüßte, sagte sie nach einer Weile: „Ich war soeben bei Heinrich, es war ein Zufall, daß ich ihn traf und er mich in sein Arbeitszimmer führte."

„Eigenartig, daß mein Mann so gerne an dem altmodischen Stehpult arbeitet", meinte Sophia.

Die Freundin dachte kurz nach. „Ich könnte mir vorstellen, daß das Stehen viel gesünder ist, als viele glauben. Wenn man längere Zeit sitzt, wird das Kreuz lahm, die Arme oder Beine können einschlafen. Mir geht es zumindest so, daß ich, wenn ich Schularbeiten korrigiere und dabei einige Stunden sitze, müde und zerschlagen bin, und wenn ich aufstehe, muß ich mich erst wieder geradestrecken. Vielleicht hat Heinrich erkannt, daß das Stehpult ein gesundes Möbelstück ist?"

„Du siehst aus, als wärst du verliebt?" fragte Sophia warmherzig.

„Ich bin es auch", antwortete die Freundin ernst.

„Was, Benatha, wie heißt er denn?"

„Es ist eine Sie, eine Insel." Die Freundin schwieg kurz und sagte dann in ihrer herben Art: „Ich war wieder einmal bei meiner Tante in Kreta. Ich liebe es sehr." Sie schwieg, grübelte. „Vielleicht ist Heinrich daran schuld. Die Sage berichtet von einem König Minos, Homer überliefert Theseus und Ariadne, Paris und Helena, Priamos und Klytämnestra." Sie lachte kurz auf. „Ja, Heinrich ist schuld. Ich mußte immer wieder in das Tal südlich von Candia (Iraklion). Es gibt dort einen Hügel. Ein Arthur Milchhöfer, ein Experte für griechische Kunst und Architektur, Mitarbeiter des Deutschen Archäologischen Instituts", sie grübelte wieder, „und ein Kreter mit dem wunderschönen Namen Minos Kalokairinos haben diesen Hügel untersucht und behaupten, daß in ihm der Palast des Königs Minos liege. Troja lag vergraben auf dem Hissarlik, dem Schicksalsberg der Archäologie, vielleicht stimmt es, daß Knossos in diesem Hügel liegt. Und so wanderte ich immer wieder dorthin, untersuchte das Tal des Kariotos und die Hänge, fand an die zwanzig Kammergräber und den Hügel."

„Konntest du etwas entdecken?" fragte Sophia interessiert. Dann sagte sie: „Kannst du noch etwas bleiben? Du weißt doch, daß sich Heinrich immer mehr in die Literatur über diesen König Minos, seinen Palast Knossos und in die antike Kultur dieser Insel einarbeitet."

„Ich fand viel Keramik, auch römische..."

„Also haben dort auch die Römer gewohnt", sagte Sophia.

Benatha nickte. „Ich kenne sogar die Stelle, wo einst ein römischer Tempel gestanden haben muß. Dann sah ich in dem Gestrüpp auf dem Hügel halbhohes Gemäuer, grau und verwirrend."

„Warum verwirrend?"

„Viele Blöcke und Platten bestanden aus Alabaster, und der Regen von rund 3000 Jahren hat ihn aufgeweicht, angefressen, manche Oberfläche ist so rauh, als wenn sie aus vielen Nadeln bestünde. Du", rief Benatha aus, „ich fand sogar ein Tonidol, hier ist es", sagte sie und legte es vor Sophia auf den Tisch, „dann fand ich alle Scherben für eine Schnabelkanne mit Fischdekor. Die Farben sind eigenartig." In diesem Augenblick trat Schliemann in das Zimmer.

„Du, Heinrich", erzählte ihm Sophia, „Benatha war in Kreta, fand dieses Tonidol und..."

Er unterbrach sie: „Liebes, solche Idole fanden wir auch in Mykene." Seine Finger tasteten das Terrakottafigürchen ab. „Es ist frühkretisch, unsere Idole sind mykenisch. Es gibt also Verbindungen..."

„Benatha fand auch interessante Scherben", sagte Sophia, und schon holte die Freundin aus ihrer Tasche ein Päckchen, es war ein Tuch, in das sie vorsichtig die Scherben eingehüllt hatte.

„Eine Schnabelkanne", bestätigte Schliemann, „die Farben sind wundervoll erhalten." Er prüfte die Stücke und ging nachdenklich aus dem Zimmer.

Sophia blickte ihm nach, sagte dann entschuldigend zu ihrer Freundin: „Heinrich spricht in letzter Zeit oft von Kreta. König Minos und sein sagenhafter Palast in Knossos drängen sich immer mehr in sein Herz. Homer berichtet auch von Kreta und sagt: ‚Unter den Städten ist Knossos die größte, hier herrschte Minos der König!'"

Die Aufgaben und Verpflichtungen mehrten sich. Am 14. Juni 1883 fuhr Sophia mit ihrem Mann und den Kindern nach Oxford, wo er im Queens College zum Ehrenmitglied dieser berühmten Universität ernannt wurde. Sie war sehr glücklich, denn nun besaß Heinrich einen Titel von einer großen Universität.

Als sie wieder in Athen waren, sah Sophia ihren Mann lange Wochen nur bei den Mahlzeiten. Meist hielt er sich in seiner Bibliothek auf, suchte, schrieb und war dann so weit, daß er das Manuskript von *Ilios* auch nach Frankreich und das von *Troja* nach England und Deutschland schicken konnte.

Lag es an Sophias Mutter, die immer wieder von Kreta erzählte?

Eines Abends war Sophia verblüfft, als ihr Mann sagte, daß er den Provinzgouverneur von Kreta, Phodiades Pascha, um eine Grabungserlaubnis gebeten habe. Wieder begriff sie nicht, daß er auf einem Ruinenfeld graben wollte, das er noch nie gesehen hatte.

Die Monate vergingen, die Türken schickten keine Grabungserlaubnis, und es war bisher auch nicht möglich gewesen, die Grundbesitzer zu ermitteln, denen das Areal gehörte, auf dem der Ruinenhügel von Knossos stand.

Sophia war eben dabei, Agamemnon — weil sie wußte, daß dieser damit seinem Vater eine Freude machen konnte — die Aussprache bestimmter deutscher Wörter beizubringen, als ihr Mann in das Zimmer stürmte und erregt sagte, daß sie einen interessanten Besuch bekämen.

„Wer ist es denn?" fragte Sophia anfangs etwas abwehrend.

„Als ich in London meine Troja-Funde ausstellte, lernte ich einen interessanten Mann kennen. John Evans' Familie hat eine starke Gelehrtentradition. Der Vater war Mitglied der *Royal Society*. John Evans selbst ist Geologe, Altertumskenner und Sammler. Sein Sohn Arthur besuchte mich am Tag seiner Verlobung. Er ist jetzt auf seiner Hochzeitsreise, möchte uns seine Aufwartung machen und unser Museum ansehen."

Pünktlich zur angegebenen Zeit lernte Sophia Arthur Evans und seine Frau Margaret kennen.

Lag es an dem ausgezeichneten Mahl oder an dem griechischen Wein, daß Sophia sah, wie sich die beiden Männer fanden und ergänzten. Sie bestätigten sich so oft gegenseitig ein Argument, eine Aussage, daß Sophia belustigt Margaret Evans zulächelte und diese ebenfalls belustigt die Lippen verzog.

Beide waren sich einig, daß die mykenische Kultur einen gewichtigen, einen wesentlichen Vorläufer hatte. Sie tasteten sich in den Gesprächen an dieses Land heran, ihr Mann sprach von den Phöniziern, Evans von den Ägyptern, sie korrigierten sich, zeigten Fakten, die dagegen sprachen, und führten dann Homer an, der von Kreta und von König Minos sprach und sagte, daß Knossos seine Stadt gewesen sei.

Dann verglich Sophia die beiden Männer. Bei allen Charakter- und Temperamentsunterschieden hatten sie dreierlei Dinge gemeinsam: beide waren sehr reich; beide waren geniale Egoisten, gewohnt zu tun und zu lassen, was ihnen beliebte, und ihren Reichtum für große Ziele zu verwenden; und beide waren erst in mittlerem Alter Archäologen geworden, nachdem sie auf anderen Gebieten eine erfolgreiche Laufbahn hinter sich gebracht hatten. Und noch etwas stellte sie fest: Ihr Mann hatte gesundheitlich einige Probleme, sein Ohrenleiden verschlimmerte sich zusehends. Arthur Evans war äußerst kurzsichtig. Ohne Brille konnte er jedoch kleine Gegenstände, die er dicht vor seine Augen hielt, mit einer erstaunlichen Genauigkeit erkennen, während alles übrige in unbestimmtem Nebel verschwamm.

Während sie darüber grübelte, erzählte Margaret Evans, daß sie sich im Februar 1878 verlobt hätten und sie zur Feier ihrer

Verlobung die Ausstellung trojanischer Altertümer besichtigten. „Für meinen Mann", plauderte sie glücklich weiter, „war seitdem der Name Dr. Heinrich Schliemann etwas ganz Besonderes."

Der Besuch hatte ihnen gut getan. Sophia sah, mit welcher Ungeduld ihr Mann auf die Grabungsgenehmigung für Tiryns wartete. Dann kränkelte sie wieder, blieb im Iliou Melathron, freute sich, daß Wilhelm Dörpfeld und seine flachsblonde Frau bei ihr wohnten.

Dörpfeld war fast so alt wie sie und seine Frau nur einige Jahre jünger. Er sollte Ende März nach Tiryns nachkommen, und Sophia und Frau Dörpfeld sollten sich dann im April in Nauplia, im Hotel, zu ihnen gesellen.

Mitte April 1884 traf Sophia mit Frau Dörpfeld und einem französischen Maler in Nauplia ein. Ihr Mann hatte sie gebeten, diesen zu engagieren, damit er von den Ausgrabungen, den Wandmalereien und den herrlichen Keramiken, in situ, Skizzen fertige. Während der Reise erzählte Sophia, daß ihr Mann von Pausanias zur Grabung animiert worden sei, da dieser von Tiryns berichtete, daß die Mauer aus unbehauenen Steinen bestehe, deren jeder so groß sei, daß ein Gespann von Maultieren nicht einmal den kleinen von der Stelle bewegen könnte. „Der Überlieferung nach", berichtete sie, „ist Proteus der Erbauer der Festung gewesen. Von Herkules wird gesagt, daß er sie erobert und lange Zeit in ihren Mauern gewohnt habe." Als sie im Hotel einen kurzen Imbiß einnahmen und auf die Kutsche warteten, die sie nach Tiryns bringen sollte, erzählte Sophia, daß Homer vom ‚festummauerten Tiryns' spreche, sich dort die gewaltigste Burgruine der mykenischen Zeit befinde, die außer Mykene noch heute zu sehen ist. „Der flache Fels, auf dem Tiryns gebaut wurde, hat eine Länge von 300 m, eine Breite von 70 bis 80 m und eine Höhe von 10 bis 15 m. Die wuchtigen Zyklopenmauern bestehen aus rohen oder wenig behauenen Blöcken — teilweise von einem Gewicht bis zu 10 Tonnen. Die Mauern sind 8 bis 15 m dick. Einige bilden lang überwölbte Galerien, an der Außenseite von dreieckigen Nischen durchbrochen."

Tiryns, Rampe mit großem Turm im Osten (unten in Bildmitte
Sophia Schliemann.

In den Tagen, die Sophia in Nauplia verbrachte, erlebte sie ein fast altgewohntes Bild. Pünktlich um vier Uhr ließ sich ihr Mann auf das Meer rudern, sprang dann in das Wasser und schwamm etwa zehn Minuten. Dann begaben sie sich alle in das Café Agamemnon, frühstückten und fuhren mit der Kutsche nach Tiryns.

Da die Zyklopenmauern noch unversehrt waren, konnte Dörpfeld ohne Schwierigkeiten einen Plan der Siedlung anfertigen. Als die Arbeiter unter einer Trümmerschicht den riesigen antiken Palast mit seinem Mosaikfußboden ausgegraben hatten, begann der französische Maler, leidenschaftlich zu zeichnen. Auf vielen Blättern zeigten sich Mauern, Vasen, Idole und Verteidigungstürme. Fast erschrak Sophia, als der Maler gekonnt eine Wandmalerei kopierte, die einen Jüngling zeigte, der wie ein Artist über den Rücken eines Stiers sprang. Sie ging auf ihren Mann zu, flüsterte: „Du, Heinrich, erinnert dieser Stierspringer nicht an Kreta?"

Er nickte, sagte stolz, daß er und Dörpfeld zu verblüffenden Entdeckungen gekommen wären.

Als sie wieder in Athen waren, stand schon am nächsten Tag Heinrich wieder an seinem Stehpult und schrieb das erste Kapitel zu seinem Buch *Tiryns*.

Der Neujahrstag 1885 wurde zu einem Familienfest. Sophia lud alle Verwandten, Bekannten und Freunde ein. Auch Benatha versprach zu kommen.

Da Sophias Mutter in der Nähe wohnte, kam sie, begleitet von Alexandros, zu Fuß. Auf dem Syntagmaplatz begann sie über Herzschmerzen zu klagen. Alexandros rief eine Kutsche. Als diese vor dem Iliou Melathron hielt, half er der Mutter die Treppe hoch. An der Türschwelle brach sie jedoch zusammen. Sophia lief mit ihrem Mann auf die Mutter zu, und mit Hilfe von Dienern trugen sie sie hoch in das Schlafzimmer und legten sie auf ein Bett. Madame Victoria schaffte nur noch wenige Worte. „Meine liebe Tochter", keuchte sie, „du bist immer gut zu mir gewesen..., ich wollte dir und deinem Mann alles Gute zum Geburtstag wünschen. Jetzt muß ich wohl Abschied nehmen..." Dann wandte sie den Kopf, blickte ihren Schwiegersohn dankend an. „...laß mich dich zum Abschied küssen!" Sie küßte ihn auf die rechte und linke Wange, schloß dann in tiefem Schmerz die Augen. Als der Arzt eintraf, war sie bereits tot.

Und wieder stand Sophia mit ihrem Mann an einem Grab, und wenn sie nicht die starken Arme Heinrichs gehabt hätte, wäre sie vor Trauer zusammengebrochen. Mehrere Wochen vermochte sie kaum zu denken und zu sprechen. Wie aus weiter Ferne vernahm sie, daß ihr Mann Dörpfeld nach Tiryns schickte.

Der Besuch ihres Bruders Panajotis riß sie aus ihrer Lethargie. Er bedankte sich, daß ihm Heinrich am 18. Januar 1886 durch den Verleger Brockhaus in Leipzig den Tod der Mutter mitgeteilt habe. „Herr Brockhaus war sehr gütig und sprach mir Trost zu."

„Wie klappt dein Archäologiestudium?" fragte sie.

„Sehr gut. Ich werde, wenn ich fertig bin, als Ephor der Ausgrabungen des Französischen Archäologischen Instituts in Böotien arbeiten."

Nach einer Weile fragte er Sophia verwundert, wie es möglich sei, daß ihr Mann Dörpfeld alleine in Tiryns graben lasse. Sie erklärte ihm alles. „Die Grabungen brachten Heinrich nicht den gewünschten Erfolg, und so arbeitet dort Dörpfeld mit 30, oft sogar mit 40 Arbeitern. Die einzige Bitte Heinrichs war, daß man ihn von jeder Entdeckung sofort informiere."

„So wie ich deinen Mann kenne, ist es mir trotzdem ein Rätsel, daß er nicht mit nach Tiryns ging."

„Mit ein Grund ist, Panajotis, daß Heinrich nach London mußte, um dort von Queen Victoria eine Goldmedaille in Empfang zu nehmen."

„Eine Goldmedaille?" wiederholte der Bruder erstaunt.

„Ja, es ist die Große Goldene Königliche Medaille für Kunst und Wissenschaft."

„Hat Dörpfeld schon etwas entdeckt?"

Sophia überlegte und nickte. „Er legte Karten und Pläne an, erkannte schon bald, wo der Palast stand, die mittlere Festung, wo die Lagerräume, Pferdeställe und die Frauengemächer

313

waren, und", sie sagte es fast stolz, „alles war genauso, wie Homer die Wohnstatt Penelopes in der *Odyssee* beschrieben hatte."

Als der Bruder gegangen war, begann Sophia zu sinnieren. War es vor einem oder vor zwei Jahren gewesen, daß sie in Wildungen eine Kur machten? Sie schüttelte kritisch den Kopf, denn die ,Kur' ihres Mannes bestand aus Korrekturen und zahlreichen Briefen. Allein in diesem Monat in Wildungen hatte er an seinen Verleger Brockhaus 25 Briefe geschrieben. Plötzlich dachte sie an Kreta, erinnerte sich, daß ihr Mann oft mit Dörpfeld über eine Reise dorthin gesprochen hatte. Dann erhielt sie Besuch von ihrem Bruder Alexandros, der — als könnte er Gedanken lesen — sofort fragte, ob Heinrich wirklich nach Kreta reisen wolle?

Sie lächelte und nickte. „Du kennst ihn doch. Was er will, das tut er auch. Dazu kommt, daß sich die Stimmen mehren, die behaupten, daß die Wurzeln der griechischen Kultur in ihren Anfängen in Kreta zu suchen seien."

Da der Gouverneur Phodiades Pascha abgesetzt worden war, reiste ihr Mann im Mai 1886 mit Dörpfeld nach Kreta; beide erhofften sich eine Grabungserlaubnis und die Krönung ihrer Arbeiten. Bei der ersten Untersuchung entdeckten sie Fragmente vom Alter und Muster der mykenischen Königsgräber, stellten fest, daß die Erde in dem Hügel von Knossos einen Bau barg, der noch besser erhalten schien als Tiryns. Sehr quälte sie die Frage, was wohl alles zutage komme, wenn man hier systematisch graben würde, und beide waren überzeugt, daß es in dem Hügel mehrere Schichten wie in Troja geben würde.

Sie wollten ab 15. Oktober dort arbeiten, doch hatten sie noch immer keine Grabungserlaubnis erhalten. Ihr Mann schaltete sofort den Arzt Dr. Joseph Chatzidakis ein, einen Kreter, der auch Direktor des Museums in Iraklion und Vorsitzender des Altertumsvereins war.

Die Gedanken Sophias wanderten. Andromache war nun zwölf Jahre alt, sprach bereits ziemlich gut Deutsch, Französisch, Englisch und Altgriechisch. Agamemnon war fünf Jahre alt und zeigte, daß auch er eine gute Entwicklung vor sich hatte. War es im März gewesen, grübelte sie, daß Heinrich in London die Große Goldene Königliche Medaille erhalten hatte?

Sie nickte, dachte daran, daß sie sich in Boulogne-sur-Mer getroffen hatten und sie beide drei herrliche Urlaubswochen am Meer erlebten. Dann reisten sie in die Schweiz, trafen sich mit Andromache, die dort eine Privatschule besuchte. Kaum zurückgekehrt, erfuhren sie, daß man Schliemann zum Mitglied des Deutschen Archäologischen Instituts in Athen gewählt habe. Glücklich erlebte Sophia die Freude ihres Mannes über diese Auszeichnung. „Ich werde ihnen ein erstklassiges Institut bauen", hatte er daraufhin stolz gesagt.

Es war Wochen später, als Sophia durch einen Zufall einen angefangenen Brief ihres Mannes fand. „. . . ich fühle mich sehr müde, spüre, daß ich diese schwere Arbeit nicht länger machen kann..." Am gleichen Tag sah sie, wie er an seinem Stehpult stand und eine Skizze für ein prächtiges Mausoleum fertigte.

„Heinrich, was soll das?" fragte sie verblüfft.

„Es ist eine Skizze für Ziller, damit er — wenn es einmal so weit ist — für uns ein würdiges Grabmal entwirft. Ich möchte, daß wir auch im Tod vereint sind."

„Errikaki, ich danke dir für dieses Zeichen der Liebe, aber, glaube mir, ich bin lieber mit dir in diesem schönen Haus, *deinem* Iliou Melathron."

„Sophidion, ich bin jetzt dreiundsechzig, werde von eigenartigen Schmerzen gequält. Dem Entwurf unseres Grabmals lege ich für Ziller 50.000 Drachmen bei, damit er es, so wie ich es wünsche, einmal baue."

Sophia war entsetzt. Waren an ihrem Weg in den letzten Jahren nicht immer wieder Särge und Gräber gestanden? Zuerst der Vater, dann Spyros, jetzt die Mutter. Sie wagte nicht weiterzudenken. Dann bemerkte sie, daß ihr Mann von einer eigenartigen Unruhe erfüllt wurde. War es nur die Angst, daß es ihm noch nicht gelungen war, die letzten Geheimnisse aus dem Hügel von Hissarlik zu holen?

Als Sophia erfuhr, daß ihr Mann nach Deutschland und Frankreich reisen wollte, versuchte sie, einen Erzieher für Agamemnon zu bekommen. Doch lachte Heinrich sie aus, sagte, daß Agamemnon in einem Alter sei, wo man ihn nicht mehr allein lassen könne. Und so fuhr er ohne sie ab, begab sich dann auch noch nach Konstantinopel. Es war Sophia ein Rätsel, wie es ihm gelungen war, dem dortigen Museum zwei Drittel der Funde, die er 1878 und 1879 in Troja gemacht hatte, abzukaufen.

Kaum war ihr Mann wieder in Athen, reiste er nach Mittelamerika, und Sophia mußte zusehen, wie er immer müder wurde, ihn die Reisen anstrengten, ihm Kräfte nahmen, die er nicht mehr hatte. Dann waren sie sich einig, daß sie am 27. November 1886 mit nach Ägypten fahren würde. Sie freute sich darauf, sehnte sich schon seit siebzehn Jahren nach diesem Land. Alles war schon gepackt. Als der Tag der Abreise kam, bat sie ihren Mann weinend, sie bei den Kindern zu lassen. Andromache sei nun 15, Agamemnon 8, beide in einem Alter, wo sie die Mutter brauchten. Als sich ihr Mann dann verabschiedete, kam sie sich wie eine Verräterin vor. Und so fuhr er allein mit einem gecharterten Segelschiff nilaufwärts, um ein Lungenleiden auszukurieren. Sophia wußte, daß er Ägypten bereits vor fast 30 Jahren besucht hatte. An den Briefen, die sie fast regelmäßig bekam, sah sie, daß ihm diese Reise guttat.

Als er wieder zu Hause war, schwärmte er so vom Land der Pharaonen, daß er die Reise im folgenden Jahr zusammen mit Rudolf Virchow wiederholte. Oft war Sophia nahe daran, ihren Mann zu fragen, warum er nie die Absicht habe, in Ägypten zu graben, Schätze gab es dort genug. Aber sie kannte schon vorab die Antwort. Seine Leitfigur war Homer, und diese duldete keine fremden Götter neben sich.

Um ihren Mann auf andere Gedanken zu bringen, erzählte sie, daß sie und Benatha einen Spaziergang gemacht und dann einem Maler zugesehen hatten. „Stell dir vor, Heinrich", berichtete sie leidenschaftlich, „er malte eine Blüte, dann einen Vogel, einen Schmetterling, zwei spielende Katzen, das Röhricht im Sumpf und eine rauschende Quelle. Als ich ihn fragte, warum er niemals Menschen nachbilde, antwortete er erstaunt: ‚Ich male nichts anderes als die Seele des Menschen'."

Heinrich nickte. „Wir Menschen brauchen die Seele, ohne sie gäbe es keine Beseeltheit. Eine Null hat keine Seele", sagte er hart, fast jähzornig. „Eine Null kann nicht Maß halten. Maßhalten kann nur die Kraft, die wir aus der Seele schöpfen. Die Kraft, nein, ich meine die Seele, bekommt man nicht geschenkt, sie muß in schweren inneren Kämpfen erworben werden. Ich glaube, das Reine muß sich ununterbrochen gegen das Unreine schützen, der Fleißige hat sich gegen die Trägen zu wehren, die ihm das neiden, was er sich durch seiner Hände Arbeit schuf."

Als Sophia antworten wollte, meldete das Hausmädchen Besuch. Schon stand Benatha in der Türe, ging froh auf sie zu und begrüßte sie herzlich.

„Du siehst gut aus", lobte Sophia.

Die Freundin nickte. „Wir waren gestern in Marathon, sahen hinüber auf die Insel Euböa, von der 490 die Perser kamen. Zu Fuß gingen wir dann zu dem etwa 20 Meter hohen Stumpfkegel, in dem die 192 gefallenen Athener beigesetzt sind. Ergriffen stand ich dann vor dem Distichon, das die Athener als die Vorkämpfer von Hellas feiert, Athen also, ein damals ungeheuerlicher Anspruch. Wir hatten in der Gruppe Ausländer, ich übersetzte ihnen die beiden Verse, und alle, nicht nur wir Athener, waren zutiefst ergriffen. Neben mir stand ein älterer Tourist, ein Deutscher. Als ich in seinen Augen las, daß auch er tief bewegt war, ergriff ich seine Hand, und so standen wir und gedachten dieser Toten."

„Jeder Kampfort ist eine Opferstätte", sagte Sophia leise. „Es ist, als ob das Weltengeschehen Kampforte brauche."

Heinrich nickte. „Das Leben bedeutet Kampf, Kampf auch in uns."

„In uns?" fragte ihn Sophia.

„Ja. Müssen wir nicht jeden Tag einen Feldzug gegen uns selbst führen? Ich neige zum Jähzorn, habe ihn zu bekämpfen. Viele sind immer voll von Neid- und Rachsucht, von Gier und anderen Süchten und Lüsten."

Benatha lachte spöttisch. „Die in der Unordnung leben, sagen zu denen, die in der Ordnung stehen, daß sie sich viel Freude nehmen. Ihr kennt mich, ich liebe die Harmonie, auch die Harmonie der Seele, sie kam nicht von selbst, mußte erst bitter erarbeitet, erst erkämpft werden."

„Wie kann ein Mensch schwach sein, der es überhaupt wagt zu sein?" fragte Sophia gedankenverloren. „Selbst die zartesten Pflanzen bahnen sich gewaltsam ihren Weg nach oben durch härtestes Erdreich und durch Felsenritzen. Einem Menschen kann keine stoffliche Macht widerstehen. Welch ein Keil ist ein Mensch, welch eine Ramme ist ein ernsthafter Mensch?"

„Es gibt bei uns in Griechenland Landschaften der Todesangst, ich denke nur an Marathon und die Thermopylen", sagte Benatha ernst. „Es gibt auch in uns Landschaften der Todesangst, und ihre Überwindung ist eine tapfere Tat, ist eine Tat des Schmerzes und des Mutes. Dann gibt es auch Schlachtfelder zwischen den Völkern. Und das sollte nicht sein, weil damit der Tod in die Mitte unseres Seins rückt, weil sich das Leben dem Tod unterwirft. Wir müssen — ich glaube, daß das unsere höchste Pflicht ist —, zu unserem eigenen Erlöser aufsteigen", sagte sie feierlich.

„Ist nicht der Tod für das Vaterland der höchste Beweis der Liebe? Wenn das wirklich zutrifft, dann waren die Erschlagenen von Marathon Liebende."

„Stimmt, Sophia. Was mich trotzdem verwirrt, ist die Tatsache, daß Jahrtausende hindurch der Adel des Menschen danach bemessen wurde, ob er bereit war, sich freiwillig für seinen Bruder in die Nähe des Todes oder sogar in den Tod zu begeben", flüsterte Benatha — als spreche sie nur für sich — gedankenverloren.

Schliemann nickte heftig. „Marathon wurde zur Mahnung, daß man sich, wie groß auch der Feind sei, die Freiheit bewahren kann. Das ist es, Benatha, in Marathon wurde die Freiheit gerettet, sie war unerläßlich, wenn das Abendland werden sollte. Ohne die Abwehr des Angriffs hätte es kein fünftes und viertes Jahrhundert gegeben. Was ich damit meine, wißt ihr, und wenn es diese Epoche nicht gegeben hätte, könnte Europa nicht von einem griechischen Ursprung sprechen. Ich glaube, ohne Marathon wäre es Griechenland nie gelungen, sich von der türkischen Herrschaft freizumachen."

Benatha sah ihn dankend an. „Ein uralter Bauer sagte mir, als ich einmal in Kreta das Idagebirge durchwanderte: ,Laß dich von einer tapferen Tat nicht durch Kälte und Hunger, nicht durch Schmerz oder Furcht vor Leiden, nicht durch die bleckenden Zähne der Gefahr und nicht einmal durch die packenden Kiefer des Todes abbringen.'"

Sophia strich über die geballten Hände der Freundin, die eigenwillig in ihrem Schoß lagen. „Wäre nicht das Nein, so wäre das Ja ohne Kraft, und, Benatha", sie stockte und grübelte, „nur durch Mut kann man sein Leben in Ordnung bringen."

Dann sprachen sie über die Grabungen in Tiryns, für die sich Benatha sehr interessierte. Nach einer langen Diskussion fragte sie: „Heinrich, du warst doch mit Dörpfeld auch wieder in Orchomenos? Und noch etwas", sie lachte, „verzeih mir diese Neugier."

Sophia beruhigte sie. „Benatha, mein Mann hat eine Schwäche, nein, eine sehr große Schwäche für dich. Frage ihn alles, er wird dir, davon bin ich überzeugt, all deine Fragen verzeihen, vielleicht sogar stolz auf sie sein."

„Frage eins, Heinrich: Homer hat mit dichterischer Phantasie geschichtliche Ereignisse überliefert. Ich meine", sagte sie, „daß wir ohne ihn zu keiner Deutung der Vergangenheit kämen. Kein Bodenfund allein kann uns diese Epochen zum Reden bringen. Selbst die gekonnteste Grabungstechnik läßt viele Fragen offen, weil die Fundstücke stumm bleiben, weil Steine nicht reden können."

Schliemann sah sie nachdenklich an, bevor er antwortete. „Es stimmt, wir dürfen die Grabungsfunde nicht überbewerten. Wir brauchen Hinweise, wie die Homers, der in seinen Gesängen die Menschen jener Tage zeigt. Die Überlieferung *und* die Spatenfunde gehören zusammen. Der Grabende befindet sich im Jetzt. Es wäre falsch, König Georg und seine — also unsere — Welt nach Troja oder Mykene zu versetzen. Der Archäologe braucht bei der Deutung Hilfen, darf daher die Überlieferung — die Sagen und Mythen — nicht grundsätzlich in das Reich der Fabeln verweisen." Er lächelte und sagte, daß er selbst ja Beweis wäre, wie sehr die Überlieferung bei der Suche nach der Vergangenheit nützen kann.

„Heinrich, nun meine zweite Frage. Du bist Archäologe, nützt es dir, daß du auch Schriftsteller bist?"

Er nickte sofort. „Sehr sogar. Als ich meine Bücher *Mykene, Ilios, Troja* und *Tiryns* schrieb, genügte es mir nicht, nur die Funde und die Fundsituation zu beschreiben, sondern ich wollte auch die Welt der Menschen dieser Epochen zeigen. Es galt Quellen zu schürfen, und, glaube mir, Benatha, um einen guten Satz in einer Deutung zu schreiben, mußte ich manchmal einen dicken Wälzer studieren, um zu der gewünschten Antwort zu kommen. Da ich in etwa Schriftsteller bin, ist es mir möglich, mich besser in ein Anliegen einzuleben und einzudenken; ich sehe vermehrt einen Fund bildhaft, kenne die Menschen und die Welt, in der sie lebten."

Sophia brachte den Kaffee, den ihr Mann so sehr liebte. Dann sagte sie, daß er in Orchomenos sehr tapfer war. „Benatha, es geht Heinrich seit Wochen nicht gut, seine Ohrenschmerzen nehmen zu."

„Warst du schon bei einem Facharzt?" fragte ihn Benatha beunruhigt. „Das mit den Ohrenschmerzen gefällt mir nicht."

„Mein Freund Virchow kennt in Halle an der Saale einen Spezialisten, ich fahre Ende der Woche zu ihm."

Ein Brief durchkreuzte Sophias Hoffnung, daß ihr Mann bei diesem deutschen Arzt Heilung finde, denn aus Kreta kam die Nachricht, daß das Areal, unter dem er den Palast von Knossos vermute, Erbgut zweier türkischer Kinder sei. Mit Sorge beobachtete sie, wie er sofort voll Eifer nach Kreta schrieb. Die Antwort war, daß das Grundstück einen hohen Wert darstelle, da auf ihm über 2000 Ölbäume stünden und der gesetzliche Vertreter der Kinder dafür 100.000 Francs fordere.

Sophia kannte ihren Mann. Er hatte überall Freunde und Bekannte, die sich für ihn einsetzten, und einer teilte ihm mit, daß er die Forderung bereits auf 75.000 Francs herunterhandeln konnte.

Bei einem schweren Sturm in der Ägäis reiste ihr Mann daher mit seinem Gärtner als fachkundigem Berater nach Iraklion, fuhr auf das Grundstück und zählte statt der über 2000 nur 888 Ölbäume.

Zurückgekehrt, sah ihn Sophia mit verbissenem Gesicht in seinem Arbeitszimmer auf und ab gehen. Beim Abendessen sagte er kritisch: „Ich habe heute an den neuen kretischen Gouverneur Sartinsky Pascha geschrieben und dem Museum der Hauptstadt alle zu erwartenden Grabungsfunde angeboten."

Als wenige Tage daraufhin Benatha kam, um sich zu erkundigen, ob Heinrich schon beim Ohrenarzt gewesen sei, konnte Sophia nur mutlos antworten: „Er macht zur Zeit mit seinem Freund Virchow eine Nilreise."

„Und die Ohrenschmerzen?"

„Die nehmen zu, manchmal hört mich Heinrich kaum."

Um Sophia nicht zu sehr ihrer Sorge und Einsamkeit zu überlassen, blieb Benatha das Wochenende bei ihr, sah mit ihr Photos und Briefe durch, und beide versanken in die Vergangenheit.

„Hier ist das Haus, in dem Heinrich seine Kindheit verbrachte", erklärte Sophia und zeigte eine Aufnahme des Pfarrhauses von Ankershagen. Sie hob den Kopf und lächelte. „In der Nähe wohnte Minna Meincke, sie war die Kinderliebe Heinrichs. Im Alter von neun Jahren wollte er sie heiraten. Nach einer Trennung von fünf Jahren begegneten sich die beiden und umarmten sich unter Tränen. Später, als er reich geworden war, bat er, von seinen Erfolgen berauscht, einen Freund der Familie Meincke, seine Jugendfreundin Minna aufzusuchen und in seinem Namen um ihre Hand anzuhalten. Die Antwort war, daß sich Minna inzwischen verheiratet hatte." Wieder lächelte sie. „Nach der Trojagrabung mit Dörpfeld besuchten wir mit den Kindern Ankershagen, machten dort Urlaub. Der Müller, der einst Homer rezitierte, lebte noch und wurde uns vorgeführt. Wir kamen auch mit Minna Meincke zusammen. Sie war inzwischen eine umfangreiche und etwas weinerliche alte Frau geworden. Als wir uns von ihr verabschiedeten, sagte sie zu Heinrich — und das fand ich sehr edel —, daß ich seine beste Entdeckung sei."

Sie sann kurz vor sich hin, erzählte dann weiter. „Wir besuchten auch Berlin, Hamburg und in Röbel seine Schwester. Dort fielen wir auf", sagte sie schmunzelnd, „weil Heinrich seinen Tropenhelm trug und ich strickend durch den Ort ging. Du weißt ja, Benatha, daß mir das Stricken guttut."

Sie blätterte weiter in dem Album, in den Prospekten und Zeitungsausschnitten. „Das hier ist die *Illustrierte Frauen-Zeitung* aus Berlin. Die Ausgabe vom 13. September 1880 hat mich sogar als Titelbild." Wieder schmunzelte sie. „Hier siehst du die ganze Familie in der Schweiz, das Photo wurde in St. Moritz gemacht."

„Wann ward ihr dort?"

„Im Juli und August 1885. Es gäbe einige nette Geschichten zu erzählen. Eine, Benatha: Heinrich arbeitete viel, und täglich trug er immer einen Packen Briefe zur Post, wurde auf dem Weg dorthin oft begrüßt. Es hielten sich viele hochstehende Persönlichkeiten auf, auch Fürsten und Grafen. Sie stellten sich Heinrich vor — nicht er ihnen. Seine Antwort war meist nur ein knappes Nicken, dann sagte er: ‚Ja, ja‘, lüftete kurz den Hut und ging weiter."

Wieder suchte Sophia, nahm ein Bündel Briefe. Fast ängstlich gab sie der Freundin einen Brief und sagte mit einer Stimme, in der Tränen lagen: „Lies du es selbst, das schrieb mir Heinrich zu unserem 21. Hochzeitstag."

Benatha öffnete den Brief, las das Datum, es war der 24. September 1889. In klassischem Griechisch geschrieben, sah Benatha einen Dankes-, einen Liebesbrief, der sie tief bewegte. „Zu unserem Hochzeitstag möchten die Götter, das ist mein Wunsch, uns vergönnen, diesen Tag nicht nur im kommenden Jahr, sondern von heute ab weitere 21 Jahre hindurch alljährlich zusammen zu feiern in Gesundheit und Wohlbefinden. Heute blicke ich zurück auf die lange Zeit, die mir im Zusammenleben mit Dir verging, und sehe, daß die Parzen (Schicksalsgöttinnen) uns viel bitteres Leid, aber auch viel süße Freude zugesponnen haben... Mir fehlen die Worte, unsere Ehe zu preisen. Du warst mir alle Zeit eine liebevolle Gattin, ein guter Kamerad und zuverlässiger Steuermann in schwierigen Lagen, außerdem ein lieber Weggefährte und eine Mutter, wie es kaum eine zweite gibt. Ich habe mich gefreut, wenn ich Dich so im Schmuck Deiner Tugenden sah. Darum verspreche ich Dir heute schon die Ehe auch für das künftige Leben."

„Wenn es mir vergönnt war, im be-
scheidenen Ausmaß zu seinem Werk
beizutragen, so verdanke ich das aus-
schließlich seiner Güte. Daß ich an
diesem großartigen Abenteuer teil-
nehmen und helfen durfte, das Werk
meines Mannes zu einer Vollendung
zu bringen, bedeutet, daß auch mein
Leben Erfüllung gefunden hat . . .
Ich danke Gott für alles Gute, das
mir während der Jahre meiner Ehe
zuteil geworden ist . . .“

(Sophia Schliemann)

IX

Der Tod in Neapel

Sophia dachte dankbar an Wilhelm Dörpfeld, der nun Erster
Sekretär am Kaiserlichen Deutschen Archäologischen Institut in
Athen geworden war. Ihr Mann hatte in London mit W. J. Still-
mann, dem Korrespondenten der *Times,* einen gefährlichen Gegner bekommen. Der Engländer bezichtigte Heinrich, primitives
mittelalterliches Mauerwerk mit ‚Bauten aus dem heroischen
Zeitalter‘ und ‚byzantinische Ruinen mit vorgeschichtlichen‘ zu
verwechseln. Die Angriffe auf seine Glaubwürdigkeit, die auch
seine Arbeiten in Troja und Mykene einschlossen, waren so heftig gewesen, daß ihr Mann darauf antworten *mußte.* Der Disput
war im Juli 1886 auf einer Sondersitzung der Hellenischen
Gesellschaft ausgetragen worden. Dörpfeld war es gewesen, der
durch seine Sachlichkeit, seine Karten, Zeichnungen und ener-
gischen Worte die Anschuldigungen widerlegte. Arthur Evans,
der sie einst mit seiner Frau besucht hatte, verteidigte Schliemann leidenschaftlich in der *Times.*

Der Sieg von London beeindruckte jedoch den pensionier-
ten Hauptmann Ernst Boetticher, der Schliemann seit sechs
Jahren angriff, in keiner Weise. In vielen Flugschriften be-

hauptete er, daß Hissarlik nichts weiter sei als ein Bestattungs-
platz.

Jede freie Stunde in ihrem Haus, das Heinrich scherzend
‚Palast von Ilion‘ nannte, gehörte den Worten und Belegen, die
er diesem Hauptmann aus Deutschland liefern wollte, wenn es
zu einer persönlichen Aussprache kommen sollte.

„Sophia“, kritisierte er oft, „ich verstehe diesen Boetticher
nicht. Er muß doch wissen, daß ich, der ich meine Familie über
alles liebe, ich, der ich mir das luxuriöseste Leben leisten
könnte, bereit bin, Hitze und Kälte, Schmutz und Seuchenge-
fahr zu ertragen, der Wissenschaft zu dienen?“

Als Benatha zu Besuch kam, mußte auch sie seine Empörung
anhören, wenn er wütete und rief: „Ein Mann, der nie den Boden
von Hissarlik betreten hat, wagt es zu behaupten, daß es sich
bei meiner Entdeckung in der Troas nicht um das homerische
Ilion, sondern um eine Feuernekropole handelt, in der die Toten
verbrannt und bestattet wurden. Und das Satanische an diesem
Mann ist, daß er es geschickt versteht, Zeitungen wie die *Kölni-
sche Zeitung* und Zeitschriften wie das *Correspondenzblatt der Deutschen Anthropologischen Gesellschaft* und das *Deutsche Philologenblatt*
für seine Verrücktheiten einzuspannen.“

„Vielleicht weiß Professor Virchow einen Ausweg oder bitte
Dörpfeld um Hilfe. Du hast doch auch Kontakt zu dem deutschen Archäologen Carl Humann, der durch den von ihm entdeckten Pergamon-Altar einen guten Namen in der Wissenschaft
hat“, riet Sophia. Sie kannte ihren Mann als Freund rascher Ent-
schlüsse. Er sah sie nur kurz an, sagte dann: „Ich fahre morgen
nach Paris, anläßlich der Weltausstellung wird der Eiffelturm
eingeweiht. Virchow ist dort. Vielleicht weiß er einen Rat.“

Als Sophia ihren Mann, von Paris zurückkehrend, wieder in
die Arme schloß, sagte er nur mißmutig: „Virchow gab mir
trostreiche Worte, meinte, ich solle diesen Boetticher nicht
ernst nehmen, er sei doch nur ein Spinner, ein ruhmsüchtiger
Freizeitaltertumskundler.“

Es war am 13. September 1889, als Sophia mitten in der
Nacht von ihrem Mann aufgeweckt wurde. „Sophidion“, rief er
übermütig, „Pallas Athena gab mir den rettenden Einfall. Ich

werde die Grabungen in Troja in großem Rahmen fortsetzen, dazu hochkarätige Forscher, Architekten und Archäologen einladen. Habe ich eine Gruppe anerkannter Gelehrter, werde ich Boetticher bitten, sich den Hissarlik anzusehen. Das alles muß schnell geschehen, sonst richtet dieser pensionierte Offizier in seiner Langeweile noch größeren Schaden an. Und, Liebes, du hast recht, ich werde auch Carl Humann schreiben, ihm die Angelegenheit schildern und ihn bitten zu kommen."

Nach gut drei Wochen zog er Sophia freudestrahlend in sein Arbeitszimmer. „Liebling", sagte er fast atemlos, „setz dich, Humann hat geantwortet", überflog hastig das Schreiben, zeigte dann Ausschnitte. „Der Brief kommt aus Smyrna", erklärte er, „wurde am 6. Oktober geschrieben." Wieder las er und zitierte dann: „Möge Ihre Arbeitskraft und Ihr Unternehmensgeist noch lange vorhalten, zum Heile der Wissenschaft, die Ihnen so unendlich Großes verdankt. Mit siebenundsechzig Jahren ist man kein Jüngling mehr, und es ist wahrlich erstaunlich, wie die Götter Ihnen wohlwollen... Sie dürfen den Göttern nur nicht entgegenarbeiten, indem Sie sich unnützerweise über den Pyro-Nekropolomanen Boetticher ärgern. Der Herr ist in seinen Ideen offenbar verritten und versessen und wird einer Belehrung schwerlich zugänglich sein. Er hat sich aber ein kolossales Verdienst dadurch erworben, daß er die Ursache geworden ist, daß Sie Ihre Forschungen in Troja fortsetzen wollen. Dafür wird ihm viel vergeben werden... Ich hoffe, Sie bald in Athen wiederzusehen..."

Es war im November 1889, als Boetticher das Angebot, nach Hissarlik zu kommen, annahm.

Als unparteiische Zeugen hatte Sophia im Auftrag ihres Mannes den Wiener Bauforscher Professor Niemann von der Akademie der Schönen Künste in Wien und einen weithin als Kartographen bekannten Major Steffen eingeladen, der die Karten und Pläne von Mykene veröffentlicht hatte.

Fünf Tage lang — vom 1. bis 6. Dezember — sollte Wilhelm Dörpfeld die Besucher durch die Ruinen auf dem Hissarlik führen.

Als Sophia ihren Mann nach Piräus zum Schiff brachte, betete sie innig für einen Erfolg. Fast täglich erhielt sie nun Post, und ihr Mann berichtete, daß Troja tagelang genauestens untersucht wurde. „Die beiden Zeugen, Niemann und Steffen, waren von der Echtheit der Funde überzeugt und bestätigten, daß die in meinem Buch ‚Troja‘ veröffentlichten Zeichnungen und Beschreibungen der Wahrheit entsprechen. Boetticher war aber nur in einigen Streitpunkten zu überzeugen. Nun wurde auch Dörpfeld wütend: ‚Wenn Sie nicht einmal bereit sind, das zu glauben, was ich Ihnen vor Augen führe, dann vergeuden wir alle hier unsere Zeit.‘ Sophidion, daraufhin griff ich ein und klagte Boetticher an, daß er Dörpfeld und mich beschuldigt habe, daß wir die Pläne gefälscht und sogar Mauerreste beseitigt hätten. Seine Antwort war, daß er das nur im Interesse der Aufhellung dieser wissenschaftlichen Kontroverse sage, er darin keine Beleidigung sehe. Ich war zu erregt, um noch weiter zu diskutieren, und sagte wütend: ‚Herr Boetticher, ich verlange, daß Sie die Beschuldigungen öffentlich zurücknehmen und um Verzeihung bitten, so öffentlich, wie Sie mich einen Lügner genannt haben!‘ Die Antwort des alten Hauptmanns war ein entschiedenes Nein.“

Als Sophia dies ihrem Bruder Alexandros erzählte, fragte er: „Was hat dann Heinrich geantwortet?“

„Er sagte nur: ‚Die Pferde stehen zu Ihrer Abreise bereit!‘“

„Und?“

„Boetticher zögerte keinen Augenblick, drehte sich um und ritt grußlos weg.“

„Und wie ging es nun weiter?“

„Dieser streitbare Hauptmann polemisiert weiter gegen die Troja-Theorie Heinrichs und — das ist das Schwierige, was uns sehr bedrückt — stößt dabei nicht nur auf Ablehnung. Er findet immer wieder Zeitungen und Zeitschriften, die seine Hetztiraden veröffentlichen. Auch sonst hat dieser Boetticher einigen Erfolg. Carl Humann schrieb kürzlich Heinrich, daß der deutsche Botschafter in Konstantinopel wohl die Verdienste meines Mannes würdige, ihn jedoch als ziemlich verdreht hinstelle und er für die dortige Vertretung höchst unbequem werde. Der Chef der Rechtsabteilung des Auswärtigen Amtes der Hohen Pforte, Alfred von Gescher, sagte zu Humann, Schliemann wäre ein merkwürdiges Gemisch von hohem Idealismus und reicher Phantasie!“

„Was will Heinrich nun tun?"

„Er baut Baracken, ein richtiges kleines Dorf, das man jetzt schon scherzhaft ‚Schliemannopolis' nennt. Wie ich Heinrich kenne, wird er weiterkämpfen, wird er alles tun, was man tun kann, um diesen Boetticher zu belehren. Mich bedrückt natürlich dieser Streit mit dem überheblichen deutschen Hauptmann sehr, was mir jedoch viel mehr Sorgen macht, ist Heinrich selbst."

„Heinrich?" fragte Alexandros überrascht.

„Ja. Seine Ohrenschmerzen werden immer schlimmer. Es gibt Situationen — sie mehren sich —, wo er lange Minuten kaum oder sogar nichts mehr hört."

Schweren Herzens ließ Sophia ihren Mann am 1. März 1890 mit Dörpfeld nach Hissarlik reisen. Sie mußte etwas lächeln, als sie daran dachte, daß die letzten Abende nur noch dem technischen Problem gehörten, wie man die geplante Feldeisenbahn nach dem Hissarlik bringen könnte. Ihr Mann wollte dort zwei Eisenbahnen anlegen, die es ermöglichen sollten, den anfallenden Aushub leichter fortzuschaffen. Er konnte dann in einem größeren Radius arbeiten und die Arbeiter gezielter einsetzen.

Schon im ersten Brief erfuhr sie, daß ihr Mann Ende des Monats eine weitere Gelehrtenkonferenz einberufe, da Hauptmann Boetticher weiter gegen ihn hetze und erneut behaupte, daß die Pergamos nur eine Feuernekropole gewesen sei.

Als die Briefe immer hastiger und nervöser wurden, meist nur noch knappe Mitteilungen waren, begann Sophia wieder zu kränkeln. Oft quälten sie zugleich Kopf- und Magenschmerzen, und viele Nächte lag sie wach und sann über eine Möglichkeit nach, ihrem Mann zu helfen. Einmal stand sie mitten in der Nacht auf, notierte den Gedanken, daß es gut wäre, wenn zu der Gelehrtenkonferenz auch Wissenschaftler aus Konstantinopel, aus Athen und vielleicht sogar aus Amerika kämen.

Am Morgen erhielt sie einen Brief ihres Mannes, der die Namen jener zeigte, die zugesagt hatten, nach Hissarlik zu kommen. Alle waren berühmte Gelehrte. Als Sophia zehn Tage keine Nachricht erhielt, bangte sie so um den guten Ausgang dieser Konferenz, daß sie kaum zu essen vermochte. Immer öfter wurde sie von Weinkrämpfen gequält. Benatha kam fast täglich, tat alles, um Sophia zu beruhigen.

Dann kam der ersehnte Brief. Sophia sah es schon an der Überschrift, daß er gute Nachrichten enthielt. „Meine geliebte Sophidion", begann er. Zuerst wollte sie den Brief im Stehen, im Hausflur, lesen, doch zitterte sie so vor Aufregung, daß sie in den Garten lief, sich dort in eine Ecke setzte und jede Störung mit einer Handbewegung abwehrte. Dann las sie weiter. „. . . die Untersuchung der einzelnen Schuttschichten hat ergeben. . . , daß nichts darauf hinweist, was auf die Verbrennung von Leichen schließen läßt. . . Die zweite Schicht, die am meisten Interesse bot, enthielt Ruinen von Bauwerken, deren größte den Palästen von Tiryns und Mykene in jeder Beziehung gleichen. . . Das Urteil der zehn Archäologen und Gelehrten, alle Kapazitäten ersten Ranges, die auch die Protokolle unterschrieben haben, beweist, daß wir es in Hissarlik mit einem befestigten Platz zu tun haben, der jahrtausendelang bewohnt gewesen ist."

Schon wenige Tage später erfuhr Sophia in einem weiteren Brief, daß Hissarlik nun von mehr als hundert anderen Gelehrten und Altertumsfreunden besucht wurde und alle die Feuernekropolentheorie aufs entschiedenste zurückwiesen. „Wenn Herr Boetticher fortfährt, die Pergamos als Feuernekropole darzustellen, macht er sich nur noch lächerlich. Übrigens, Liebes, höre und staune, seit Mai arbeite ich hier sogar mit drei Eisenbahnen. Ich werde nur bis August hierbleiben. Die nächste Grabung in Troja habe ich für den 1. März bis 1. August 1881 festgesetzt. Meine Ohrenschmerzen quälen mich sehr. . ."

Sophia war froh, daß Benatha wieder kam. „Bleibst du über Nacht? Ich habe zwei Briefe von Heinrich, die dich interessieren werden."

Es war Abend, sie saßen im Garten, und Sophia las die Briefe vor und zeigte der Freundin ihre Freude. Diese sah nachdenklich vor sich hin und sagte dann in ihrer geraden, etwas kritischen Art: „Was ich nicht verstehe, Sophia, ist, daß ein Mann von der Bedeutung Heinrichs sich die Mühe macht, zweimal aus aller Welt Gelehrte nach Troja zusammenzurufen, sie einzu-

quartieren, herumzuführen und zu bewirten, nur weil es diesen
bornierten Boetticher gibt."

„So ist Heinrich eben", antwortete Sophia schlicht. „Auf der
einen Seite gibt er Millionen aus, auf der anderen Seite geizt er
um jede Drachme. Heinrich ist", sie sann vor sich hin, sprach
dann zögernd weiter, „ein guter Diplomat, der alle Diplomatie
vergißt, wenn ihm Unrecht geschieht. Er verteidigt Homer, als
ob jeder Kritiker ihn angreife. Wir, die wir Heinrich lieben,
müssen mit seinen Augen sehen und mit seinen Beweggründen
denken. Bisher, Benatha, glaubte man, die Kämpfe der Griechen vor Troja und die mächtigen, goldreichen Residenzen der
Fürsten Mykenes wären Erfindungen der Dichter. Heinrich
wurde zum Einzelgänger, zum einsamen Verteidiger. Er hat
gegen den Widerstand der gelehrten Welt den Bann gebrochen
und einen Mythos in den Bereich geschichtlicher Wirklichkeit
zurückgeholt. Das so unglücklich in Schutt und Asche versunkene Troja, das goldreiche Mykene, der Fürstensitz Agamemnons, das wehrhafte Tiryns, nicht zuletzt das sogenannte Schatzhaus des Königs Minyas in Orchomenos wurden zur geschichtlichen Wahrheit. Vielleicht bekämpft man Heinrich nur, weil
er einen ungewöhnlichen Weg ging. Was kann ein Verkäufer
von Kartoffelschnaps, ein Händler, ein Mann, der Grundstücke
und Häuser kauft, der mit Aktien handelt, schon von der
Archäologie wissen? Hätte er nicht in Troja und Mykene Gold
gefunden, würde man ihn heute noch in vielen Ländern ausla-
chen."

„Ich glaube, Sophia, daß viele, die Homer als Geschichtener-
zähler hinstellen, seine *Ilias* nie wirklich gelesen haben."

„Es scheint viele Menschen zu geben, Benatha, die lesen können, jedoch nicht lesen. Heinrich brachte es fertig, einem einfachen Bauern stundenlang aus Homer vorzulesen, und so machte
er sich auch die Mühe, Tausende von Artikeln und Berichten,
Briefen und Entgegnungen zu schreiben, zu kopieren und in alle
Welt zu versenden, um möglichst vielen Menschen zu zeigen,
was er liebte und was auch sie lieben sollten. Heinrich ist irgendwie Missionar, er will mit einem heiligen Eifer allen sagen, was
Menschen vor Jahrtausenden an Schönem geschaffen haben. Das

tat er all die Jahre, das tut er heute und morgen." Sie seufzte und sah Benatha fast hilflos an. „Er hat für alles Zeit, nur nicht die, endlich zu einem guten Arzt zu gehen, der ihm sein Ohrenleiden nimmt. Wenn er es nicht bald tut, kann das sein Tod sein."

Sie sannen vor sich hin, dann sagte Benatha impulsiv: „Eben fällt mir ein Argument ein, schreibe das Heinrich. Wenn dieser Boetticher den Hügel von Hissarlik als Nekropole hinstellt, wo haben dann die Lebenden gewohnt? Unten in den fieberverseuchten Sümpfen? Es wäre doch Unsinn, die Toten auf den gesunden Höhen zu bestatten und selbst im Fieber zu leben."

Es war wieder an einem Wochenende, an dem Benatha Sophia besuchte. „Gibt es gute Nachrichten, hat Heinrich geschrieben?" fragte sie schon von weitem.

Sophia nickte nur und zog die Freundin in den Garten. „Wir dürfen es nicht weitersagen, Heinrich hat wieder einen Schatz gefunden. Es fing mit kleinen goldenen Nadeln an, dann kamen Prunkbeile, sieben große Zepterknöpfe aus Bergkristall und an die 50 andere wertvolle Gegenstände." Sie schwieg, knetete die Hände und sah nachdenklich vor sich hin.

„Was ist?" fragte Benatha besorgt.

„Das Ohrenleiden Heinrichs verschlimmert sich, er schrieb, daß er an manchen Tagen so gut wie taub sei, die Schmerzen fast unerträglich werden."

„Er muß sofort zu einem Arzt", rief Benatha entsetzt.

„Heinrich war in Konstantinopel, konsultierte einen Facharzt. Dieser stellte Verknöcherungen in den Gehörgängen fest."

„Und?"

„Heinrich kommt morgen, er will sofort zu Professor Schwarze nach Halle."

„Begleitest du ihn?"

„Wenn er es will, ja. Ich möchte mit, ich mache mir große Sorgen."

Als Sophia ihren Mann empfing, war sie entsetzt über seinen schlechten Gesundheitszustand. Während er sein Gepäck für die Reise nach Halle zurechtlegte, hörte ihn Sophia sagen: „Wer wird wohl meine Anzüge tragen, wenn ich nicht mehr bin?"

Sophia brachte ihn zum Wagen, küßte ihn herzlich. „Sophidion", sagte er zum Abschied, „es ist besser, du bleibst hier bei den Kindern. Ich will in sechs Wochen wieder bei euch sein. Am 12. November (1890) werde ich in Halle operiert."

Sophia erhielt mehrmals Briefe. Einer ließ sie aufatmen, da sie erfuhr, daß Heinrich operiert worden war, es ihm besser gehe und er im Krankenhaus *Tausendundeine Nacht* im arabischen Original gelesen habe. Zur Zeit arbeite er an den Korrekturfahnen seines Berichts über die mit Dörpfeld in Troja durchgeführten Grabungen. In einem weiteren Brief erfuhr sie, daß ihr Mann unbedingt Weihnachten bei ihr sein wolle.

Sie bekam Briefe aus Leipzig, wo er mit dem Verleger Brockhaus verhandelte, aus Berlin, wo er mit dem Verwalter seiner Liegenschaften sprechen mußte und mit Virchow die Schliemann-Sammlung inspizierte. Die nächste Post kam aus Paris. Von dort schrieb er Sophia, daß sein nächstes Reiseziel Neapel sei, da er sich dort die jüngsten Funde aus Pompeji ansehen wolle.

Die Briefe wurden kürzer, Sophia erfuhr nur, daß er in Neapel wegen heftiger Schmerzen einen Arzt konsultieren mußte. Zweimal erhielt sie die Nachricht, daß sich seine Heimreise verschiebe, er jedoch Weihnachten eintreffe.

Andromache war aus der Schweiz gekommen, auch Agamemnon war im Haus, alle wollten sie mit dem Vater Weihnachten feiern. Er kam nicht. Kein Telegramm, kein Brief, nichts sagte ihnen, was seine Rückreise verzögerte.

Es war am 26. Dezember, als Sophia die Nachricht erhielt, daß ihr Mann in Neapel verstorben sei. Die Todesnachricht erreichte bereits alle Erdteile.

Sie stand da, vermochte nicht zu sprechen, als die Kinder sie fragten, was sei. Dann knüllte sie das Telegramm zusammen, formte es zu einem Papierknäuel, um das sich ihre Finger verzweifelt krampften.

„Mutter, was ist?" fragte Agamemnon. Als sie nicht antwortete, versuchte er die Nachricht, die seine Mutter so erschütterte, aus ihren Händen zu lösen.

Sophia wehrte sich nicht, hielt nur die Hände so dicht über das Telegramm, daß es unmöglich war, es ihr zu nehmen.

„Mutter!" rief nun Andromache und begann zu weinen, weil Sophia leichenblaß, wie gelähmt, dastand.

Dann lösten sich langsam die verkrampften Hände, das zerknüllte Telegramm fiel auf den Boden. Als es Agamemnon aufhob, die Nachricht las, begann auch er laut zu weinen. In diesem Augenblick sank Sophia ohnmächtig zusammen.

Benatha war die einzige, die sofort die Initiative ergriff. Sie war durch die noch offene Haustüre getreten, sah Sophia auf dem Boden liegen, Agamemnon und Andromache haltlos weinen. Dann las sie das Telegramm. Noch am gleichen Tag reisten Wilhelm Dörpfeld und Sophias Bruder Panajotis nach Neapel, um den Toten heimzuholen.

Dann erfuhr Sophia, tief erschüttert, die näheren Umstände. Am ersten Weihnachtsfeiertag war ihr Mann auf der Piazza della Santa Caritá zusammengebrochen. Halbseitig gelähmt und unfähig zu sprechen, wollte man ihn in ein Krankenhaus bringen, doch nahm man ihn dort nicht auf, da er keine Ausweispapiere bei sich hatte. Man lieferte nun den noch immer halb Bewußtlosen, der sich nur durch Zeichensprache verständigen konnte, beim nächsten Polizeirevier ab. Dort durchsuchte ein Beamter die Kleidung und fand ein Rezept. Sofort holte man den Arzt, der es ausgestellt hatte, und erst dann wußte man, daß vor ihnen der berühmte Heinrich Schliemann lag.

Der Arzt erkannte, daß er schnell handeln mußte, und nahm im Hotelzimmer am linken Ohr Schliemanns einen chirurgischen Eingriff vor. Dieser zeigte aber, daß die Entzündung bereits auf das Gehirn übergegriffen hatte. Der Zustand verschlimmerte sich durch eine schwere Bronchitis. Am nächsten Tag, es war der 26. Dezember, konferierten im Nebenzimmer acht Ärzte über den Vorschlag Professor von Schoens, eine weitere Operation zu wagen. Während dieser Beratung erfuhren sie um 3 Uhr 30 nachmittags durch eine Krankenschwester, daß Schliemann plötzlich gestorben sei.

Sophia, Andromache, Agamemnon und Benatha saßen wortlos da, weinten und beteten. Dann — war es Nacht oder Tag, sie wußten es nicht — hielt vor dem Haus ein Wagen. Als sie die Türe öffneten, sahen sie, wie Dörpfeld und Panajotis den Sarg aus der Kutsche zogen. Von allen Seiten eilten Männer und Frauen herbei, wollten helfen, doch wehrten die beiden ab, trugen ihn still und ernst ins Haus, bahrten den Toten unter einer Homerbüste auf. Auf den Sarg legte Dörpfeld die *Ilias* und die *Odyssee*.

Sophia schickte allen Freunden die Todesnachricht: *„Frau Sophia Schliemann und ihre Kinder Andromache und Agamemnon beehren sich, Ihnen den schmerzlichen Verlust anzuzeigen, den sie in der Person Herrn Heinrich Schliemanns, ihres Gatten und geliebten Vaters, erlitten haben, der am 26. Dezember 1890 in Neapel verstorben ist. Das Begräbnis findet am Sonntag, dem 4. Januar 1891, in Athen statt."*

Die Reihe der ersten ausländischen Beileidsbezeigungen begann der deutsche Kaiser, der Sophia telegraphisch kondolierte.

Der griechische König und der Kronprinz hielten in Galauniform die Totenwache. Königin Olga und zahlreiche andere Fürstlichkeiten, die Gesandten Deutschlands, Englands, Österreichs, Rußlands und der Vereinigten Staaten mit ihren Damen und dem vollständigen Gesandtschaftspersonal, sämtliche Minister, die Spitzen der Militär- und Zivilbehörden und viele berühmte Wissenschaftler erwiesen dem Toten die letzte Ehre. Sogar der türkische Sultan hatte seinen persönlichen Adjutanten entsandt.

Die Trauerrede hielt der evangelische Hofprediger Petersen in deutscher Sprache; darauf folgte eine längere Rede des amerikanischen Gesandten Snowden, der den amerikanischen Staatsbürger Heinrich Schliemann als beispielhaft für den Pioniergeist seines Landes würdigte. Wilhelm Dörpfeld sprach für alle, als er von seinem Freund und Mentor Abschied nahm: „Die ganze gebildete Welt sendet ihre Trauerklage zu deinem Sarge, in welchem du jetzt schlummerst den ewigen Schlaf. Ruhe aus von deiner Arbeit, denn du hast dein Werk vollbracht!"

Sophia war einer Ohnmacht nahe. Mehrmals versuchte sie zu weinen, doch fehlte ihr hierzu die Kraft, sie keuchte und stöhnte nur vor Erregung. Wohl versuchte Agamemnon, der rechts von ihr stand, sie mit einem Streicheln seiner Hand zu trösten, wohl drückte sich Andromache an sie, um ihr Halt zu geben. In Sophia zerbrach jedoch eine Welt, zerbrach das Glück, zerbrach ihr ganzes Sein.

Um drei Uhr setzte sich der Leichenzug in Bewegung; voran wurde ein florumhülltes großes Kreuz getragen, dahinter die Auszeichnungen und Orden. Hinter dem Leichenwagen ging der Geistliche mit Sophia, den Kindern und den übrigen Familienangehörigen. Eine unübersehbare Menschenmenge folgte.

Auf dem Friedhof hielt der Direktor des Amerikanischen Archäologischen Instituts in Athen, Waldstein, eine Rede in griechischer Sprache. Dann rief der Diplomat, Archäologe und Dichter Alexander Rangabé, ein Freund Schliemanns, ihm einen poetischen Scheidegruß in Hexametern nach, in dem der Dank des ganzen hellenischen Volkes dem Manne zugesprochen wurde, dessen Werk von den Göttern gesegnet und von echt homerischem Geiste durchdrungen war. Mit Psalmengesang wurde dann der Sarg in die Erde gesenkt.

Der Mann, der die Vergangenheit gesucht hatte, war nun selbst Vergangenheit geworden, der Träumer von Troja wurde nun zum Traum vieler junger Menschen, die wie er die Welt entdecken wollten.

Ein Gelehrter, der Sophia kondolierte, sagte schlicht: „Ihr Mann hat als erster ein weltweites Interesse an den Möglichkeiten archäologischer Methoden erweckt. Er setzte Maßstäbe für die genaue Aufnahme, die Aufzeichnung und die rasche Publikation eines Fundes."

Dann saß Sophia in der Bibliothek, dem Lieblingszimmer ihres Mannes. Nun war sie allein. Sie hatte immer gewußt, daß er einmal früher gehen würde, doch es betrübte sie zutiefst, daß ihr Mann einsam in einem Hotel sterben mußte, niemand von seiner Familie bei ihm sein konnte und ihm die Hand halten durfte.

Grabstätte von Sophia und Heinrich Schliemann in Athen in Gestalt eines
klassischen Tempels.

Immer wieder gab sie sich die Schuld für dieses einsame Sterben. Sie hätte mit nach Halle fahren müssen, doch wann in all den 21 Ehejahren hatte sie gegen den Willen ihres Mannes handeln dürfen? Wenn er etwas nicht wollte, dann durfte es auch nicht sein. Hätte es genützt, wenn sie Virchow gebeten hätte, auf ihren Mann einzureden, daß er statt nach Paris und Neapel nach Hause, in das mildere Klima von Athen, reise? Nein, er ging immer jenen Weg, den er für richtig hielt. Ging er ihn selbst oder *mußte* er ihn gehen?

„Auch das Edelste in dieser Welt muß in den Tod", mahnte eine Stimme in ihr. Eine andere Stimme sagte: „Mit jedem Menschen stirbt eine Welt!"

Gedanken wuchsen hoch, quälten sie. Das Krankenhaus, das ihren Mann vielleicht hätte retten können, wies ihn zurück, weil er keine Papiere hatte. Man wies einen Heinrich Schliemann, eine der berühmtesten Persönlichkeiten der Welt, ab.

„Heinrich!" flüsterte sie, ging zum Porträt ihres Mannes, das Guido Reni gemalt hatte. „Heinrich!" klagte sie. „Wach auf! Verlaß mich nicht. Hörst du mich nicht, Errikaki?"

Lange Zeit stand sie unbeweglich und starrte immer wieder auf das Bild. Die Augen ihres Mannes sahen sie an, zeigten Kraft, Hoffnung und Zärtlichkeit. Für Sekunden, für wenige Atemzüge nur, war aller Kummer, war alles Herzeleid fort wie Tau vor der Sonne. Dann war erneut tiefster Schmerz in ihr. Daß sich die Sonne nicht verfinsterte? Daß kein Blitz aus grollenden Gewittern auf die zitternde Erde fuhr? Ja, die Erde zitterte wirklich, aber es war nur das Flimmern des Lichtes, nur die brodelnde Wärme, die aus den Steinen und Mauern quoll. Ach, dieses ungeheure griechische Licht. Glasklar und ungebrochen flutete es aus dem meerblauen Himmel. Und diese Stille! Woher kam sie, trauerte auch die Natur?

Langsam, mit kleinen, kraftlosen Schritten, ging sie zum Stehpult, an dem er so gerne gearbeitet hatte. „Errikaki!" klagte sie und klammerte sich an das kühle Holz. Sie begann zu weinen. Ihre Tränen näßten die Platte, auf der seine Bücher und Manuskripte lagen. „Errikaki, Errikaki!" rief sie immer wieder, legte ihre Wange einmal von links und dann von rechts auf die

Schreibplatte. Zwischen den Tränen küßte sie jede Pore des Holzes. Nun war alles zu Ende. Es gab kein Troja und Mykene mehr, kein Orchomenos, Tiryns und Kreta.

„Warum bin ich hier?" klagte sie. „Warum mußte Heinrich gehen, warum stirbt das Gute und die Liebe?" Sie ging suchend durch das Haus, stolperte, verfing sich an einer Türschwelle, sank vornüber zu Boden. Ihre Hände griffen in einen Teppich, ertasteten einen Pithos. Pithos? Hatte sie ihn nicht mit ihrem Mann in Troja ausgegraben? Waren sie nicht gerade in diesem gemeinsamen Tun tief Liebende? Langsam stemmte sie sich hoch, stieß an eine Vitrine, die leicht zitterte und klirrte. „Die Funde aus Mykene", schluchzte sie. Es waren Dreifüße, Vasen, Kannen, Töpfe, Teller und Näpfe — alle auf der Töpferscheibe gedreht und meist mit roten Verzierungen geschmückt. Hatte nicht Heinrich, als er sie ausgrub und ihr zeigte, gerufen: „Sophidion, das alles bezeugt eine hohe Zivilisation!"

Wieder wollte sie sich aufrichten, doch lag ihr Leid bleischwer auf den Schultern. Sie warf die Arme empor, wie um aus der Luft sich Halt und Hilfe zu ergreifen, und begann erneut zu klagen, vorwurfsvoll und bittend. Krampfhaft versuchte sie zu sprechen, doch es kamen nur unverständliche Laute aus ihrem Mund. Dann war ein Psalm in ihr, es waren große, gewaltige Worte, und demütig bettelte sie: „Gib Licht meinen Augen, oder ich entschlage des Todes, und mein Feind könnte sagen: Über den ward ich Herr!"

Sie wiederholte den Spruch unzählige Male, wie eine begrifflose Melodie, nur an Klang und Rhythmus sich festigend. Bald aber war es, als drängten sich Teile davon, einzelne Worte zunächst, in ihr Bewußtsein. „Licht!" stammelte sie, „Licht, ich brauche Licht!"

Plötzlich wollte ihr die Stimme nicht mehr gehorchen, sie brach wieder zusammen und erstickte unter ihrem Weinen. „Heinrich, warum läßt du mich zurück?" schluchzte sie fast lautlos, sich dabei wie unter körperlichem Schmerz windend, und flüsterte, er möge sie doch hören, sie sei ja da, in seinem Haus. Dann kniete sie demütig: „Ach, Heinrich, was bin ich nun? Eine Frau ohne den geliebten Mann ist wie ein Haus ohne Dach!"

Langsam wurde sie ruhiger, die Brust schien ihr von einer milden Wärme berührt, das schmerzvolle Leiden wechselte in ein sanftes Verstehen hinüber. Sie preßte die Hände an ihr Herz, um die Wärme dort zu behüten. Als sie aufs neue zu betteln begann, war ihre Stimme klar. „Errikaki, ich sehe das Licht, ich will nicht mehr klagen. Gott, es soll geschehen, wie du es willst. Weiß ich denn, warum Heinrich sterben mußte? Vergib, daß ich traurig bin. Dein Wille geschehe!"

Zögernd ging sie dann ans Fenster und sah hinaus. Sie kannte den Inhalt des Testamentes. Zwischen den Tränen, die immer wieder die Hände netzten, lächelte sie verhalten. Ihr Mann hatte das Testament, bei der Eheschließung vor 21 Jahren protokolliert, annullieren lassen. Wie bitter mochte seine erste Ehe gewesen sein, daß er Angst gehabt hatte, er würde — trotz seines Glaubens an die Liebe — wieder Unglück erfahren?

Die beiden Kinder aus der ersten Ehe erhielten je ein Haus in Paris und 50.000 Francs, der Sohn Sergeij dazu eine Tabakplantage in Amerika. Andromache und Agamemnon erbten ebenfalls zwei Häuser in Paris und dazu das ganze bewegliche Eigentum. Ihr Erbe war das Haus in Athen mit allen darin befindlichen Sammlungen und der Bibliothek, ferner das Haus in Berlin (1891 wurde es bei der Erbteilung mit 1,200.000 RM bewertet). Mit einer größeren Summe war darüberhinaus ihr zukünftiges Leben gesichert. Dörpfeld würde 10.000 Francs, Virchow 20.000 Francs, die geschiedene erste Frau in Rußland 100.000 Francs erhalten. Dazu kamen viele Legate an Verwandte, an Wohltätigkeitsanstalten in Berlin und in Athen. Stolz war sie auf die Bestimmung, daß zu ihrem Erbe auch das Gebäude des Deutschen Archäologischen Instituts gehörte. Sie wußte, daß es für sie eine Verpflichtung barg. Sie sprach vor sich hin, als würde es ihr Mann hören: „Ich werde weiterhin das tun, was du willst. Errikaki, ich werde alle deine Freunde, die zu Besuch kommen und deine Sammlung sehen wollen, herzlich aufnehmen und ihnen alles zeigen. Ich werde, auch das verspreche ich dir, deinem Freund Dörpfeld die Mittel geben, daß er in Troja weitergraben kann."

Dann ging sie durch das Haus, blieb vor manchem Spruch stehen und glaubte, seine Stimme zu hören, wie er ihr aus einem griechischen Klassiker vorlas.

Sie wußte, sie würde nie mehr heiraten, nie mehr lieben; ihre einzige Liebe gehörte ihrem Mann. Dann ging sie in ihr Zimmer, zündete vor ihrer Lieblings-Ikone eine Kerze an, kniete sich auf den Boden und begann demütig zu beten.

Epilog

Sophia war mit 38 Jahren Witwe geworden, starb 1932 mit 80 Jahren in Athen. Andromache war beim Tode ihres Vaters neunzehn und Agamemnon zwölf. Andromache heiratete einen Athener Rechtsanwalt und starb 1962. Agamemnon wurde 76 Jahre alt, war als Diplomat in Athen und Paris tätig.

Schliemanns trojanische Funde sind verschwunden. Der Schatz des Priamos wurde 1945, als das russische Heer sich Berlin näherte, von Beamten des Berliner Museums für Vor- und Frühgeschichte verpackt und vergraben. Bis zum heutigen Tag ist nicht eine einzige Goldperle zum Vorschein gekommen. Das Versteck ist unauffindbar. Ging es bei einem Bombenangriff verloren, wurde der Schatz gestohlen oder beschlagnahmt und eingeschmolzen? Die trojanischen Keramikfunde schaffte man während des Zweiten Weltkrieges in die Schlösser Schönebeck an der Elbe, Petruschen bei Breslau und Lebus bei Frankfurt an der Oder. Alle drei Schlösser wurden im Krieg zerstört oder geplündert. In Schönebeck ist nichts erhalten geblieben. Aus Petruschen kommt keine Nachricht, das Gebiet ist polnisch geworden. Das Schloß Lebus war als Schloßruine zum Abbruch bestimmt. Die Einwohner verwendeten die in den Kellern gefundenen Schüsseln und Krüge, hatten keine Ahnung von dem Wert dieser Keramik. Als das Leben im Dorf wieder erwachte und jemand heiratete, zogen die Burschen los, holten in Schubkarren Urnen und Amphoren und zerschellten sie am Polterabend unter fröhlichem Jubel. Dann sickerten erste Nachrichten nach Berlin, daß es in Lebus doch noch Keramik gebe. Eine Wissenschaftlerin erhielt die Erlaubnis, nach Lebus zu fahren. Da die dortigen Lokalbehörden sie nicht unterstützten, besorgte sie sich 50 Pfund Bonbons und gewann die Kinder, ihr bei der Suche nach alter Keramik behilflich zu sein. Die Kinder erkannten, daß sie für mehrere Scherben mehr Bonbons bekamen, und so zerschlugen sie schöne Stücke, oft sogar unversehrte Keramik. Trotzdem entdeckte die Wissenschaftlerin Unversehrtes und stellte fest, daß in manchem Bauernhaus Töpfe, Schüsseln und Krüge verwendet wurden, aus denen einst die Trojaner und das Königsgeschlecht der Atriden gegessen und getrunken hatten.

Die mykenischen Funde — Waffen, Schmuck, Gefäße und die Goldmasken — sind im Archäologischen Nationalmuseum von Athen zu bewundern. Das Museum zeigt aber auch Funde aus Troja aus dem Privatbesitz Sophia Schliemanns, die sie ihm während der Jahre 1892—1893 zum Geschenk gemacht hatte, Reste der einst riesigen Sammlung trojanischer Altertümer.

Unter dem 26. Januar 1891 schrieb Sophia Schliemann: „Am 1. März d. J. wollte mein geliebter Mann die unterbrochenen Arbeiten in Troja wieder aufnehmen, um die nun bereits vor zwei Jahrzehnten begonnenen Ausgrabungen zum Abschluß zu bringen. Gott hat es anders gewollt! Mitten aus seiner rastlosen Tätigkeit und seinen Plänen heraus sollte er plötzlich hinweggerissen werden, ehe er noch die Befriedigung gehabt, den letzten Spatenstich zu dem großen Werke zu tun, dessen Verwirklichung sein Jugendtraum gewesen war. Nunmehr betrachte ich es künftig als ein heiliges Vermächtnis, die Ausgrabungen auf Hissarlik im Sinne meines Mannes zum Abschluß zu bringen."

In vielen Gesprächen verteidigte sie die Arbeitsweise ihres Mannes, sagte, es wäre nutzlos, jetzt darüber zu streiten, ob es richtig war, von unten gegen den Berg zu graben und allen Schutt herabzuziehen, statt von oben die horizontalen Schichten langsam abzudecken.

Die Kosten für die Grabung auf dem Hissarlik, geleitet von Wilhelm Dörpfeld, übernahm Sophia, der preußische Staat gab — aus seiner Troja-Verbundenheit heraus — einen Zuschuß. Dörpfeld fand u. a. jene Burg, um welche der Trojanische Krieg geführt worden ist, stand also vor der homerischen Veste des Priamos. Am 25. Juni schrieb er voller Freude: „Die Gebäude und Burgmauern, die wir jetzt ausgraben, gehören zu den berühmtesten Bauwerken der Welt." An die Vierzigjahrfeier der von Wilhelm Dörpfeld gegründeten Deutschen Schule in Athen schloß sich die Hundertjahrfeier der Athener Universität an. Damals sagte er, daß es seit Tiryns für ihn keinen Zweifel mehr gab, daß Homer die Wahrheit der wirklichen Zustände des 12. Jahrhunderts schilderte und nicht Märchen erzählte. „Wir haben nun den Beweis, daß alte Legenden und Mythen mehr Wahrheit enthalten, als die Geschichtswissenschaft zugibt. Seit Heinrich Schliemann hat Homer aufgehört, nur als Traumdichter zu gelten. Homer schrieb in einer Zeit der Kulturdämmerung, und der Spaten des Archäologen beweist, daß es wirklich die von Homer gezeigten Waffen, Rüstungen, Städte und Burgen gab." Zum Winckelmannstag (9. Dezember 1893) hielt Dörpfeld den Festvortrag „Troja 1893" vor vielen Gästen, darunter auch Sophia. Er bedauerte, daß ihr Mann, der Entdecker Trojas, die Fundschicht, die das homerische Troja barg, nicht mehr erlebt hat. In seiner tiefen Verbundenheit sagte er: „. . . Ihr Mann hat Großes geleistet, hatte in Troja den Wechsel von Kälte und Hitze zu ertragen, ließ sich durch Regen und Wolkenbrüche nicht abhalten, war oft vom Fieber befallen und hatte jahrelang mit der Malaria zu kämpfen. Bei dem furchtbaren, ewigen Nordsturm — den Sie ja auch sehr kennengelert haben — und dem fortwährenden, die Augen blendenden Staub hatte er den ganzen Tag über 150 widerspenstige Arbeiter zu beaufsichtigen, mußte unter der ständigen Überwachung des türkischen Wächters die Tausende gefundene Altertümer im geheimen beschreiben und photographieren. Nachts hatte er die Inschriften zu entziffern, schrieb Aufsätze und Erwiderungen in den verschiedensten Sprachen, verfaßte die Texte seiner Bücher auf englisch, französisch oder deutsch, las Korrekturen und ging nie zu Bett, ehe er nicht alle an diesem Tag gefundenen Gegenstände abgezeichnet hatte..." Anschließend drückte er ihr warmherzig beide Hände und sagte: „Gnädige Frau, Troja war nur durch die Zähigkeit und den Fleiß Ihres Mannes möglich."

Sophia versuchte, ihre Tränen zu verbergen, nickte dankend und antwortete leise, als spräche sie nur mit sich: „Das Ohrenleiden meines Mannes begann auf dem windumbrausten Hissarlik."

Das Schliemann-Mausoleum, das die sterblichen Hüllen von Heinrich und Sophia Schliemann birgt, wurde auf dem Zentralfriedhof Athens in Form eines dorischen Grabtempels von Ernst Ziller errichtet (30. September 1892). Es trägt die Inschrift: „DEM HEROS SCHLIEMANN". Auf der Oberschwelle der Grabkammer kündet eine weitere Inschrift: „ICH BERGE HEINRICH SCHLIEMANN, DEN WEITHIN BERÜHMTEN. AHME IHN NACH, DER DEN STERBLICHEN VIELES ERSCHLOSS."

Das Mausoleum ist von einem Fries geschmückt, der u. a. Szenen aus der Ilias und der Odyssee enthält. Auf der Nord- und Westseite wird die Geschichte der Ausgrabungen durch Heinrich und Sophia sowie die Darstellung der Errichtung der Akropolismauern von Tiryns gezeigt.

Im Archäologischen Nationalmuseum in Athen befinden sich links vor dem Eingang zum Mykene-Saal die Büsten von Heinrich und Sophia Schliemann. Ein Neffe von Sophia Schliemann, der Athener Bildhauer Georg Kastriotis, schuf eine Büste Sophias, die im Sanatorium von Athen ausgestellt ist. Eine weitere Büste (mit dem Schmuck aus dem sogenannten Schatz des Priamos) fertigte Kastriotis für das Rathausgebäude in Piräus. Im Besitz von Frau Maria Kastriotis in Athen befindet sich eine entsprechende Büste von Sophia, aber ohne das Stirndiadem aus dem Schatz des Priamos.

Zur Sammlung Schliemann in Athen gehörten 2650 Tongefäße, viele Scherben, 2205 Spinnwirtel, 150 Mahlsteine, 2179 Funde aus der Steinzeit, Steingewichte, Schleifsteine, 5 Pithoi, 350 Bronzewerkzeuge, Nadeln, Lanzenspitzen, verschiedene beinerne Gegenstände sowie Ton- und Steinidole – alles aus Troja, und diese Sammlung wurde nach Berlin gegeben.

1922 kam es zur kleinasiatischen Katastrophe. Etwa 600.000 Griechen kamen ums Leben, 1,5 Millionen mußten fliehen, unter den Flüchtenden befanden sich 50.000 Waisen. Sophia nahm viele Flüchtlinge in ihrem Iliou Melathron auf, unterstützte das Krankenhaus „SOTIRIA", schuf das Waisenhaus in Vonhagmeni, das durch Eleftherios Venizelos – mit dem sie sehr befreundet war, da er wie ihre Mutter aus Kreta stammte und dessen Familie 1866 nach Athen flüchtete — eingeweiht wurde. Für ihre Verdienste erhielt sie eine Anerkennung durch die Akademie.

1926 schenkte sie dem Münzkabinett in Athen die numismatische Sammlung ihres Mannes, die er in der Umgebung Trojas zusammengetragen hatte. Sie bestand u. a. aus 1140 Münzen, 32 Siegelsteinen — darunter 7 kretisch-mykenische Siegel.

Jeden Donnerstag traf sich weiterhin die vornehme, gebildete Gesellschaft Athens im Iliou Melathron.

In Ankershagen/DDR — in dessen Pfarrhaus Heinrich Schliemann seine Kindheit verbrachte — befindet sich das Heinrich-Schliemann-Museum, das das Andenken dieses bahnbrechenden Forschers pflegt.

Es wurde aus Anlaß des 90. Todestages Heinrich Schliemanns im Dezember 1980 auf Initiative von interessierten Bürgern eröffnet. Wertvollstes Exponat sind ca. 40 Keramik- und Bronzefunde aus Troja (Schicht II—V), Dauerleihgaben des Museums für Ur- und Frühgeschichte Berlin. Im Besitz des Museums befinden sich auch ca. 80 Originalbriefe Heinrich Schliemanns.

Glossar

Achäer/Achaier	Einer der ersten griechischen Stämme, die um 2000 v. Chr. im Gebiet des heutigen Griechenland siedelten. In Homers Epen Bezeichnung für die Griechen vor Troja.
Agamemnon	König von Mykene, Anführer der Griechen im Trojanischen Krieg. Wurde nach seiner Rückkehr von seiner Frau Klytämnestra und ihrem Liebhaber Aigisthos ermordet.
Akropolis	Hochgelegene Burg der altgriechischen Städte, am berühmtesten die von Athen.
Andromache	Gemahlin Hektors (Sohn des Priamos). Dieser fällt im Zweikampf mit Achilles.
Athena	War als Göttin mit der Schlange die Hüterin der Liebe, die Beschützerin von Haus und Familie, Schutzherrin der Kunst und der Städte, aber auch streitbare Siegesgöttin. Eine der berühmtesten Göttinnen Griechenlands. Beiname: Pallas = Mädchen (Jungfrau). Stadtgöttin Athens.
Attika	Gebiet im mittleren Griechenland, Halbinsel im ägäischen Meer mit Zentrum Athen.
Dorer/Dorier	Griechischer Stamm, der zu Beginn des 12. Jahrhunderts v. Chr. in Griechenland einfiel und die mykenische Kultur zerstörte.

Dorische Wanderung	60 Jahre nach der Einnahme Trojas (1184 v. Chr.).
Eréchtheus	König von Athen. Zu seiner Ehre wurde das älteste Bauwerk der Akropolis errichtet (Eréchtheion).
Ferman	Erlaß des Herrschers in islamischen Staaten, hier Grabungserlaubnis für Heinrich Schliemann.
Gennadiusbibliothek	In Athen, besitzt 60.000 Schriftstücke, 18 Tagebücher über Schliemanns Reisen und Grabungskampagnen, rund 150 Notizhefte u. v. a. Alles wurde von den Erben Schliemanns dort hinterlegt.
Gran	Apothekergewicht (= 0,06 Gramm).
Herakles	(lat. Hercules), Held der griechischen Überlieferung. Ihm spricht man die Gründung der Olympischen Spiele zu.
Homer	Lebte um 840 im ionischen Chios (doch streiten sich mehrere Städte darum, sein Geburtsort zu sein). Homer verband die älteren epischen Dichtungen zu einer Einheit. Schöpfer der „Ilias" und der „Odyssee".
Idol	Weihegabe in stilisierter Menschengestalt aus Ton, Stein, Bronze usw.
Ilion/Ilios	Troja.
Kastriotis	Die letzte und endgültige Form des Familiennamens von Schliemanns Frau Sophia. Engastromenos und Kastromenos sind türkische Namensgebungen. Schliemanns Schwager, Sophias Bruder, Panajotis Kastriotis wurde ein namhafter Archäologe.
Keramik	Sammelbezeichnung für Produkte der Töpferei. Verwendung der Töpferscheibe z. B. auf Kreta ab 2200 v. Chr.,

in Europa ab 400 v. Chr. Die Griechen entwickelten die Keramik zu höchster technischer und künstlerischer Vollkommenheit. Das örtlich unterschiedliche Rohmaterial, der Formenreichtum der Gefäße, der Dekor und die weitere Behandlung machen die Keramik zu einem wichtigen Bestimmungsmittel für die Archäologie.

Luftziegel   Luftgetrocknete, ungebrannte Ziegel.

Mykene   Bedeutendstes Zentrum der mykenischen Kultur (Beginn um 1580 v. Chr., Höhepunkte die beiden Jahrhunderte nach ca. 1400 v. Chr.). Viele Ansiedlungen wurden nun mit mächtigen Zyklopenmauern befestigt (am besten erhalten sind die von Mykene und Tiryns). Mykene selbst wurde um 1120 v. Chr. durch die Dorer zerstört, die bis zur Peloponnes und nach Kreta vordrangen.

Odysseus   König von Ithaka, Held des Trojanischen Krieges. Seine Irrfahrten auf der Rückreise in die Heimat nach der Eroberung Trojas besingt Homers „Odyssee".

Pausanias   Griechischer Reiseschriftsteller aus Kleinasien. Beschreibung Griechenlands zwischen 160 — 180 n. Chr.

Pergamos   Akropolis von Troja

Pithos   Großes tönernes Vorratsgefäß für die Lagerung von Öl, Getreide usw. (Mehrzahl Pithoi).

Plaka   Altstadt von Athen, war 1830, als die Griechen ihre Befreiung von den Türken erreichten, praktisch alles, was von Athen übriggeblieben war.

Priamos	König von Troja zur Zeit des trojanischen Krieges.
Statuette	Kleines Standbild. Zeigt meist ein freistehendes, plastisches Bildwerk eines Menschen oder Tieres.
Strate	Im Sprachgebrauch der Archäologen die Besiedlungsschicht.
Stratigraphie	Kunde von den bei den Ausgrabungen festgestellten Kulturschichten.
Theseion	Athen, der am besten erhaltene Tempel in Griechenland; erscheint in seiner Schönheit und Harmonie wie ein Halbbruder des Parthenons.
Tholos	Griechischer Rundbau, vor allem großes Kuppelgrab.
Tiryns	Stadt und Burg bei Nauplia.
Troja	Befestigte Stadt in Nordwestkleinasien. Das homerische Troja ging um 1184 v. Chr. unter.
Trojanischer Krieg	ca. 1194 — 1184 v. Chr. Eroberung Trojas 60 Jahre vor der Einwanderung der Dorer (Dorier) = 1184 v. Chr.
Voß, Johann Heinrich	Übersetzte Homers Epen (aber auch Vergil, Horaz usw.)
Winckelmann, Johann Joachim	Begründer der klassischen Archäologie und der Kunstwissenschaft. Seine ästhetische Kunstbetrachtung („edle Einfalt, stille Größe") bestimmte das Schönheitsideal der deutschen Klassik. Hauptwerk: „Geschichte der Kunst des Altertums" (1784).
Zyklopen	Urtümliches, riesenhaftes Volk der griechischen Sage. Man schrieb ihm den Bau der zyklopischen Mauern zu, die aus großen, grobbehauenen Steinen aufgerichtet sind.

Literaturnachweis

Als Quellen für das vorliegende Buch wurden benutzt:

I. Die Bücher Heinrich Schliemanns:
   La Chine et le Japon, Paris 1866
   Ithaka, der Peleponnes und Troja, Leipzig 1869
   Trojanische Altertümer, Leipzig 1874
   Atlas trojanischer Altertümer, Leipzig 1874
   Mykene und Tiryns, Leipzig 1878
   Ilios, Stadt und Land der Trojaner, Leipzig 1881
   Orchomenos, Leipzig 1881
   Reise in die Troas, Leipzig 1881
   Troja, Leipzig 1884
   Tiryns, Leipzig 1886
   Bericht über die Ausgrabungen in Troja im Jahre 1890,
   Leipzig 1891
II. Selbstbiographie, bis zu seinem Tode vervollständigt, her-
   ausgegeben von Sophia Schliemann, Leipzig 1892
   Briefe von Heinrich Schliemann, herausgegeben von Ernst
   Meyer, Bd. 1 1953, Bd. 2 1958 Berlin
   Alfred Brückner, Heinrich Schliemann, Leipzig 1910
   Emil Ludwig, Heinrich Schliemann, Leipzig 1932
III. Kurt Benesch, Die Goldschätze der Antike, Wien 1978
   Leo Deuel, Heinrich Schliemann, Frankfurt 1979
   Wilhelm Dörpfeld, Troja und Ilion, Athen 1902
   Nicholas Gage, Hellas, Athen 1987
   Wilhelm Kraiker, Funde in Athen, Göttingen 1971
   Jacques Lacarrière, Als die Säulen noch standen, Wies-
   baden 1979
   Carl Schuchhardt, Schliemanns Ausgrabungen, Leipzig
   1890
   Wolf Seidl, Bayern in Griechenland, München 1981

Heinrich A. Stoll, Abenteuer meines Lebens, Leipzig 1960

Irving Stone, Der griechische Schatz, München 1976

Philipp Vandenberg, Das versunkene Hellas, München 1984

Heinrich Voß, Homer, Ilias, Odyssee, München 1957

Ausstellungskatalog „Troja, Heinrich Schliemanns Ausgrabungen und Funde", Griechisches Ministerium für Kultur und Wissenschaften, Athen 1985

Bildnachweis

Seite 25: Heinrich Schliemann am Wendepunkt seiner Karriere (Ende der 60er Jahre des 19. Jahrhunderts). Heinrich-Schliemann-Museum, Ankershagen.

Seite 79: Gewaltige Mauern und Berge von Schutt — so sah Troja aus, als Schliemann mit seinen Grabungen begann. Bibliothek des Deutschen Archäologischen Instituts, Athen.

Seite 93: Abschnitt aus Heinrich Schliemanns Tagebuch. Gennadios Bibliothek, Athen.

Seite 107: Troja, wie es nach den Ausgrabungen von 1871 bis 1873 aussah. Nordseite. Ansicht vom Ufer des alten Skamander. Bibliothek des Deutschen Archäologischen Instituts, Athen.

Seite 122: Pithoi in der Tiefe unter dem Athene-Tempel. Bibliothek des Deutschen Archäologischen Instituts, Athen.

Seite 133: Der große Turm von Ilon von SO gesehen. Die Mauerkrone liegt 8 m unterhalb der Oberfläche des Hügels; der Turm ruht in einer Tife von 14 m auf dem Felsen; seine Höhe beträgt 6 m. Bibliothek des Deutschen Archäologischen Instituts, Athen.

Seite 197: Heinrich Schliemann (Büste im Deutschen Archäologischen Institut, Athen).

Seite 205: Mykene. Eine Gruppe von Altertumskundlern vor dem Löwentor. Oben auf dem Tor Schliemann, in der Mauernische Dörpfeld, unten rechts (mit weißem Hut) Sophia Schliemann. Deutsches Archäologisches Institut, Athen.

Seite 229: Mykene. Goldmaske des sog. „Agamemnon" aus dem 5. Grab. Nationalmuseum Athen, Prof. Dr. J. Sakellarakis.

Seite 236: Akropolis von Athen, in der Mitte der von Schliemann abgetragene venezianische Turm (nach einer Zeichnung von R. Sprosse 1868).

Seite 243: Schliemann während eines Vortrags über seine Entdeckungen in Mykene, den er 1875 vor der „Society of Antiquaries" im Londoner Burlington House hielt (aus ,Illustr. London News'). Deutsches Archäologisches Institut, Athen.

Seite 262: Iliou Melathron. Der im italienischen Palazzostil erbaute Athener Wohnsitz der Familie Schliemann. Deutsches Archäologisches Institut, Athen.

Seite 281: Sophia Schliemann mit Sohn Agamemnon (aufgenommen in Bad Kissingen im Juli 1879), Prof. Dr. G. St. Korrés. Archäologisches Institut der Universität Athen.

Seite 291: Sophia Schliemann mit ihren Kindern Andromache und Agamemnon (um 1880), Prof. Dr. G. St. Korrés. Archäologisches Institut der Universität Athen.

Seite 311: Tiryns, Rampe mit großem Turm im Osten (unten in Bildmitte Sophia Schliemann). Deutsches Archäologisches Institut, Athen.

Seite 335: Das Schliemann-Mausoleum. Deutsches Archäologisches Institut, Athen.

Danksagung

In all den vielen Monaten, in denen ich mich mit der Altertums-
forschung im Griechenland des neunzehnten Jahrhunderts
befaßte, habe ich Fachaussagen ausgewertet, Institute und
Bibliotheken besucht, Briefe und Tagebücher von Sophia
Schliemann sowie die Briefe, Grabungsbücher und Bücher von
Heinrich Schliemann gelesen und mir viele Notizen gemacht.
Ich schulde vielen Helfern Dank, die mich unermüdlich unter-
stützt haben und es mir ermöglichten, ein Lebensbild Sophia
Schliemanns zu zeichnen.

Dieses Buch widme ich daher allen, die mir helfend zur Seite
standen. Ihnen möchte ich an dieser Stelle meinen Dank aus-
sprechen. Besonderer Dank gebührt Professor Dr. Georgios Sty-
lianos Korrés vom Archäologischen Institut der Universität
Athen; Professor Dr. Jannis Sakellarakis vom Archäologischen
Nationalmuseum Athen; Dr. Thomas Schäfer vom Deutschen
Archäologischen Institut Athen; der Gennadius Library von der
American School of Classical Studies at Athens in Athen und
Dr. Wilfried Bölke vom Heinrich-Schliemann-Museum in
Ankershagen.